STUDYING CHILDREN IN CONTEXT

어린이연구를 위한

질적연구방법론

한국 독자를 위한 저자 서문

M. Elizabeth Graue

Daniel Walsh와 내가 이 책을 완성한 것은 거의 20년 전의 일이다. 그때는 아직 20세기였으며, 학계에서는 질적 연구에 대한 관심이 막 불기 시작하였던 시기였고, 동시에 Daniel과 내가 어린이를 연구하기 위한 질적연구방법론을 강의하기 시작했던 시기였다. Daniel과 나는 강의계획서를 만들며, 우리가 추구하는 연구방법의 유형들을 설명하는 방법론적이고 실질적인 서적을 찾으려고 애썼다. 그러나 대부분의 서적은 어린이 자체에 초점을 맞추기보다는 아동발달에 초점을 맞추고 있었고, 서술적descriptive이기보다는 환원적reductive이었다.

이 책을 쓰게 된 이유는 이러한 실질적인 필요성 때문이다. 그리고 이 책의 한국어 번역 또한 이러한 실질적인 필요성이 아직 존재하기 때문이 아닐까 생각된다. 그렇다면 어린이를 연구하는 문헌들의 현 위치는 어떠한가? 나는 이 질문에 답하기 위해 간단히 선행연구들을 훑어보았다. 확실히 우리가 이 책을 썼던 1990년대 중반보다는 더 많은 문헌들이 검색되었다. 그간 많은 서적과 학회지 논문이 발표되었고, 이를 통해 어린이의 살아온 경험을 이해하려는 연구자의 능력이 계발되고, 어린이의 삶에 대한 우리의 지식이 풍부해졌다는 것을 알았다.

여러 학문들(예를 들어, 사회학, 인류학, 심리학)과 전문적 영역(간호학, 교육)의 많은 학자들은 어린이들이 사회적인 활동가이며, 그런 어린이들이 간과되어서는 안 된다는 생각을 지녀왔다. 어린이들은 어른이 되기 위해서는 오랜 시간을 기다려야 하므로, 이러한 그들의 임시적인 위치는 종종 연구자로 하여금 어린이가 아닌 다른 누군가 또는 다른 무언가를 연구하게끔 만들었다. 또한 어린이들이 자신을 표현하는 별나고 변덕스러운 방식은 까다로운 사람들이 연구의 신뢰성에 종종 도전을 하도록 만든다. 그러나 그러한 도전을 받아들일 만큼 용감한 사람들에게 어린이에 대한 연구는 롤러코스터 타기 만큼 흥분되는 일일 것이다. 당신은 당신이 책임자가 아닌 그 장소, 롤러코스터가 데려가는 그 장소에 가는 것을 기꺼이 즐겨야만 한다.

어린이연구를 위해 그들에게 접근하는 것은 종종 어려운 일이다. 연구심의 위원회의 위원들은 부도덕한 연구자들에게서부터 어린이들을 보호하려는 그들의 미션을 매우 심각하게 생각하기 때문이다. 극도의 주의는 중요하다. 그러나 그것은 부작용을 낳기도 한다. 자료 수집 전략들은 종종 유아가 무엇을 보고, 무엇을 하는지에 대한 어른들의(통조림과 같은 틀에 갇힌) 개념에 종종 제한되어 있기 때문에, 우리의 지식 기반은 동일한 변수들에 제한되기 쉽다. 그것은 유아를 그들 세계의 적극적인 행위자로 보는 아이디어에 반하는 일이다.

최근 나의 연구는 4세 어린이들이 그들이 학교에서 경험하는 일상을 사진으로 찍어 일기를 만들어 기록하는 작업을 포함하고 있었다. 그러나 연구위원회는 사진 일기를 만들기 위해 아이에게 카메라를 제공하는 것을 불허하였다. 연구자가 테크놀로지를 100% 전적으로 통제할 수 없을 것이라는 우려 때문이었다. 그러나 내가 카메라를 사용하려고 한 이유는 먼저, 카메라 사용이 어린이들이 그들의 경험을 묘사하려는 동기를 부여할 수 있고, 또한 동시에 영상 기록이라는 새로운 방식을 통해 어린이들이 자기 표현을 할 수 있을 것이라는 합리적인 이유 때문이었다. 나는 어린이연구에서의 사진의 가치에 대해 논한 수많은 학술문헌을 연구위원회에 제시하였고, 연구위원회는 마지못해 카메라 사용을 허용하였다. 대신 사생활 침해를 막기 위해 카메라는 언제나 연구자의 시야 안에서만 사용되어야 한다는 전제 조건이 있었다. 나는 1년의 연구 기간 중 며칠 동안 초점 연구대상 유아에게 사진기로 자신의 기록을 남기라고 부탁하였다. 카메라를 사용한 둘째날, 4살 소년인 티모시(가명)는 보통 때와 매우 다른 행동을 하였다. 티모시는 마당놀이 시간에 운동장에서 그를 뒤따라오는 반친구에게 자신의 카메라를 넘기고 자신을 찍으라고 시켰다. 이후 나는 티모시가 사진을 찍느라고 마당놀이 시간을 방해받고 싶어 하지 않는다는 것을 알게 되었다. 그리고 동시에 티모시는 그의 모험에서 주인공이 되고 싶어했던 것을 깨달았다. 만약 티모시가 사진을 찍기 위해 카메라 뒤에 서 있었다면 그는 사진 속에 들어 있지 않았을 것이다. 아래 사진은 반 친구에 의해 찍힌 티모시 사진의 한 예이다.

이 사진은 하나의 큰 환희를 보여 준다. 티모시가 이렇게 오르기 기구를 능숙하고 힘차게 오르기까지는 몇 년이 걸렸기 때문이다. 이 장면이 바로 티모시가 기록하고 싶어 했던 그것이었다.

나의 연구는 연구심의위원회의 규칙에 부합되는 것이었을까? 나는 '그렇다'고 해석하였다. 왜냐하면 나는 언제나 카메라를 내 손이 닫는 위치에 두었기 때문이다. 또한 사진은 티모시의 입장에서 진정한 선택을 대변하기 때문이다. 여기에 위험요소가 존재했을까? 미비한 위험요소가 있었을지도 모른다. 그러나 사진 찍기는 티모시의 시각을 이해하기 위해 가치 있는 일이었다. 이 사진은 티모시에게 많은 것을 의미했다. 내가 티모시를 그 다음 해 유치원에서 관찰했을 때, 티모시는 어느 날 나에게 와서 이렇게 말했다. "나는 이제 사진 찍는 것을 하고 싶어요." 그러나 그 당시 나는 카메라를 가지고 있지 않았다. 그러자 티모시는 어깨를 으쓱하며 하던 일로 돌아갔다. 이 이야기의 교훈은 허용되는 연구도구의 선을 넘는 것이 어린이와 연구자 모두에게 소통의 새로운 방식을 제공할 수 있다는 것이다. 연구심의위원회는 나를 그들의 방식에 따르기를 거부하는 강압적인 사람이라고 봤을지 몰라도, 나는 그들에게 그들의 사고를 명료화시킬 수 있는 새로운 기회를 제공했었다고 생각한다.

나는 한국 독자들에게 이렇게 글을 쓸 수 있도록 기회를 주고, 이 책을 번역한 홍용희, 이경화, 배지희, 정혜욱에게 감사의 인사를 전한다. 독자들 모두의 연구에 행운이 깃들기를 바라며, 무엇보다도 어린이들과의 시간을 즐기시길 바란다.

M. Elizabeth Graue
위스콘신 매디슨 주립대학
교육과정 및 교수학과 학과장
소렌슨 교수

Sorenson Professor of Childhood Studies
Chair of Department of Curriculum & Instruction
University of Wisconsin Madison

한국 독자를 위한 저자 서문

Daniel Walsh

《Studying Children in Context: Theories, Methods, and Ethics》의 한국어 번역서가 이제 출간된다는 것은 나에게 상당히 의미 있는 일이다. 나는 2014년 6월 30일에 은퇴했기에 이 번역본은 실로 고마운 은퇴 선물 중 하나이다. 이 책을 번역한 네 명의 역자인 홍용희, 이경화, 배지희, 정혜욱과 또 이 책의 출판에 관여한 모든 이들에게 감사함을 전하고 싶다.

《Studying Children in Context》의 지필은 필요에 의해 시작되었다. 어린이 연구하기와 관련된 수업을 가르치고 있던 Beth Graue와 나는 수업에 사용할만한 좋은 교재를 찾을 수 없었다. 해서 한 권의 책을 쓰기로 결정했다.

이 책은 1998년에 출판되었고, 이제 16주년이 되었다. 간혹 나이듦의 흔적이 책 속에 보인다. 현재 비디오와 소프트웨어의 적용은 1998년도에 비해 훨씬 더 정교해졌다. 많은 장의 글상자boxes에 나열된 자료들도 업데이트될 필요가 있다. 그러나 《Studying Children in Context》의 핵심은 여전히 매우 유효하다고 본다.

할 수만 있다면, 나는 이 책에서 두 가지를 수정하고 싶은데, 이것은 Beth와 상의하지 않은 사견이다. 첫 번째는 책의 제목이다. "어린이와의 현장연구Doing Fieldwork with Children" 혹은 "현장에 근거한 어린이연구Field-based Research with Kids"가 좀 더 직접적이고 적절할 것이라 생각한다. 이 책은 현장연구, 즉 어린이들과 얼굴을 마주하고, 그들이 일상생활을 하는 곳에서 장기간의 연구를 하는 것에 관한 것이다.

두 번째로 수정하고 싶은 것은 책 전반에 걸쳐 연구를 지칭할 때 질적qualitative이라는 용어를 사용한 부분들을 지우고 싶다. 나는 그 용어가 더 이상 유익하다고 생각하지 않으며, 그 용어를 둘러싼 혹은 자신을 그렇게 여기는 사람들을 둘러싼 신비감mystique이 싫다. 나는 무슨 연구를 하는지 물었을 때, "글쎄요, 나는 질적 연구자입니다" 라며, 마치 자신이 다른 연구자들과 다른 것처럼 대답하는 사람들 때문에 마음이 불편하다. Howard Becker가 지적한 것처럼, 모든 연구자는 "무엇인가를 밝혀내는 것finding it out" (1998)에 관련된 이들이다.

그 무엇을 어떻게 밝혀내든, 연구는 관찰로부터 추론inferences을 끌어내는 것이다(King, Keohane, & Verba, 1994). 방과후 프로그램에서 어린이를 연구하든, 은하계를 연구하든, 소득불평등을 연구하든, 혹은 암을 연구하든, 모든 연구자들은 그렇게 한다. 연구의 장점strength은 관찰의 질과 추론의 논리에 따라 결정된다. 따라서 주의깊게 관찰하고 잘 추론하라.

나는 수업시간에 양적의quantitative 그리고 질적의qualitative라는 두 개의 "Q"자를 사용하는 것을 거부한다. 연구는 두 개의 범주로 나뉘어질 수 없다. 무엇인가를 밝혀내는 것에는 많은 접근법들이 존재한다. 연구자들은 관찰을 위한 많은 방법들을 찾아내어 왔고, 계속적으로 새로운 방법들을 찾을 것이다.

그렇다면 왜 이번 역서의 제목에 질적qualitative이라는 용어가 포함되어 있는가? 두 가지를 지적하고자 한다: (a) 영문 원저의 제목에는 이 용어가 사용되지 않았다는 것과, (b) 나보다 책의 홍보나 보급에 대해 더 잘 아는 한국 번역서의 출판사가 이 용어의 사용을 희망했다는 것이다. 그러나 나는 이 책을 구입한 독자들이 자신들의 연구를 묘사하는 좀 더 나은 방식을 찾아낼 것을 독려한다. 이를 위해 아래에 몇 가지 제안을 한다.

- 당신이 하는 연구에 의거해서 자신을 소개하라.
- 당신의 연구문제에 답할 수 있는 최상의 방법을 찾고 또 그것을 행하라.
- 어떻게 연구하는지에 관한 질문을 받는다면, 당신이 무엇을 하는지를 정확히 묘사하라. 예를 들면, "나는 방과후 프로그램에서 어린이들을 관찰하

고, 또 가능하면, 그들을 인터뷰합니다. 나는 비디오를 사용하고, 인터뷰를 녹음합니다"라고.

좀 더 일반적으로는

- 현장연구에 관한 가장 포괄적인 서론 중 하나인 Erickson(1986)의 글을 읽어라.
- 당신의 연구를 계속 진행 중인 하나의 연구 프로그램으로, 각 연구를(최소 10년간 진행된 연구들의) 시리즈 중 하나로 바라보라. 하나의 거대한 연구를 하려 하기보다는 작은 연구들을 시리즈로 하는 것이 더 낫다.
- 호기심을 갖고, 열린 마음을 가지며, 존중하되 회의적인 시각을 유지하고, 또 겸손하라. 그리고 절대로 한순간도 당신의 연구법이 당신을 다른 사람들보다 더 낫게 만든다고 가정하지 말라. 위대한 물리학자인 Richard Feynman이 말했듯이, "첫 번째 원칙은 당신 자신을 속여선 안 된다는 것이다—그리고 당신은 속이기 가장 쉬운 사람이다."(1985, p. 343)

요약하면, 좋은 연구를 하라. 당신이 무엇을 밝혀내기를 원하는지를 파악하고 나서 탐색을 시작하라. 그러나 이것을 기억하라: 당신의 연구결과는 항상 불확실할 것이라는 사실. 무엇인가를 밝혀내려 애쓸 때, 당신이 할 수 있는 최선은 다른 답들보다 더 나은 답을 발달시키는 것이다. 당신은 결코 확신할 수는 없으나 탐색을 지속할 수는 있다.

Becker, Howard S. (1998). *Tricks of the trade: How to think about your research while you're doing it*. Chicago, IL: University of Chicago.

Feynman, Richard P. (1985). *Surely You're Joking, Mr. Feynman!: Adventures of a Curious Character*. New York: W. W. Norton & Co.

King, Gary, Keohane, Robert O., Verba Sidney. (1994). *Designing social inquiry: Scientific inference in qualitative research*. Princeton, NJ: Princeton University. Press.

역자 서문

이 책은 M. Elizabeth Graue와 Daniel J. Walsh가 1998년에 공동으로 출판한 《Studying Children in Context: Theories, Methods, and Ethics》의 번역서이다. 당시 원저는 어린이, 특별히 유아연구방법에 초점을 맞춘 것으로 보기 드문 서적 중 하나였다. 원저가 출판되었을 때 University of Illinois at Urbana-Champaign에서 지도교수인 Daniel Walsh의 "어린이연구방법" 과목을 수강했던 홍용희와 이경화는 수업시간에 배웠던 내용이 책 속에 자세히 기록되어 있다는 것과 이를 한국의 동료들 및 후학들과 공유할 수 있다는 기쁨과 설렘으로 한국어 번역서를 내기로 결정했다.

그러나 번역서의 완성은 여러 가지 사정으로–특별히 박사학위 취득 후 University of Georgia에 부임한 이경화의 성공적인 종신교수자격취득이 최우선 과제가 되다 보니–계획했던 일정보다 많이 지연되었다. 우리는 후에 역시 Walsh의 지도학생으로서 "어린이연구방법" 과목을 수강했던 배지희와 University of Wisconsin-Madison에서 Graue 교수의 지도학생으로서 유아교육 프로그램 및 학교기관 내에서의 "질적연구방법론" 과목을 수강했던 정혜욱을 초빙해 번역서를 완성하게 되었다.

마침내 원저가 출판된지 16년이 지난 2014년에 이르러서야 한국어 번역서를 출판함에 대해 Graue 교수와 Walsh 교수께, 그리고 한국의 동료들과 후학들께 대단히 죄송스럽다. Graue 교수와 Walsh 교수께서는 제자들의 늦장 번역에도 불구하고 한국 독자들을 위한 인사말 요청을 쾌히 승낙하고 신속하게 작성해 보내주셨다. 두 분의 따뜻한 관심과 지원에 머리 숙여 감사를 드린다.

Graue 교수와 Walsh 교수께서 한국 독자들을 위한 인사말에서 논의한 것처럼 역자들 또한 이 번역서를 내며 2014년 현 시점에서 원저와 이 번역서가 어린이연구에 주는 의미를 살펴보았다.

먼저, 현재 미국의 유아교육학 분야는 원저가 출판된 1998년도에 비해 발달심리학에 근거한 기존의 아동발달이론들이 가지고 있는 제한점을 비판하고 그 이론들을 합리적으로 대체할 수 있는 다양한 철학, 사회학, 문화심리학 및 인류학적 이론들을 탐구하고 적용하려는 움직임이 활발하다. 또한 1990년대에 비해 양적 대 질적연구방법의 이분법적인 논쟁에서 벗어나 각 방법론 내에 존재하는 다양성(예를 들어, 기존의 문화기술학에서 더 나아간 비판적 문화기술학 탐구 등) 이해와, 혼합연구방법mixed methods 모색에 노력을 기울이고 있다. 또한 유아의 능력과 주체성agency을 존중해야 한다는 인식이 증가하고 있으며 그들의 목소리와 관점을 반영하기 위해 자료 생성 및 분석과정에서 어린이들이 직접 참여하는 등의 다양한 연구방법을 계속 모색하는 중이다. 그러나 이러한 유아교육학계의 연구동향이 유아의 능력과 주체성에 관한 교사들의 이해나 유아교육현장에서의 실제에 미치는 영향력은 아직 미약하다. 1998년 원저가 출간된 이후 어린이연구와 관련된 다른 서적들이 출판되긴 하였으나 유아를 대상으로 한 연구방법에 초점을 둔 교재는 여전히 부족한 상태이다. 마지막으로 연구의 윤리성을 심사하는 대학 및 연구기관 내의 심의위원회와 교육구청 및 학교의 까다로운 승인 절차로 인해 유아교육 프로그램 및 학교기관 내에서의 어린이연구가 점점 더 어려워지고 있는 형편이라 그 해결방안을 위한 논의의 필요성이 대두되고 있다.

한국은 1995년 이후 유아교육 분야의 연구방법론이 점차 다양화되기 시작하여 현재는 양적 연구 못지 않게 사례 중심의 질적 연구가 활발하게 이루어지고 있으며, 어린 유아들도 연구대상에 포함되고 있고, 연구 맥락이 다양화되고 있다. 사실상 어린 유아들은 언어적 의사소통능력이 부족하기 때문에 언어를 매개로 하는 실험/과제 중심의 양적 연구방법으로는 이들의 발달, 요구, 능력, 학습, 더 나아가서 실생활을 이해하기에 한계가 있다. 따라서 유아들이 생활하고 있는 유아교육기관이나 가정을 비롯한 다양한 현장으로 연구자가 들어가서 심층적으로 연구하는 사례가 증가하고 있다. 한편, 통계수치가 아닌 이야기체의 기술방식을 채택하는 연구물들이 학술지에 게재되는 비율이 늘어나고 있다. 또한 사례 중심의 실행연구action research로 이루어지는 학위논문도 나날이 증가하고 있다. 이러한 상황에서, 연구 참여자의 관점에서 연구대상자의 세상을 이해하고자 하는 현장 중심의 연구를 다룬 방법론 저서들의 출판이 이루어지고 있지만, 대부분 청소년을 비롯한 성인 참여자에 대한 방법을 소개할 뿐 유아들에게 초점을 맞춘 방법론 저서는 여전히 드문 실정이다. 모든 유아들에게 적용되는 일반적인 이론에 대한 기대와 신뢰가 약화되고 개별 유아의 발달을 그들이 속한 사회문화적인 맥락과의 관계 속에서 이해하고자 하는 노력이 증가하고 있는 현 시점에서 유아들에게 초점을 둔 연구방법에 대한 관심은 앞으로도 지속되기를 기대한다.

이러한 맥락 속에서 이 번역서가 한국의 유아 연구 분야에 조금이나마 기여할 수 있기를 바란다. 번역을 하는 과정은 누구에게나 그렇듯이 여러 모로 힘이 들었다. 무엇보다도 원저의 저자들인 Graue 교수와 Walsh 교수의 문체가 서로 달랐다. 역자들 간의 문체 또한 달랐으나 이를 최소화하기 위해 번역자 간 교차검토 및 수정을 여러 차례 거쳤다. 번역이 난해한 부분은 원본에 충실하되 가급적 의미 전달에 초점을 두려고 노력했다. 그럼에도 불구하고 번역이 매끄럽지 않거나 미흡한 부분도 있을 것이다. 또한 이 책이 처음 출판된 1998년 이후 우리 사회의 테크놀로지는 놀랄 만큼 성장했고 이는 질적 연구 분야에서도 마찬가지이다. 이 책에서 소개되는 연구 보조 기기 및 프로그램이 진일보한 테크놀로지를 반영하기에 부족함이 있을 것이다. 독자 여러분의 지적과 조언을 기대하며, 이 번역서가 향후 유아연구에 관심이 있는 학자들 간의 대화를 이끌어 내는 열띤 토론의 장이 되기를 바란다.

마지막으로 이 책의 번역 작업에 도움을 준 분들께 감사를 드린다. 먼저 1차 번역의 초안 중 전반부를 검토해 준 University of Georgia 대학원의 유아교육과 박사과정생 박건령에게 감사의 마음을 전한다. 또한 색인 작업을 해준 오주은 박사 및 University of Georgia 대학원 박사과정생 최수연, 조은지, 정성은에게 고마운 마음을 전한다. 끝으로 이 번역서의 출판을 위해 수고해 주신 파워북의 김재광 상무님께 감사를 드린다.

2014년 9월

역자 일동

서 언
Preface

이 책을 쓰는 일은 우리들에게 많은 점에서 도전이었다. 물리적으로는 일리노이Illinois 주의 어배너Urbana와 위스콘신Wisconsin 주의 매디슨Madison 간의 거리, 이론적으로는 우리가 각자 지니고 있는 연구에 대한 서로 다른 견해들의 타협, 문체적으로는 우리가 저자著者의 목소리를 놓고 겪은 갈등 등은 우리에게 도전이었다. 우리는 첫 번째 도전에 대해서는 이메일, 전화, 네 시간 운전으로 극복했다. 나머지 두 가지 도전은 보다 더 어려웠다.

우리는 책을 쓰기로 계획하고 저술하는 동안 수없이 많이 만나고 이야기했으나, 실제로 함께 키보드 앞에 앉았던 적은 한번도 없었다. 우리는 글을 쓸 때 각자 썼다. 우리는 각 페이지의 초고를 쓴 후에 다른 사람에게 넘겼다.

이 책에서 우리 둘 중 한 사람이 우리 둘을 대표해서 말할 때와 다른 사람이 동의하는가를 보려고 기다릴 때 각 "우리"로 시작했다. 이 짧은 서문을 보자. 우리는 우리 자신을 저자로서 어떻게 소개할 것인지, 그리고 어떤 동의에 이르게 될 것인지에 대해 만나서 이야기했다. 그러나 우리 중 한 명Daniel이 그러한 동의를 처음에 글로 옮겼고, 그것이 여러분이 지금 읽고 있는 서언의 첫 번째 초고이다.

우리는 매우 다른 사람들이다. 글을 쓰는 스타일도 유사하지 않고, 자신을 나타내는 방법도 독특하며, 그리고 때로 연구가 무엇인지 어떻게 수행되어야 하는지에 대해 상반된 의견을 가지고 있다. 이러한 차이점들은 우리가 이 책을 함께 쓰고자 결정을 내리게 하는 중요한 요인이었다. 우리는 우리의 다른 견해들, 경험들 그리고 글쓰는 스타일을 하나의 강점으로 보았다. 우리는 우리 자신을 하나의 동질적이고 권위적인 "우리"로 나타내기를 원하지 않았다. 우리는 글을 쓰면서 우리의 논의의 긴장을 유지하고자 했다. 우리는 합창의 화음과 불협화음 사이에 놓여 있는 하나의 스타일을 연마함으로써 긴장을 유지하고자 시도했다. Tobin과 Davidson(1990)은 다수발성polyvocality이라는 용어를 사용했다. 우리의 목표는 복잡하지만 의사소통을 방해할 만큼 혼란스럽지muddled 않은 하나의 기능적인 이중발성bivocality이었다.

우리는 각 장의 시작에서 누가 이 장을 쓰는 데 일차적 책임이 있는가를 명시하였다. 이는 독자에게 각 장의 기저의 "나"를 밝혀주기 위해서이다. 또한 자주 주고받으며 검토했던 몇몇 장들의 경우 쌍방의 노력이 담겨 있음을 언급했다. 어떤 때에는, 명명된 1인칭 단수의 저자, 예를 들면 "나Daniel"로 말한다. 우리의 동의가 강한 경우에는 지금 이 문장처럼 1인칭 단수가 아닌 복수로 표현한다. 저자들이 각각 따로 기술한 장들에 대해서도 다른 저자가 신중하게 주의를 기울였다.

우리는 소중한 동료들의 현장 경험을 이 책에서 묘사함으로써 우리의 목소리를 확장시켰다. 그들의 일화들은 이 책의 많은 장에서 핵심적인 쟁점들을 명확히 해준다. 우리의 꿈은 이해하기 쉽고, 유용하며, 복합적인 교재를 만드는 것이었다. 이 책이 추구하는 목표인 다수발성의 의미를 더해준 Deb Deglowski, Anne Haas Dyson, David Fernie, Rebecca Kantor, Robin Lynn Leavitt, Peggy J. Miller, Hsueh-Yin Ting에게 대단히 감사하다.

우리는 둘 다 연구자로서 성장하도록 도와주고 이끌어준 많은 분들께 신세를 졌다. 그들의 후견tutelage이 없었다면 이 책을 쓰지 못했을 것이다. 우리는 그들에게 이 책의 강점을 빚지고 있다. 이 책의 약점 때문에 그들이 비난을 받거나, 이 책의 특이함과 그들이 동일시되어서는 안 된다.

나Daniel는 내게 처음으로 문화기술학을 소개한 George Spindler, Louise Spindler, 그리고 많은 소중한 동료들에게 신세를 졌다. 특별히, Buddy Peshkin, Liora Bresler, Peggy Miller, John D'amato, Norm Denzin, Joe Tobin, Gary King에게 고마움을 전한다. 나는 도저히 흉내 낼 수 없는 Ray McDermott와 Fred Erickson에게 많이 배웠다. 나는 또한 최근에 많은 유능한 대학원생들과 함께 일할 기회를 가졌었다. 연구에서 그리고 그들의 학위논문에서의 공동작업을 통해 많은 것을 배웠다. 미완성 명단에 포함된 사람들은 다음과 같다: Natalie Baturka, Robin Leavitt, Hui-Fen Lin, Hsueh-Yin Ting, J. C. Chen, Deb Ceglowski, Teresa Vasconcelos, Jean Wolf, Yonghee Hong, Patricia Clark Brown, Min-Ling Tsai, Shunah Chung, Anya Enos, Mugyeong Ryu, Kyunghwa Lee, Carol Owles, Judy Davidson, Jaesook Lee. 참고문헌에 대해 도움을 준 Randy Bost에게도 감사를 표

한다. 마지막으로, 이 책에 소개된 아이디어 중 많은 것들을 처음으로 시도해 보았던 어린이연구방법Child Study and Methods을 수강했던 학생들에게 감사를 표한다. 이 책에서 나의 작업은 University of Illinois at Urbana-Champaign의 Bureau of Educational Research의 지원을 받아 이루어졌다.

나Beth는 나를 질적 연구 세계의 매력에 사로잡히게 한 Bob Stake와, 그들의 대단히 다른 접근법을 통해 내게 세상을 해석하는 데 많은 방법이 있음을 가르쳐 준 Margaret Eisenhart, Lorrie Shepard에게 고마움을 표한다. 또한 Mary Lee Smith에게 감사를 드린다. 위스콘신에 있는 동료들은 나의 배움과 도전을 지지해왔다. Mary Louise Gomez, Michael Apple, Tom Popkewitz에게 특별히 감사하다. 해석학적 연구에 관한 다양한 과목에서 많은 대학원생들이 내게 가르침을 주었고, 더 많은 것을 얻기 위해 돌아왔다—Patti O'Toole, Matthew Weinstein, Deb Ceglowski, Monica Miller Marsh, Ellen Ansell, Tamara Lindsey에게 감사하다. 이 책은 부분적으로 Wisconsin Alumni Research Foundation's Graduate School Research Grant Program의 지원을 받아 행복했다.

우리는 이 책을 동료이자 친구인 Mary Catherine Ellwein에게 바친다. 그녀는 1994년 6월, 너무도 젊고 생기 넘치는 때에, 암으로 세상을 떠났다. 그녀는 멋지고, 강하고, 똑똑했다. 그녀는 뛰어난 연구자였고, 함께 있을 때 행복했다.

Beth와 Mary Catherine은 University of Colorado의 대학원 동기였으며, Daniel과 Mary Catherines은 University of Virginia의 동료였다. 우리는 Mary Catherine을 통해서 만났다. 그녀가 생존해서 우리와 함께 일했다면 이 책은 훨씬 더 훌륭해졌을 것이다. 연구에 대해서 우리가 Mary Catherine에게 배웠던 것 중 많은 부분은 다층적 의도intention와 약속commitment이 존중되어야 한다는 것으로, 이는 특히 어린이들과 일할 때 요구된다. Catherine이 세상을 떠났을 때 우리는 여전히 그녀에게 배워야 할 것들이 많이 남아 있었다. 우리 둘 다 그녀를 몹시 그리워하고 있다.

Beth Graue
Daniel J. Walsh

서문
Introduction

당신이 발견할 수 있었던 것을 날조하지 마라.

—Howard Becker (1996, p. 59)

몇 해 전 나Dainel는 Lee Shulman이 연구의 목적은 보다 나은 세상을 만들기 위해 세상에 대해 좀 더 영리해지는 것이라고 주장하는 것을 들었다. 이는 아일랜드인들의 표현대로 "원대한grand" 진술이다. 연구방법론 과목들을 소개할 때 나는 이 진술을 사용했다. 나는 내 일을 정당화하기 위해서, 어쩌면 내 일의 원대함을 느끼기 위해서도 이 진술을 사용했다. 나는 세상에 대해 보다 영리해지던 중이었고, 나는 보다 더 나은 세상을 만들던 중이었다.

아마도 적어도 세상의 어떤 매우 작은 부분에 대해서 보다 영리해지던 중일지는 모르나, 내가 세상을 더 나은 곳으로 만들고 있다고 생각한 것은 건방진 일이다. 오늘날 미국이 "사회적으로 유해한 환경"에서 어린이들을 기르고 있다는 James Garbarino(1995)의 주장은 설득력이 있다. 이는 우리와 같은, 두 명의 자녀를 둔, 부모들을 불안하게 만든다. 예컨대, 오늘 아침 〈타임Time〉지에서 리비아의 독재자 M. Khadafy가 엄청난 양의 신경 가스를 만들 난공불락의 공장을 세우고 있다는 기사를 읽었을 때, 나는 내 자식들이 떠올랐고 그들 앞에 놓여질 세상이 두려웠다.

우리가 살고 있는 자유 민주주의 사회에서도 세상을 어린이들을 위해 보다 나은 곳으로 만드는 것이 무엇인가에 대한 합의에 도달하기가 어려울 것이다. 학교에 대한 나의 연구(Walsh, 1991, 1992, 1993)를 보면 선의의well-intentioned 사람들은 무엇으로 어린이들을 위해 보다 나은 세상을 만들 것인가에 대하여 매우 다른 견해들을 가지고 있었다. 이러한 견해들은 세상이 어떻게 돌아가는지 그리고 어린이들이 어떻게 세상에 적응해야 하는지에 대해 깊이 새겨진embedded 신념에 기초한 것이다.

우리가 세상을 보다 나은 곳으로 만들고 있다고 믿는 것은 우리를 독선적, 심

본 장의 저자 : Daniel

지어 거만하게 만들 수 있다—우리WE 연구자들은(그리고 평범하지 않은 사람들은) 세상을 발전시키고 있다. 우리는 희망할 수는 있다. 그러나 내가 생각하기에 연구자들은 보다 절박하고도 세속적인 도전에, 즉 그것it을 찾아내는 도전에 직면해 있다. 우리가 그것을 발견해야 하는 이유는 그것을 발견하기의 대안이 그것을 발견하지 않기가 아니라, 그것을 날조하거나 또는 보다 빈번히 일어나는 사례로서, 당신을 위해 그것을 날조하기 때문이다. 바로 지금, 어린이들과 그리고 하나의 문화로서 어린이들에 대해 우리가 아는 것에 관한 한 그것it을 날조하는 사람들이 지배하고 있다.

이 책은 그것it을 발견하는 과정에 대한 것이다. 그것을 발견하기는 노동집약적이고 비용이 든다. 연구자는 반드시 그곳에 가서 보고, 듣고, 흠뻑 젖고, 꼬치꼬치 캐내기를 반복해야 한다. 현장에서 생성된 원 자료the raw data로부터 자료 기록a data record을 구축하는 데 긴 시간이 필요하다. 그것을 발견하는 것은 연구자로 하여금 분석에서 연구되고 있는 세상의 부분뿐만 아니라 연구과정 그 자체까지도 비판적으로 탐구하도록 도전한다. 궁극적으로, 이 모든 노동은 불확실하고 바뀔 지식을 양산하지만, 그것it은 지식을 양산한다. 우리가 발견한 "그것"은 결코 날조된 "그것"이 지닌 확실성이나 보편성을 가질 수는 없을 것이다. 그렇게 되는 것이 맞다. 지식의 구성은 인간 노력의 산물이다. 지식은 결코 틀림이 없지는 않을 것이다.

어린이들에 대한 그것it을 발견하는 것은 지적, 신체적, 정서적으로 유달리 어렵다. 어른과 어린이 사이에 신체적, 사회적, 인지적, 정치적 거리는 그들의 관계를 성인들 사이의 관계와는 대단히 다르게 만든다. 어린이들과 연구를 함에 있어서 우리는 결코 어린이가 될 수 없다. 우리는 매우 분명하고 쉽게 알아볼 수 있는 "타인"으로 남는다.

그것을 발견하는 것과 달리, 그것을 날조하는 것은 덜 도전적이고, 시간이 훨씬 적게 들며, Barnes and Noble과 같은 서점을 잠깐 방문하는 것만으로 확인할 수 있는 정도로 용이하다. 누구는 단순하게 여기에서 일화를, 저기에서 작은 이론을, 부모 또는 교사로서 자신의 경험으로부터 소소한 "상식common sense"을 끌어내기 위해 왜 교실이나 가정 또는 운동장에서 어린이들과 장시간을 보내는가? 어린이들이 어떨 것이라고 권위에 호소하여 설명하는 것은 실제로 가서 발견하는 것보다 훨씬 쉽다. 일화anecdote가 필요하다고 해서 지역의 대학 부속 실험학교 또는 엘리트 유치원preschool을 방문하는 것은 현대의 대다수 어린이들이 일상적으로 지내고 있는, 보다 덜 순수pristine한 상황을 회피하게 하는 것이다.

그것을 날조하는 사람들은 많은 유형을 취한다. 자기-방식의 "전문가"self-styled "experts"가 연구에 대하여("연구에 의하면"이라고 적는 것과 같이) 존중하는 자세를 취하는 것은 당연하지만, 그러나 그들은 어린이들은 어떠하고 어떠해야 함을 본질적으로 주장한다. 어린이들에 대해 어떤 것을 알고 있기는 하지만 특별한 전문성이 없는 분야로 옮겨가는 사람들은 속이 덜 들여다보인다. 이를테면, 하나의 문화로서 어린이들에 대해, 특히 유아들에 대해, 우리가 아는 것의 얼마나 많은 부분이 소아과 의사들과 임상적 심리학자들로부터 오는지를 생각해보라. 그들은 어린이들의 정신적 또는 신체적 건강에 대한 것이 아닌 어린이들에 대한 일반적인 것을 쓴다.

또한 지식의 날조에 기여하는 사람들은 자신들이 조사하는 부분보다 더 많은 것이 세상에 있음을 깨닫는 데 실패한 연구자들이다. 예를 들면, 다소 편협한 측정 지향의 지배하에 학교교육의 맥락에서 이루어진 많은 연구는 수량화할 수 없는 어린이들의 양상과 아동기를 무시해오고 있다. 또 다른 예로 Piaget는 특별히 신중하게 어린이들을 연구했으나 대부분 인위적인 상황에서 의미 없는 과제들로 이루어졌다. 그러한 연구로부터 Piaget는 어린이들에 대한 일반적 결론을 도출했고, 그의 결론은 연구자들이 어린이들에게 친숙한 상황에서 의미 있는 과제를 가지고 조사했을 때 설득력이 없었다(예 : Donaldson, 1978; Gelman, 1979; Hatano & Inagaki, 1986).

어린이들에 대한 모든 범주들은 날조되어 왔다. Finlan(1994)은 전통적으로 정의된 학습장애에 관한 실증적 증거는 없다고 주장한다. 그럼에도 불구하고 학습장애 어린이들은 법치국가 내에서 하나의 문화적 구성물로서 존재한다. 어떤 학교를 가더라도 학습장애아로 판명된 어린이들을 찾을 수 있다. Vellutino(1987)는 어린이들, 또는 그 어느 누구도, 철자나 단어를 거꾸로 뒤집어 본다는 증거는 없으나 어린이들의 이미지에 대한 우리의 문화적 집합collection에서 활자를 거꾸로 뒤집어 보는 난독증 어린이는 두드러진다. 거리에서 웬만큼 교육을 받은 사람들 중 아무에게나 다가가서 난독증에 대해 물어보면 철자를 거꾸로 뒤집어 보는 어린이들에 대해 듣게 될 것이다.

아이러니하게도, 실용적인 것에 집착하는 미국의 문화는 그것을 발견하기를 반대한다. 우리는 "그저 무엇이 일어나는지 발견하기"와 같이 즉각적으로 적용될 수 없는 것은 무시하는 경향이 있다. 우리는 스스로를 "실천자doers"라고 생각한다. 그런 맥락 안에서는 날조하는 사람들이 번성한다. 만약 어차피 만들어 낼 것이라면, 사람들이 알고 싶어 하는 것을 왜 날조하지 않겠는가? 발견된 것이 사람들이 원한 것이거나 기대한 것인지, 또는 이것이 금새 실천에 옮겨질 수 있는 것인지 보장할 수 없다. 사실상, 그것을 발견하기는 문화가 알기를 원하는 것뿐만이 아니라 문화가 아는 것에도 도전하는 경향이 있다.

그것의 참된 발견을 위해서는 연구자들이 회피된 장소에서 낯선 방법으로 보아야 한다. 대부분의 연구는 연구 참여자와 거리를 두고(원거리에서) 수행되어 왔고, Denzin이 쟁점이라고 부르는 "공공의 일과 기관적 구조들과 관계가 있는" 것에 초점이 맞추어져 있으며, "개인적 일"과 같은 문제들에 반한 것이었다(p. 18). 연구자들은 예컨대 어린이집day care에 대해 연구하나, 매우 어린 나이부터 깨어 있는 시간의 대부분을 기관의 보호 아래 지내는 많은 어린이들의 생생한 삶의 실제를 무시한다. Wolf(1995)가 지적하듯, 그 결과는 어린이집에서 지내는 어린이들의 학업적 성취, 어린이집 교사들의 학력, 어린이집에 대해 측정될 수 있는 모든 것이 어떻게 그 밖의 다른 모든 것과 상관관계가 있는지에(이해가 되든 말든) 대한 발견이다. 이러한 연구에서는 어린이집에서 매일, 매주 지내는 어린이들과 성인들에게 어린이집은 어떤 곳인가는 제외된다. 생애 초기의 대부분을 보호기관institutional care에서 지내는 것이 어린이들에게 어떤 의미인가, 그리고 사회에 미치는 영향은 무엇인가와 같은 질문들은 무시된다.

어린이들을 왜 연구하는가? 우리의 대답은, 그것을 발견하기 위해서To find it out이다. 그리고 그것을 계속 발견해야 한다. 그 이유는 만약 우리가 발견하지 않으면 누군가가 그것을 날조할 것이기 때문이다. 사실상, 아마도 누군가가 이미 날조했고, 그들이 날조한 것은 어린이들의 삶에 영향을 미친다. 이는 어린이들을 어떻게 볼 것인가 그리고 어린이들에 대해 내려지는 결정에 영향을 미친다. 그것을 발견하기는 지배적인 이미지에 도전하는 것이다. 반면에 그것을 날조하기는 지배적인 이미지를 유지시킨다.

주제 Themes

이 책은 여섯 개의 주제들로 구성되었다. 첫번째 주제는 맥락에서 그것을 발견하기의 중요성이다. 우리가 발견하고자 하는 "그것it"은 역사, 사회, 문화적으로 어떤 상황에 놓여져 있다. 의미 만들기meaning making는 어떤 상황에 놓여져 있다.

두 번째 주제는 연구과정의 상황적 특징으로–연구대상자, 연구자, 모든 노력the whole endeavor(Wertsch, 1989, p. 15)–첫 번째 주제와 관련이 있다. 연구자, 사실상 연구공동체는, 역사, 사회, 문화적으로 어떤 상황에 놓여져 있다. 여러 장章에서 연구자들이 자신이 수행하는 연구에서 연구과정의 다른 측면을 탐구한 짧은 소견을 소개한다.

세 번째 주제는 사회적 상호작용의 중심성centrality of social interaction이다. 우리는 어린이들 간에 어떤 일이 일어나는지, 어떻게 어린이들이 집단에서 역할을 수행하는지, 또한 어린이들이 어떻게 교류하고 상호작용하는지에 흥미가 있다. 어린이들에 대한 선행문헌들은 어린이 내부within-child에 대해 풍부하게 설명하고 있다. 우리는 "안within"이 아니라 "간between" 초점을 둔다.

네 번째 주제는 연구의 사회적 특징이다. 우리는 현장작업fieldwork의 상호작용적 특징뿐만이 아니라 현장과 연구자의 책상을 떠나서 동료, 가족, 친구들과의 상호작용도 중요하게 생각한다. 연구자는 오로지 자기 자신에게 알려주기 위해 연구하지 않는다. 연구자는 다른 사람들에게 알려주기 위해서 연구한다. 다른 사람들에게 알려주기는 그것을 발견하는 과정의 초기부터 시작되어야 하며 결코 중지해서는 안 된다.

다섯 번째 주제는 어린이들의 중심성centrality of kids이며, 이 책의 명백한 특징으로 볼 수 있다. 우리는 연구가 어린이들에게 지속적으로 되돌아가야 함을 강조한다. 우리는 어린이들의 의미를 추구하는 것이지 성인들의 의미를 추구하는 것이 아니다. 어린이들과 지내는 사람들이 어린이들을 연구하기 시작할 때 갖는 어려움은 어린이들을 향한 성인들의 행위들actions에 초점을 두게 되는 것이다. 이로 인해 어린이에 대한 연구이고자 했던 것이 어린이들에 대한 성인들의 상호작용을 평가하는 것이 되어버린다. 성인들은 분명히 어린이들 맥락context의 부분이지만, 연구는 어린이들에 대한 것이다.

마지막 주제는 연구방법의 상황성the situatedness of methods이다. 우리는 이 책에서 방법론을 광범위하게 고찰하지만, 방법은 오직 실제practice 안에서 관철된다. 이러한 이유로 우리는 연구자들이 자신들이 수행하고 있는 연구에 관한 소견뿐만 아니라 상세한 사례들을 많이 소개한다. 어린이들을 면담하는 것에 대해 논의할 수 있으나 자리에 앉아서 특정 어린이들을 실제로 면담하는 경우에만 면담하기가 자료를 생성하는 방법이 된다. 연구방법은 도구이다. 일반적으로 도구들에 대해서 많이 배울 수는 있지만, 하나의 특정한 맥락이 없는 상태에서는 어떤 종류의 도구를 어떻게 언제 사용할지 결정할 수 없다.

이 책을 쓰면서 계속 도전을 받았던 것은 어느 정도까지 연구의 일반적인 쟁점들을 다루어야 하는지, 그리고 어느 정도까지 오로지 어린이들과의 연구에만 초점을 맞추어야 하는지를 결정하는 것이었다. 어떤 면에서 모든 연구는 어린이, 성인, 모란peonies 또는 양성자quarks를 대상으로 하는 것이든 아니든 간에 유사하다. 다른 면에서 각각의 연구는 각자의 특유의 양식이다. 똑같은 강물을 두 번 딛기가 가능하지 않다면, 똑같은 연구를 두 번 하는 것도 불가능하다. 희극배우 Dave Mason이 논평하기를, "어떤 일을 다시 할 수 없다. 어떤 일을 비슷하게는 할 수 있다. 그러나 이 일을 반복할 수 없다."[1]

우리의 전략은 독자로 하여금 우리가 향상시킬 수 없는 주제의 처리를 알려주는 것이다. 우리는 다른 사람들이 더 잘 하고 있는 것을 부지불식간에 검토하게 한 것에 대해 미리 사과한다. 우리는 독자가 연구 수행, 특히 해석학적 연구에 어느 정도 배경지식을 가진 것으로 가정한다. 우리는 어린이와의 연구가 그 자신의 도전을 드러내는 점을 지적하면서, 우리가 할 수 있는 범위 내에서 포괄적인 연구 쟁점들을 간단명료하게 다룰 것이다. 우리는 우리의 관점을 자세하게 논의할 것인데, 이는 일반적으로 받아들여지고 있는 관점들과는 다르거나 또는 이들에 도전한다.

때로 우리의 현장작업에서 얻은 경험의 교훈들을 간결한 조언 조각들처럼 그래픽문자bullets와 굵은 글씨에 의해 돋보이게 해서 소개한다. 동료들이 제공한 짧은 절들은 어린이들과 함께 하는 현장작업에서의 핵심 쟁점들을 설명한다. 또한 글상자에는 다른 유용한 목록들뿐만 아니라 다양한 주제에 관한 참고문헌 목록을 담아 놓았다.

이 책은 3부로 구성되어 있다. 제1부에서는 연구를 총체적 활동으로서 개념화하면서 연구과정을 교차하여 살펴본다. 제1장에서는 어린이연구의 지배적 패러다임에 대해 비판한다. 제2장에서는 연구의 관점을 하나의 해석적 과학으로서 소개한다. 제3장에서는 이론을 고찰하고, 제4장에서는 윤리를 다루며, 제5장에서는 연구자의 역할을 논의한다. 제2부에서는 현장작업에 초점을 둔다. 제6장에서는 자료생성을 위한 전략들을 조사하고, 제7장에서는 자료 기록의 구성을 다룬다. 마지막 제3부에서는 해석의 과정과 쓰기에 관해 제8장과 9장에서 각각 논의한다. 결론에서, 우리는 이 모든 것을 서로 연결짓기 위해서 분투한다.

이 책을 읽는다고 해서 어린이에 대해 어떻게 연구하는 방법을 배울 수 있는 것은 없다. 알려주지 않는다. 어떻게 하는가를 배우려면 반드시 연구를 해야 한다. 그러나 연구 노력에 대한 기본적 이해를 갖춘 사람이라면 어린이들의 세상을 이해하려는 노력에 수반되는 쟁점들에 대한 강한 인상을 얻어갈 것이다.

이 책은 오늘날의 어린이들에게 세상이 어떠한지 그리고 어린이들이 그 안에서 어떻게 의미를 구축해나가는지 발견하고자 하는 사람들을 위하여 쓰여졌다. 우리의 초점은 현재 우리가 살고 있는 미국 사회에 맞추어져 있다. 그것을 발견하기는 일반적인 어린이들이기보다는 오히려 특정 맥락들에서의 특정 집단의 어린이들에 대해 누군가가 할 수 있는 어떤 것이다.

우리는 세상이 어린이들에게 더욱 힘든 곳이 되어가고 있고, 이 사회가 어린이들에 대해 충분히 알지도 못하거니와 어린이들로 하여금 세상과 타협하도록 도와주기 위하여 충분히 알기를 원하는 것처럼 보이지도 않아 두렵다. 자신의 어린이들에 대해 알기를 회피하는 사회는 그 우선순위에 대해 이미 불길한 결정을 내린 것이다.

Note

1. 나는 참고문헌에 넣기 위해 이 앨범을 찾아보려고 노력했으나 실패했다. 나는 1966년 Jim Mudd로부터 이 가사를 처음 들었다. 내가 말할 수 있는 것은 그는 앨범을 외웠었다는 것이다.

차 례
Contents

CHAPTER 05 | 맥락으로서 연구자

CHAPTER 06 | 자료 생성하기

CHAPTER 07 | 자료 기록 구성하기

CHAPTER 08 | 맥락 속에서 해석하기

CHAPTER

01

The Child As Object
연구대상으로서의 어린이

유아들young children과 관련된 문헌들은 어린이들children을 탐구 대상으로 한 연구 보고들로 채워져 있다. 많은 연구들이 어린이들에게 초점을 맞추고 있음에도 불구하고, 의외로 우리는 어린이들의 생활에 대해 아는 것이 별로 없다. 어린이들이 생활하는 맥락에 주의를 기울인 연구는 거의 없다. 학교나 놀이터에서 집에서와는 아주 다르게 행동action하는 어린아이들은 어디에 있는가? 어린이들의 생생한 경험에 대한 이해 또는 더욱이 관심은 어디에 있는가?

이러한 괴리감의 원인을 양적 연구의 지배 탓으로 돌리기 쉽다. 설사 널리 행해지고 있는 양적 접근이 문제를 야기시킴이 확실하다 해도, 우리가 어린이들에 대해 안다고 생각하는 것의 많은 부분이 Piaget의 현저하게 비양적nonquantitative 연구로부터 온 것임을 결코 잊어서는 안 된다.

이러한 괴리감은 연구자들이 어린이들을 보편적 심리학적 법칙을 관찰할 기회로 보거나, 처치 효과의 지표indicators로 보는 특정 심리학적 관점의 우세함에서 비롯된 것이다. 양쪽 모두에서 어린이들은 단순히 도구일 뿐이다. 어린이를 이해하기 위한 것이 아니라 절대적 보편적 법칙absolute universal law과 궁극적 처치ultimate treatment라는 숭고한 학문적 목표를 달성하기 위해 탐구해온 것이다.

실험실에서 조사를 받는 어린이들은 대부분 보편적 법칙을 관찰하는 기회로서 제공되며, 발달과 학습이론의 구성을 위한 일차적 자료raw materials가 된다. 어린이들의 말을 주의 깊게 들으면 우리의 조상들이 멀리서 부르는 소리를 들을 수 있다고 믿었던 G. Stanley Hall의 기괴한 발생반복주의recapitulationism로부터(Kliebrd, 1986) 우리가 상당히 발전해왔다 해도, 보편적 법칙을 얻기 위한 탐구는, Piaget이론의 놀라운 끈기에 의해 증명되었듯이, 여전히 잔존해 있다.

어린이들은 처치 효과의 지표가 되는 사전 · 사후 검사 결과를 제공해 주는데, 대부분 기관 세팅institutional settings에서 이루어진다. 연구 결과는 이후 어떤 새로운 형태의 교수법이나 원리, 수학이나 사회적 기술을 가르치기 위한 새로운 프로그램, 또는 심지어 새로운 자녀양육 전략을 정당화하거나 거부하는 데 사용된다. 그러한 연구에서 어린이들은 단순히 성과를 측정하기 위한 수단일 뿐이다.

지금 여기에 있는here and now 어린이들에 대해서는 어느 누구도 흥미가 없다. 어린이들은 법칙이나 처치 효과를 증명해주는 증거물로서 사용되어 왔다. 예컨대, 셀 수 없이 많은 어린이들이 짧고 땅딸막한 비커에 담긴 물을 긴 비커들 아니면 그 반대?에 따르도록 요구되어져 왔다. 나이, 성별, 인종과 같은 부호화된 인구 통계학적 특성들 이외에 어린이들의 특별함은 중요하지 않다. 특별한 프로그램이나 학급에서 이루어진 특정 어린이들의 경험에 대한 고려는 전혀 없음이 확실하다.

다음 절에서 우리는 비평의 목적을 위해 지배적인 심리학적 관점을 Piaget학파와 양적이라는 두 가지 범주로 나누어 설명한다. 범주들은 논의를 용이하게 하기 위하여 구성된 것으로서 임의적이다. 우리는 범주들이 결정적이거나, 상호 배타적이 되도록 의도하지 않았다.

Piaget의 존속 The persistence of Piaget

Piaget이론은 유아에 대한 관점에, 특히 유아교육 분야에서, 지난 30년간 지배적인 영향을 행사해왔다. 이 이론의 부당성을 증명해 주는 연구물들이 증가하고 있음에도 불구하고, 이 이론이 계속 존속하고 있음은 놀라운 일이다. 부당성의 증거물을 여기에서 제시하지는 않겠다. 다른 문헌들에서 효과적으로 비평하고 있다(예 : Bruner, 1986, 1990; Bruner & Haste, 1987; Donaldson, 1978; Gelman, 1979; Gelman & Baillargeon, 1983; Hatano & Inagaki, 1986; Inagaki, 1992; Walsh, 1991). 설사 Piaget와 동료들의 연구가 때로 풍부하게 기술적일지라도, 우리는 이들의 연구가 맥락이나 어린이들의 경험에 대해서 두드러지게 부주의해왔음을 주시한다.

Piaget파는 대부분 실험실 환경에서 "새로운, 의미 없는 문제들… [요청된] 형식적 논리에 의한 조리 있는 정당화"(Hatano & Inagaki, 1986, p. 265)를 수행하는 어린이들을 기술해왔다. 제네바학파는 어린이가 세상과 더불어 문화적으로 중재된 경험을 통해 구성한 세상에 대한 의미 있는 이해로서, Donaldson(1978)이 명명했던 어린이의 "인간의 감각human sense"의 영향을 무시해온 것처럼, 문화의 영향을 무시해왔다. 제네바 학파들에게 있어서 어린이들은 문화와 맥락에 독립적으로 작용하는 보편적 법칙을 관찰하는 기회로 이용되어 왔다. 어린이들의 상호작용에 대한 널리 알려진 관점의 경우, 인간을 그들의 문화적 유산으로부터 단절시킴으로써, 어린이를 외부와 단절된 존재vacuum-like로 개념화시켰다.

숫자의 편협함 The Narrowness of Numbers

유아들에 대해 출판된 연구물들 중 태반은 양적 연구물이다(예컨대, Handbook of Research on the Education of Young Children, Spodek, 1993을 살펴보라). 미국에서는 심지어 Piaget학파들도 양적 연구를 하는 경향이 있어 왔다.

양적 연구는 차이와 성과의 도구적 측정에 초점을 맞추기 때문에, 측정이 가능한 존재에 의지한다. 결과적으로 도구와 설문지를 점수화하거나, 개별적 행동의 수를 세거나, 또는 인위적인 세팅에서 행동하게 함으로써 연구자들은 종종 복잡한 어린이들 생활의 실제를 감소시킨다. 예를 들어, 학교 준비도는 빠진 유치乳齒의 수나 모양과 색깔을 구별할 수 있는 능력에 의해 측정되어져 왔다.

이러한 연구에서 방법론적 초점은 측정의 기술적 쟁점technical issues of

measurement에 놓여 있다. 즉, 흥미의 특성을 알기 위해서 어떻게 하면 대리인proxy이 특성을 잘 포착하는가에 초점을 두기보다는 어떻게 도구들instruments이 대리인을 잘 포착하는가에 둔다. 흥미의 주제와 이의 측정된 표상 간에 이론적 연결은 때때로 기술적 고상함을 추구하다 보니 배경으로 사라지는 것으로 보인다. 이는 정밀성precision, 측정에 의해 조작화가 얼마나 잘 기술되었는가, 그리고 정확성accuracy, 흥미의 실제 현상이 얼마나 잘 기술되었는가 간의 차이를 무시한다(King, Keohance, & Verba, 1994). 대부분 보다 정밀한 측정일수록 덜 정확하기가 쉬우며, 정밀성은 정확성으로 보이기 쉽다. 예컨대, 어린이들이 서로 얼마나 많이 손가락으로 찌르는지 세는 것은 비교적 쉬우나, 이것이 어린이들이 지닌 공격성에 대한 정확한 묘사를 제공하지는 않을 것이다. 한 동료는 한 어린이가 친구에 대해 설명하기를 '줄을 서 있는데, 발로 밟고 손가락으로 쿡쿡 찔러대는 아이'라고 해서 어리둥절했었다고 한다. 성인의 눈에는 손가락으로 쿡쿡 찔러대는 행동은 공격성이다. 그러나 어떤 어린이들의 눈에는 이는 때로 우정의 표시인 것이다. 인간의 삶은 복잡해서 단순하게 정의를 내리기는 어렵다.

〈Early Childhood Research Quarterly〉의 한 호號에서 발췌한 몇 가지 조작화operationalizations를 생각해보자. 우정에 대한 논의는 또래 접촉을 "또래와 1m 거리 내에서 적어도 상호인식하에 병행활동parallel activity에 참여함"으로 정의한다(Howes, 1988, p. 24). 사회적 문제해결기술은 어린이들에게 일련의 그림들을 보여 주고 가설적인 상황에 대해 조사함으로써 평가된다(Holloway & Reichhart-Erickson, 1988). 또한 어린이들의 호기심은 반구조적 세팅에서 6분짜리 에피소드를 4회 들려주고, 10초 간격으로 점수화하여 분석된다(Bradbard, Halperin, & Endsley, 1988, p. 95).

이런 노력을 통해 배울 수 있는 것도 있지만, 우리가 학습한 것은 기술적으로 방어하기 위해 협소하게 만들어야만 하는 조작화된 구성과 애초부터 복잡한 어린이들의 삶 속에서 어린이들에 의해 생성된 구성 간의 차이에 의해 심각하게 제한된다. 위에 소개한 사례들은 어떤 것을 측정하는 데 좋은 척도를 제공하지만, 우리가 배우는 것은 기껏해야 어린이들의 우정, 사회적으로 상호작용하는 능력, 그들의 호기심을 살짝 스치고 지나가는 정도이다. 정밀함을 지향하는 연구자들은 그들의 시도에 대한 제한점을 언급하지 않거니와, 마치 어린이들의 우정에 대해 실제로 연구한 것처럼 말한다.

어린이들을 관찰하고 숫자 외에는 아무 것도 없이 떠나가는 것은 (또는 더 나쁜 경우, 표준화된 숫자들) 일상에서 일어나는 어린이들의 상호작용에 대해 우리에게 알려주는 것이 거의 없다. 이는 어린이들의 상호작용이 실로 수치로 변형될 수 있다고 믿게 만든다. 쉽사리 측정될 수 없거니와, 글로 묘사되고 해석되어야만 하는 어린이들의 삶의 양상들은 그 동안 무시되어오거나 또는 매우 의심스러운 양식으로 조작화되어 왔다.

요약 Summary

기술된 접근법들은 양쪽 다 우리가 어린이들에 대해 실제로 아는 것보다 더 많이 아는 것 같은 착각을 하게 만든다. 1883년 출판된 Hall의 《어린이들의 마음의 내용The content of Children's Minds》으로 거슬러올라가면, 이 나라에서 우리는 100여 년 동안 어린이들을 체계적으로systematically, 그러나 협소하게narrowly 연구해왔다. Hall은 자신의 연구로부터 "어린이의 보호자들은 무엇보다도 자연적인 방법에 노출되지 않도록 노력해야만 한다"(1901, p. 474)고 결론지었다. 우리가 그 처방prescription으로부터 많이 벗어나 있는지 분명하지 않다. 우리가 어린이들을 맥락context에서 연구하는 책임을 진정으로 떠맡을 때까지, 어린이들에 대한 우리의 지식은 몹시 한정된 범위를 계속 벗어나지 못할 것이다. 본 장의 나머지 부분에서 우리는 맥락에 대한 쟁점을 놓고 고심할 것이다.

맥락 Context

어린이를 맥락 안에서 어떻게 연구하는가? 해석학적 연구방법론 내에 기초하여 시작하는 것이 첫 번째 단계이다. 우리는 이 책을 구성할 때 독자가 해석학적 연구에 대한 일반적 이론 및 방법에 대해 적어도 조금 친숙할 것이라는 가정하에 접근했다. 우리의 논의는 아주 단순하고 상식적이면서도 일상생활처럼 복합적인 방법에 초점을 둔다.

어린이들을 맥락 안에서 연구하기 위해 우리는 놀이터, 학교, 마당, 방과후 프로그램 같은 국소적 맥락local contexts에서 지내는 어린이들을 가까이에서 체계적으로 살펴본다. 우리는 이러한 맥락 안의 어린이들의 삶을 살펴봄에 있어 "구체적인 상세한 내용concrete particulars"(Erickson, 1986)에 유의하며 고생스러운 세부 묘사를 통해 상세한 내용을 기록한다.

전통적인 어린이연구에서는 어린이가 행동하는 맥락은 연구설계에서 하나의 변인으로서 상술specification하는 것은 고사하고 아예 관련 없이 취급한다. 연구의 목적은 맥락을 가능한 한 많이 표준화하는 것이며, 따라서 실험실이나 실험실과 유사한 방처럼 맥락이 없는 맥락the contextless context이 인기가 있다. 거기에서 어린이들은 추측컨대 역사와 문화로부터 단절된다. 성별, 사회계층, 지능과 같은 덜 완충적인 요인들은, Piaget가 그랬듯이, 무시되거나 또는 예컨대 분할된 변인partitioning variance에 의해 방법론적으로 처리된다.

표준화와 객관성에 대한 우려는 연구자로 하여금 일방경이나 감추어진 행동 체크리스트와 같은 전략들을 통해 자신과 어린이들 사이에 거리를 유지하도록 요구한다. 연구자들은 자료를 순수하게 보존하기 위해 심지어 어린이들에게 자신들이 하는 일을 속이기도 한다. 어린이의 활동은 성인의 지각한 표면에 나타난 그대로라고 가정한다. 연구의 목적은 행동을 포착하는 것이기 때문에 행동의 의미 또는 잠재적인 동기에 대해서는 전혀 관심을 두지 않는다.

우리는 연구자들이 어린이들을 특정 경험과 생활상태를 지니고, 특정 환경에서 생활하는 존재로 생각하기를 제의한다. 우리는 연구자들이 거대한 이론들grand theories을 개발하기 위한 시도에는 시간을 덜 쓰고, 어린이들이 자신들을 발견하는 많은 맥락들을 오가면서 어린이들 삶의 풍부함을 묘사하기를 배우는 데 더 많은 시간을 보내기를 건의한다. "모든 것의 후기주의post-everything"(Erickson, 1992) 세대인 이 세상에서, 거대한 이론들은 그들이 한 때 수행했던 책임을 감당하지 못하거나 또는 최소한, 그러한 책임을 맡으려는 사람들이 점점 줄어들고 있다.

해석학적 연구는 점차 증가하는 경향을 보이는데, 맥락에서의 어린이들에게 초점을 맞춘다(유아와 관련된 연구물들을 검토하려면 Walsh, Tobin, & Graue,

1993을 보라; 우리가 선호하는 개인 연구물들의 일부분이 제시된 Box 1-1을 보라) 이러한 경향은 탐구에의 접근법을 확대하려는 보다 큰 연구공동체의 노력을 반영한다. 그럼에도 불구하고 맥락화된 어린이들의 삶에 대한 해석학적 기록은 발달이 저조한 상태로 남아 있다. 충분하지 않다. 학교에 지나치게 초점이 맞추어져 있고, 맥락화가 매우 미흡하다. 이러한 두 번째 우려 사항들이 제1장의 주제이며, 이에 대해 제3장으로 넘어가기 전에 간략하게 다룬다.

어린이에 대한 해석학적 연구들 · 자료

Box 1-1

Interpretive Studies of Children–A Resource

Bennett deMarrais, K. P., Nelson, P., & Baker J. (1992). Meaning in mud: Yup'ik Eskimo girls at play. *Anthropology and Education Quarterly, 23*, 120–144.

Bussex, G. (1980). *Guys at work: A child learns to write and read*. Cambridge, MA: Harvard University Press.

Boggs, S. T. (1985). *Speaking, relating, and learning: A study of Hawaiian children at home and at school*. Norwood, NJ: Ablex.

Clark, C. D. (1995). *Flights of fancy, leaps of faith: Children's myths in contemporary America*. Chicago: University of Chicago Press.

Corsaro, W. A., & Miller, P. J. (Eds.). (1992). *Interpretive approaches to children's socialization*. San Francisco: Jossey–Bass.

Cox, S. T. (1990). Who the boss? Dynamic tensions in oral storybook reading. *International Journal of Qualitative Studies in Education, 3*(3), 231–252.

D'Amato, J. (1988). "Acting": Hawaiian children's resistance to teachers. The Elementary School Journal, 88, 529–544.

Davies, B. (1989). *Frogs and snails and feminist tales*. St Leonards, Australia: Allen & Unwin.

Davies, B. (1993). *Shards of glass: Children reading and writing beyond gendered identities*. Cresskill, NJ: Hampton.

Dyson, A. H. (1993). *Social worlds of children learning to write in an urban primary school*. New York: Teachers College press.

Fine, M. (1991). *Framing dropouts: Notes on the politics of an urban school*. Albany: State University of New York Press.

Hatch, J. A. (Ed.). (1995). *Qualitative research in early childhood settings*. Westport, CT: Praeger.

Kantor, R., Flgas, P., & Fernie, D. (1989). First the look and then the sound: Creating conversations

at group time. *Early Childhood Research Quarterly, 4*, 433–440.
Kelly–Byrne, D. (1989). *A child's play life: A ethnographic sudy*. New York: Teachers college Press.
Leavitt, R. L. (1994). *Power and emotional in infact–toddler day care*. Albany: State University of New York Press.
Lubeck, S. (1985). *Sandbox society*. Philadelphia: Falmer.
Mayall, B. (Ed.). (1994). *Children's childhoods observed and experienced*. London: Falmer.
Miller, P. (1982). *Amy, Wendy, and Beth: Learning language in South Baltimore*. Austin: University of Texas Press.
Polakow, V. (1993). *Lives on the edge: Single mothers and their children in th other America*. Chicago: University of Chicago Press.
Taylor, D. (1991). *Learning denied*. Portsmouth, NH: Heinemann.
Thorned, B. (1993). Gender play: Girls and boys in school. New Brunswick, NJ: Rutgers University Press.
Tobin, J. J., Wu, D. Y. H., & Davidson, d. H. (1989). *Preschool in three cultures: Japan, China, and the United States*. New Haen, CT: Yale University Press.
Wolf, S. A., & Heath, S. B. (1992). *The braid of literature: Children's worlds of reading*. Cambridge, MA: Harvard University Press.

어린이들에 대한 해석학적 연구의 대다수가 학교와 관련된 쟁점들에 초점을 두거나 또는 학교환경에서 실행되어 왔다. 결과적으로, 우리는 어린이들의 매일의 경험의 광대한 부분에 대한 매우 불완전한 기록을 가지고 있다. 사회과학자들과 인류학자들은 어린이 야구대회와 운동장에서의 어린이들을 연구해왔다고는 하나(예컨대, Fine & Sandstrom, 1988을 보라) 우리는 다른 어떤 곳보다도 학교나 학교와 유사한 환경setting에서 지내는 어린이들에 대해 더 많이 안다.

예를 들어, 우리 사회에서 얼마나 많은 어린이들이 어떤 형태의 어린이집에서 그들의 삶의 많은 부분을 보내는가를 생각해 보라. 우리는 이 책을 읽는 많은 독자들이 어린이집을 조사하고 정비하는 데 시간을 썼을 것으로 짐작한다. 많은 지역에서 많은 어린이들이 주중 깨어 있는 시간의 80% 또는 그 이상을, 1년 내내, 해가 뜨기 전부터 해가 지고 난 후까지, 어린이집에서 보낸다. 어린이들의 삶에서 팽배한 이러한 모든 실재를 얻으려면, 집을 떠나 어린이집 상황으로 들어갈 때의 어린이들의 경험을 진하게thick 묘사한 기록을 찾아보라. 이들은 놀라울 정도로 드물고, 때로 읽는 데 좌절감을 느끼게 한다(예 : Leavitt, 1994; Wolf, 1994). 만약 어린이집에 대한 해석학적 연구물들이 있었더라면 어린이집에 대한 현재의 논의는 아마도 극적으로 달라지지 않았을까 생각한다.

최근에 발표되고 있는 해석학적 연구는 어린이들에 대한 초기 연구물들의 많은 부분을 넘어서는 현저한 발전을 보여 준다. 그러나 우리는 맥락에서 어린이들을 연구하는 것에 대해 배워야 할 것들이 아직도 많다고 믿는다.

맥락이란 무엇인가? What Is a Context?

최근 사회적, 문화적, 경제적 요인들에 의해 어린이들 삶의 자원들resources과 도구들tools이 변경됨에 따라 어린이들의 맥락은 급속히 바뀌고 있다. 오늘날의 어린이들은 이전 세대들과 비교해볼 때 다른 형태의 관계가 가능해졌는데, 놀이그룹의 또래들play-group peers로부터 공룡 BarneyBarney the Dinosaur[역주 : TV 어린이 프로그램인 세서미 스트리트에 나오는 캐릭터]에 이르기까지 다양하다. 또한 어린이들이 접할 수 있는 지식 또한 다른데, 컴퓨터 상식에서부터 후천성 면역결핍증AIDS에 대해 생각하는 것까지에 이른다.

어린이들이 그들의 맥락들에 영향을 받지 않는다는 것은 불가능하다. 어린이들이 존재하므로 그들의 맥락들이 형성되는 것처럼, 어린이들과 그들의 맥락은 서로를 구성해간다. 어린이들이 처해 있는 삶의 상황들life situations을 고려하지 않고 그들을 생각하려고 노력하는 것은 어린이들과 그들의 행위들actions에서 의미를 박탈하는 것이다. Michael Cole(1996)은 맥락들을 천 짜기weaving의 은유로 생각할 것을 제안한다:

> "맥락 내에서 행위"를 천 짜기의 은유로 이해한다는 것은 마음mind에 대한 관계적 해석a relational interpretation을 요구한다; 대상objects과 맥락은 하나의 생물-사회-문화적 발달과정의 부분으로 함께 발생한다. (p. 136)

이렇게 대상과 맥락을 섞어 짜는 이미지는 상황에 처한situated 복잡한 탐구의 묘사를 제공한다. 왜 우리는 역사의 한 시점에서, 한 특정문화 속에서, 또 매우 국소적 맥락들 안에서 겪는 이러한 경험들에 대해 면밀하게 주의를 기울이지 않고 있는가?

이 질문에 대답하기 위해서, 아니 심지어 검토하기 위해서라도, 우리는 반드시 이전에 지배적이었던 연구의 패러다임에서 한 것과는 다르게 어린이들을 생각해야 한다. 모집단population을 대표하는 표본의 추출sampling subjects보다, 개인들, 특별한 개인들particular individuals에게 지독할 정도로 관심을 가져야만 한다. 탐구의 초점은 강렬하게 국소적local이어야 한다. 만약, Tip O'Neill이 주목한 바와 같이, 모든 정치politics가 국소적이라면, 매일의 생활 또한 그러한 것은 분명하다. 연구의 렌즈는 반드시 상황에 처해 있는 어린이the situated child를 향해 클로즈업을 시켜야만 한다. 어린이가 처한 맥락은 교환할 수 있는 배경 이상의 것으로, 연구자가 묘사한 영상에 생명을 부여함으로써 사진의 일부가 된다. Cole(1996)이 한 예를 다음과 같이 제시한다.

> 우리 아이의 옷장 속 선반에 걸린 큰, 오렌지색의, 줄무늬가 있는, 고양이 같은 발을 가진, 털로 덮인 다리는 아마도 브라질의 열대우림 한가운데 있는 기대어 지은 집에 달아맨 그물 침대 아래에서 흘끗 보인 비슷한 물체에 의해 야기된 것과는 다른 도식들schema, 다른 감정들emotions, 다른 행위들actions을 자아낼 것이다…. 인간의 모든 행동은 반드시 관계 속에서, 표현 그대로 "그 행동이 일어난 맥락들"과의 관계 속에서 이해되어야 한다는 것이다. (pp. 130-131)

맥락이란 무엇인가? 맥락이란 문화적으로, 역사적으로 놓여 있는situated 장소와 시간, 즉 특정 시점a specific here and now을 의미한다. 그것은 거시사회학적macrosociological 그리고 미시사회학적microsociological 사건들을 분석한 범주들 사이를 통합하는 연결고리이다. 맥락은 상호 관련된 행위자들에게 상호작용을 통해서 인식되는 세상이며, 가장 즉각적인 참고의 틀frame of reference이 된다. "맥락이란 상황과 시간에 의해 제한된 인간활동의 무대arena로 생각될 수도 있다. 그것은 문화의 한 단위이다"(Wentworth, Cole, 1996, p. 142).

문화적 · 역사적인 체제 내에서 해석하는 과정은 우리로 하여금 집중하고 있는 국소적 상황the local situation과 또 보다 큰 상황 간에 일치하는 것the fit에 주의를 기울일 것을 요청한다. 우리는 국소적 맥락들과 보다 더 큰 사회적 맥락들 사이의 관계에 대해, "어느 때 그 어떤 특수한, 지역적regional 그리고 우연히 나타난 당시의 상황들circumstances이 어떻든 간에 이들 사이에 권력/지식의 관계"(Fendler & Popkewitz, 1993, p. 24)를 주의 깊게 분석해야 한다. 또한 우리는 이런 관계에 대해 자신감을 가질 필요가 있다. 만약 우리의 초점이 사회적으로 구성된 의미라면, 그 의미는 적어도 우리가 연구하는 어린이들과 아마도 그 어린이들과 유사한 사람들과 공유된다. 더 나아가서, 그 의미는 당시의 상황들 내에서 구성되었으며 국소적 맥락은 당시 여건들의 한 예이고 또한 그 안에 위치하고 있다.

우리는 연구가 수행되고 있는 국소적 맥락the local context과 그 국소적 맥락이 놓여 있고, 궁극적으로는, 해석의 틀이 되는 보다 더 큰 맥락the larger context을 구분한다. 국소적 맥락이란 그야말로 국소적인, 바로 이곳right here, 바로 지금right now을 말한다. 국소적 맥락은 마당이나 공원 혹은 교실과 같은 물리적 · 사회적인 장소이다. 그것은 심지어 교실에 있는 어떤 책상이나 공원에 있는 정글짐과 같이 보다 더 국소화될 수 있다. 국소적 맥락이 국소적임을 잃지 않으려면 어느 정도 커야 할 것인가에 대해 논의하는 것은 무의미하다. 놀이영역의 한 특정 기구이든, 공원에 있는 놀이영역이든, 혹은 공원 그 자체이든 연구자가 맥락을 결정한다. 이 결정은 연구자의 관심과 자원에 근거하는데, 예를 들면 사용 가능한 연구원의 수와 시간에 의해 결정된다. 그러나 너무 광범위하게 보고자 하는 연구자들은 매우 주의 깊게 보는 기회를 놓칠 위험이 있다.

국소적 맥락은 다수의 내포된nested 그리고 중복된 더 큰 맥락들 안에 놓여 있다. 블록영역은 어린이집의 방 안에 있고, 그 방은 어린이집 안에 있으며, 어린이집은, 예를 들어 그 지역의 어린이집 네트워크 안에, 탁아에 관한 보다 큰 담론discourse 안에, 그리고 주어진 어떤 문화 안에 놓여 있다.

국소적 맥락과 보다 더 큰 맥락 간의 차이보다 더 중요한 것은 그 두 맥락들 간의 관계이다. 국소적 맥락 안에서 또 그것에 관한 자료를 기록하지만, 더 큰 주변환경milieu을 참조하지 않고는 그 기록들을 해석할 수 없다. 우리는 연구를 하는 과정에 대해서, 그리고 참여자의 생생한 경험the lived experience을 포함하는 보다 폭넓은 맥락들뿐만이 아니라 현장작업fieldwork을 구성하는 체계적인 관찰과 청취에 대해서 상세한 것the specific에 주의를 기울일 것을 강조한다. 해석은 이렇게 국소적인 과정을 통해 구성된 자료의 기록에 반드시 근거해야 하며, 그렇지 않을 경우 해석이 빈약할 것이다.

많은 해석학적 연구들이 보다 더 큰 맥락과 연결짓는 데 실패함으로써 기대에 미치지 못하고 있다. 특히, 많은 사례연구들case studies이 그 자체의 세계 안에서 떠도는float 듯하다. 이러한 사례연구들에서 연구자는 심리학적 연구가 개인을 개념화하는 것과 같은 방식으로 개별 사례(한 사람, 놀이집단 등)에 초점을 맞추면서 하나의 단위a single unit에 대한 기술적 연구descriptive study를 수행한다. 심리학적 연구가 개별 아동을 놓고 설명한다면, 사례연구는 개별 현장individual site에 대해서 설명한다. 교실 혹은 다른 벽을 넘어서는 연결이 없으며, 동시대의 것들contemporaries 간의 관계에 대한 탐구도 없고, 지역사회의 규범 및 이상ideals과의 관련성에 대한 검토도 없다. 그 사례는, 마치 진공상태에 있는 것처럼, 홀로 존재한다. 근거이론grounded theory의 이익이 무엇이든(저자들도 이익이 있다는 데 동의한다), 단순하게 근거이론을 사용하면 편협해진다. 바로 이곳에서 지금the here and the now 일어나는 일을 가지고 바로 이곳과 지금을 설명할 수는 없다. 이는 맥락 안에 존재하는 것들entities 간의 관계 및 자료와 이론 간의 관계에 대한 검토가 미흡한 상태이며, 우리의 지식에 큰 틈gaps이 남아 있다.

이렇게 미흡하게 맥락화된undercontextualized 연구는 상당부분 개인의 행위들이 기본적인 일련의 신념들에 의해 설명될 수 있다는 가정에 근거한다. 여기에서의 신념들은 다른 사람들의 아이디어나, 권력power 관계, 혹은 인간의 생각과 행위를 형성하는 문화적 · 역사적인 힘forces에 의해 영향을 받지 않은, 개인의 머릿속에서 만들어지고 틀이 잡힌 상태로 보관된다. 비록 이러한 연구가 어린이들에 대한 많은 연구들을 지배해온 행동의 인과관계 분석causal analysis을 한 걸음 뛰어넘은 것이라 할지라도, 이는 비맥락적인context-free 실험실에서 나와서 비맥락적인 "자연적natural" 환경setting으로 이동하는 것으로 작은 진보에 불과하다.

관계성으로서 맥락Contexts as Relational

바로 여기 지금here and now은 장소와 시간은 한계가 그어진 연속적인 순간들과 공간 내에서의 좌표의 교차 그 이상임을 의미한다. 물론 바로 여기 지금이라는 것이 그런 뜻이기도 하나, 반드시 그렇게만 축소될 수는 없다. 우리가 말하는 바로 지금 여기는 매일의 삶을 구성하는 개인적 그리고 시간적 상호작용의 복잡한 망web으로 생각하는 것이 가장 적합하다.

맥락이 단지 어린이와 그의 행위들을 포함하는 것이 아니며, 맥락들은 관계가 있다. 맥락들은 어떤 특정한 환경과 특정한 때에 있는 개인들, 도구들, 자원들, 의도들intentions, 아이디어들을 형성하고 또한 그것들에 의해 형성된다. 맥락들은 회귀방정식에 나오는 일련의 기술적 변인들descriptive variables에 의해 포착될 수 있는 고정된static 것이 아니다(Gaskins, Miller, & Corsaro, 1992). 대신, 맥락들은 유동적fluid이고 역동적dynamic이며, 활동 안에서 끊임없이 스스로를 재구성한다. 맥락들은 상호작용을 반영하고 또한 그 틀을 만들기 때문에 본질적으로 사회적이다(Wertsch, 1985). 더 나아가, 맥락들은 말하는 이와 듣는 이의 인식에 의해 구성된다(Tsai, 1993). 행위자들의 의도는 어떤 맥락에서든 그 맥락의 부분이 되며, 그 의도들은 물리적으로 실재하는 행위자들에 따라 변화한다. 어떤 맥락에서든 가장 중요한 면facet은 특정한 바로 여기 지금a particular here and now을 공유하는 타인들이다. Mehan(1980)은 맥락의 사회적 양상을 다음과 같이 기술하였다:

> 맥락은 교실, 부엌, 교회와 같은 물리적인 환경과 동일시될 수 없다; 맥락은 참가자와 청중의 다양한 조합combinations 내에서 실재하는 사람들에 의해 구성된다(Erickson & Schultz, 1977; McDermott & Roth, 1978). McDermott과 Roth가 지적한 것처럼, 맥락은 사람들이 언제 어디에서 하는지 뿐만 아니라 사람들이 무엇을 하는지에 의해 구성된다. 즉, 상호작용을 하는 사람들은 서로에게 환경을 제공한다. 그리고 궁극적으로, 사회적 맥락들은 서로가 함께 승인하고ratified 구축한constructed 환경들로 이루어진다. (p. 136)

여기에서 취한 맥락적 관점the contextual perspective에서 사회적인 것에 대한 강조는 필연적이다. 어린이들(혹은 어떤 개인들)과 맥락에 대한 사회적 관점은 사적 자아the private self에 초점을 맞춘 전통적인 서양의 심리학과 대조를 이룬다. 즉,

서양의 심리학은 "선천적으로 개인주의적인 자아individualistic self가 발달하는데, 이 자아는 보편적인 감각the universal sense에 의해서 결정되고 말로 설명할 수 없는, 사적인 것이다(Bruner, 1986, p. 85)"라고 가정한다. 개인을 그들이 처한 맥락들(그리고 서로)로부터 분리시켜서 생각할 때, 우리는 모든 설명을 개인 안에서 찾으려는 경향이 있다. 도대체 그밖에 어디에서 찾을 것인가? 한 어린이가 학교에서 문제를 보인다? 그 어린이가 문제임이 틀림없다. 만약 우리가 설명을 그 어린이에게서 찾기보다 맥락에서 찾으려 했다면 어떻게 다를 것인가? 우리는 어떻게 문제를 규정하고 어린이들과 관련된 행위를 하기 위한 책임을 질 것인가?

맥락 속에서의 어린이Children in Context

만약 사람들을 맥락 속에서 연구하는 것이 중요하다면, 어린이들을 맥락 속에서 연구하는 것은 특히 중요하다. 대개 어린이들은 자기 자신들이 통제control할 수 없는 맥락 안에 놓인다. 즉, 성인들이 어린이들을 위해 대부분의 결정을 내린다. 불편하거나 위협적인 상황을 발견하면 피할 수 있는 성인들과는 달리, 어린이들은 자신들이 통제하기가 거의 불가능한 환경setting 속에서 역량을 발달시키기 위한 도전을 끊임없이 해야 한다. 자신이 다니는 유치원의 학급을 좋아하지 않는다는 것을 알게 된 어린이는, 대학교를 다니는 대학생처럼, "전공 바꾸기"가 불가능하다. 더욱이 어린이들은 좀처럼 연구나 혹은 대부분의 다른 성인 주도 활동들adult-conducted activities에 참여하기를 거부하는 사치스러움이 허용되지 않는다. 다시 말하자면, 성인들은 문지기들gatekeepers이다.

현대 어린이들의 삶의 특징은, 어린이들이 학교와 어린이집에서 점차적으로 기관화됨institutionalized으로 인해, 끊임없이 성인들의 감독the watchful eye하에 놓이는 것이다. 어린이들은 좀처럼 작업하고 놀이할 사적 공간private places이 주어지지 않는다. 교사들과 보호자들caregivers에게는 반드시 모든 어린이들을 항상 볼 수 있어야 한다는 지시가 내려진다. 자료수집과 분석과정에서 연구자-어린이의 관계가 반드시 명백하게 조정되어야만 하는 이상한 결합a strange mix을 만드는 방식으로, 어린이들의 경험의 경계는 성인들에 의해 감시당한다.

어린이들이 무력powerless하다고 말하는 것이 아니다. 분명히, 어린이들은 성인과 다른 명령들directives에 저항한다(예 : Skinner, 1989). 어린이들은 성인이 창출한 맥락들adult-created contexts 안에서 그들만의 하위맥락들subcontexts을 만들어 낼 수 있는데, 이러한 하위맥락들은 대체로 성인들에게는 보이지 않으나 어린이들에게는 가장 눈에 띄고 두드러진다(Corsaro, 1985). 그럼에도 불구하고, 유아들은 더 나이 많은 어린이들이나 성인들에 비해 현저하게 맥락에 의존적context dependent이고 맥락에 취약context vulnerable하다.

결론 Conclusion

유아들과 함께 연구하는 것은 그들과 함께 생활하고 일하는 것만큼이나 복잡하고, 보람되며, 또한 혼란스럽다. 그것은 연구 프로젝트에서 필요한 것들보다 유아들이 필요로 하는 것들에 대한 예리한 눈을 요구한다. 또한 어린이들이 우리에게 그들의 세계를 볼 수 있게 하는 특별한 여건들에 주목할 것을 요구한다. 본 장에서 우리는 특정 문화적 · 역사적 맥락 안에 어린이들의 경험을 두는 연구의 필요성을 주장했다. 이러한 접근법은 독특한 개인들의 경험에 관해 국소적으로 근거가 있는 관점a locally grounded perspective을 제공하는데, 그 관점은 그 후에 다른 기술들descriptions과 연결될 수 있다. 이 관점의 결과는 풍부한 이야기a rich narrative가 될 수 있는데, 그것은 일반적general이면서 또 동시에 특수하며particularistic, 심층적으로 묘사된 반면에 폭넓게 초점이 맞추어져 있다. 저자와 독자들이 제시한 해석적 연결은 보다 더 큰 문화와 역사에 관한 논의뿐만 아니라 개별 어린이들에 대한 국소적인 기술들the local descriptions까지도 반드시 연결되어야 한다.

만약 해석학 연구자들이 맥락이라는 이슈를 심각하게 생각하고자 한다면, 분명히 고려할 점이 다수 있다. 첫째, 우리는 양적 연구를 포함해서, 보다 더 큰 연구의 세계에 주목할 필요가 있다. Denzin(Daniel Walsh와의 사적 대화, 1994)은 자신이 어떻게 해서 양적 전염병학 연구quantitative epidemiological studies에서 나온 설명되지 않은 긍정적인 결과 때문에 알코올 중독자들의 모임Alcoholics Anonymous : AA에 관한 연구를 하게 되었는지 설명했다. 해석학적 연구가 AA의 과정에 대해 보다 더 잘 이해할 수 있도록 틈을 메웠다. 아래와 같이 Walsh와 그의 동료들(1993)이 주목한 것처럼, 우리는 이렇게 현존하는 연구를 이용하는 것뿐만 아니라, 이를 능가한다.

> 해석학적 연구는 마치 해석학적 연구자들이 단순히 양적 연구를 하는 동료들을 위해 미리 정찰 작업scout work을 수행하는 것처럼, 종종 예비연구pilot study 수준으로 격하되어 왔다. 우리의 주장은 그와 반대로 해석학적 탐구가 연구 결과에 의미를 부여하는 맥락적 쟁점the contextual issues들에 접근할 수 있게 하는 잠재력을 가지고 있고, 그렇게 함으로써, 현존하는 실증주의자positivist 연구의 뜻을 이해하게 해주는 지식을 제공할 수 있다는 것이다. (p. 465)

둘째, 우리는 이론Theory—즉, 대문자 T를 가진 이론—을 보다 심각하게 받아들일 필요가 있을 것이다. 이렇게 말하는 것은 거대한 비문화적 이론grand acultural theory을 개발하는 데 목적을 둔 연구에 대해 우리가 앞서 비판한 것과 모순되는 것으로 들릴 수도 있겠으나, 우리의 요지는 단순히 사람들이 어린이들에 대해 전혀 아는 바가 없는 상태로 현장에 가지 않는다는 것이다. 예컨대, 후기-Piaget학파의 관점(예 : Inagaki, 1992; Walsh, 1992, 1993)은 어린이들을 이해함에 문화의 중요성을 강조하는데, 이는 해석학적 연구를 위해 매우 유용하다. 맥락 속에서 어린이들의 삶을 탐구하기 위해 작업했던 우리의 목적을 위해서는 특별히 활동이론activity theory이 도움이 되었다.

우리는 또 어린이들이 다른 사람들과 갖는 관계에서 맥락으로 작용하는 사회적으로 구성된 지위에 대해 탐구할 필요가 있다. 그중 가장 중요한 것은 인종적, 민족적 정체성, 성별, 사회경제적 지위이다. 이러한 특성들markers은 모든 국소적 맥락들을 거쳐서 어린이가 누구인지를 규정하는 방식들에서 어린이들과 그들의 상호작용의 틀을 짜고자 하는 사람들에 의해 사용된다. 이 특성들을 어린이들의 경험을 위한 맥락들로 생각하는 것은 우리로 하여금 어린이들의 성장과 발달과정을 보다 더 잘 이해할 수 있도록 도우며, 또한 그 특성들이 어떤 결과들을 낳는 결정요소들determinants로서 구체화하기reification를 그만두게 할 수 있다.

마지막으로, 개별 연구들은 개별 연구자에 의해 그리고 더 큰 연구자 집단들에 의해 보다 더 큰 연구 프로그램의 부분으로 여겨질 필요가 있다. 해석학적 학문 interpretive scholarship의 조각들을 탐구의 보다 넓은 시야와 연결하는 것은 문헌검토에서 지식의 선조들intellectual ancestors에게 하는 전통적인 인사 그 이상의 것이다. 그들은 반드시 이론적으로 연결되어야 하는데, 이는 국소적 맥락과 그에 대한 자료는 물론 현존하는 연구의 형세에 대한 깊은 지식과, 탐구의 틀을 잡는 데 사용된 이론들에 대한 상당한 이해가 필요한 복잡한 과제이다. 연구자들은 연구의 한 조각이 가지는 특별한 공헌의 윤곽을 그리려고 애쓰기보다, 증가하고 있는 이해의 모자이크 a growing mosaic of understanding에 어떻게 그들의 연구를 더하는지를 강조해야 할 것이다. 협력collaborative이라는 말이 의미하듯 우리는 연구대상들뿐만 아니라, 다른 연구자들과 훨씬 더 많은 협력연구collaborative work를 할 필요가 있다. 다른 연구자들이라 함은 "양적" 연구를 하는 동료들을 포함하여, 다른 학문 분야에 종사하는 그리고 다른 연구방법들을 쓰는 연구자들, 역사학자들, 사회학자들을 포함한다.

우리의 연구를 다른 사람들의 연구와 연결함에 있어서, 우리는 맥락에 관한 견해로 돌아가게 된다. 어린이들에 대한 우리의 관점이 반드시 보다 더 맥락화되어야만 하는 것이었다. 마찬가지로, 연구자로서 우리 또한 맥락 안에서 일한다. 좋은 해석학적 연구를 보증하는 풍부한 기술들rich descriptions은 그들이 놓여 있는 맥락들, 즉 세팅 안에 있는 어린이, 더 큰 공동체 안에 있는 세팅, 학문적 문화 속에 있는 연구자, 이론적 틀 속에 있는 아이디어들과 반드시 연결되어야만 한다. 만약 우리가 어린이들에 대한 관점이 그들의 삶만큼이나 복잡하기를 희망한다면 단 한 조각도 고립되어서는 안 될 것이다.

우리는 다음 장들에서 유아들과 함께 하는 연구에 관련된 맥락에 대한 쟁점을 탐구한다. 우리는 연구의 과정을 하나의 총체적 활동a holistic activity으로 개념화하면서 연구의 과정을 살펴본다. 제1부 나머지에서는 연구, 윤리, 이론 그리고 연구자의 역할에 관한 우리의 견해를 논의한다. 제2부에서는 자료 생성 및 자료 기록을 위한 전략들을 검토한다. 제3부에서는 해석의 과정과 쓰기에 관해 논의한다.

CHAPTER

02

Interpretive Science

해석학적 과학

단 하나의 과학적인 연구방법이란 존재하지 않는다. 과학적인 방법은 과학적인 학문 분야들 그 자체만큼이나 다양하고 많은 상이한 접근법들을 포함한다. 어린이를 잘 이해하는 것은 다양한 접근법들을 결합시키는 것뿐만 아니라 새로운 방법들을 찾아내는 것을 요구한다. 우리는 연구와 연구에 관한 이론에 대해 짧은 개괄적인 논의를 하면서 본 장을 시작하려고 한다. 본 장의 목적은 이 책에서 제의된 접근법을 보다 큰 연구의 맥락 안에 두는 데 있다.

구 소련의 심리학자이자 의사이며 신경과학자인 Luria(1979)는 그가 고전주의적classical이며 낭만주의적romantic이라고 일컫는 전통 간의 차이를 줄여주는 과학의 필요성을 주장하였다. 이러한 필요성은 그가 연구과학자research scientist와 임상의clinician라는 자신의 두 정체성들을 결합시키고자 했을 때 대두되었다. 그가 기술했듯이, 이 통합synthesis은

본 장의 저자 : Daniel

> 어떤 한 사건an event을 가능한 많은 관점으로부터 보는 데 목표를 둔다. 과학의 눈은 어떤 사건을 탐구할 때, 다른 사물들이나 사건들에서 분리된 "하나의 사물a thing"로 간주하지 않는다. 과학의 진정한 목적은 하나의 사물이나 사건이 다른 사물들이나 사건들에 관련되는 방식을 보고 이해하는 것이다… 그것은 연구대상the subject이 가지는 가지각색의 풍부함을 보존하려는 낭만주의적 목표를 잃지 않으면서, 사실을 설명하려는 고전주의적 목표를 [달성하는 것이다]. (pp. 177–178)

우리 저자들은 위의 Luria의 통찰력 있는 웅변만큼 훌륭히 표현할 수 없다. 어린이를 연구하는 목적은 그들 삶이 가지는 가지각색의 풍부함을 보존하면서 사실을 설명하려는 것이어야 한다. 편협하게 초점이 맞춰진 접근법을 가지고는 이 목적을 달성할 수 없다.

이 책에서 우리가 검토하는 연구의 접근법들은 보통 질적qualitative이라고 불리는데, 우리는 이 용어를 사용하는 것을 좋아하지 않는다. 몇 해 전에 Erickson은 "문화기술적ethnographic, 질적qualitative, 참여관찰적participant observational, 사례연구적case study, 상징적 상호주의자적symbolic interactionist, 현상학적phenomenological, 구성주의자적constructivist, 또는 해석학적interpretive이라고 대안적으로 불리는" 접근법들을 커버하는 "해석학적interpretive"이라는 용어를 사용할 것을 제안하였다(1986, p. 119). 우리 저자들도 "해석학적"이라는 용어를 선호한다. Erickson이 지적했듯이, 이 용어가 더 포괄적이며, "질적"이라는 용어가 획득한 비양적nonquantitative이라는 함축적 의미를 피하고, 또 "사회적 삶 속에 그리고 연구자의 설명과 해설 속에 들어 있는 인간적 의미human meaning"(p. 119)와 관련된 모든 접근법들이 갖는 공통적인 관심을 보여 준다.

또한 연구를 해석학적으로 생각한다는 것은 모든 연구가 자료의 기록을 해석하고 그 해석들을 공표하는 것임을 상기시키는 것이다. 우리 저자들은 지난 세기 혹은 더 오래된 질적 대 양적 간 영역 다툼에 우리 자신들을 두는 것은 유용하지 않다고 생각한다. 어떤 것을 반대하는 것은 어쩔 수 없이 자신을 반대되는 용어로 규정하게 한다. 즉, 누구인지 그리고 무엇을 하는지 대신, 누구가 아닌지 그리고 무엇을 하지 않는지와 같이 자신을 규명하게 한다.

연구는 다양한 과학들에서 발전되어 왔고 또 많은 단계들을 거쳐왔다. 연구의 목적은 증거와 논쟁을 바탕으로 인간의 지식을 구성하는 데 있다. 인간의 어떠한 시도와 마찬가지로, 연구도 도덕성morality을 초월할 수는 없다. 현대 생활의 다른 모든 것과 마찬가지로, 연구와 우리들은 보다 복잡한 그리고 덜 확신에 찬 "후기-모든 것post-everything"의 시대로 옮겨가고 있다(Erickson, 1992). 그러나 우리 저자들은 연구는 가능하며 유용하다는 것과, 또 보다 복잡하고 덜 확신에 찬 시대에 무엇인가를 발견한다는 것finding it out은 더욱더 중요한 것임을 확신한다.

우리는 연구의 개념화를 위한 네 가지의 유용한 차원들dimensions을 간단히 논의하는 것으로 본 장을 시작한다. 우리들의 구별, 예를 들어 대면face-to-face과 원거리distanced연구 간 구별은 서로 반대되는 것이 아니라 한 연속체continuum에 있는 양끝에 위치한 것으로 보아야 함을 독자들은 알아야 한다. 우리 저자들은 인간의 사회적 상호작용에 관한 연구에 이 차원들을 적용시키고자 한다. 그러나 이 차원들이 교육 분야가 아닌 다른 분야, 예들 들어 자연과학 분야의 연구에 적용될 수 있는지는 저자들의 전문지식 밖의 문제이다.

근접성Proximity

첫 번째 차원은 근접성이다. 우리들은 여기에서 대면연구와 원거리연구를 구분한다. 우리들이 기술하는 연구는 기본적으로 대면연구이다. 예를 들어, 한 특정 어린이집단을 연구하는 것은 그 어린이들과 장기간의 대면적 상호작용face-to-face interaction을 요구한다.

우리들이 기술하는 연구에서 자료의 기록은 연구자가 자신이 수집한 자료로부터 직접 구성하는 것이다. 원거리의 연구자는 다른 사람들, 예를 들면 전미교육성취도 평가National Assessment of Educational Progress : NAEP나 혹은 제2차 국제수학연구Second International Mathematics Study : SIMS에서 수집한 자료를 가지고 자료기록 작업을 할 수 있다. 일반적으로, 원거리연구는 양적 분석을 요하며 컴퓨터를 통해서 이루어진다. 우리들은 원거리연구를 반대하지 않는다. 그 연구도 중요한 기능을 수행할 수 있기 때문이다.

현장연구fieldwork의 과정에서, 어떤 측면의 자료생성과정은 다른 측면들에 비해 더 대면적임을 발견하는데, 그것은 단순히 어떤 어린이들이 다른 어린이들보다 더 접근하기 쉽기 때문이거나, 혹은 다른 사람들에 비해 어린이들은 일정한 시간과 일정한 장소에서 더 접근하기 쉽기 때문이다. 좋은 대면연구자들은 때때로 다른 사람들이 모은 자료들, 예를 들어 인구조사census나 인구통계학적demographic 자료들을 사용하는데, 그것은 연구를 위한 다음의 첫 번째 조언으로 이끈다.

• 다른 사람들이 이미 한 것을 혼자 힘으로 하지 말라.

또한 대면연구는 많은 컴퓨터 작업시간을 요구한다. 이 책을 읽는 사람들이라면 누구나 적어도 문서처리를 위해 컴퓨터를 사용할 것이라고 가정하는데, 우리들은 독자들이 질적 자료분석 패키지들qualitative data analysis packages을 사용할 것을 권한다. 흔히 정서적으로 또 육체적으로 많은 노력을 요하는 상황인 어린이들과의 오랜 시간을 보내는 것이 편하지 않은 사람들은 연구를 위해 보다 원거리접근법을 검토하는 것이 좋을 것이다.

기간 Duration

두 번째 차원은 기간, 혹은 다른 관점에서 볼 때, "관찰횟수observation-n"이다(King et al., 1994). 여기서 구분은 짧은 기간 동안 많은 연구대상을 한번 혹은 몇 번 살펴보는 표본추출sampling 또는 "순간묘사snapshot" 연구와, 연구자가 일반적으로 보다 더 적은 수의 연구대상을 다루는 대신 훨씬 더 자주 그리고 보다 장기간에 걸쳐 살펴보는 현장에 기초한field-based 연구 사이에 있다. 기간이란 연구의 참여자들과 실제로 보낸 시간의 양을 가리키는 것이다. 예를 들면, 장기간의 종단연구로 연구대상이 되는 개인들을 유아원preschool부터 성인기까지 추적하면서도(예 : Schweinhart & Weikart, 1995) 여전히 그 연구대상들과 비교적 짧은 시간을 보낼 수 있는데, 예를 들어 예정된 간격으로 설문지를 돌리고 면담을 하는 것이다.

이 구분을 바라보는 또 다른 방법으로는 "관찰횟수"의 문제를 해결하는 것을 통해서이다. 몇 번의 관찰이 충분한가, 혹은 얼마나 오랫동안 현장에 머물러야만 하는가? 지나치게 단순화해서 말하자면, 많은 연구대상들을 몇 번만 살펴볼 수도 있고 혹은 몇 명의 연구대상을 많은 시간 동안 살펴볼 수도 있는 것이다. 우리들이 기술하는 연구는 연속체에서 후자의 끝쪽의 경우이다.

기술Description

세 번째 차원은 기술이다. 여기서 구분은 이야기체narrative 기술과 측정measurement 기술 사이에 있다. 질적 대 양적 간 논쟁의 근저에는 이러한 두 가지 유형의 문자화textualization 사이에서 감지되는 대립opposition이 있다. 그러나 그 구분이 종종 이야기체와 측정 사이가 아닌, 기술과 측정 사이에서 이루어진다.

측정과 이야기체는 둘 다 기술의 형식이다. 예를 들면, 인구조사는 측정에 근거한 사회적 기술이다. 이야기체와 측정은 단순히 연구자가 세상을 기술하는 두 가지의 방식일 뿐이다. 좋은 연구자는 그 상황에 가장 타당한 방식을 사용한다. 마치 세상 스스로가 자신이 기술되는 것에 선호하는 방식이 있는 것처럼, 한 방식이 다른 방식에 비해 본질적으로 더 낫다고 주장하는 것은 터무니 없는 것이다. 연구자는 복잡한 개념적 구조conceptual structures의 다양성을 직면하게 되는데, 이 구조 중 다수가 서로 겹치거나 얽혀 있어서, 당장은 낯설고, 불규칙하며, 모호하다. 그러므로 연구자는 어떻게 해서든 먼저 그것을 이해하고 그리고 후에 표현하도록 고안해야만 한다(Geertz, 1973, p. 10).

불행하게도 어떤 이들에게는, 특히 전통적 교육연구 범주 안에 있는 많은 이들에게는 측정만이 과학의 방법이다. 일반적으로 과학 내에서 얼마나 많은 연구가 이야기체였는가를 생각해 보라. 예컨대, 식물과 동물을 분류하는 데 보낸 시간과 노력의 양을 고려해 보라. 세상의 많은 부분은 쉽게 측정할 수 없으며, 그렇게 만들려는 시도는 억지스러운 조작화farfetched operationalizations를 초래했다. Achen(1977)이 지적했듯이, "측정할 수 없는 것을 의미 없는 것으로 대치하는 것은 진보가 아니다"(p. 806).

좋은 이야기체 기술은—제1장에서 규명된 중요한 차이로 되돌아가면—때로 측정 기술보다 더 정확accurate하고, 좋은 측정 기술은 때로 더 정밀precise하다. 그러나 반드시 그런 것은 아니다. 부정확한 이야기체와 정밀하지 않은 측정을 쉽게 상상할 수 있다. 그래도 일반적으로 이야기체의 강점은 정확성에 있고, 측정의 강점은 정밀성에 있다. 연구자가 직면하는 도전은 둘 간에 균형을 맞추는 것인데, 왜냐하면 그 둘은 절충a trade-off을 수반하기 때문이다. 즉, 정밀성이 증가하면 때로 정확성이 훼손되며, 그 반대도 마찬가지이다. 예컨대, 관찰자가 세심하고 기록을 잘 한다는 가정하에, 어린이들이 서로 몇 번을 때리는가를 셈으로서 공격성을 측정하여 상당히 정밀한 측정법을 제시하려 시도할 수 있다. 만약 공격적 때림과 정이 담긴 장난스러운 때림을 구별하지 않는다면 그 측정은 대단히 부정확할 것이다. 사실상, 성인들이 종종 어린이들 간의 공격성으로 여기는 행동을 어린이들 스스로는 전혀 그렇게 여기지 않기 때문이다.

이론 Theory

마지막 차원은 이론과 관련된다. 연구의 목적은 이론을 만드는 데 있는가, 아니면 이론을 시험하는 데 있는가, 또는 그 중간 어디에 있는 것인가?[1] 질적-양적 간의 많은 논쟁은 이론 구축theory building과 이론 검증theory testing 간의 차이를 규명하는 데 실패한다. 즉, 그 차이를 규명할 땐 어떤 것이 더 나은가 또는 더 중요한가를 주장하는 데 휘말린다. 무엇이 더 나은가는 무엇을 하고자 하는지 그리고 특정 분야의 이론상태가 어떠한가에 달려 있다. 이론이 없거나 또는 기존의 이론이 부적합한 분야에서의 이론 구축은 대단히 중요하다. 마찬가지로 어떤 한 이론이 지배적인 분야에서는 이론 검증이 중요하다.

질적 및 양적 연구의 주요한 차이점으로 양적 연구는 가설을 가지고 시작하지만 질적 연구는 그렇지 않다는 이야기를 종종 듣는다. 그러나 우리들은 어떠한 종류이든 이론-검증연구는 예상 혹은 가설을 가지고 시작한다는 것이라고 주장한다. 즉, 이론-검증연구의 목적은 이론을 시험하는 것인데, 이것은 어떤 예상이나 가설 없이 하기에는 매우 힘들기 때문이다. 만약 이론이 있다면, 또는 보다 큰 규모로 성립된 이론적 틀, 예컨대 Piaget학파의 이론 안에서 연구하고 있다면, 일반적으로 그 이론을 시험하려는 것이어야 한다. 그렇게 하려면 가설이 필요하다. 예를 들면, Piaget학파의 이론은 이러한 상황에서, 이런 연령의 어린이들이, 이러한 방식으로 행동하거나 반응할 것이라고 예측한다. 그런 후에 나가서 정말로 그 경우가 맞는지 시험해 보는 것이다. 전통적인 교육연구에서는 가설들을 양적으로 검증해왔는데, 반드시 그럴 필요는 없다. 예를 들어, Piaget는 연구를 위해 보다 임상학적 접근을 선호하였기에 자신의 가설들을 양적으로 검증하지 않았다.

이론-구축연구는, 적어도 형식적인 의미에서, 가설 없이 시작한다. 예감이나 추측을 할 수는 있지만, 만약 이론 구축에 참여한다면, 그것은 기존의 이론이 부적합하기 때문이거나, 달리 표현하면, 적합한 이론이 없기 때문이다. 만약 특정한 이론을 가지고 있지 않거나 또는 분명한 이론적 틀 안에서 연구하는 것이 아니라면, 가설 검증은 별 의미가 없는 것이다. 가설은 이론으로부터 나와야만 하는데, 만약 이론이 좀 약하다고 느낀다면 그 가설은 어디에서 나온 것인가? 이때는 이론 구축에 몰두해야 한다.

이론 구축은 이론 차용theory borrowing으로부터 시작할 수 있고, 또 종종 그래야만 한다. 어떤 연구자는 기존의 이론적 관점들이 잘 설명하지 못하는 자료 기록을 가지고 있음을 발견할 수 있다. 예컨대, Cox(1990a, 1990b)는 유치원에서의 이야기책 읽기에 관한 자신의 연구를 위해 적용한 이론적 관점이 자신의 자료 기록에서 발견한 갈등을 설명해 주지 못함을 깨닫게 되었고, 그것을 설명해 주는 관점을 찾았다.

많은 학문 분야에서 이론-검증연구가 이론-구축 작업보다 더 중요한 것으로 여겨지는 것은 기이한 현상이다. 다시 말해, 가설 검증을 하려는 것이 아니면 연구를 하는 것이 아닌 것으로 여겨진다. 이러한 견해는 잘못된 것이다. Bakan(1967)이 주목하였듯이,

> 가설 검증은 잘못된 것이 전혀 없다. 이는 탐구 노력investigatory enterprise 전반에서 중요한 부분이다. 그러나 내가 지적하고자 하는 것은, 탐구 노력이 가설을 검증하는 단계에 이르렀을 때에는 대부분의 중요한 작업이 다 마쳐졌다는 것이다. (p. 44)

이론을 구축하고자 노력하는 과정에서 대면 혹은 원거리연구를 할 것인지, 이야기체 혹은 측정을 사용할 것인지, 또는 표본추출 혹은 장기간 연구(또는 그 사이에 있는 어떤 것)를 할 것인지는 많은 요인들에 따라 결정되는데, 한 유형의 연구가 이론 구축에 더 낫고, 다른 유형의 연구는 이론 검증에 더 낫다고 주장하는 것은 유용하지 않다. 모든 것은 연구문제와 맥락에 달려 있다.

이론 차원의, 혹은 앞의 세 가지 차원들의, 어떤 양극단도 더 좋거나 또는 특권을 부여받은 것으로 여겨서는 안 된다. 위의 차원들은 계층적 hierarchical인 것이 아니다. 검증이 구축에 비해, 또는 구축이 검증에 비해 더 우수하지 않다. 검증도 구축도 혹은 그 둘 사이에 있는 많은 다른 것들도 그 자체만으로 중요한 것이 아니다. 그것들은 맥락 내에서 중요하다. 즉, 그들의 중요성은 주어진 시간과 장소에서 무엇이 필요한가로부터 생기는 것이다. 그러나 우리들은 어린이연구가 처해 있는 이 시대 상황에서 이론 구축이 필요함을 주장하는 바이다.

요약Summary

어린이들에 대한 많은 연구가 원거리에 상반된 대면(누군가가 있는 정도까지의 대면) 연구로 이루어져 왔고, 단기간, 즉 표본추출방식으로 이루어져 왔으며, 이야기체가 아닌 측정 기술을 사용해왔고, 이론 검증의 형식을 취해 왔음이 명확할 것이다. 만약 연구가 다차원적이어야 한다고 생각한다면, 또는 적어도 어린이들에 대한 일반적 연구 프로그램이 이러한 차원들을 따라 다른 지점들로부터 나온 연구를 포함시켜야 한다면, 지배적인 연구 전통에서 나온 어린이들에 대한 관점이 제한적이라는 결론을 내려야만 한다.

이 책에서 우리 저자들이 제시하는 것은 대면적인, 장기간의, 이야기체의, 이론 구축연구로 가장 잘 묘사될 수 있다. 이러한 유형의 연구는 지배적인 연구의 패러다임에 필요한 해결책이기 때문에, 그리고 연구자로서의 우리의 경험 때문에 우리는 이러한 접근법을 강조한다. 우리 저자들은 어린이들의 상호작용을 이해함에 있어서 기존의 이론적 틀들이 부적합하거나 또는 아직 미발달한 상태라고 확신한다. 따라서 우리는 이론 구축에 초점을 맞춘다.

우리 저자들은 다른 접근법들을 배제하지 않는다. 본질적으로, 다른 방법들보다 더 나은 하나의 접근법이란 존재하지 않는다. 네 가지 차원들은 연속적인 것으로 보아야 하며, 좋은 연구자는 연속체를 따라 전후로 움직일 것이다. 대면적인, 장기간의, 이야기체 연구narrative inquiry를 원거리의, 표본추출식의, 측정연구measurement inquiry와 함께 증진시키는 것은 연구작업을 더 튼튼하게 할 수 있다. 대면적인 것과 함께 원거리의, 현장연구의 맥락 내에서 표본추출을 사용하는, 그리고 이야기체와 측정 기술을 결합하는 작업을 할 수 있다. 확실히 자리 잡은 이론에 적합한 엄중한 검증이 아닌 선에서 이론을 시험해 보고자 할 수 있다.

우리가 초점을 맞추고 묘사하는 방법들이 다른 방법들보다 더 낫다고 주장하는 것이 아니다. 우리들이 던지는 질문들과 일하는 맥락 내에서 그 방법들이 낫다고 주장하는 것이며, 그것이 지금 여기서 우리가 하고 있는 것들이다.

이 장을 시작할 때 제시했던 요지로 돌아가면, 무엇인가를 발견하는 것의 목적은 어린이들 삶의 "가지각색의 풍부함"을 잃지 않으면서 현대 어린이들 삶의 실재를 설명할 수 있기 위한 것이다. 연구방법의 선택은 맥락에 따라야만 한다.

다음 장에서는 맥락 내에서 그리고 맥락으로서 이론의 역할에 대해 다룰 것이다.

Note

1. 저자들은 이 구분을 위해 도움을 준 Gary Glen Price에 감사한다. 그가 어디에서 아이디어를 얻었는지에 대해서는 확실하지 않다.

CHAPTER

03

Theory As Context

맥락으로서의 이론

종종 [연구자들이][1] 카우보이 놀이를 하는 어린이들 같다는 생각을 하게 된다; 그 어린이들은 카우보이의 모든 것을 모방하지만, 정작 가장 중요한 소를 돌보는 일은 하지 않는다. 과학자들에게 가장 중요한 일은 전에 미리 생각하지 못했던 것을 생각하고 발견하는 것이다. [그들은] 종종 그 가장 중요한 일을 회피하면서 "과학자 놀이"를 하려고 한다.

—David Bakan(1967, p. 44)

사회 과학에서 다수의 해석학적 이론은 빈약하게 기술된 자료들materials에 근거한다. 그 결과 이론은 지나치게 많고 기술description은 충분하지 않다.

—Norman Denzin(1989, p. 86)

본 장에서 우리 저자들은 이론의 역할과 중요성에 대해 논의한다. 이론은 맥락이며 연구자는 그 안에서 작업한다. 연구자는 이론을 구축하고 검증한다. 연구자

본 장의 저자 : Daniel

는 사소한 일들을 넘어서는 설명을 구축하기 위해 "극히 사소한 일들에 대해 지극히 확장된 지식extremely extended acquaintances with extremely small matters"(Geertz, 1973, p. 21)을 가지고 있다.

연구자들은 이 세계가 어떻게 작동하는가how the world works에 관한 견해, 즉 설명적 이론explanatory theory을 가지고 현장에 간다. 이 세계가 어떻게 작동하는가how the world works에 관한 견해는 이 세계가 어떻게 작동해야 하는가how the world should work에 대한 견해, 즉 규범적 이론normative theory과 상당히 연결되어 있다. 이 세계가 어떻게 작동해야 하는가에 대한 견해는 무엇이 옳고 그른가에 관한 견해, 즉 윤리적 이론ethical theory과 연결되어 있다. 본 장에서는 설명적 이론에 초점을 둔다.

우리 저자들은 본 장을 이론과 연구자의 주관성에 관한 일반적인 논의로부터 시작한다. 그리고 나서 앞에서 언급한 이론 구축과 이론 검증 사이의 차이를 확장시키고 "큰-T"와 "작은-t" 이론 간의 차이점을 추가한다. 이어서 이론과 어린이들에 대한 일반적 논의가 뒤따른다. 우리들은 어린이들 연구에 매우 유용하다고 생각되는 관련된 이론적 관점들에 대한 일련의 개요로 이 장을 마무리지을 것이다.

이론의 위치The Place of Theory

많은 사람들이 이론에 대해 가지고 있는 불편함은 이론이 형식적이고 실제 삶과 관련이 없어 보인다는 것에 있다. 이 책의 저자들이 근무하는 사범대학의 학생들이 갖는 지속적인 불만은 이론은 지나칠 정도로 많고 실제가 부족하다는 것이다. 그러나 사실상, 사범대학은 이론이 너무 많아서가 아니라 너무 적어서 곤욕을 치르고 있다. 이론이라고 나열되는 많은 것들은 단순히 학교가 어떻게 운영되어야 하는지에 대한 비현실적인 공상이다. 단지 어떤 것이 작동하지 않는다고 해서 그것을 이론으로 만들 수는 없다.

좋은 이론은 세계의 어떤 부분을 새로운 방식으로 보게 해주는 논리정연한 서술a coherent narrative이다. 이론은 지도map이고 안내서이다. 그것은 "당신이 보는 위치를 아주 조금만 바꿔도 매우 다르게 보일 것이다. 이 각도에서 한번 보라."라고 말해 주는 현명한 멘토이다. 이론은 예전에는 무관했던 것이 관련되도록 보이게 해준다.

개인적 경험 : 내Daniel가 버지니아Virginia 대학에서 일리노이Illinois 대학으로 직장을 옮길 때, 나는 탁자 윗면의 평평함과 같은 어배너 섐페인Urbana-Champaign 주변 지역에 압도당했다. 매일 아침 자전거를 타고 어배너의 남쪽 지역으로 갈 때마다, 새 터전의 절망적인 평평함이 다시 한번 더 내게 깊은 인상을 남겼다. 그러다 나는 수 주 후에, 내가 자전거를 타고 다녔던 지역이 "양키 리지Yankee Ridge"라고 불리는 것을 알았다. 아내와 나는 양키 리지에 대해 키득거리며 웃었다. 우리는 버지니아의 블루 리지 마운틴Blue Ridge Mountains 기슭에 살았었기 때문에, 우리는 왜 중부 일리노이에 있는 곳이 산등성이a ridge라고 불리는지 이해할 수 없었기 때문이다.

그무렵 내가 미국 지질연구소U.S. Geological Survey에 주문한 지형학 지도들이 도착했는데, 나는 지도상에서 양키 리지를 또렷하게 볼 수 있다는 것에 깜짝 놀랐다. 지도를 본 다음날 아침, 나는 어디를 보아야 하고, 무엇을 찾아야 하는지를 인식한 채 자전거를 타고 나갔는데, 수 천년 동안 있어 온 바로 그 자리에 그 산등성이가 있었다. 나는 그것을 볼 수 있었다. 그 전날에는 볼 수 없었던 것이었다. 그 후 지금까지 7년 넘게 이곳에서 살면서 중부 일리노이의 지형은 나에게 구릉으로, 비록 버지니아나 심지어 Beth가 살고 있는 위스콘신Wisconsin보다 분명히 더 평평하지만, 그럼에도 불구하고 구릉으로 느껴졌다. 그래서 여름이면 나는 가족들과 종종 석양을 보기 위해 양키 리지 정상에 올라가곤 한다. 지형학 지도는 나에게 이론이 되어주었다. 그것은 어디를 보아야 하고, 무엇을 찾아야 하는지를 알려주었고 옥수수와 콩밭의 평범한 풍경에 특징feature을 불어넣어 주었다. 이론의 가치는 우리들이 이전에 볼 수 없었던 것을 보게 해주고, 또 이전에 볼 수 있었던 것을 새로운 방식으로 보게 해준다는 것에 있다.

반면에 이론의 위험은 무엇을 보고, 그것을 어떻게 보는가를 제한함으로써 눈가리개와 같은 기능을 할 수 있다는 것이다. 우세한 이론은 세계를 어떻게 보는가 뿐만 아니라 무엇을 보고 또 무엇을 보지 말아야 할 것인가를 지시함으로써 지배적이 될 수 있다. 만약 어떤 한 가지 이론적 관점에 완전히 의존한다면 그 이론에 도전하는 탐구를 하기가 쉽지 않은데, 이는 이론이 결과를 설명할 뿐만 아니라 결과에 영향을 미치기 때문이다. 예컨대, 만약 하나의 편협한 발달적 관점으로만 어린이들을 본다면, 오직 그 관점에 의해 다뤄지는 어린이들의 측면들만 보게 될 것이다.

지배적인 이론적 관점하의 연구자들은 종종 밀봉된 세계 내에서 작업하는 것처럼 보인다. 이론은 긍정적일 뿐만 아니라 부정적인 체험 교수법heuristics을 내포하고 있다(Lakatos, 1977). 즉, 이론은 주목을 하게 할뿐만 아니라 그것을 피하게 하기도 한다. 예를 들면, Piaget학파의 이론은 유아들을 자기중심적egocentric이고 인지적으로 제한된 존재로 간주한다. 그 결과, Piaget학파의 이론을 따르는 연구자들은 그와 반대되는 증거를 찾으려하지 않았을 뿐만 아니라 명백한 증거도 무시해버렸다. Rachel Gelman은 1979년에 다음과 같이 적었다.

> 현재 유아들의 조망수용능력에 대한 너무나 많은 증거들이 있어서… 어떻게 나 혹은 다른 사람들이 유아가 자기중심적이라는 신념을 가지게 되었는지를 이해하기가 어렵다…. 유아들은 [또한] 상당한 인지적 능력을 가지고 있다. 그렇다면, 왜 그 능력들을 볼 수 있기까지 많은 시간이 걸렸을까?… 먼저, 우리는 그저 그 능력들을 보지 않았던 것이다. 실로, 우리는 면전에서 빤히 우리를 응시하고 있던 사실들을 무시하기로 결정했던 것 같다. 유아들의 훌륭한 셈하기 능력을 생각해 보라. 이제 유아들이 셈을 할 수 있고 또 한다는 것은 자명하다…. 이론들이 우리로 하여금 무엇을 믿게 하든, 나는 마침내 유아들이 정말로 셈을 할 수 있다고 인정하기 전까지 다양한 실험들에서 유아들이 셈하는 것을 얼마나 많이 목격했는지 모른다. (p. 901)

이렇듯 이론은 연구를 지원하고 또 제한하기도 하는 도구이다. 세계에 대한 관점을 제공하지만, 그 관점은 다른 관점들을 막기도 한다. 그러나 그 제한점이 무엇이든, 이론 없이는 연구를 수행할 수 없기 때문에 이론은 필요한 도구이다. 그 어떤 도구와 마찬가지로 이론은 지혜롭게 사용되어야 하며, 이론은 필요에 따라 증가시키고 조정되어야 한다.

모든 이론은 한계가 있다. 즉, 이론은 세계의 작은 부분만을 다룰 뿐이다. 현장작업의 국소적 세계the local world로부터 맥락의 보다 큰 세계로의 이동은 종종 국소적인 것을 설명할 때 사용된 것을 넘어서는 이론들을 요구한다. 때로 명백하게 관련이 없는 이론을 가져오는 것이 유익할 수도 있다. 예를 들면, Beth는 준비도

readiness에 대한 연구에 Vygotsky이론을 사용하였다(Graue, 1993). 사실상, 그런 이론들은 기존의 이론들이 부적합한 분야에서 설명을 더욱 촉진하여 새로운 지식을 구축할 가능성을 열어줄 수 있다. 우리 저자들은 이미 인정받은 지식과 잘 발달된 이론들 그리고 새로운 지식과, 때론 아직 발달 중인 이론들 사이에 균형이 필요하다고 주장한다.

우리 저자들은 해석학적 연구를 흔쾌히 이론과 분리시키려는 사람들로 인해 걱정이 된다. 어찌된 영문인지, "아무 이론 없이 나가서 무엇인가 나타나게 하는 게 요지가 아닌가요?"라는 생각이 오늘날 연구 담론의 일부분이 되었다. 우리 저자들은 이러한 주장을 논의할 가치가 없는 우스꽝스러운 오해a caricatured misunderstanding로 여기지만, 자칭 질적 연구자들로부터 이러한 말을 자주 듣는다. 이론 없이 탐구를 시작한다는 신념은 순진한 경험주의naïve empiricism이며, 이는 실제로 급진적 실증주의a radical positivism와 매우 유사하다. 우리는 사회적 상호작용을 하는 어린이들을 연구하려면 사회적 상호작용에서의 어린이들에 관한 기존의 이론들에 대한 높은 이해sense가 있어야 함을 단호히 표명한다. 그 이론들을 이해하지 못한 채 그들의 부적합함을 다룰 수는 없다.

근거이론 Grounded Theory

해석학적 연구는 근거이론의 개념으로부터 강한 영향을 받아왔다(Glaser, 1967; Glaser & Strauss, 1967; Strauss, 1987). 지나치게 단순화하자면, 근거이론은 "사회연구social research로부터 체계적으로 획득한 자료에서 나온 이론의 발견" (Glaser & Strauss, 1967, p. 2)을 지칭한다. 제대로 이해했을 때, 이것은 중요한 개념이며, 경험적 기반empirical grounding이 없는 이론에서 요구되는 한 해결책으로서의 역할을 수행해왔다. 근거이론은 보편적 이론의 필요성을 부인하지 않는다. 즉, "근거이론의 분석방식은 사회현상에 대한 보다 깊은 지식을 위하여 다양한 수준의 보편성을 지닌 이론이 반드시 필요하다는 전제에 기초한다" (Strauss, 1987).

그러나 이 개념은 마치 각 연구자가 이론 없이 현장에 가서, 돌무더기 속에 숨겨진 보석처럼, 모아진 자료들 속에서 이론을 발견하는냥 일상의 실제에서 순진한 경험주의naive empiricism로 그 격이 떨어져 버렸다는 것이 우리 저자들의 견해이다. 그러한 관점은 연구과정을 급진적으로 개인화한다. 이론의 구성은 사회적 현상이다. 이론은 많은 연구들에 걸쳐 많은 연구자들의 공동 노력에 의해 구성된다. 또한 근거이론에 대한 격이 떨어진 견해는 이론 구축에 대한 해석학적 연구의 역할을 계속 반복적으로 제한한다.

이론은 경험적으로 기반해야 하지만, 그 기반의 장점은 연구가 이론–구축/이론–검증의 연속체에서 어디에 놓이는가에 따라 결정되어야 한다. 경험적 검증의 대상이 되어야 하는 잘 수립된 이론은 상당한 증거적 근거evidentiary warrant를 요구한다. 그러나 이론을 구축할 때에는 모든 것에서 끌어내야 한다. 즉, 다른 이론들, 자신의 혹은 타인의 통찰력들, 그리고 경험적 증거를 포함한 모든 곳에서 끌어내야만 한다. 증거가 즉각적으로 받쳐주지 않는다고 잠재적으로 생산적인 이론을 포기하는 것은 지혜롭지 못하다. 그 이론이 부적합할 수도 있지만, 그것은 또 자료 생성 절차data generation procedures가 약했거나, 자료 분석이 부적절했거나, 연구 장소 선택이 좋지 못했거나, 또는 그 외의 문제일 수도 있다.

이론은 근거가 있어야만 하는가? 궁극적으로, 이론은 충분한 근거가 있어야 하지만, 주의 깊은 관찰자에 의해 뽑히기를 기다리면서 나무에서 자라는 것이 아니다. 이론은 기록된 자료물에서 그대로 솟아나오는 것이 아니다. 이론은 구성되는 것이며, 많은 곳에 그 근원을 두고 있다. 이론은 근거가 있어야 하나, 고착stuck되어서는 안 된다.

주관성 Subjectivity

이론을 가지고 있지 않은 사람은 없다. 모든 사람은 이 세계와 이 세계의 다양한 부분들 중 일부가 어떻게 작동하는지에 대한 견해를 가지고 있다. 연구자는 이러한 견해들을 명백히 할 필요가 있다. Buddy Peshkin은 주관성에 대하여 그리고 연구과정에서 연구자가 갖는 주관성의 중요성에 대하여 설득력 있게 기술하였다(e.g., 1982, 1988). 주관성에 대한 그의 논의들은 상당히 연구자 내within의 개인적 역사, 비쳐지는 모습persona 등에 초점을 맞춘다. 이러한 방식으로 주관성을 탐색하는 것은 중요하지만, 우리 저자들은 그 이상의 것, 즉 이 개인적 견해들이 그러한 견해들로 구성된 더 큰 세계와 연결될 필요가 있음을 주장한다.

분명히, 어린이들을 연구하는 데 관심이 있는 사람은 누구나 반드시 어린이들에 대한 자신의 견해를 살펴보아야 하고 이러한 견해는 문화적 그리고 역사적인 맥락과 관련지어야 한다. 이 책의 독자들에게 자신들이 소중히 여기는 어린이들에 대한 이미지를 생각해볼 것과, 그러한 이미지의 근원sources을 탐색해볼 것을 권한다. 사람들이 지니고 있는 이미지들은 중요하다. 어린이들에 대한 무엇인가를 찾아내는finding it out 과정은 이러한 이미지들로부터 시작한다. 우리가 어린이들에 대해 아는 것은 무엇이며 우리가 안다고 생각하는 것은 무엇인가? 다른 곳에서도 그것을 찾을 수 있을까?

문화적 규범canon 속에 존재하는 어린이들에 대한 많은 은유들metaphors을 생각해보라. 예컨대, John Locke의 백지tabula rasa, Jean-Jacques Rousseau의 고결한 야만인noble savage, Friedrich Froebel의 꽃flower, Piaget의 어린 과학자 young scientist를 생각해 보자. 또한 어떤 기독교적 전통에서는, 세례는 받았지만 분별력 있는 연령age of reason(전형적으로 7세)에 도달하지 못한 어린이는 원죄로 인해 상실한 순수함purity과 천진난만함innocence을 상징하는 것으로 여겨졌다. 청교도 전통에서 어린이들은 사악한 잠재력을 가진 존재로 간주되었고, 그러한 이유로 어린이들의 의지wills는 꺾이고 단련받아야만 한다고 여겨졌다. G. Stanley Hall은 어린이를 인류 조상human ancestors의 목소리를 들을 수 있게 해주는 존재라고 낭만적으로 묘사했다. 행동주의자들은 어린이를 축소된 성인으로 보았다. Piaget는 어린이를 성인과 매우 다른 존재로 보았다. 만약 누군가 이 세기를 거슬러 올라가 이 문화권 내에서 신생아의 부모들에게 주어진 조언counsel을 조사해본다면, 광범위한 충고recommendations를 찾을 수 있다. 예를 들어, 신생아들을 식사 일정feeding schedule에 따라 먹여라, 그들이 배고파할 때 먹여라 등이 그것이다.

이렇게 어린이에 대한 견해들은 또한 정치적인 맥락과 관련되어 있다. 다시 말해, 어린이에 대한 관점이 지배력을 행사할 수 있는 위치에 있는 진영camp이 연구와 연구비를 통제한다. 또한 그 진영이 정책과 실제에 가장 큰 영향을 미친다. 예를 들면, 전미유아교육협회National Association for the Education of Young Children : NAEYC에서 어린이에 대해 말하는 것은 학술적인 의미scholarly import 그 이상이다. 그 조직은, 우리 모두가 그렇듯이, 어린이에 대한 특정한 관점에 대해 상당한 이해관계를 가지고 있다. 어린이에 대한 지배적인 이미지는 단순히 어린이와 일하는 실제practice를 결정짓는 데 그치지 않는다. 그 이미지에 대한 투자investment는 어린이들을 그 이미지에 맞게 발달시키는 실제를 촉진promote하게 한다.

따라서 우리 저자들은 주관성을 탐색할 때 연구의 사회적 특성social nature과 사회적 자아social self로서의 연구자를 강조한다(Bakhtin, 1981). 자신이 가진 개인적 편견에 대해 그리고 자신이 함께 일하는 사람들과의 사적인 관계에 대해 무엇을 발견하든 간에, 연구자는 반드시 Strauss(1987)가 말한 소위 "박식한 이론적 감수성 informed theoretical sensitivity"(p. 12)을 획득하기 위해 자신을 자기 분야의 이론적 관련성theoretical connections 속에 자리 잡게 해야 한다.

지배적인 이론들은 학문적인 설명 그 이상의 것이 된다. 그 이론들은 구체화 reified된다. 그들은 한 문화집단이 숨쉬는 공기, 그것이 아는 세계, 그것이 생각하는 방식, 그 문화집단이 누구인지의 일부분이 된다. Bruner(1986)는 다음과 같이 주장한다.

> 인간발달이론들은 일단 지배적인 문화 속에서 받아들여지면 더 이상 단순히 인간의 본성과 성장에 대한 묘사로 작용하지 않는다. 그들의 특성상, 용인된 문화의 표상表象 : representations으로서, 그들이 설명하려는 과정과 또 다소 그들의 지원하에 제시하려는 "사실들facts"에 사회적 현실social reality을 부여한다. (p. 134)

Bruner는 이어서 "근대 발달이론의 세 명의 거장들, Freud, Piaget, Vygotsk는 단순히 성장에 관련된 현실들realities of growth을 기술하기보다 어쩌면 우리 문화에서 그 현실들을 구성하고 있다"고 주장한다(p. 136). 어린이들은 그 세계에 들어오고, 연구자들은 "단계stages", "자아egos", "근접발달지역zones of proximal development"이문화적 현실이 되고 있는 세계에서 일한다.

이 책의 주제는 내부the within라기보다는 사이the between에, 즉 연결linkages과 연관성connections에 강조점을 둔다. 이러한 강조는 어린이들의 사회적 상호작용의 체계적인 특성systemic nature뿐만 아니라 연구과정의 체계적 특성에 적용된다. 연구는 사회적으로 상호작용하는 과정이다. 어린이들이 누구인지, 학교가 무엇인지, 사회적 기관agencies들이 무엇인지 등에 대한 인식 없이 현장에 들어가는 사람은 없다. 이러한 인식은 그저 개인적인 문제에 불과한 것이 아니다. 그 인식은 상호작용을 통해, 그리고 어린이들, 학교, 사회적 기관 등에 관해 알아야 한다고 믿는 한 집단의 구성원으로서의 역할을 통해 형성된 것이다.

비록 개인적 주관성individual subjectivity과 공유된 주관성shared subjectivity 사이에는 상당한 관련성이 있지만, 개인적 주관성 그 너머에 공유된 주관성이 있다. 예를 들어, 전미교육연구협회American Educational Research Association 연차 학술대회에서 특정 관심집단Special Interest Group : SIG의 소모임에 앉아서 어떻게 그곳에 참석한 사람들의 시각perspectives이 공유되는지 발견해 보라. 심지어 의견의 불일치disagreement가 있을 때도 그것은 공유된 불일치이다. "나" 개인이 특정 맥락에서 어린이들을 어떻게 보는지를 묻는 것으로는 충분하지 않다. "우리"가 거기에서 어린이들을 어떻게 보는지도 반드시 물어야 하며, 우리 개인의 "나"를 포함시켜 일컫는 "우리"는 누구인지 그리고 그 "우리" 안에 포함되는 것은 무슨 의미를 갖는지도 반드시 물어야 한다. 학자, 유아교육자, 인류학자, 또는 여성학자 등이 되기 위해 동의한 것은 무엇인가? 이러한 질문들은 중요하다.

이론과 방법 Theory and Method

이론과 방법은 관련되어 있으나, 그 관련성을 지나치게 단순화하려는 유혹은 피해야 한다. 이야기체-묘사narrative-descriptive의 연구를 하는 것이 단지 이야기로 쓸 수 있는 것만을 보도록 선고하는 것이 아닌 것처럼 측정-묘사measurement-descriptive의 연구를 한다는 것은 무엇을 측정할 수 있는지 혹은 그렇게 할 수 없는지에만 국한해서 세계를 보도록 선고하는 것이 아니다. 이따금씩 반대되는 증거도 있지만, 우리 저자들은 사람들이 자신이 사용하는 특정 연구방법론의 한계를 넘어볼 수 있다고 낙관한다. 여전히, 어떻게 보는가는 무엇을 보는지에 영향을 미치고, 무엇을 보는지는 어떻게 보는가에 영향을 미친다. 이 둘 다 어떻게 설명하는가에 영향을 미치고, 어떻게 설명하는지는 무엇을 보고 어떻게 보는지에 영향을 미친다. 한번 더 말하지만, 그 과정은 개인적인 것이 아니다. 내가 무엇을 어떻게 바라보고 그 모든 것을 어떻게 설명하는지를 보는 것은 "우리"가 어떻게 그것을 하는지를 보는 것보다 덜 중요하다. 연구는, 우리의 삶 자체가 그렇듯이, 서로 연결된 시도connected endeavor이다.

이론 구축과 이론 검증 Theory Building and Theory Testing

본 절에서 저자들은 제2장에서 논의했던 차이점을 검토하고 새로운 차이점을 소개한다. 이전에 언급했던 바대로, 이러한 차이점들은 이분법적dichotomous이 아닌 한 연속체의 양끝으로 이해하는 것이 가장 적합하다.

연구는 경험적으로 또 이론적으로 알려진 것 그리고 탐구하고자 하는 것에 대한 질문을 가지고 시작해야 한다. 다른 사람들이 이전에 현장에 이미 있었고, 그 주제에 대해 배우고 생각해 왔다. 막대한 양의 실증적 자료empirical data를 모으고도 논리정연한 설명을 발달시키지 못할 가능성이 있기 때문에 우리 저자들은 경험적empirical 그리고 이론적theoretical 지식을 구별한다. 20세기 초기의 아동-연구운동child-study movement은 이에 대한 교과서적인 예이다(Kliebard, 1986).

알려진 것에 대한 질문은 대부분 문헌 검토를 통해 대답한다. 자료 생성date generation 이전에 행하는 전통적인 문헌 검토는 이론 검증을 할 때, 즉 잘 확립된 이론이 있는 분야에서 그 이론의 적절성을 실증적으로 테스트 하려는 게 목적일 때 적합하다. 따라서, Piaget이론의 전성기 때에 어린이들의 추론능력ability to make inferences에 관심이 있었던 사람은 다른 사람들이 이 주제에 대해 발견한 것들을 찾아본 후 선행연구를 확장시키는 연구를 했을 것이다. 이런 상황에서조차도, 자료 생성을 시작했다는 이유만으로 선행문헌 읽기를 중단하는 것은 전혀 납득이 안 된다. 우리가 다음에서 보여 주듯이, 이론 구축theory building을 하거나 혹은 이론 탐색theory seeking을 할 때 문헌 검토과정은 계속 진행해야 한다.

두 가지의 일반적인 경고caveats를 여기에서 할 수 있다. 첫째, 확립된 이론적 관점 내에서 연구할 때에는 오직 그 이론적 틀 내에서 연구를 행하려는 유혹이 강할 수 있다. 다시 말해, 같은 계보family 내에 두기 위해서 그 지배적인 설명에 도전하는 연구는 간과된다. 둘째, 일련의 연구물들을 통해 일관된 이야기narrative가 있음을 발견할 때, 그 이야기를 계속하고자 하는 유혹이 강할 수 있다. 그 결과 검증과정이 필요 이상으로 더 미묘delicate해진다. 검증하려는 노력은 대신에 확인하려는confirm 노력이 되어버린다.

지배적인 관점이 없거나 혹은 그 지배적인 관점이 부적합한 분야에서 알려진 것을 찾는 것은 보다 복잡한 과정이다. 일반적으로 말해서, 이론을 구축할 때에는 자료 생성 전에, 중간에, 그 후에도 계속 문헌 검증을 진행해야 한다. 종종 해석하는 중에 겨우 무슨 문헌을 찾아보아야 하는지를 깨닫곤 한다. 비록 이론 검증이 흔히 실제에서 나타나는 것처럼 단계적linear이지 않고 또 그래서는 안 된다고 믿는다 할지라도, 이론 구축은 이론 검증보다 훨씬 덜 단계적이다.

큰-T와 작은-t이론Big-T and Little-t Theory

우리 저자들은 대문자-TBig-T를 가진 이론과 소문자-tLittle-t를 가진 이론 간의 구별이 매우 유익함을 발견하였다. 그 구별은 독특하다. 큰-T이론은 어떤 분야에서 인정받거나 인정받아 온 이론들을 일컫는다. 큰-T이론들은 우리에게 친숙하다. 그것은 많은 학자들에게 인정받은 이론들이기 때문이다. 그 이론들은 쉽게 알아볼 수 있는 이름들이 부착되어 있다. 즉, 어떤 것들은 여러 학문들에 걸쳐 부착되어 있고, 다른 것들은 한 학문 또는 한 하위학문subdiscipline 내에 부착되어 있다. 큰-T 이론들은 공적public이다. 반면에 작은-t이론들은 사적private이다. 작은-t이론은 분야 내에서 인정을 받지 못한 것이다. 그들 중 많은 이론들이 앞으로도 결코 인정받지 못할 것이다. 본 장의 앞부분에서 언급한 구별과 같이, 이론에 대한 이러한 구별은 하나의 연속체로서, 잘 수립되고 잘 알려진 것으로부터 잘 알려지지 못하고 obscure 독특한idiosyncratic 것까지의 한 연속이다.

큰-T이론들의 목록을 짧게 소개하자면, 마르크스주의자Marxist, 다윈설Darwinian, Piaget학파Piagetian, 근거이론grounded, 상대성이론relativity, 확률론probability, Vygotsky학파Vygoskian, 사회구성주의자social constructionist, Freud학파

Freudian, 박틴주의자Bakhtinian, 게임이론game, 정수론number, 상징적 상호주의자symbolic interactionist이론 등을 포함할 것이다. 어떠한 학자들의 집단도 이렇듯 몇 분 내에 쉽게 큰-T이론들의 매우 긴 목록을 작성할 수 있을 것이다.

큰-T이론의 영향은 막대할 수 있다. 본 장의 초반부에서 지적했듯이, Bruner(1986)는 큰-T이론들은 단지 세계가 어떻게 작동하는지를 설명하는 것만이 아니라 그들이 설명하는 것을 구성하게 된다고 주장했다.

작은-t이론들 또한 풍부하며, 어떠한 집단도 긴 목록들을 작성할 수 있을 것이다. 그러나 이 목록들은 개인들에게 더 특별한 것일 수 있다. 예를 들어, 요즘 어린이들에게 무엇이 잘못되었는지에 대한 나의 삼촌의 설명은 독자의 친척 중 한 명이 선호하는 설명을 상기시킬 수도 있지만, 둘 다 작은-t이론들일 것이다. 라켓볼 게임 후 Tom으로부터, 미용실에 머리를 자르는 Jeanie로부터, 책에서 벗어난 설교를 시작하는 Murphy 신부님으로부터처럼 친구와 이웃으로부터 우리는 매일매일 작은-t이론들을 접한다. 이해하려는 것making sense은 인류에게 공통적인universal 활동이다.

작은-t이론들을 하찮은 것으로 무시해서는 안 된다. 큰-T이론들은 모두 작은-t이론들로부터 시작했다. 상대성이론은 한때 Einstein의 마음속에서 "하나의 가정a what if"일 뿐이었다. Darwin은 《종의 기원On the Origin of Species》을 출판하여 작은-t이론으로부터 큰-T이론으로 옮겨갈 수 있었는데, 그렇게 되기 전에 수십년 동안 그것을 원고의 형태로(작은-t의 상태로) 가지고 있었다. 우리는 대부분 우리의 작은-t이론들이 큰-T이론이 되기를 꿈꾼다. 최근에 Bob Pianta와 나(1996)는 맥락적 체계 모형Contextual Systems Model을 계발했고, 이 모형이 연속체의 끝인 큰-T로 옮겨가는 것을 보기를 간절히 바라고 있다.

일반적으로 작은-t이론들은 보다 큰 맥락 내에서 작용한다. 요즘 아이들의 잘못된 점에 대한 나의 삼촌의 설명은 세상에 대한 보다 큰 정치적으로 보수적인 관점 내의 무엇인가와 들어맞는다. 앞서 언급한 Pianta-Walsh의 모형은 일반체계이론general systems theory에 들어맞는다. 연구자들이 하나의 작은-t를 시작으로 이론을 구축하려 시도할 때, 자신들의 통찰력insights과 직감들hunches을 맥락과 관련지어야contextualized 함을 반드시 기억해야 한다. 직감은 엷은(또는 짙은) 공기로부터 갑자기 생겨나는 것이 아니다. 그들은 어딘가에서, 자신의 또는 다른 사람들의 경험으로부터, 책에서, 대화에서 그리고 크고 작은 t를 포함한 다른 이론들로부터 오는 것이다.

이론과 어린이Theory and Children

우리 저자들은 현대의 어린이들에게 관심이 있는 연구자들에게 어떤 일반적 관점들이 다른 관점들보다 더 유용하다고 생각한다. 본 절에서는 어린이들의 일상적 상호작용을 이해하는 데 유용한 이론을 다룬다.

이론은 더 이상 기존의 설명이 적합하지 않은 현실들을 묘사할 새로운 방식들을 제공해야 한다. 오늘날 이 사회에서 자라나는 어린이들의 세계는 그들을 연구하는 사람들이 자랐던 세계가 아니다. 현대의 문화적 변화는 급속하다. 예를 들어, 첫번째 IBM 개인 컴퓨터는 1981년에 출시되었다. 이 컴퓨터는 속도가 느렸고, 마더보드motherboard의 메모리 크기는 64k였으며, 미화로 5,000달러(약 500만 원)였다. 지금 이들 중 하나는 나Daniel의 지하창고에 있는데, 심지어 나의 아이들조차도 그것을 신경쓰지 않는다.

문화는 언어보다 더 급속하게 변화하는데(Hymes, 1982), 언어는 느리게 그리고 예측할 수 없게 진화한다(Rorty, 1989). 그 결과, 오늘에 대한 묘사는 어제의 언어로 포장되어 있다. 이론을 구성하는 것constructing과 새로운 언어를 구성하는 것을 유사하게 생각할 수 있다. 새로운 언어를 구성하는 것은 새로운 용어를 만들어 내는 것을 넘어서, 어떤 것에 대해 이야기할 새로운 방식들을 찾는 것이다. 좋은 이론 또한 논리정연한 이야기coherent narrative 그 이상을 생산한다. 즉, 그것은 설득력 있는compelling 이야기를 생산한다. 예컨대, 오늘날의 어린이가 된다는 것은 저런 것이라는 설득력 있는 이야기를 만들어 낸다.

어린이들을 연구하기 위해서 이론은 역동적dynamic이어야 한다. 이론은 과정을 밝혀줄 수 있어야 한다. 이론은 어린이들을 사회적 실제social practice 안에서 존재embed시켜야 한다. 이때 사회적 실제란 사회의 구조적 요소들을 일컫는데, 이러한 구조적 요소는 학교교육schooling과 보육child care과 같이 다른 기관, 특히 경제기관으로부터 독립적으로 존재할 수 없다. 예를 들어, 보육기관child care centers은 그것이 더 큰 경제 안에서 수행하는 역할, 그것이 변화하는 가정의 특성과 갖는 관계, 그것이 학교교육과 갖는 관련성 등에 대한 이해 없이는 제대로 이해될 수 없다.

끝으로, 이론은 문화적 · 역사적 상황에 놓여야situated 한다. 우리 저자들은 일찍이 작금의 특정한 역사적 시점에서 어린이들에 대한 연구는 이론 구축에 관한 것이어야 한다고 주장했다. 지배적인 발달이론들은 교체되고 있는 중이다. 발달을 사회적 · 문화적 과정으로 보다 더 광범위한 관점에서 바라보는 이론들, 역사적 어린이historical child를 밝혀주는 이론들이 필요하다. 시간time이 아닌 영원함timelessness 속에 동결된 이론은 탐구에 별 도움이 되지 않는다.

역사적 어린이 The Historical Child

어린이들에 대해 알려진 많은 부분이 개별 어린이를 이해하려는 노력에서 나왔다. 그러나 아이러니하게도, 개인을 이해하려는 수단으로서 많은 수의 어린이들을 연구한 것으로부터 표준norm이 형성되었다. 연구자들은 어린이들에게 사회적 맥락으로서 5학년이 어떠한지보다는 개별 5학년생들이 어떠한지에 더 많은 관심을 가졌다. 우리의 문화는 "인간의 보편적 본성에 의해 결정되고 발달하는, 그리고 문화를 초월하는, 선천적으로 개인주의적인 자아 inherently individualistic Self"(Bruner, 1986, p. 85)에 초점을 맞추는 지적 전통을 가진 개인 지향적 문화이다.

사이betweenness라는 주제로 돌아가서, 우리는 어린이들과의 연구의 목적은 의미를 이해하는 것이어야 함을 강조한다. 예를 들면, 어린 나이부터 시설에서 보호institutional care를 받는다는 것의 의미, 학교에서 방과후 프로그램으로 바이올린에서 축구로 옮겨다니는 도시 중산층 어린이들이 빡빡한 일정을 소화해야 하는 삶을 타협하는 의미, 모든 형태의 통제가 허물어진 도시 전쟁지역을 종종걸음을 치며 불안하게 살아가는 가난한 어린이들의 삶의 의미, 또는 금방이라도 집을 잃을 것 같은 상태로 동요하는 가난한 이들의 자녀들이 "위태롭게 집에서 지내며" 생존하는 것의 의미, 이러한 의미들은 공유된 것이다. 이 경험들은 사회적인 것이다.

Vygotsky, Bruner 그리고 다른 많은 사람들의 아이디어에 기반한, 사회과학

전반의 움직임은 인간의 사회적 본성을 강조한다. Geertz가 언급했듯이, "인간의 사고는 완전히 사회적이다. 즉, 원천적으로 사회적이고, 기능에서 사회적이며, 형태에서 사회적이고, 적용에서 사회적이다"(1973, p. 360). 따라서, 우리 저자들은 개별 어린이가 아닌, 문화적으로 역사적인 일련의 사회적 공동체 안에 위치해 있는 사회적 어린이를 강조한다. 우리들의 목적은 개인 어린이의 내부가 아니라 어린이들 사이에서 그들의 삶을 이루는 상호작용과 관계들을 살펴보는 것이다.

Vygotsky가 주장하였듯이, 연구자의 탐구는 "영원한 어린이eternal child를 발견하기 위한 것이 아니라… 역사적 어린이를 발견하기 위함이다"(1934/1987, p. 91). 이 어린이는 "역사적, 사회적, 문화적이며… 특정한 사회적 · 역사적 조건들 하에서 살아간다"(Minick, 1989, p. 162). 역사적 어린이는 가상이 아닌 실제 장소와 실제 시간에 존재한다. 그 어린이는 시간을 초월하고, 맥락이 없으며, 대표성을 지닌 표본sample이 아니다.

오늘날의 사회에서 아이kid가 된다는 것은 무슨 의미인지를 명확히 알기 위해서는(1997년에 10살짜리였던 나의 딸 Scooter는 종종 "난 어린이child가 아니에요, 아이kid란 말이에요"라고 일깨워준다) 아이들kids과 전체 문화a larger culture 둘 다에 의해 아동기childhood가 어떻게 인식되는지를 검토할 것을 요구한다. 아동기에 대한 사회의 관점은 아이들kids이 살아가는 문화적-역사적 맥락의 일부분이 된다. 누가 아이들로 간주될 수 있는지에 대한 많은 경쟁적이고 모순된 견해가 존재하는 한 문화 안에서, 아이가 된다는 것은 무엇을 의미하는가? 아동기는 계속적으로 구성하는 것continual construction이다. 아동기를 이해하고 인정하려면 그것을 다각도에서 보아야만 한다.

누가 어린이인가?Who Is a Child?

아동기는 무엇인가?(Box 1-1을 보라) 우리 저자들은 둘 다 연구방법론을 가르치는데, 이 과목은 어린이를 대상으로 현장연구를 포함한다. 학생들이 현장연구를 계획하기 시작할 때 아동기에 대한 의문들이 생겨난다: "영아들은 어린이들인가?", "고등학교 학생들을 연구할 수 있는가? 그들은 여전히 어린이들인가?", "대학생들은 어떤가? 그들은 어린이들인가? 대학생들은 무엇인가?"

우리 저자들은 어린이들의 상호작용에 초점을 두기 때문에, 사실상 상호작용을 하는 어린이들을 연구하라고 요구함으로써 첫 번째 질문에 답한다. 어린이들이 매우 어린 시기부터 상호작용을 할 수 있다는 사실은 점점 더 분명해지고 있다. 영아보육시설infant day care에서는 출생한지 얼마 되지 않은 어린이들을 함께 지내게 한다. 어린이들에 대한 연구는 어린 시기에 시작할 수 있고 또한 어린 시기에 시작해야 한다. Bruner는 다음과 같이 말했다.

> 영아기에서의 교환 게임exchange games의 발달을 연구하면서… 나는 영아가 사물을 조작하는 것을 한번 익히면 원 안에 사물을 가져다 놓거나, 서로 사물을 교환하면서, "앞뒤로 옮기기"를 얼마나 빨리 그리고 쉽게 참가하는가에 감동을 받았다. 그 능력은 마치 타고난 듯했다; 수행performance만 좀 다듬을 필요가 있었다. 어린 유아들은 다른 사람들의 마음을 매우 분명하게 알아채고, 그에 따라 자신들의 행동을 조직했다. 나는 이를 어린이가 언어 사용의 전조들 중 하나를 숙달하는 것으로 간주했다: 행위의 상호관계 인식. (1987, p. 84)

아동기의 끝은 언제인가에 대한 질문에 대답하기는 더 어렵다. 아동기는 언제 끝나는가, 그리고 누구를 위하여 언제 끝나는가, 끝은 어떻게 표시되는가?

다음을 생각해 보라. 미국에서는 21세에 합법적으로 술을 살 수 있고, 18세에 투표하며 군에 입대할 수 있다. 보통 16세에는 운전을 할 수 있고, 17세에 성적인sexual 문제에 있어서 "합의적 성인consensual adult"이 되며, 14세에 노동 허가를 얻을 수 있다. 결혼을 위한 최소한의 나이는 주에 따라 다르다. 보험회사들은 20대 중반의 자녀가 학생인 경우 부모들의 보험을 자녀들에게 적용할 수 있도록 허용한다.

이러한 합법적 연령은 바뀐다. 몇 년 전에는 많은 주에서 18세에 술을 살 수 있었다. 내가 십대였을 때 오하이오Ohio 주에서는 18, 19, 20세에 알코올 농도 "3.2" 맥주를 살 수 있었지만, 보통 맥주나 다른 알코올 음료는 살 수 없었다. 베트남전에서 전사한 18세들은 투표할 수 없었다. 중세에는 무거운 갑옷을 도입하면서, 십대들은 무거운 갑옷을 다룰 수 없었기 때문에 성년이 남자의 경우 14세에서 21세로 옮겨졌다. 나는 최근에 포르투갈의 한 전철역에 있는 자판기에서 맥주를 파는 것을 목격하고 술을 살 수 있는 최저 연령이 얼마인지 물어보았다. 나를 초대한 사람은 나이

제한 같은 것은 없다면서 미국에 그러한 법이 있다는 것에 호기심을 보였다.

이 미국 사회는 아동기의 끝에 대한 많은 다양한 표시들이 있는데, 어떤 것들은 법률로 제정되어 있고, 어떤 것들은 아니다. 우리 저자들이 보기에 그 표시들은 아동기에 대한 애매하고 근저에 깔려 있는 문화적인 관점을 반영하는 것이며 맥락에 상당히 많이 의존한다. 예컨대, 고등학교를 함께 졸업한 가상의 19세 남자 세 명이 있다고 하자. 한 명은 대학교에 가서 기숙사에서 지내며, 대학의 남학생 사교클럽에 가입하고, 교내 스포츠를 즐기며, 주말에는 파티를 하는 것 등으로 지낸다. 두 번째는 전문대학에 다니며, 결혼을 하여 임신한 부인이 있고, 지역 월마트 슈퍼마켓에서 밤과 주말에 일을 한다. 세 번째는 부모님 집에서 살며, 지역의 큰 곡물창고에서 일하고, 저녁과 주말에는 친구들과 어울려 지낸다. 이들은 모두 성인인가? 한 명 또는 두 명은 다른 사람(들)보다 아직 더 어린가?

덜 모호한 것은 아동기에 대한 사회적 관점의 표현이 막연하고 낭만적인 경향이 있다는 사실이다. 예를 들면, 어린이들은 "미래"이다 라는 표현을 분석해 보면, 사회가 실제로 어린이들을 어떻게 보는가보다는 사회의 요구needs가 무엇인지를 보여 주는 지표로서의 역할을 한다. 이러한 표현들은 어린이들이 자신들에 대해 정말로 무엇을 생각하는지를 보여 주기에는 매우 형편없는 지표이다.

문화적 또는 사회적 관점들은 구상들constructs이다. 구상들이 사회 내에서 일단 인정을 받게 되면 종종 구체화된다. Carol Feldman은 그 과정을 "실체적 투매 ontic dumping"(추상적인 개념들이 문화의 일부분이 되고 현실의 모습을 띠는 것)라고 부른다. 사회적 관점은 어린이들이 생활하는 그리고 우리가 그들을 연구하는 맥락의 부분이 된다. 예컨대, Beth가 수년간 연구한 준비도를 생각해보라(예 : Graue, 1993). 이 연구에서는 준비도가 어린이와 학교와의 관계를 살펴보는 하나의 방법이 아닌, 어린이들의 내부에 존재하는 "어떤 것thing"이 되어 왔음을 보여 준다. 아동기에 대한 생각은 실체적으로 투매되어 왔으며, 아동기에 대한 문화적 관점의 부분이 되어 왔다.

연구자로서 어린이들에 대한 접근은 중재된mediated 것임을 분명히 해야 한다. "어린이들의 눈을 통해"라는 표현은 유혹적이나, 우리는 결코 다른 사람의, 특히 어린이의 눈을 통하여 세계를 볼 수 없다. 대신 우리는 어린이들과 우리들의 다층

multiple layers의 경험과 큰-T와 작은-t 다층의 이론을 통해 세계를 볼 것이다. 연구자들은 어린이를(또는 교사를, 정치가를, 조직의 세포들cells을) 그 개체에 대한 사회적으로 구성된 이미지보다 덜 직접적으로 바라본다. 사실 DNA는 하나의 구성요소a building block가 될 때에만 DNA가 된다. 따라서 누군가 어린이를 어린 과학자로 본다면, 그 사람은 어린이가 어린 과학자처럼 행동할 때에만 어린이를 보려고 할 것이다. 물론 다른 어떤 종류의 이론적 은유도 마찬가지이다.

실제 속의 이론 Theories in Practice

본 절에서 우리는 어린이를 이해하는 데 유용한 이론적 관점에 대한 간략한 개요를 제시하고자 한다. 다음에 제시되는 모든 이론적 관점들은 사회와 문화에 초점을 두고 있다. 본 절의 목적은 독자들이 이론적인 부분에 대해서 생각하기 시작하도록 돕는 것이다.

사회적 구성주의 Social Constructionism [2]

사회적 구성주의의 관점을 취하는 연구들은 우리가 어떻게 앎에 도달하는지에 대해서 다른 방식으로 생각할 것을 제안한다. 이러한 연구들은 지식의 형성과 축적에 대한 생각에 기반을 두고 있다. 따라서 이러한 연구들이 공통적으로 가지고 있는 가정assumptions은 지식에 관한 것이다. 첫 번째 가정은 지식의 축적은 편견 없는 관찰로부터 객관적으로 생겨나는 것이 아니라 사실은 문화적이고 역사적인 상황 속에서 생겨난다는 것이다. 우리가 우리의 경험에 대해 가지는 의미와 관련하여, 문화는 우리가 세상에 대한 지식을 구성할 때 초점을 맞추는 주요한 기제로 작용한다. 우리가 무엇을 보고 있으며 그것이 우리 경험의 다른 측면들과 어떻게 연관되는지에 대한 우리의 해석은 우리가 가지고 있는 도구tool, 제도적 지원institutional supports, 그리고 우리가 행동하는 정치적 맥락political context 속에서 이루어진다. 무엇에 대해서 안다는 것의 의미, 무엇이 자료data로 인정될 수 있을지 여부, 그 자료가 어떻게 전달되는지는 시대와 집단에 따라 변하는 것이다. 이러한 명제는 과학과 같은 체계적인 지식 형성의 실제에도 적용될 수 있다. 즉, 우리가 탐구하기 위해서 사용하는 도구와 생각이 시대와 장소에 따라 진화하므로 지식은 변화한다. 우리가 가지고 있는 지식은 우리가 그 지식을 언제 어디서 가지게 되었는지에 따라서 달라지는 것이다. "'행동behaviors', '사건events', 또는 '실체entities'를 정의하는 객관적인 기준은 문화, 역사, 또는 사회적 맥락에 지대한 영향을 받는다. 만약 그렇지 않다면 존재하지도 않는 것이다." (Gergen, 1985, p. 267)

둘째, 지식은 개인이 어떤 인지적 모형을 형성하면서 창출되는 것이 아니라 사회적 행위로서 생겨나는 것이다. 지식은 인간이 함께 창출하는 것이다(Gergen, 1985). Geertz(1973)는 사고thought의 사회적 본질을 다음과 같이 묘사하였다.

> 인간의 사고는 완전히 사회적인 것이다: 지식은 그 근원, 기능, 형태 그리고 적용의 측면에서 모두 사회적이다. 근본적으로 사고thinking는 공공의 행위이다. 사고의 거주지는 정원, 시장, 도심의 광장이다. (p. 360)

이러한 관점에서 보면 지식은 입증되는 것이라기보다 사회적 합의의 성격이 강하다. 다시 말해, 우리는 보편적인 현실universal reality을 발견하는 것이 아니라 서로 아는 것에 대해서 동의한다. 이러한 사회적 특성으로 인해서 지식은 의사소통과 행위의 기초를 형성하는 공유된 어휘를 제공함으로써 공동체를 유지하는 기능을 한다(Bruffee, 1986). "무엇what is"에 대한 공유된 생각은 우리로 하여금 함께 하도록 하고, 우리가 상호작용하고 의사결정을 하며 우리와 타인의 행동의 적합성을 판단하는 것을 통용되게 한다.

세상에 대한 우리의 이해와 이를 묘사하는 용어들은 서로 불가분의 관계에 있다. 즉, 사회적 구성주의 관점에 의하면 지식과 언어는 동일한 것이다. 이는 언어가 지식과 물리적 실체로부터 나온다고 보는 경험주의적 관점과 사회적 구성주의 관점의 차이점이다. 사회적 구성주의자는 언어와 사고가 서로를 구성한다고 보며, 따라서 서로 독립적으로 존재할 수 없다고 본다. 이는 지식의 형성에 대한 해석적 접근을 대표하는 것이다(Gergen, 1985). 언어의 구조는 지식으로 여겨지는 것과 연결되어 있다.

사회적 구성주의에 대한 문헌은 다양하고, 각 학문 분야의 토대를 반영한다. 사회적 구성주의가 단일한 어떤 것이라는 가정이 있기도 하지만, 이는 그 구성construct 자체의 좋은 예이기도 하다. 사회적 구성주의는 그 자체가 사회적으로 구성된 것이다(Turiel, 1989). 사회적 구성주의에 대한 개념화는 그것이 사용되는 학문적 전통, 언어적 공동체, 역사적 맥락에 의해 고안된다. 인류학자들에게 있어서 사회적 구성주의는 그 학문의 일부이다. 다시 말해, 인류학자들은 문화가 다양하기 때문에 문화에 따라 의미가 다르게 구성된다고 추정한다. 심리학자들에게 있어서 사회적 구성주의는 개인주의적이고 경험주의적인 심리학적 사고에서 급진적으로 선회한 것이다. 이렇듯 심리학적 범주들categories을 집단의 차원에서 생각하는 것은 개인의 특성에 초점을 둔 모형의 재고를 요구한다. 또한 사회적 구성주의는 여러 학문 분야의 전통들이 뒤섞인 속에서 일하는 교육학자들로 하여금 학생 개인에 대한 관심을 그 학생이 처한 맥락으로 옮겨가도록 한다. 이러한 방향의 선회를 지원할 수 있는 모형이 교육학 내에 존재하지 않는다는 것이 안타까운 일이다.

사회 구성주의적 사고는 일반적으로 통용되는 범주들categories이나 라벨들labels이 실생활에서는 다르게 작용함을 보여 줌으로써 이에 대해서 보다 넓게 이해하도록 한다. 이 차이들은 다양한 시간, 사건, 환경들을 비교해봄으로써 발견된다. 사회적 구성주의자들은 사물object/범주category와는 거리를 두고, 출현하는 의미의 기초를 제공하는 사회적 과정과 자원에 초점을 둠으로써 개념화에서의 차이들을 보여 준다. 근저에 깔린 가정, 언어적 표시 그리고 실재적인 영향에 대해서 주의 깊게 분석해 보면 통속적인 범주들의 사회적 본질이 드러난다.

사회적 구성주의에 대한 문헌은 크게 이론적인 문헌과 경험적인 문헌으로 구분된다. 이론적인 문헌은 넓게는 지식의 사회학에 대한 것을 다루고, 구체적으로는 사회적 구성주의 관점에 대해서 다룬다. 지식의 형성과 사용에 대한 탐구는 사회적 산물로서의 과학적 지식(Kuhn, 1970), 신념에 대한 사회적 정당화로서의 지식(Rorty, 1979), 지식 사회학과 언어 사회학 간의 관계 속에서 예증된 현실의 사회적 구성(Berger & Luckmann, 1966)에 초점을 둔다. 이것은 심리학 내에서(Gergen, 1985) 그리고 학문 분야들을 가로질러서(Bruffee, 1986) 이루어진 사회적 구성주의 사고에 대한 이후의 논평의 근거가 되었다.

사회적 구성주의는 우리로 하여금 이 세상에 있는 사물들을 사회적인 성취로 생각하도록 독려한다. "사물과 사람이 만났을 때 사람에게 감지되는 것은 그 사람이 속한 문화가 제공하는 범주와 사물과의 만남을 통하여 형성되는 새로운 정보간의 상호작용의 산물이다"(Mehan, Hertwick, & Meils, 1986, p. 86). 이러한 상호작용은 용어의 적용을 규정하는 근저에 깔린 이론적 가정들에 대한 표면적인 논의 없이 나타나는 경우가 빈번하다. 다음 절에서는 Vygotsky의 관점에 근거하여 사회적으로 구성된 현상을 탐구하는 데 적합한 이론적 관점에 대해서 다룬다.

활동이론 Activity Theory

해석학적 연구의 목적은 일상적인 맥락하에서 이루어지는 행위everyday situated actions, 즉 "문화적 상황 내에서의 행위, 그리고 서로 교감하는 참여자들의 의도 상태 내에서의 행위"(Bruner, 1990, p. 19) 속에서 어린이들이 구성하는 의미를 이해하고자 하는 것이다. 어린이들에 대한 많은 연구들은 행동behavior에 초점을 두고 이루어졌다. 행위action와 행동behavior에는 주요한 차이가 있다. 행위는 특정한 문화적 · 역사적 실제와 시간 속에서 이루어지는 것이다. 행위에는 의미와 의도가 내포되어 있고, 특정한 지역사회와 개인에게 속하는 것이다. 반면, 행동은 이러한 지역적인 특성이 없는 행위이다. 이러한 행동은 이야기narration가 없는 기계적인 묘사이다. 어린이들의 행위에 대한 두터운 묘사thick descriptiions를 하기 위해서는 사람들이 무엇을 하는가에 대한 단순한 묘사의 차원을 넘어서야 한다. 그러기 위해서는 의미와 의도에 대해서 탐색하는 것이 필요하다.

많은 연구들이 가지고 있는 문제점은 연구자가 설명하고자 하는 것 그 자체를 탐색요인explanatory factor으로 삼는 것이다. Vygotsky는(Kozulin, 1986) 심리학이 유심론자들mentalists이 정신활동을 통해서 정신활동에 대해 설명한 것처럼, 행동주의자들behaviorists도 행동을 통해서 행동에 대해 설명하였다고 최초로 비판한 학자이다. 이러한 맥락에서 Vygotsky는 심리학은 인간의 활동을 통해서 인간의 의도를 설명하는 것이어야 한다고 주장하였는데, 이 생각은 훗날 활동이론activity theory으로 알려졌다.[3]

Vygotsky의 활동이론에 의하면, "개인은 개인뿐 아니라 그 개인이 속한 문화적으로 규정된 환경을 포함한 분석의 단위unit of analysis"로부터 연구를 시작하게 된다(Wertsch, 1979, p. viii). 따라서 연구자들은 개인의 행위만을 고려하는 것이 아니라, 이러한 행동의 기원이 되는 문화적으로 규정된 맥락을 함께 고려해야 한다. "활동의 배경activity setting"이라고 불리는 이러한 맥락은 다음과 같이 설명된다.

> 참여자들이 사용하는 적절한 역할, 목표, 수단에 대한 일련의 가정들에 기초한… 사회 제도적으로 규정된 배경들… 활동의 배경activity setting은 행위의 선택과 행위의 작동상의 구성operational composition을 안내하며, 이러한 행위들의 기능적 중요성을 결정한다고 할 수 있다. (Wertsch, 1985, p. 212).

개인의 행위는 사회적 상호작용과 이에 대한 의미로부터 생성된다. 개인의 행위는 맥락을 구성하는 도구들과 자원들에 의해서 가능해지고 또 제한되기도 한다. Leont'ev는 개인 행위의 맥락화된 본질을 존중하는 관점을 다음과 같이 강력하게 주장하였다.

> 만일 우리가 인간의 활동을 사회적 관계와 사회적 삶으로부터 분리한다면 인간의 활동은 존재할 수도 없고 아무런 구조를 가질 수도 없다. 다양한 형태를 지니는 개별 인간의 활동은 사회적 관계라는 체계system에 속한 하나의 체계system이다. 인간의 활동은 이러한 관계를 떠나서 존재할 수 없다… 분리된 개인의 활동은 그 개인의 사회적 위치와 조건들, 그리고 특유하고 개별적인 요인들에 영향을 받는다. (1981, p. 47)

활동이론가activity theorist에게 있어서 의도 혹은 동기는 핵심적인 위치를 차지하는 것이다. 개인들은 어떤 일에 대해서는 하고자 하는 동기가 있지만 다른 일에 대해서는 이러한 동기가 없다. 어린이들에 대한 많은 연구에서, 동기는 발달에 대한 관심 때문에 무시되거나 보상과 처벌이라는 외적인 요인들로 축소되었다.

동기의 개념을 명료화하는 데 도움을 주기 위해서 다음의 두 가지 예를 제시하고자 한다. Beth(Graue, 1993)가 관찰한 유치원 교실에서는 쓰기에 대한 것이 무척 강조되었다. 교사 Carlin은 어린이들이 글쓰기를 통하여 글쓰기를 학습하도록 하는 수업방법을 글쓰기 과정이라고 부르며 그녀의 수업방식에 대해서 자긍심을 가지고 있었다. 이론적으로, 글쓰기를 통한 표현은 철자에 대한 지식에만 국한되지 않았다. 대신 어린이들은 그들이 개발할 수 있는 어떠한 표기법을 사용해서든지 자신의 생각을 쓰도록 격려되었다. 시간이 흐르면서 글자에 대한 어린이들의 인식이 발달함에 따라 그들은 전통적인 철자와 맞춤법을 사용해야 했다. 교사가 개방적인 표현방법과 어린이들이 만들어 내는 철자invented spelling의 사용을 격려하였지만, 학급 어린이들은 철자를 정확하게 쓰는 것에 몰두하였다. 눈에 보이는 행동만으로 유추해볼 때 이 어린이들은 글쓰기를 위한 준비가 되어 있지 않았다는 결론을 내릴 수도 있을 것이다. 그러나 Beth는 어린이들이 발음중심 교수법phonics에서 사용하는 학습지에서 적용한 기준을 사용하여 자신들의 글쓰기를 지향하고 있음을 발견하였다. 어린이들은 그들의 생각을 글로 표현하고자 하는 동기보다는, 학습지를 할 때와 같이 글을 정확하게 쓰고자 하는 동기를 가지고 있었다.

위 사례는 어린이들의 행위를 주의 깊게 관찰하고 그들의 생각을 주의 깊게 듣는 것이 얼마나 중요한지를 보여 주는 것이다. 만일 연구자가 쓰기에 대해서 교사가 부여한 의미와 어린이들이 쓰기에 부여하는 의미와 동일한 것으로 여겼다면, 쓰기에 대해서 어린이들이 부여하는 의미를 듣거나 이해하지는 못했을 것이다. 이 학급에서 이루어지는 활동에 대한 의미 중에 교사와 어린이들이 공유하는 부분도 있었지만, 어린이들은 다른 과제를 할 때 부여되는 요구demands와 기준의 맥락에서 글쓰기에서의 자신들의 역할과 활동의 의미를 나름대로 구성한 것이다.

위의 사례는 문해를 위한 쓰기 과정접근writing process approach, 읽기를 위한 통합적 언어접근whole language approach, 그리고 우리의 학교에 널리 퍼지고 있는 효율성에 기초한 접근 간에 존재하는 보다 거대한 갈등의 맥락 속에 관련지어질 수 있다. 교실에는 학습지와 일기journals가 나란히 놓여 있다. 교사, 부모, 어린이들에게 영향을 주는 이 더 큰 모순상황이 학급에서 매일 나타난다. 성인들이 문해가 어떻게 형성되는 것이며 문해발달을 어떻게 측정할 것인가에 대한 생각들을 정리하기 위해 노력하는 동안 어린이들은 이렇게 매우 상반된 이론과 실제 사이에 휩싸여 있다. 어린이들이 혼란을 경험하는 것은 놀라운 일이 아니다.

다음의 비교문화적 사례는 성인의 동기가 유아들에게 제공되는 자원들에 어떠한 방식으로 영향을 주는지를 보여 준다. Gaskins(1990, Gaskins et al., 1992)는 부모들이 복합적인 탐구 놀이를 중요하게 생각하지 않기 때문에 마야Maya의 영아들은 이러한 유형의 놀이를 별로 하지 않는다는 것을 발견하였다. Gaskins에 의하면 어떤 특정한 유형의 놀이만을 격려하는 동기는 문화적으로 형성되는 것이며, 이 동기는 어린이들의 발달을 위해 어떤 특정한 유형의 자원만을 제공하게 한다. 이 예는 지역적인 부모–자녀 상호작용이 문화적 그리고 역사적인 맥락과 관련되는 것을 생생하게 보여 준다.

의도와 동기를 밝혀내는 것은 간단하거나 쉬운 일이 아니다. 인류학자들은 간접적인 방법으로 그것을 구하지 않으면 별로 얻을 것이 없다는 말을 자주 사용한다. 예를 들면, Conklin(1954)은 하누누Hanunoo 사람들이 1,400여 종의 식물 이름을 알고 있음을 발견하였다.[4] 그는 하누누 사람들에게 그들이 몇 개의 식물 이름을 알고 있는지에 대해서 질문함으로써 이 사실을 알아낸 것이 아니다. 동기는 행위자들에게 암묵적tacit인 것이므로 의식적인 반영을 통해서 얻어지는 것이 아니다(Wertsch, 1985). 어린이들은 일상적인 상호작용을 하면서 그 이유에 대해서 설명을 하지 않기 때문에 그들에게 왜 그러한 행동을 하는지에 대해서 질문하는 것은 물고기에게 물에 대해서 질문하는 것과 같다. 물고기에게 물에 대해서 질문하기 위해서는 먼저 물고기에게 물이 무엇인지에 대해서 설명해야 하고 물이 물고기 주변에 있다는 것을 일깨워주어야 한다. 그 이후에 물고기가 물에 대해서 이야기하는 것은 흥미로울 수 있지만, 물에 대한 물고기의 경험 못지않게 당신의 질문과 설정이 물고기의 대답에 영향을 줄 것이다. 동기에 대해서 알기 위해서는 어린이들의 상호작용을 주의 깊게 관찰하고, 자신들의 행위에 대한 그들의 설명에 대해서 귀 기울이며, 그들의 목소리를 존중하는 것이 중요하다. 그러기 위해서는 해석학적 연구의 기본 방법들을 사용할 것과, 지역적 맥락과 그보다 더 광범위한 문화와 역사 간의 연관성에 관심을 기울일 것이 요구된다.

후기-Piaget학파의 관점 Post-Piagetian Perspectives

본 절에서는 Piaget 학파의 이론에 대한 비평을 시작으로 후기-Piaget학파의 관점에 대한 개관을 제시하고자 한다. 비평과 개관은 모두 간략하게 제시할 것이므로 이에 대해서 더 많은 것을 알기 원하는 독자는 본 절에 인용된 저자들의 저서를 읽어보기 바란다.

최근에 와서 Piaget학파의 이론에 대한 비판이 증가하고 있는데, 특히 발달단계와 자기중심성에 대한 관점, 어린이들의 무능함에 대한 강조 그리고 문화와 사회에 대한 간과가 많은 비판을 받고 있다.

발달단계Stages

Piaget는 발달단계가 모두에게 적용되고, 변하지 않으며, 보편적인 것으로 보았다. Piaget의 발달단계의 문제점은 실증적인 검증과정에서 제대로 입증되지 않는다는 것이다. Flavell은 "인간의 인지발달은 지평-구조horizontal-structure에서 매우 동질적인 용어의 의미로서의 '단계적으로' 진행되지 않는다"라는 결론을 내렸다(1982, p. 17). Gelman과 Baillargeon은 "인지발달이 피아제가 제시한 것처럼 주요한 단계를 거쳐서 이루어진다는 증거는 희박하다"(1983, p. 214)고 더욱 강하게 비판하였다. Fischer는 "고르지 않은 것이 발달의 규칙이다"라고 하였다(1980, p. 510). Gelman과 Baillargeon은 Fischer의 주장에 동조하면서, "인지발달의 영역 중에는 발달이 단계적으로 이루어진다는 증거가 나타나는 영역도 있고 그렇지 않은 영역이 있을 수도 있다"(1983, p. 214)라고 제안하였다.

자기중심성Egocentrism

Piaget는 자기중심성이라는 용어를 1960년대 후반부터는 사용하지 않았다. 그러나 불행하게도 Piaget이론의 동조자들은 그렇지 않았다. 미국의 경우 어린이들은 일상적으로 자기중심적인 존재로 여겨지고 있다. 어린이들은 자기중심적이지 않으므로 그들을 그렇게 묘사하는 것은 유아들에 대한 지극히 근시안적인 관점을 반영하는 것이다. 앞서 인용되었던 Gelman의 주장이 다시 언급될 필요가 있다.

> 유아들preschoolers에게 타인의 관점을 수용할 수 있는 능력이 있다는 증거가 현재 수없이 많이 발견되고 있다… 어떻게 나 자신이나 다른 사람들이 유아들이 자기중심적이라는 생각을 가졌었는지 잘 이해가 되지 않는다. (1979, p. 901)

인지적 능력Cognitive Competence

Donaldson은 그녀의 획기적인 저서 《어린이들의 마음Children's Minds》(1978)에서 Piaget가 어린이들의 다양한 영역에서의 인지적 능력을 과소평가하였음을 설득력 있게 보여 주었다. 많은 후기-Piaget학파의 연구자들이 밝혔듯이, 어린이들은 기존에 생각했던 것보다 훨씬 더 인지적으로 유능하며, 좀 더 나이가 든 어린이들이나 어른들은 알려진 것보다 훨씬 덜 유능하다.

어떤 개인이나 집단이 무엇인가를 하지 못한다는 주장이 정당화되는 경우는 드물다. 특정 개인이나 특정 집단이 특정한 조건하에서 특정한 과제를 수행하지 못한다는 결론만이 가능할 뿐이다(좋은 사례들을 보기 위해 Cole, 1996를 참조하라). Donaldson의 주장대로, Piaget의 발견은 매우 견고하다. 즉, 어린이들은 Piaget의 과제를 Piaget가 예측한대로 수행한다. 그러나 그의 주장 혹은 해석은 견고하지 못하다. Piaget의 과제와 논리적으로 동일한 과제들이 어린이들에게 의미 있는 상황 속에서 주어졌을 때, 어린이들은 Piaget가 예측한 것보다 훨씬 더 유능하게 과제를 수행한다는 것이 반복적으로 발견되었다. Hatano와 Inagaki의 다음의 서술은 가장 설득력 있다.

> 우리가 어린이들에게 생소하고, 의미 없는 문제들을 제공하고, 엄격한 기준을 적용하여 그들의 이해 정도를 평가한다면(예를 들면, 형식적인 논리에 따라 설득력 있는 정당화를 하는 것), [Piaget의] 발견은 반복적으로 나타날 것이다. 여기에서 강조되어야 할 점은 어린 유아들도 "의미 있는" 맥락하에서 절차상의 기술을 반복적으로 연습함으로써 개념적인 지식을 형성할 수 있다는 것이다. (1986, p. 265)

우리가 어린이들에게 친숙하고 의미 있는 과제를 제공할 때, 즉 그 과제가 어린이들에게 납득이 될 때, 그리고 어린이들의 이해 정도에 대해서 주의 깊게 관찰하려고 노력하고 그들의 이해 정도를 평가할 때 합당한 기준을 적용한다면, 정말로 어린이들은 매우 유능한 존재로 보일 것이다.

*문화와 사회*The Cultural and Social

Bruner는 일반적으로는 서구의 심리학에, 보다 구체적으로는 Piaget이론에 내재하는 개인주의와 탈문화주의aculturalism에 대해서 비판했다.

> [그 가정은] 어떤 선천적으로 개인주의적인 자아individualistic Self가 있다는 것인데, 그 자아는 인류의 공통적인 본질에 의해 결정되어 발달하고, 문화와 관계없이 존재한다는 것이다. 어떤 의미에서 이러한 자아는 표현하기 어려운 사적인 것으로 여겨진다. (1986, p. 85)

Haste가 언급한 바와 같이, Piaget학파의 관점에서 보면 유아는 "해변가에서 조약돌을 가지고 노는 동안 혼자서 개념을 발견하는" 외로운 과학자이다(1987, p. 170). 개인에 초점을 두는 이러한 관점은 Bruner(1986)가 "중재되지 않은 개념론unmediated conceptualism"이라고 부른 것을 초래했는데, 그 가정은 다음과 같다.

> 세상에 대해서 어린이가 발달시키는 지식은 다른 사람들과 상호작용하고 교섭하면서 이루어지는 세상과의 대리 만남vicarious encounters에 의해서 중재되는 것이라기보다 주로 세상과의 직접적인 만남을 통해서 형성된다. 이는 어린이가 세상에 대한 지식을 혼자서 습득한다는 신념이다. (p. 85)

이는 널리 받아들여지고 있음에도 불구하고 문제가 있는 관점이다. 이처럼 사회적인 세계에서 어린이가 어떻게 "혼자서" 무엇인가를 할 수 있는가? Bruner의 반론은 명료하다. 즉, "우리는 자연적 상태의 전형exemplars을 개인적으로 맞닥뜨리는 것에만 의거하여 실재reality를 구성하지 않는다. 세상에 대한 우리의 접근의 대부분은 다른 사람들과의 교섭에 의해서 중재되는 것이다"(p. 93). Bruner는 이에 대해 다음과 같이 더 논의했다.

> 우리는 전적으로 혼자서 기능하는 어린이의 이미지로부터 벗어날 필요가 있다. 나는 어린이의 발달을 인간 상호작용의 맥락에서 보고자 한다. 인간의 지식과 그것의 습득과정은 사회적인 것이며, 이는 언어 · 문화 · 사회적 전달방식에 영향을 받는다. 우리는 개인적 성취에만 너

무 몰두하여 이렇게 사회적인 것에 대해서 주의 깊게 살펴보지 않았다. 이제부터라도 시작해야 한다. (Hall, 1982, p. 63에서 인용)

후기-Piaget Post-Piaget

Hatano와 Inagaki(1986)는 후기-Piaget학파의 관점을 다음과 같이 기술했다.

> Piaget학파 정신의 부활을 위한 시도. 비록 우리가 생태-사회적 환경의 구속력과 인지적 능력의 영역-특정성에 대해서 강조하고 있지만, Piaget의 두 가지 기본적인 아이디어는 그대로 받아들인다. 첫째는 인간이 이해하기 위한 내재적인 동기를 가지고 있다는 것이고, 둘째는 지식 습득의 주요한 부분은 내부에서 생긴다는 것, 즉 반성적인 추상화reflexive abstraction를 통해서 이루어진다는 것이다. (p. 265)

세 가지 차원에서 후기-Piaget 학파의 관점을 Piaget 학파의 관점으로부터 비교한 Inagaki(1992)의 주장을 제시하면서 본 장을 마무리하고자 한다. 첫째, 후기-Piaget학파의 관점은 영역-특정적 구속domain-specific restraints을 영역-일반적domain-general인 것, 즉 단계stage의 구속보다 더욱 의미 있는 것으로 간주한다. 따라서 학습과 발달은 영역에 따라서 매우 다르게 나타나는 것으로 본다. 둘째, 논리-수학적 구조를 가장 중요하게 생각하는 관점에서 벗어난다. 대신, 어린이들이 현재 수행하고 있는 과제와 연관성이 있는 지식을 습득할 때 학습이 쉽게 이루어진다는 관점을 가진다. 다른 이들은 이에 대해서 친숙성의 효과the effect of familiarity라고 묘사하기도 하였다. 다시 말해, 유아를 포함하여 인간은 누구나 친숙하지 않은 상황보다 친숙한 상황에 있을 때 더욱 명석해지며, 친숙성 여부는 수행에 가장 많은 영향을 준다는 것이다. 셋째, 발달이 이루어지는 사회문화적 맥락을 매우 결정적인 요인으로 간주한다.

체계이론 Systems Theory

다음에 제시된 체계이론에 대한 간략한 논의는 Pianta와 Walsh(1996)에서 발췌한 것이다. 여기에서는 체계이론에 대한 개관과 주요 용어들에 대해서 소개하고자 한다. 이 이론에 대한 다른 유용한 서술들은 Ford와 Lerner(1992),

Boulding(1985), von Bertalanffy(1968), Sameroff(1983)에서 찾을 수 있다.

일반체계이론General systems theory은 생물학과 생태학에서 오랜 역사를 지니는 이론이다. 하나의 체계는 각각이 전체 체계의 활동과 연계된 기능을 하는 서로 연관된 부분들의 집합이다. 살아 있는 혹은 개방된 체계는 그 체계가 속한 맥락과 정보를 교환하며, 자기 통제적인 경향이 있다(Ford & Ford, 1987). 체계이론에서는 전체와의 관계 속에서 부분의 행위를 이해하는 것이 강조된다.

체계는 다양한 수준에서 작용한다. 사회도 체계이고, 가족도 체계이며, 교실도 체계이고, 대용 수용시설group homes도 체계이며, 어린이도 체계이고, 뇌와 특정한 행동도 체계이다. 체계는 서로 간에 하위와 상위의 관계를 유지하고 있으며, 상부의 단위들은 하위 단위들의 활동을 어느 정도 통제하거나 구속하는 힘을 가진다. 체계가 가지는 주요한 목표는 특정한 목적이나 기능에 대하여 하위 단위들의 활동을 규제하는 것이다. 따라서 학급체계는 학교의 목적에 따라서 교사와 학생의 행위를 구속한다.

공동 행위Co-Action

공동 행위는, 예를 들면 방과후 프로그램과 같은 어떤 체계의 활동이 독립적이지 않다는 전제를 일컫는다. 공동 행위는 다른 체계들의 활동에 의해 영향을 받고, 또 다른 체계들의 활동에 영향을 준다. 예를 들어, 방과후 프로그램은 그것이 속한 학교에 의해서 영향을 받고, 프로그램에 속한 어린이들의 가족의 활동에 영향을 준다. 체계들의 그물망이 함께 작용하면서 공동 행위가 조직된다. 즉, 공동 행위는 무작위로 이루어지는 것이 아니다. 따라서 공동 행위는 패턴이 있고 예측 가능한 것이며, 정도의 차이는 있지만 조직이 존재하는 데에는 복잡한 방식이 있다(Greenspan, 1989; Sameroff, 1983).

분석의 단위Unit of Analysis

분석의 단위는 전체이다. 하위체계의 행동을 설명하기 위해서 상위체계의 행동이 사용된다. 관심과 분석의 초점은 처음에 질문이 형성된 수준보다 상위 수준에 둔다. 예를 들면, 대용 수용시설에서 지내는 어린이의 행동을 이해하기 위해서는 그 시설에 대해서 알아야 하며, 그 시설이 속한 사회복지체계 등에 대해서 알아야 한다. 개인이나 소집단의 행동에 대해서 설명하기 위해서는 그 활동이 어떻게 더 큰 체계의 목적에 연관되는지를 이해해야 한다.

차별화와 통합Differentiation and Integration

차별화는, 내적 그리고 외적 압력에 부응하여, 시간이 지나면서 체계들이 하위 단위들subunits의 차별화를 통해서 적응해나가는 한 방식을 의미한다. 즉, 하나의 체계에 속하는 단위들이 차별화된 역할을 함으로써 그 체계가 전체로서의 기능을 할 수 있도록 하는 것이다. 반면, 통합은 전체로서의 체계가 본래의 모습과 정체성을 유지하기 위해서 차별화된 하위 단위들이 체계의 주요 기능을 성취하기 위해서 서로 통합되어야만 하는 것을 의미한다. 예를 들면, 다양한 요구를 지닌 어린이들과 함께 일하기 위해서 특수교육 전문가들specialists의 수를 늘린 학교는 점점 더 차별화된다. 반면, 그 요구에 반응하기 위하여 일반 교사generalists를 더 채용하는 학교는 점점 더 통합적이 된다.

차별화와 통합은 체계들이 효율적으로 기능하도록 돕는다. 차별화되면서도 통합된 체계들은 구성 단위들이 중복되거나 서로 연결되지 않은 체계에 비해서 압력에 대처할 수 있는 더 넓고 다양한 방식을 가진다. 지나치게 차별화된 체계는 전체로서 행동하지 못한다. 서로 의사소통할 수 없거나 할 의지가 없는 많은 특수 전문가들을 가진 조직이 그 예가 될 수 있다. 지나치게 통합된 체계는 변화에 대처할 수 없다. 예를 들면, 영어를 하지 못하는 학생들이 들어와서 교사들을 더 많이 채용하였지만 새로운 교사들 중 누구도 그 학생들을 도울 수 있는 기술을 가지지 못한 경우가 이에 해당된다.

결론 Conclusion

이 장에서는 연구과정과 이론의 연관성에 대해서 탐구하고자 하였다. 이론은 연구자들이 연구를 진행하는 맥락이다. 이론은 세계의 일부를 이전에는 보지 못했던 새로운 방식으로 보도록 돕는다. 동시에 이론은 그다지 명백하지 않은 것뿐만 아니라, 명백한 것도 보지 못하도록 막는 사각지대의 역할을 할 수도 있다. 여기에서의 도전은 이론에 이용되지 않고, 이론을 이용해야 한다는 것이다.

다음에서는 Peggy Miller가 자신의 연구에서 이론을 어떻게 활용했는지를 검토한다. 사회화socialization에 대한 연구 초점과 이야기narrative에 대한 관심의 혼합은 해석학적 연구에서 이론이 어떻게 유용하게 활용되는지에 대한 좋은 예를 제공한다.

내 연구에서 이론의 역할에 대한 개인적 회상

Some Personal Reflections on the Role of Theory in My Work

Peggy. J. Miller
일리노이 어배너-섐페인 주립대학

사회화의 문제, 즉 어린이들이 문화의 의미체계 안에서 어떻게 적응하는지, 경험을 해석하는 데 필요한 공유된 믿음, 가치, 해석의 틀 속에서 어떻게 기능하는지와 관련된 문제는 항상 나의 관심을 끄는 큰 문제이다. 나는 언어가 이러한 과정에서 어떠한 역할을 하는지에 대해서 특히 관심을 가져왔다. 양육자들caregivers은 그들이 의도하거나 알지 못하는 사이에 많이 언어에 의존하여 문화적 전통을 다음 세대에 전수한다. 언어를 학습하면서 어린이들은 공유된 의미체계 안으로 들어오게 되고 이러한 체계들을 재창조하고 변형하는 데 필요한 도구를 가지게 된다. 인간의 행위가 학문에 따라 구분되어 왔는데, 이는 문화와 사회에 대한 것은 인류학과 사회학에서 주로 다루어왔고, 어린이에 대한 연구는 심리학과 교육학에서 주로 이루어져 왔기 때문이다. 따라서 문화와 어린이 중 어느 하나를 경시하지 않고 진정으로 통합된 사회화의 개념을 연구하는 것은 어려웠다. 그래서 내가 들려줄 수 있는 이야기는 탐구quest의 이야기, 즉 학문적 경계를 넘어서 어린이와 맥락을 함께 다루는 이론적 관점을 추구하는 것에 관한 이야기이다.

그러나 이렇게 글을 전개하는 것은 내가 현재 직면한 과제의 성격에 비추어 볼 때 한 연구자의 경험의 사례를 초보 연구자에게 제공하려 한다는 점에서 오해의 소지가 있을 수 있다. 내가 연구를 시작한 시점에서는 이 문제에 대해서 희미하게만 인식하고 있었고, 어떠한 이론들이 적합한지에 대한 명료한 생각이 없었기 때문에 오해의 소지가 있을 수 있다는 것이다. 나는 이론 전pretheoretical의 어떤 것에 강한 관심을 가지고 있었다. 나는 언어에 매료되어 있었다. 나는 관찰하는 것을 매우 좋아했고, 어린이들이 일상적인 환경에서 주요한 타인들과 상호작용하는 것을 관찰하는 것이 중요하다고 믿었다. 나는 어렴풋이나마 체험lived experience의 총체적인 본질에 대해서 이해하고 있었다. 나는 발달심리학과 교육적 실제는 다양한 사회적 계층과 문화적 배경을 가진 어린이들에 관한 연구에 기반해야 한다고 믿었다.

나는 대학원에서 발달심리학을 공부하였는데, 그 시절 이 관심을 키울 수 있는 비옥한 토양을 찾을 수 없었다. 내가 대학원에서 어린이들의 언어에 대한 연구를 시작했을 당시에는 Chomsky와 Piaget가 주요한 이론가들이었다. Chomsky로부터 내가 배운 것은, 언어는 인간의 정신mind에 내재하는 타고난 능력이고, 모든 자연 언어들natural languages은 매우 복잡하고 체계적이며, 유아들은 그들이 듣는 말이 현재의 과제에 부적절할지라도 놀랄 만큼 쉽고 빠르게 언어를 학습한다는 것이었다. Piaget로부터 내가 배운 것은, 어린이들은 세계에 대한 이해를 먼저 구성한 후 그들이 이해한 바를 언어로 바꾸어 표현하는 적극적인 이해의 창조자sense-makers라는 것이다. 이 두 이론가들은 내가 어린이와 언어에 대해서 생각하는 방식에 지속적으로 영향을 주고 있다. 즉, 나는 이 이론가들이 없었다면 연구를 진행하지 않았을 것이다. 그러나 이 두 이론가들의 이론은 내가 가지고 있는 관심 분야에 잘 부합하는 것은 아니었다. 그래서 아이러니하게도, 이론이 내 연구에서 제일 먼저(그리고 가장 영속적으로) 한 역할은 나로 하여금 이론의 한계점, 그리고 그동안 배제되거나 사소한 것으로 여겨졌던 흥미로운 질문들에 대해서 깨닫게 하는 것이었다. Chomsky와 Piaget는 살아 있는 사람들이 매일의 삶을 영위하기 위해서 어떻게 언어를 사용하는지에 대해서는 아무런 언급을 하지 않았다. 이 두 학자들은 문화 내에서 혹은 다른 문화들 사이에서 언어 학습의 맥락과 의미가 어떻게 달라지는지에 대해서 아는 것에 관심을 가지지 않았는데, 그 이유는 이러한 차이가 별 차이를 가져오지 않는다고 생각했기 때문이다.

나의 멘토인 Lois Bloom에게서 의미는 맥락 속에서만 이해될 수 있다는 통찰력을 배운 것이 나에게 훨씬 더 생산적인 것이 되었다. 어린이들의 초기 문법발달에 대한 획기적인 연구(Bloom, 1970)에서 그녀는 특정 시간과 특정 상황에서 유아들과 그들이 상호작용하던 사람들이 하고 있던 일과 관련해서 유아들이 한 말을 검토함으로써 그들이 사용하는 초기 문장들의 의미를 추론하는 방법을 고안하였다. 비록 내가 하고 있는 연구는 문화적 의미들을 보다 더 충분히 이해하기 위하여 목전의immediate 맥락을 넘어서서 복합적인multiple 맥락들을 포함하고 있지만, 연구자로서 내가 가지고 있는 "기술craft"의 많은 부분은 나의 멘토의 실제로부터 물려받은 것이다.

이러한 사실은, 예를 들면 중류층의 대만 가정과 중류층의 미국 백인 가정의 이야기 나누기 실제narrative practices에 대한 나의 최근 연구에서 명백하게 나타난다. 이 프로젝트에서 나와 나의 학생들은 사람들이 자신들의 과거 경험에 대해서 재창조하는, 이야기 담론narrative discourse의 한 유형인, 개인적 이야기personal storytelling를 통해서 어린이의 사회화에 대해서 연구하였다(Miller, Fung, & Mintz, 1996). 우리는 이 두 문화집단에서 어린이의 과거 경험에 대해서 이야기할 때 사용되는 해석의 틀을 이해하고자 하였다. 어린이의 과거 경험 중 어떤 일들이 언급되는가? 이러한 과거 경험들이 어떻게 해석되는가? 우리의 접근법은 어린이들이 매일의 가정 생활에서 말하고, 듣고, 행하는 것을 관찰하는 것이었다. 우리는 어린이들과 가족들을 오랜 시간 동안 관찰하였고, 우리가 관찰한 것을 녹음하거나 비디오 촬영하였다. 우리는 다른 사람들이 말한 것, 행동한 것과 연관해서 어린이가 한 말과 행동에 대해서 당시의 상호작용의 흐름을 보존하면서 글로 재구성하였다. 우리는 자료의 정확성accuracy을 위해서 확인하고 재확인하였다.

그러고 나서 우리는 전사본들transcripts을 읽으면서 우리가 관찰한 이야기들을 이해하려고 노력하였다. 예비연구 결과를 바탕으로 우리는 대만의 가족들이 미국 백인 가족들보다 이야기 나누기 실제에 있어서 보다 더 교훈적일didactic 것이라는 기대를 가지고 시작하였다. 이러한 생각과 연구를 진행하면서 얻은 직관을 가지고 우리는 전사본을 검토하고 또 재검토하였다. 우리는 우리가 관찰한 것과 가족들과 양육자들의 신념과 가치에 대해서 우리가 알고 있는 것을 연관지으려고 노력하였다. 전사본을 반복적으로 읽고 임시적인 범주들categories을 반복적으로 수정한 결과 점차적으로 일련의 범주들이 나타났다(Bloom, 1974). 어떤 시점에서 우리는 어린이들과 양육자들이 구성한 의미에서 어떤 규칙성regularities을 발견한 것에 만족감을 느끼기 시작했다. 예를 들어, 우리는 대만의 가족들이 유아들의 경험에 대해서 이야기할 때 미국 백인 가족들보다 훨씬 더 규칙과 규칙 위반에 관한 것을 언급하는 경향이 있고, 또 어린이의 규칙 위반이 이야기의 주제가 되게끔 이야기를 조직한다는 것을 발견하였다. 반면, 미국 백인 가족들은 개인적 이야기를 재미entertainment와 긍정affirmation을 위한 매개체medium로 사용하는 듯했다. 우리는 대만 가족들과 미국 백인 가족들의 개인적 이야기에는 이러한 대조가 제시하는 것 이상의 것이 내포되어 있음을 알고 있다. 우리의 다음 분석은 여기에서 출발하게 될 것이다. 다시 말하면, 이러한 "결과"는 다른 분석을 위한 길로 인도할 것이며, 우리는 이것이 더욱 깊이 있는 해석이 되기를 희망한다.

아마도 독자들은 이 모든 것에서 이론은 어디에 있는지 의아하게 생각할지도 모르겠다. 이론에 대한 회상으로 시작된 글이 결국 방법에 대한 묘사가 되었다. 이는 나의 개인적인 경험과도 같은 것이다. 의미에 대한 이론적 통찰은 의미에 대한 연구방법과 매우 밀접하게 연관되어 있었다. 그 접근방법을 사용한 것이 내가 그렇지 않았으면 놓쳤을 수도 있는 것들을 관찰할 수 있도록 나의 시각을 확장해주었다. 그러한 것들은 가상 놀이pretend play, 놀리기teasing, 개인적 이야기personal storytelling, 그리고 다른 종류의 일상적 대화everyday talk가 포함된다. 이러한 종류의 일상적 대화를 이해하기 위한 노력은 나를 Vygostsky의 이론 및 언어의 실제이론practice theories of language으로 인도하였다. Vygostsky이론은 일상적인 담론을 원칙에 의거한 방법으로 통합한 사회화의 모델을 제공해주었고, 언어의 실제이론은 비계 설정이 된 상호작용scaffolded interactions에 대한 Vygostsky학파의 강조점을 교정하는 역할을 하였다. 실제로 이 이론들은 열심히 하며 재능이 있는 어린이 학습자가 자신의 이야기를 잘 할 수 있도록 좀 더 능숙한 성인 이야기꾼storyteller이 도와주는 상황만을 보려 하지 말고, 다른 사람들의 이야기를 옆에서 듣거나 자신의 경험에 대해서 다른 사람이 말하는 것에 대해서 저항하는 등의 개인적 이야기 나누기에 어린이들이 참여하는 모든 방식에 주의를 기울이도록 하였다. 내가 강조하고 싶은 점은 이론과 관찰이 내 연구에서 함께 작용하였다는 것이다. 이론은 무엇을 관찰해야 할지에 대한 나의 시각을 확장해주었고, 관찰은 내가 본 것을 이해하기 위해서 이론을 고찰하도록 하였다.

또한 내가 처음부터 연구와 관련해서 가지고 있었던 지속적인 관심들commitments인 관찰, 언어, 일상적 맥락, 포괄성inclusiveness에 대해서도 언급할 필요가 있겠다. 이러한 관심들은 연구자로서의 내 삶 속에서 지속적으로 흐르고 있다. 나는 여전히 다양한 문화적 배경을 가진 어린이들이 일상적 삶을 살아가는 모습을 보고 듣지 않고서는 어린이들이 어떻게 한 사회의 구성원이 되어가는가에 대해서 이해할 수 없다고 믿고 있다. 현재 나에게 가장 유용한 이론은 상당히 Vygostsky에 근거한 그리고 다른 실제이론들practice theories(Goodnow, Miller, & Kessel, 1995; Miller et al., 1996)에서 빌린 문화적 실제이론a theory of cultural practices이다. 실제이론의 견지에서 보면, 어린이들은 문화적으로 조직된 일상적인 실제들에 다른 사람들과 함께 참여함으로써 의미를 창조한다. 이 과정을 이해하기 위해서는 어린이들에게 이용 가능한 실제는 어떤 것이고 어떻게 어린이들과 그들의 동반자들이 참여하는지에 대한 주의깊은 기록을 요구한다. 예를 들어, 이야기 나누기의 실제가 분석의 단위가 된다면, 어린이들과 양육자들이 순간 순간 어떻게 함께 의미를 협의하고 이야기 나누기를 하면서 상호 간의 참여가 어떻게 변화하는지 기록할 수 있다. 따라서 이 관점은 사회화의 실제적인 역동성에 대해 보다 깊은 통찰력을 제공한다. 이 관점은 또한 어린이에 대한 보다 총체적인 이해를 할 수 있도록 한다. 연구의 목표가 이야기 나누기에 참여하는 어린이라면, 어린이 전체whole child에 관심을 두고 보는 것 그리고 말하는 사람과 듣는 사람을 행동하고, 생각하고, 느끼고, 가치 부여를 하는 사람들로 보는 것이 가능하게 된다.

사회화를 이해하는 데 이 이론적 관점이 갖는 장점은 더 많지만, 이 글에서는 다루지 않으려고 한다. 대신 나의 요지는 다음과 같다. 현재의 내 입장에서 보면, 사회화의 실제 이론은 나의 기본적인 관심을 존중하고 나에게는 제2의 천성second nature이 된 방법론적 접근에 대한 최신의 그리고 보다 강력한 논리적 근거를 제공하므로, 최소한 부분적으로 매력이 있다. 다시 말하면, 이론과 방법 간에는 밀접한 관계가 있어서 쌍방 간에 영향을 준다는 것이다. 즉, 이론은 어떤 특정한 종류의 실증적 연구로 인도하고, 어떤 특정한 종류의 실증적 연구는 연구자를 이에 적합한 이론으로 인도한다.

결론적으로 다음의 두 가지 사항에 대해서 언급하고자 한다. 비록 나는 널리 받아들여지는 과학적 이론에서 벗어나서 생각하는 경우가 자주 있었지만, 전혀 유용하지 않은 발달 혹은 사회화 이론은 거의 보지 못했다. 이를 달리 표현하자면, 모든 이론에는 한계가 있기 때문에 명료한 시각을 가지기 위해서는 여러 개의 이론들을 알고 있는 것이 좋다. 예를 들면, 비록 Chomsky의 언어이론은 어린이가 어떻게 언어 사용을 배우는가에 대한 나의 관심에는 여러 측면에서 부적합했지만, 종 전체species-wide가 언어를 학습할 능력이 있다고 강조한 것과 모든 종류의 자연 언어는 매우 복잡하고 체계적이라고 주장한 것은 나로 하여금 저소득층의 소수인종minority 어린이들이 언어적으로 실조되어 있다는, 분명 연구에 의해 옹호된, 널리 퍼진 주장들에 대해서 의구심을 갖게 했다. 적극적인 의미 구성자로서의 어린이에 대한 Piaget의 이미지는 사회화에 대한 결정론적 혹은 "전송transmission" 이론을 수정하는 역할을 하였다. 비록 나는 정신분석학적인 관점에서 글을 쓴 적은 없지만 정신분석학적 전통으로부터 온 통찰력은 때때로 내 연구에 도움을 주었다. 예를 들면, 정신분석학적 관점에서 바라볼 때 실제이론에서 한심할 정도로 잘 발달되지 않은 부분은 어떻게 사람들이 특정한 실제에 투입되고, 또 특정한 종류의 정서적 태도가 어떻게 형성되는지와 같은 실제에 대한 동기와 감정적인 측면임을 쉽게 알 수 있다.

마지막으로 내 연구에서 이론의 또 다른 역할은 세계가 작동하는 방식에 대한 이론을 사회 과학자들만 가지고 있는 것이 아니라는 것을 깨닫게 한 것이다. 나는 사람들의 일상적 실제에 내재하면서 동기를 부여하는 민중이론folk theories[역주 : 학자들의 이론과 대비된 일반인들이 매일의 생활에서 발달시키는 이론]에 관심을 가져왔다. 예를 들어, 나는 처음에는 양육자들의 실제caregiving practices를 이해할 수 없었거나, 그것을 의심스럽게 여겼었다. 그러나 그러한 양육자의 실제를 관찰했을 때 일상적 이론의 중요성을 가장 강렬하게 깨달았다. 다시 말하면, 어떤 실제들은 민중이론이든 과학적 이론이든 내가 가지고 있는 이론들에 맞지 않았던 것이다. 즉, 나는 볼티모어 남부의 백인 노동자 계층의 지역사회에서 온 가족들을 연구했을 때, 엄마들이 두 살배기 딸들에게 자기 입장을 변호하고 말대꾸를 하게 하거나, 심지어는 아이들을 자극해서 주먹을 쥐고 달려들게 할 만큼 일상적으로 딸들을 놀리는 것을 보고 놀랐다. 이 엄마들은 또 어린 자녀들 앞에서 폭력적인 죽음, 가정폭력, 아동학대에 대해 이야기하였다. 나는 그 엄마들의 인생사와 자녀양육에 대한 그들의 신념과 가치관에 대해서 들은 후에야 그러한 실제들에 대해 이해할 수 있었다. 그 엄마들은 자신들의 삶의 경험을 통해서 딸들이 가혹한 세상에서 살아가게 될 것이며 자신들이 딸들을 "강인하게" 키우지 않고 그들에게 생존에 필요한 기술들을 가르치지 않는다면 부모로서 태만한 것임을 배웠던 것이다(Miller & Sperry, 1987). 이러한 실제 속에는 세계가 작동하는 방식, 어린이들의 본성, 그리고 강인하고 정신적으로 건강한 어린이로 키우기 위한 최상의 방법에 대한 모형이 내재하고 있다. 우리가 사회화에 대해서 보다 더 완전하게 이해하고자 한다면 이러한 종류의 이론들을 고려해야 한다는 것은 분명하다.

참고문헌

Bloom, L. (1970). *Language developmen t: Form and function in emerging grammars*. Cambridge, MA: MIT Press.

Bloom, L. (1974). The accountability of evidence in studies of child lan guage: Comment on "Everyday preschool interpersonal speech usage: Methodological, developmental, and sociolinguistic studies" by F. F. Schacter, K. Kirschner, B. Klips , M. Friedricks, & K. Sanders. *Monographs f the Society for Research in Child Development, 19*(156).

Goodnow, j. j., Miller, P. j., & Kessel, j. (1995). *Cultural practices as contexts for development*. San Francisco: jossey-Bass.

Miller, P. j., Fung, H., & Mintz, j. (1996). Self-construction through narrative practices: A Chinese and American comparison of early socialization. *Ethos, 24*, 1-44.

Miller, P. j., & Sperry, L. L. (1987). The socialization of anger and aggression. *Merrill-Palmer Quarterly, 33*, 1-31.

Note

1. Bakan은 특별히 심리학자들을 언급하고 있었다. 우리는 이를 일반적인 연구자들을 지칭하는 것으로 확장하였다.
2. Graue(1993)에서 인용한 내용이다.
3. Kozulin(1986)은 후에 러시아 심리학자들이 활동을 설명하고자 함으로써 Vygotsky가 비판한 바로 이 함정에 빠지게 됨을 보여 주었다.
4. 우리 저자들은 이 예를 Spradley(1979)에서 처음 발견하였다.

CHAPTER

04

Ethics : Being Fair

연구윤리 : 공평하기

연구에서의 윤리에 관한 우리 저자들의 토론은 간단할 것이다. 이 주제에 관한 많은 훌륭한 자료들이 있는데Box 4-1, 그중 두 권의 책이 특별히 유용하다. Joan Sieber(1992)의 《윤리적으로 책임감 있는 연구 계획하기 : 학생과 내부 심의위원회를 위한 지침서Planning Ethically Responsible Research: A Guide for Students and Internal Review Boards》는 광범위하면서도 상세하다. Barbara Stanley와 Joan Sieber의 편집본(1992), 《어린이와 청소년에 대한 사회적 연구 : 윤리적 쟁점들Social Research on Children and Adolescents: Ethical Issues》은 어린이들과 일하는 연구자들이 직면하는 구체적인 윤리적 쟁점을 다룬다.

성 Augustine은 "사랑하라, 그리고 네가 원하는 바를 하라"라고 썼다. 성 Augustine의 말처럼, 윤리에 대한 우리 저자들의 논의는 사랑이 아닌 존중에 관한 큰 그림에 초점을 맞출 것이다. 윤리적으로 행한다는 것은 그것을 존중하는 사람

본 장의 저자 : Daniel

들을 대하는 방식으로 행하는 것이다. Bruce Jackson(1987)은 그가 쓴 《현장연구Fieldwork》라는 책에서 윤리에 관한 장의 제목을 "공평하기Being Fair"라고 썼다. 그는 황금률golden rule의 한 변형에 대해 다음과 같이 논의하면서 그의 책을 마친다.

> 당신이 행하는 행동이 윤리적인지 아닌지가 확실하지 않을 때 좋은 시작점은 당신 자신을 연구참여자의 입장에 두고 당신에게 친절했던 어떤 사람이 정말 무엇을 하려고 했는지를 깨달았을 때 당신이 어떻게 느낄 것인지를 생각해 보는 것이다. 당신이 참여하고 싶지 않았던 연구의 표본이 되어 귀찮고 불쾌하다면…, 그런 일을 타인에게 하지 말라. 당신이 은밀하게 이야기했던 일들이 공개적인 보고서의 일부가 되어 배신당했다고 느낀다면, 신뢰를 저버리지 말라. 아니면 적어도 당신을 믿을 만한 사람으로 여기는 이들에게 비밀을 지킬 수 없다고 말하라. Hemingway는 좋은 점the good이란 "당신이 후에 좋게 느끼는 것"이라고 규정했다. 당신이 나중에 어떻게 느낄지를 생각해보라. 아마도 그 사람을 만약에 다시 본다면 당신이 어떻게 느낄지를. 만약 "별로 좋지 않다"가 답이라면, 그렇게 하지 말라. (pp. 278–279)

Box 4-1

참고 자료 Resources

Fine, G. A., & Sandstrom, K. L. (1998). *Knowing children: Participant observation with children*. Newbury Park, CA: Sage. Disucssions of ethical issues in sections on preschoolers, preadolescents, and adolescents.

Jackson, B. (1987). Being fair. *In Fieldwork*. Urbana: University of Illinois Press.

Reece, R. D., & Siegel, H. (1986). *Studying people: A primer in the ethics of social research*. Macon, GA: Mercer University Press.

Sieber, Joan E. (1992). *Planning ethically responsible research: A guide for students and internal review boards*. Newbury Park, CA: Sage.

Stanley, B., & Sieber, J. E. (Eds.). (1992). *Social research on children and adolescents: Ethical issues*. Newbury Park, CA: Sage.

World Wide Web

Poynter Center for the Study of Ethics. http://www.indiana.edu/poynter/index.html

University of Wales–Bangor. http://www.psych.bangor.ac.uk/deptpsych/ethics/jhumanresearch.html

University of Wisconsin. http://justzaam.stat.wisc.edu/other/ethics

윤리적 행동은 태도에 관한 것이다. 즉, 연구자가 현장에 가져오고 또 자신의 해석에 가져오는 태도에 관한 것이다. 다른 사람의 삶에 들어가는 것은 우리가 그들의 삶을 침해하는 것이다. 그것은 승인을 요구하는데, 그 승인은 연구동의서에서 나오는 종류 그 이상의 승인을 요구한다. 그것은 존중하는 사람들 간의 어떠한 관계에도 통하는 승인이다.

매일의 생활에서 사람들은 타인과 이러한 승인을 두고 지속적으로 협상하지만, 성인과 어린이가 이런 협상을 하는 경우는 좀처럼 없다. 성인과 어린이 간의 관계에서 성인은 대체로 지식 보유자, 허락 수여자 그리고 규칙을 정하는 사람이다. 그러나 어린이와의 연구에서는 어린이가(성인들을 위해서) 지식 보유자, 허락 수여자 그리고 규칙을 정하는 사람이 된다. 어린이와의 연구에서는 세상의 일부분이 뒤바뀐다. 성인 연구자가 다른 성인에게 가서 자신의 선생님이 되어줄 것을 부탁하는 것은 그 연구자가 이전에도 많이 해본 일이다. 왜냐하면 성인들은 항상 다른 성인들을 가르치기 때문이다. 그러나 우리 문화에서 어린이들은 성인을 가르치지 않는다. 그들은 성인을 조종하려 하나, 보통 추정상 성인이 통제권을 갖는 맥락 속에서 그렇게 한다. 어린이들과 일하는 연구자는 이 뒤바뀐 세상에서 일하는 것이 무엇을 의미하는지를 신중하게 고려해야만 한다.

연구자는 또한 자신이 그 세상에서 항상 외부인일 것이라는 현실을 감수해야함을 배워야만 하고, 또 그것이 현실이다. 자신이 그 세상에 완전히 받아들여졌다고 믿는 연구자는 자신의 교실에서 일어나는 모든 일을 안다고 주장하는 교사나 그와 똑같은 주장을 자녀와의 관계에서 펼치는 부모들이 근거 없이 구성한 현실에 사는 것과 같다. 타인에 대해 완전한 지식을 가진 사람은 없다. 기껏해야, 어림잡을 뿐이다. Geertz가 성인들에 대해 다음과 같이 이야기한 것은 특별히 어린이들에게 있어서 사실이다.

> 우리는 다른 사람들의 삶을 살 수 없으며, 또 그렇게 하려는 것은 나쁜 신념 중 하나이다. 우리는 오직…그들이 자신들의 삶에 대해 이야기하는 것…을 들을 수 있다. 다른 사람의 내적 삶에서 일어나는 실정에 대해 우리가 갖는 어떤 지각sense도, 우리는 그들의 의식 속으로 들어가는 어떤 마술적 침범이 아니라, 그들의 표현을 통해서 얻게 된다. 그것은 모두 겉핥기일 뿐이다. (1986, p. 373)

이 책의 제6장에서 우리 저자들은 겸손한 연구자의 자세를 기술하였다. 연구자는 무릎을 꿇고 그곳에 머무르는 것을 허락해 줄 것을 부탁하는 것처럼 현장에 들어간다. 그런데 이 자세는 단지 그곳으로 들어가기 위한 책략의 일환이 아니라, 전체 연구 동안 유지해야 할 자세이다. 우리는 또 현장연구의 다음과 같은 세 가지 근본적 전제들을 제시한다. 즉, 어린이들은 똑똑하다smart, 그들은 이해가 된다make sense, 그리고 그들은 좋은 삶을 살기를 원한다.[1] 똑똑하고, 합리적이며, 좋은 삶을 바라면서 연구자를 초대하는 어린이들을 존중하는 겸손한 연구자는 어린이와의 관계에서 윤리적일 것이다.

이러한 태도와 전제를 가지고 어린이와의 연구에 임하는 것은 연구자와 연구대상 간의 전통적인 관계와는 매우 다른 관계를 요구한다. 이것은 좋은 연구자들이 항상 성인들을 대하는 것과 같은 방식으로 어린이들을 대하는 것으로는 충분하지 않다. 다시 말해, 그렇게 쉽지 않다. 어린이들을 단순히 성인처럼 대할 수는 없다. 그들은 성인이 아니다. 어린이를 어린이로 대해야 하긴 하지만, 그것은 성인이 통상적으로 어린이를 대하는 방식과는 다른 것이다. 바로 거기에 어려움challenge이 있다.

우리는 책임감responsibility, 불편함discomfort, 정체성identity에 대한 언급으로 본 장을 마무리 지을 것이다.

책임감Responsibility

처음으로 어린이의 세상으로 들어가는 연구자는 만약 성인으로서 자신이 갖는 책임감을 포기한다면 어떤 일이 일어날지에 대해 종종 불안해 한다. Fine과 Sandstrom(1988)은 흔히 두 가지 중 하나의 이유로, 책임감에 대한 도전에 직면한 연구자에 관한 재미 있는 논의를 제시한다. 즉, 어떤 어린이가 다칠 위험이 있을 때, 혹은 어린이들이 어떤 종류의 불법 혹은 비난받을 활동에 연루될 때이다.

부상 위험 Danger of Injury

어떤 어린이가 다칠 때 보고만 있지 않겠다고 주장하는 것과, 현장에서 그 결정을 내리는 것은 별개의 문제이다. 어린이들이 성인들을 피하는 이유 중 하나는 무엇이 위험한 활동인지에 대한 견해가 다르기 때문이다. 이에 대해서 성인들 간에도 동의하지 않는다. 예를 들어, 나Daniel는 딸에게 남자아이들과 함께 아이스하키를 하도록 허용하는 나를 무책임하다고 생각하는 성인들을 맞닥뜨리곤 한다.

그러나 무엇이 위험한 행동인가는 누가 그 판단을 내리고, 또 언제 내리는가에 의해 상당히 결정되는 것이다. 문화현상의 하나로서 우리는 더이상 대부분의 기관 내에서 거친 신체놀이rough-and-tumble play를 허용하지 않지만, 내가 어렸을 때에는 학교 운동장에서 거친 신체놀이가 흔했다. 그 놀이가 사라지는 것에 대해서 모든 사람이 행복한 것은 아니다. Anthony Pellegrini는 오랜 동안 아동발달을 위한 거친 신체활동의 중요성(예 : 1987, 1998)을 주장해왔다. 물론 이 미국문화에서 학교 내에서의 싸움은 절대 허용되지 않았다. 반면에 Joe Tobin과 그의 동료들의 저서 《세 문화에서의 유아원Preschool in Three Cultures》에 따르면, 일본 유아원의 원장선생님은 가정에서 배울 수 있는 형제가 없기 때문에 어린이들이 유아원에서 싸우기를 배우는 것은 중요하다고 설명한다(Tobin, Wu, & Davidson, 1989).

나는 부상 예방을 위한 개입에 관한 흔한 논의들이 비현실적임을 발견한다. 심지어 심각한 부상이 임박한 상황, 예를 들면 어떤 어린이가 다른 어린이를 날카로운 물건으로 치려고 할 때에도 바로 그 어린이에게 주의를 기울이며 바로 그곳에 있지 않는 한, 그리고 세계 최상급 운동선수의 반사적 반응과 속도를 가지고 있지 않는 한, 그 행위를 멈출 가능성은 없다. 수업시간 토론 중의 가상적인 세계에서는, 어떤 어린이의 두개골을 치기 전에 운동장을 쏜살같이 달려가 삽을 붙잡을 수 있다. 그러나 실제 세계의 운동장에서는, 일어나서 운동장을 가로질러 뛰어가는 것이 Martin 혹은 Mary가 팔을 뻗어 놀이 친구를 치는 것보다 좀 더 오래 걸린다.

범법 행위 Wrongdoing

범법 행위에 연루된 어린이들의 경우, 위에서 언급한 것과 같이, 누가 무엇이 범법 행위인지를 결정하고 있는가?, 범법 행위의 어느 수준에서 개입할 것인가?, 어린이들이 낮잠시간에 속삭이고 있을 때?, 운동장 구석에서 야한 농담을 할 때?, 구멍

가게에서 초코바를 훔칠 때?

연구비를 획득하고, 현장에 들어가서 승인을 받으면서, 여러 달 동안 연구하거나 혹은 많은 연구계획서들을 쓰면서, 어린이들이 "무언가를 하기" 때문에 불안해하는 것은 내게 무의미한 것 같다. 그렇지 않기를 기대했는가? 어린이들은 무언가를 한다. 만약 그들이 성인이 좋아하지 않는 일들을 하지 않는다면, 성인은 어린이들을 예의주시하기 위해 많은 시간을 보내지 않을 것이다. 사실, 어린이들은 종종 성인과 거리를 두기 위해 무언가를 한다. 당신이 만약 아이들이 이야기하는 방귀 농담을 듣고 싶지 않다면 오르기 기구 가까이에 가지 말라.

오염되지 않은 환경pristine contexts 속의 고결한virtuous 어린이들만 연구하려는 것이 아니라면, 동의할 수 없는 일들을 하는 어린이들을 보게 될 것이다. 개인적으로 선을 그어야만 하는 순간이 있을 수 있으며, 그 경우 아마도 특정 집단의 어린이들을 연구하지 말아야 하거나, 혹은 적어도 특정 맥락 속에서는 하지 말아야 할 수 있다. 예컨대, 운동부에 있는 어린이들을 연구하기 위해 금요일밤 그 지역에서 육체적 접촉이 일어나는 곳necking spot으로 나들이 가는 축구부원들과 동행할 필요는 없다. 어떤 그룹에 대해 그 그룹에 들어가기 전에 어느 정도 안다면, 미리 그 특정 어린이들이 무엇을 하는지에 대한 어느 정도의 감이 있어야 한다. 어린이들이 아닌 많은 주변부 성인들marginal adults, 예를 들면 사형선고를 받고 집행을 기다리는 사람들과 함께 일한 Bruce Jackson(1987)은 다음과 같은 관찰을 했다.

> 당신은 현장연구를 할 때 당신이 듣는 모든 것에 동의하거나 당신이 보는 모든 것에 찬성할 필요는 없다. 의사나 변호사나 목회자나 회계사가 하는 일처럼… 현장연구는 당신이 작업하는 동안 도덕적 평가의 유예suspension of moral evaluation를 수반한다. 현장연구자의 임무는 사람들이 그들이 하는 것을 해야 하는지 혹은 하지 말아야 하는지를 결정하는 것이 아니라, 그들이 무엇을 하며 그 의미가 무엇인지를 찾는 것이다… 만약 문학에서 불신disbelief을 유예할 것에 관한 Coleridge의 격언을 따른다면, 현장연구에서는 도덕적 판단을 유예한다. 우리는 보통 우리가 동의하지 않는 일들을 동의하는 척하진 않지만, 우리가 다른 상황에서는 주장할 수 있는 의견들을 주장하거나 혹은 다른 상황에서는 비난할 행동들을 비난하지도 않는다. 현장연구의 핵심은 사람들이 무엇을 하는지 혹은 생각하는지를 배우는 것이다. 그들이 하는 것과 생각하는 것을 바꾸거나 판단하는 것은 완전히 다른 일이다. 그러나 만약 우리의 배움이 우리가 믿지 않는 것을 믿는 척하거나 혹은 우리가 말하고 싶지 않은 것을 말할 것을

요구한다면, 우리는 현재의 현장연구가 거두는 도덕적 가치moral price를 검토하고 그 거래가 진정 유익한 것인지를 물어보아야 한다. (pp. 266-267)

불편함Discomfort

현장에 있는 것은 때론 우리를 불편하게 한다. 연구참여자들이 내가 듣고 싶지 않은 이야기를 하고 내가 보고 싶지 않은 것들을 보여 주기 때문이다. 글쓰기의 과정도 그럴 것이다. 즉, 이것을 써야 할지 확실하지 않을 때가 있다. 그러나 우리 저자들은 윤리적임이 편안함과 같은 것이 아니며, 마찬가지로 비윤리적임이 불편함과 같은 것이 아님을 당신이 주의해야 한다고 생각한다. 종종 연구윤리에 관한 토론이 신세를 진 어떤 이에 대해 결코 추켜세우지 않는 글을 쓰는 것으로 야기되는 불편함에 대한 토론으로 변하곤 한다. 그러나 현장연구를 상당한 능력의 성인들과 영웅들에 국한하지 않는 한 그런 불편함은 피할 수 없다.

윤리적인 것은 비위를 맞추는 것이 아니다. 타인의 사생활을 존중하기로 결정하는 것과 타인에게 불편함을 야기할 것이 겁나서 부정직한 글을 쓰는 것(비록 그 불편함은 흔히 글쓰기의 대상이 되는 사람보다 글쓰는 사람 본인이 느끼는 것이지만)은 별개이다.

타인의 사생활은 존중해야 한다. 익명성과 비밀에 관련된 쟁점들은 신중하게 처리해야 한다. 만약, 차라리 말아야 할 영역이 있다면 그 영역들에는 들어가지 않아야 한다. "기억하라: 연구에서 당신이 내릴 첫 번째 윤리적 결정은 도대체 어떤 종류의 정보들을 모을지에 관한 것이다"(Bernard, 1988, p. 216). 연구자는 자신과 함께 일한 사람들뿐만 아니라, 독자들에게, 그리고 자신에게 변제해야 할 책무가 있다.

편안함에 관한 다른 아이디어들 Other Ideas on Comfort

다양한 집단 사이에서 당신이 인지하는 책임감 간에 균형을 맞추는 것은 당신이 직면할 가장 큰 쟁점 중 하나이다. 나Beth는 사람들이 일련의 알지 못하는 과학이

나 연구a blind body of science or research에 그렇게 강한 연대를 맺는 것이 항상 놀랍다.

자신의 명예를 걸고 세상의 실체에 대한 본인의 의견을 나눠야 한다고 주장하는 연구자들은 세상에 대해 잔인한 묘사vicious depictions를 해왔는데, 이러한 연구자들은 마치 다른 사람의 불행에 대한 자신들의 묘사가 다른 사람의 삶을 바꿀 것이라고 생각한다. 연구자들이 "실제 이야기real story"를 얻을 수 있도록 자료 생성과 글쓰기에서 부정직dishonesty을 행한다. 방법론적 그리고 이론적 쟁점들이 개인의 걱정을 대체한다. 마치 그 쟁점들이 분리될 수 있는 것처럼. 연구 행위의 세 가지 차원들, 즉 대인관계적interpersonal, 방법론적methodological, 이론적theoretical인 차원들은 함께 작동하는 한 완전체의 부분들이며 서로 통합된 것으로 인식되어야만 한다.

당신이 다루어야만 하는 한 가지 질문은 당신의 참여자가 당신 작업의 최종 양식final form을 갖추는 데 얼마나 참여할 것인가이다. 현장노트fieldnotes를 읽도록 연구참여자를 초청할 것인가? 그 노트를 수정하는 작업에도 관여시킬 것인가? 자료분석에 참여시킬 것인가? 보고서의 최종 원고final drafts를 읽거나 듣도록 할 것인가? 이러한 질문에 대한 대답은 단순히 발달론적인 것(미성년자 관람불가의 것)이 아니며, 방법론적인 것(연구 타당도를 증진시키기 위해 금지되거나 추천된)도 아니며, 윤리적인 것(물론, 참여자들은 당신이 그들에 대해 쓰고 있는 것을 보거나 보지 말아야 한다)도 아니다. 그 대답은 대인관계적, 방법론적, 이론적인 것의 복잡한 조합들이다. 결코 단순하지 않고 좀처럼 명백하지도 않다.

나의 어머니가 가르쳐주신 것 중 하나는 네가 생각하는 모든 것을 말할 필요는 없다는 규칙이다. 결국 나는 그 가르침을 신중함으로 이해하게 되었고, 그것은 연구에 대해 생각할 때 사용할 수 있는 좋은 개념이 되었다. 나는 그 규칙을 약간 변형시켜서, "당신이 아는 모든 것을 말할 필요는 없다"고 한다. 이 규칙은 내가 함께 일한 사람들에게 민감한 정보를 포함시킬 것인가에 관한 결정을 내리는 데 여러 번 도움을 주었다. 보통 그 정보는 내가 말하고자 하는 요점을 설명하는 한 예, 즉 개인들 간의 관계나 문화적 실제cultural practices의 실례이다. 나에게 사소한 것으로 여겨지는 것이 내게 그 정보를 나누지 말아달라고 부탁한 참여자들에겐 아주 중요했다. 재미있는 것은 흔히 쓰지 말 것을 요구한 부분들이 심지어 더 흥미로운 문화적 그리고 사회적 규칙들의 예이곤 했다.[2]

정체성Identity

우리는 연구자로서의 정체성에 대한 몇 마디 말로 윤리에 대한 짧은 논의를 마치겠다. 연구를 하는 것은 고도로 구조적이고 자의식적인 활동이다. 우리는 연구를 하기로 선택하고, 그 연구에 기반하여 전진하거나 또는 전진하는 것에 실패한다. 과학에서의 가치에 관한 논의들은 종종 연구가 그것을 실행하는 이에게 가지는 가치를 무시한다. 연구를 하는 것은 연구자 자신에게 이익self-interest이 된다. 그것은 또 다른 사람들에게도 이익이 되어야 한다. 그러나 연구는 연구자들이 하는 일이고, 그들이 보상을 받는 것이다.

> 각각의 상황에서, 당신이 할 수 있는 모든 것(그리고 반드시 해야만 하는 것)은 지식의 축적을 통하여-당신에게 개인적으로, 그리고 인류에게-돌아갈 잠재적인 인간적 대가human costs와 잠재적 혜택benefits을 평가하는 것이다. 당신 자신의 영광과, 당신 자신의 일career과, 당신 자신의 출세에 관심이 있다는 사실을 숨기지 말라. 당신의 동료들도 그들의 것에 관심이 있다는 것은 확실하다. (Bernard, 1988, pp. 117-118)

자기-이익에 관심을 갖는 것은 잘못된 것이 아니다. 오히려 그렇지 않은 것처럼 행동하는 것은 현명하지 못하다. 우리가 하고 있는 일을 좋아하고 그렇게 함으로써 실제로 어떤 도움이 될 수 있다는 사실은 우리가 그것을 하고 또 잘 하는 것이 우리에게 이익이 된다는 사실을 바꾸지는 않는다. 윤리적으로 되려면 다른 사람들에게 뿐만 아니라 우리 자신에게도 정직을 요구한다. 다음 절에서 Robin Lynn Leavitt은 보육 서비스 제공자들day care providers과 함께 했던 그녀의 일에 관한 논의를 통해 그러한 윤리적 쟁점들이 얼마나 곤란한 문제일 수 있는지를 보여 준다.

신뢰와 기만으로 얽힌 망들[3]

Webs of Trust and Deception

Robin Lynn Leavitt
일리노이 웨슬리언 대학

나는 어떻게 영아보육센터infant day care centers에서 우리의 가장 어린 어린이들과 그들 보모들caregivers의 삶을 연구하게 되었는가? 내가 영아 및 걸음마기 유아들과 보모들의 삶 속으로 들어간 것은 약 7~10년의 기간 동안에 걸쳐 일어났다. 그것은 중요하게도, 연구 프로젝트로서가 아니라, 아동심리학 학부 학생들의 교생실습지도로 시작되었다. 현장연구는 그 당시 나의 일상생활의 한부분이 되었다. 다시 말해, 그것은 시간이 지나면서 나타났고 다른 사람들의 세상으로 들어가는 체계적이고 계획된 여행이 아니었다. 나는 영아-걸음마기 유아의 탁아에 대해 혹평하는 이야기들(Leavitt, 1994)을 수집했던 이 모호한 시작이 내가 부딪혔던 많은 복잡하게 얽힌 윤리적 딜레마들의 밑거름이 되었다고 믿는다. 그러나 나는 만약 내가 처음부터 확실한 연구자로서 현장에 들어갔더라도 여기에 묘사하는 딜레마들을 완전히 피할 수 있었을 것이라고 확신하진 않는다.

매주마다 나는 지역 보육 프로그램들이 운영되는 현장에서 몇 시간을 보냈다. 나는 나의 학생들을 관찰하고, 지원하고, 평가하기 위해 이 프로그램 운영현장에 있었지만, 이러한 관찰의 한 구성요소로서 전체 학급의 활동들을 볼 수 있었다. 나는 보육환경day care setting을 공공의 장소public로 생각했다. 지금까지도 나는 내가 이러한 상황을 부당하게 이용했을 가능성 때문에 갈등을 느낀다. 연구 프로젝트는 나의 학생들과 내가 맞닥뜨렸던 경험에 대해 질문을 던졌을 때, 그리고 이러한 경험들을 아동양육에 대한 개인적 신념 및 다양한 철학적 · 사회학적 문헌들을 접하게 한 나의 대학원 교육에 비추어 보았을 때 나타났다.

무엇이 나에게 최우선first priority이었나? 내가 가장 큰 책임감을 느껴야 했던 사람은 누구였나? 학생들? 그들이 배우고 성장하는 데 무엇이 가장 도움이 되었을까? 학생들은 대학에서의 교육과 현실 세계의 활동들 사이의 모순들로 인해 갈등을 경험했다. 나는 어떻게 보모caregivers로서 발달하고 있는 그들의 능력을 지원할 수 있었을까? 또 나는 이런 보육 프로그램들에서 일하는 것에 대한 그들의 관찰과 걱정들에 대해 어떻게 반응할 수 있었을까?

보모들에 대한 나의 책임은 무엇이었나? 나는 몇 년이 지난 후 내가 연구 프로젝트를 만들었고 개별 연구수업을 통해 관찰자로서 학생 보조자들을 참여시켰음을 인식했을 때까지, 고지告知에 입각한 동의informed consent에 대한 어떠한 합의도 구하지 않았다. 비록 보모들이 연구자/교생실습 지도자로서의 나의 이중적 역할에 대해 인식했을지라도, 그들은 여전히 내 현장노트fieldnotes의 내용에 대해 거의 아는 바가 없었다. 그 보모들은 내가 그들을 어떻게 이해하는지에 대한 별 의심 없이 자신들의 교실을 나에게 열어주었다. 나의 죄책감은 그 보모들은 내가 지금 들려주는 이야기에 배신감을 느낀다는 것이다.

그리고 어린이들은? 나의 비판적 이야기critical narrative를 정당화하기 위해 그리고 육체적 · 정서적 요구들에 응하기 위해 전적으로 성인들에게 의지하는 이 또 다른 무고한 이들innocents에 대한 나의 책임감을 항상 가장 중요하게 여겼는가? 나의 연구는 그들의(아니면 오직 나의) 목소리를 들리게 했는가? 그것이 그들의 일상적인 탁아 경험을 변화시켰는가?

나는 결코 어떠한 행위에도 적용할 수 있는 일관된 근거를 발달시키지 못한 채, 모든 상황에 따라 입장이 흔들렸다. 아래에 제시하는 상황은 내가 탁아센터에서 역할의 경계선들role boundaries과 타협하면서 경험했던 갈등을 보여 준다. 나는 이것이 많은 참여관찰자들에게 흔한 경험이라고 생각한다.

> 그날 Rory의 엄마가 그 아이를 데려왔을 때 나는 영아실에서 관찰 중이었다. 17개월 된 Rory는 엄마가 방을 떠날 때 울었다. Rory의 울음소리는 출입문의 창문에 얼굴을 누름으로 인해 더 증폭되었다. 가끔 Rory는 몸을 돌려 자기를 못 본 체하고 있는 두 명의 보모들을 바라보았다. Rory의 얼굴과 눈은 극심한 괴로움distress으로 인해 빨개졌다. 내가 개입을 해야 할지 고민하고 있을 때, 한 보모가 가서 Rory를 지켜보면서 진정하라고 지시했다. Rory는 잠시 울음을 멈추고 그 보모를 쳐다보았는데, 내 생각엔 그 보모가 자기를 돌보아 줄 것으로 기대한 것 같다. 그 보모는 Rory를 빤히 쳐다보고만 있었고, Rory는 다시 울기 시작했다. 그 보모는 Rory에게 다시 진정하라고 말했다. Rory는 계속 울었다. 그러자 그 보모는, "누가 나를 좀 여기에서 데리고 나가줘요!"라며 떠나버렸다. 몇 분 후, 창문을 통해 이 장면을 보고 있던 센터의 원장이 방으로 들어와서 Rory를 들어올려 안았다. Rory는 즉시 조용해졌다. 원장은 Rory 곁에 머물렀고 몇 분 후 그의 관심을 놀잇감에 돌릴 수 있었다. 여전히 눈물을 글썽이며 훌쩍이긴 했지만, Rory는 서서히 원장의 제안initiations에 반응했다.

Rory의 이 장면을 지켜보는 것은 매우 고통스러웠다. 나는 갈등으로 인해 마비되었다. 보모들이 Rory의 고통을 무시하는 것을 목격한 바로 그 순간 개입했어야 했는가? 1~2분

정도의 지연은 Rory에게 스스로 진정시킬 수 있는 기회를 준다는 것으로 정당화될 수 있을지도 모르고, 이것은 우리가 영아들이 배우기를 바라는 바이기도 하다. 그러나 보모들은 오직 Rory가 울음을 그치는 것에만 관심이 있는 듯했고(Rory의 울부짖는 소리는 우리 모두 듣기가 힘들었다), 그가 느낀 감정에 대해서는 관심을 보이지 않는 듯했다. 이 교실의 보모들은 새로 온 보모들이었고, 나는 그들을 잘 몰랐다. 따라서 나는 개입해서 Rory에게 반응하면서 떠맡는 것take over을 주저했다. 결국 센터의 원장이 이 상황을 처리하였다. 만약 그녀가 그렇게 하지 않았다면? Rory에 대한 나의 책임은 무엇이었나, 단기적으로 또 장기적으로? 나와 보모들 간의 관계는 무엇이었고, 그 상황에서 나의 역할은 무엇이었나? 교생실습 지도자supervisor 또는 연구자로서 나의 경계선들은 무엇이었나?

늘 학생들과 나는 이 프로그램들에 배치될 미래의 학생들을 위해서 뿐만 아니라 우리 자신의 이익을 위해서도 그 센터들과 잘 지내야 할 필요가 있는 것 같았다. 내가 이 지역사회community로 이사한 후 젊은 대학원생으로서, 지역 프로그램의 보모로서 일하며 시간을 보낸 때부터 보육 프로그램들에서 일하는 지역의 보모들과 우호적인 관계를 맺으려는 것은 지속적인 과정이었다. 대학은 교생실습장소로 이 센터들에게 의존했다. 지금 내가 깨닫는 것은 보모들과의 관계를 유지하려는 이 관심이 보모들의 입장에서 볼 땐 그들의 실제practice에 대한 승인acceptance과 동의agreement로 해석되었을 수도 있다는 것이다. 그들의 교실에 학생들을 배치하는 행위는 보모들의 실제를 용납condoning하는 것으로 타당하게 해석될 수 있었을 것이므로, 이는 나의 기만deception이다. 다시 말해, 나의 참여에 대한 잘못된 전제false premise와 이 보모들과 맺은 암묵적 계약tacit contract이다.

또 다른 날에 작성된 현장노트는 나의 태도가 얼마나 흔들리고 있는지를 보여 준다. 나는 몇 해 동안에 걸친 방문으로 한 센터의 보모들과 오래된 관계를 갖고 있었다. 나의 방문은 대체로 비형식적이고 편안했다. 보모들은 정기적으로 나를 대화에 참여시켰고, 나는 자유롭게 어린이들과 상호작용했다. 다음은 되풀이되는 딜레마를 묘사한다.

> 내가 영아실에 들어갔을 때, 12개월 된 Clarke이 울면서 아장아장 걸어오는데, 눈물이 비오듯 흐르고 있었다. 보모 Nancy는 몇 발짝 떨어진 자리에 서서 카펫에서 놀고 있는 다른 다섯 명의 어린이들을 지켜보고 있었다. 나는 Clarke과 이야기하려고 무릎을 꿇고 앉았다. 그는 여전히 울면서 나를 향해 팔을 뻗었다. Clarke을 달래기도 하고 또한 교생실습생들에게 반응적인 탁아responsive caregiving에 대한 내 생각의 예를 보여 주기 위해, 나는 Clarke에게 "안아주기를 바라는구나"라고 말하며 그를 안아주었다.

그는 조용해졌고 나에게 매달렸다. 이것은 우리의 첫 만남이었다—나는 Clarke에게 낯선 사람이었다. 내가 Clarke을 안자 Nancy가 사무적인 투로matter-of-factly 그가 오전 내내 울고 있었다고 말했다. Nancy는 Clarke이 최근 할머니 집에서 지냈는데, 자신의 생각으론 할머니가 항상 그를 안고 있었던 것 같다고 설명했다. Nancy는 그 이유로 Clarke이 지금 안기기를 원하는 것이라고 말하였다(이는 정당한 요구가 아님을 암시하면서). Nancy는 자신은 Clarke의 할머니처럼 하루 종일 그를 안고 있지 않을 것이라고 말했다. (그녀는 내가 개입한 것을 비판하는 것인가? 그녀는 전문가 앞에서 지신을 방이해야 한다고 느끼는 것인가?) Clarke을 계속 안고 있으면서, 나는 단순히 그리고 부적합하게 "아, 알겠어요"라고 대답했다. (나는 무엇을 알았단 말인가? Nancy가 이 걸음마기 유아의 관점을 수용할 수 없었다는 것? 그녀가 Clarke을 위한 보살핌과 동시에 다른 어린이들을 위한 보살핌을 개별화할 수 없었다는 것? 그녀가 Clarke의 행동과 요구에 대해 가끔 방문하는 나보다 더 나은 통찰력을 가졌다는 것?) 한 시간 뒤 센터를 떠날 때, 나는 Clark를 내려놓았고, 나의 달래려는 노력에도 불구하고, 그는 다시 맹렬하게 울기 시작했다. (자, 이제 내가 무엇을 한 것인가? 나 자신의 양육방식에 몰입하여 Clarke과 이제 다시 시작된 그의 울음과 씨름해야만 하는 Nancy, 둘 다에게 더 나쁜 상황을 만든 것인가?) 나는 완전한 불만족과 죄의식을 느끼며 떠났다. 그러나 꽤 좋은 자료data를 얻었다.

내가 결국 이 일을 논문에 보고했을 때, 그 보모는 어린이들과 정서적으로 거리를 둔다고 비판받았다. 왜 나는 그때 우리가 가진 신념의 차이에 대해 Nancy와 토론하지 않았는가? 그 한 가지 이유는, 나는 그러한 논의가 표면적이만 호의적이었던 우리의 관계에 지장을 줄 것이라고 생각했기 때문이었다. 나는 상아탑 전문가ivory tower exper[역주 : 대학에서 현실과 먼 이론만 강의하는 교수]로서, 그녀를 방어적으로 행동하게 하고 우리의 미래의 관계를, 즉 교육실습생을 받고자 하는 그녀의 의지를, 위태롭게 하면서 그녀의 공간에 들어가는 것에 대해 염려했다. 독자는 문제가 있는 보육 서비스를 제공하는 이 기관을 유지하는 것이 왜 그렇게 중요한지 의아해할 수 있다. 그 이유는 간단히 말해서, 학생들을 배치할 수 있는 지역의 기관들이 너무 적었다. 우리 프로그램의 교수들은 이러한 기관들이 문제가 있지만, 학생들이 유아교육 프로그램의 현실과 절충negotiate하는 것을 배울 필요가 있다는 것에 동의했다. 게다가, 나는 Nancy가 매일의 일에서 경험하는 정말 실제적인 도전들을 인정하고, 그녀가 어떻게 그 도전들에 반응적으로 대처할지를 심사숙고reflection해보도록 이끌 외교적 수완이 있었다고 확신할 수 없다. 나는 우리의 다른 삶의 경험들로 인해 생기는 의사소통의 거리에 어떻게 다리를 놓을지 몰랐다. 나는 더 이상의 불편함을 원하지 않았다. 솔직히 이러한 쟁점들을 학생들의 교생실습 세미나에서, 즉 보모들의 등 뒤에서, 다루는 것이 더 쉬웠다. 나는 이것을 학생들이 교생실습기관들과 절충하도록 도와주는 것으로 합리화했다.

Rory, Clarke, Nancy와의 사건들은 어린이에 대한 연구자의 갈등에 관한 이야기와 참여관찰자들이 직면하는 개입의 경계선들을 이야기하는 것으로 시작한다. 하지만 그 이야기를 마무리짓기 전에, 나는 그것을 또 나의 역할에 대한 보모들과의 타협의 이야기로 바라본다. 이 프로그램들을 방문했을 때, 나는 자주 어린이들과 이야기 나누고 놀았다. 보모들은 종종 나를 대화에 끌어들였는데, 때론 자신들, 자신들의 삶, 같이 일하는 사람들, 어린이들과 부모들에 대한 대화였다. 대부분 나는 그저 고개를 끄덕이며 인정하는, 중립적인 청취자neutral listener의 역할을 했다. 간혹, 보모들은 어떤 아동 탁아 실제와 관련된 나의 의견을 구했다. 이것은 가르침의 최적기teachable moments라고 일컬을 수 있는 상황이 아니었다. 보모들의 질문은 대부분 그들의 의견과 실제를 확인받으려는verified 시도로 보였다.

예를 들면, 어느 날 다른 센터에서 Shirley가 우는 아기들을 안아주는 것에 대한 나의 의견을 물었다. 나는 서너 명의 아기들이 동시에 울고 다른 한 명은 우유를 먹여야 하고, 또 한 명은 기저귀를 갈아주어야 하고, 또 한 명은 넘어지려 하고, 또 다른 한 명은 가까이에 있는 영아의 머리카락을 잡아당기고 있는 상황이 얼마나 힘든지를 인정하는 것으로 대답을 시작했다. 나는 이어서, 가능하면 언제든, 아기들의 고통에 반응해주고, 상황이 허락하는 데로 그들을 안아주어야 한다고 생각한다고 말했다. 나는 실제로 아기들의 울음에 반응하는 것이 그들의 울음을 감소시킨다는 연구를 덧붙였다. 그렇게 말하자, Shirley는 "하루 종일 아기들을 안고 있어야만 하겠네요"라고 반응했다. 나는 분명히 어떤 때는 그럴 수 있을거라고 인정했다. 이것이 그녀의 업무가 아닌가? 라고 혼자 생각하면서. 이어서 Shirley는 아기들을 하루 종일 안아주는 것은 그들을 응석받이로 키우는 것이라고 주장했다. 학생들과 다른 보모들이 그 방에 있다는 것과, 좋은 매너에 관한 원칙과, 사이좋게 지내려는 갈망을 감안하여, 나는 그 쟁점을 더 좇지 않기로 결정했다. 당시 나는 Shirley가 정말로 평범한 신념인, 자신이 한 말을 믿고 있다고 확신했다. 이제 나는 아동보육환경이 갖는 기관적 제한점들institutional constraints을 고려해 볼 때, 그녀의 말이 여러 명의 우는 아기들의 요구를 충족시키지 못하는 것에 대해 방어하거나 체면을 세우려는 반응이 아니었을까 생각한다. 결국, 나는 영아들을 위해 그녀의 이해나 실제에 어떠한 변화도 초래하지 못했다. 그리고 다시 한 번 더, 나의 연구 비평research critique에 필요한 자료는 얻었다.

대부분의 경우, 내가 말하는 이야기들은 보모들의 관점, 그들의 이야기, 또는 그들의 목소리를 담고 있지 않다. 그들의 이야기를 넣으면 나의 비평을 변화시키기 때문이 아니다. 나는 항상 자료와 그 해석에 대한 지배권을 쥐고 있었다. 어린이들의 입장에서 글을 쓰기로 한 나의 결정은 나를 보모들과 대립되게 했다. 궁극적으로, 보다 광범위한 독자들이 내가 들려주고자 하는 이야기를 들을 수 있도록 하기 위해 나는 보모들에게 용인될 수 있는 것을 하지 않기로 결정했다(비록 이후에 다른 보모들이 나의 설명에 공감했다 할지라도). 그럼에도 불구하고 어린이들의 삶을 누가 더 변화시킬 수 있는가? 나는 보모들을 완전히 솔직한 대화에 참여시키는 윤리적 책임에 대해 강한 필요성을 느끼지만feel compelled, 불만족스럽고frustrated 당혹스럽다perplexed. 나는 매우 다른 렌즈로 세상을 바라보는 사람들과 어떻게 대화를 할지에 관한 도전에 직면한다.

내가 죄책감을 느낀 가장 비밀스러운 순간 중에서, 나는 내 연구가 출판되기 전에 대학에서의 임용이 종료되어, 다른 곳으로 이전할 수밖에 없었던 것을 행운이라고 생각한다. 나는 여전히 현장에서의 나의 역할과 어떻게 보모들을 자신들의 일과와 관한 정직한 대화에 다시 참여시킬지re-engage에 대한 딜레마로 고심한다. 만약 그들이 출판된 나의 이야기를 접했다면, 이제 나는 어떻게 그들과 일할 수 있을 것인가? 그들에게 내 현장노트를 보여 주고, 여기를 보세요, 이것에 대해 어떻게 설명하겠어요 라며 물을 수 있을까? 선행연구에서 나온 이야기들에 의해 내가 그 지역의 가정보육family child care에 피해를 입혔다는 의견을 피력하는 한 동료 교수가 있는 것만으로도 내겐 충분히 충격적이다. 나의 해석들에서 부족한 것은 보모들의 관점만이 아니다. 그 해석들은 이론에 기반을 두었고 학술용어를 사용한다는 점에서, 보모들이 접근하기 어렵게 한다. 비록 현장노트에 대한 합의된 해석shared interpretation을 도출할 수 있었다고 믿진 않지만, 내가 좀 더 용기가 있어서 더 기꺼이 센터들과의 관계와 출입에 위험을 감수했더라면, 다양한 해석들multiple interpretations이 가능했었을 수도 있다. 이것이 보모들뿐만 아니라 독자들에게도 더 공평했을 것이다.

자료의 해석과 출판을 포함한 연구 프로젝트의 과정 동안 나타난 윤리적 쟁점들에 대한 이 짧은 설명은 세 가지의 중복된 딜레마를 반영한다. 첫째는 연구현장에 있는 동안 으뜸이 되려는 다양한 역할들 간의 경쟁이다. 나는 교생실습지도자, 연구자, 아동 옹호자child advocate였다. 둘째, 비록 실습clinical과 (공공연한 또는 감추어진) 연구 목적 둘 다 현장으로의 접근을 요구했지만, 이 다양한 역할들은, 특히 고지에 입각한 연구동의informed consent를 구하는 데 문제를 일으켰다. 여전히 교육실습생을 배치하면서 좋은 자료를 수집할 수 있을지를 염두에 두면서, 나는 보모들에게 나의 목적이(처음에 그리고 진행 중에) 무엇이라고 말했어야 하는가? 이 문제는 나의 상충하는 역할들뿐 아니라 (해석학적 연구에 내재되어 피할 수 없는) 프로젝트의 발현적emerging 특성과 초점 때문에 깔끔하게 해결될 수 없었다.

세 번째 딜레마는 나 자신의 요구와 어린이들 및 양육자들의 요구 모두를 충족시키는 혼성적 정체성hybrid identity을 획득하지 못한 나의 무능력과 완전히 관련된다. 연구는 누구를 위한 것인가? 내가 대신해서 글을 쓰는 어린이들; 출입을 통제하고 어린이들의 경험을 조정하는 보모들, 출판하지 않으면 학계에서 사라져 버리는publish or perish 나 자신 내가 마음을 움직이려고 희망하는 대중들? 지금도 나는 여전히 나의 첫 번째 책임은 어린이들에게 있었고, 그들의 매일의 경험에 관한 이야기들을 들려주어야 했다고 믿는다. 설사 보모들의 희생이 따른다해도. 사실 어린이들의 경험은 보모들과의 관계를 통해 구성되었다. 이것이 내가 동정심을 갖고sympathetically 다루고자 했던 복잡성complexity이지만, 어린이들의 경험을 으뜸으로 두기 위한 전략으로 나의 이야기는 보모들을 물질화objectify했다. (출판된 현장노트에 어린이들은 이름이 있지만, 보모들은 이름이 없다)

현장방문을 그만둔지 5년이 지났지만 나는 아직도 이러한 윤리적 딜레마와 계속 연루되어 있다. 비록 가장 경험이 많은 전문 연구자들조차도 비슷하게 힘들어한다 해도, 내가 허둥댄 어떤 부분들은 의심할 여지 없이 내가 연구를 수행하면서 연구방법들과 그 철학적 근거들을 배우고 공부하고 있었다는 사실에 기인한다. 더욱이 연구방법론에 대한 대부분의 논의는 연구자-연구대상자의 관계를 두 사람 간의dyadic 관계로 다루며, 다양한 참여자를 둔 연구 프로젝트에서의 상충되는 이해관계에 대해서 불충분하게 다룬다. 따라서, 비판적 그리고 여성학적 연구 원칙에 대한 나의 충심commitment에도 불구하고, 이 딜레마들에 대한 나의 반응은 몇 가지 유감스러운 결과들과 함께 이론보다 실제에 더 끌린 듯하다. 나의 연구는 단지 어린이에 관한about 것이 아니라 그들을 위한 for 것이어서, 보모들을 위한 연구는 아니었다고 할 수 있다. 그럼에도 불구하고, 나는 내가 제기하는 의문들 중 그 어떤 것도 내가 말한 이야기들의 신뢰성credibility을 무효화하지는 않는다고 주장한다. 나는 아직도 그 이야기들 속의 진실과 또 어린이들을 대신해 그 이야기들을 나눌 필요가 있다고 공표한다. 어린이들과 보모들의 삶에 관한 연구를 계속할 때, 나는 다만 계속 진행 중인 타인들의 이야기에서 나 자신을 차단해버리지 않기를 바란다.

Note

1. 저자들은 이 아이디어들에 대해 Ray McDermott에 감사하다.
2. 나(Beth)는 더 구체적인 예들을 제시할 수 있었으면 하지만, 다른 상황에서 사용하지 말 것을 부탁받았기 때문에 내가 사용하지 않았던 실례들에 대한 실례들을 드는 것은 적절하지 못한 것 같다. 그렇다. 심지어는 나도 혼란스럽다. 그러나 내가 비윤리적이라고 느끼지는 않는다. 단지 불분명할 뿐.
3. 이 페이퍼는 일리노이 웨슬리언 대학교 장학의 여름학기 연구비 지원을 받아 완성되었다.

CHAPTER

05

Researcher Role as Context

맥락으로서 연구자

내Beth가 연구자로서 연구장소인 교실에서 주로 한 일은 자발적으로 교사의 조력자 역할을 맡는 것이었다. 전직 유치원 교사로서 나는 내가 교실 뒤에 앉아 노트에 관찰기록만을 하며 지낼 수 없으리라는 것을 알았다. 나는 아이들과 상호작용을 하고 싶어 좀이 쑤셨다. 여러 쟁점들이 나로 하여금 이러한 결정을 하게 만들었다. 어린이들에 대해서, 또 그들과 교사 간 상호작용에 대해서 내가 쌓고자 했던 이해는, 한 교사의 교수 프로그램의 내부에서 연구함으로써 가장 잘 구체화될 수 있을 것이라고 생각했다. 나는 교사가 어떻게 교육과정과 어린이들에 대한 생각을 발전시키는지를 주의 깊게 들으면서, 또 그 어린이들을 관찰하고 그들의 이야기를 경청한다면, 학급의 문화가 어떻게 참여자들에 의해 구성되고 향유되는지를 볼 수 있을 것이라고 생각했다. 또한 나는 교실에서 유익하게 쓰일 수 있는 교사로서의 기술들을 가졌고 이러한 역할 수행을 통해 나의 교사 참여자들에게 꼭 필요한 어떤 상호성

본 장의 저자 : Beth

reciprocity을 제공할 수도 있다고 느꼈다. 마지막으로, 나는 이 역할이 내게 친숙한 방식으로 어린이들과 상호작용을 하고자 했던 나의 요구를 충족시켜주었다고 생각했다. 나는 여러 연구들을 하며 많은 연구장소에서 이 역할을 수행하였다. 나는 내가 이 역할을 꽤 잘한다고 생각했었다.

그러나 첫째, 해를 끼치지 마라 : 어린이들과의 현장연구에서 하지 말아야 할 것

But First, Do No Harm : What Not to Do in Field Research With Children

초등학교 1학년인 Matthew는 늘 내 마음 가까운 곳에 자리 잡고 있는 그런 아이였다. 그는 종종 학급활동의 곁길에서 있는 듯이 보였다. 활동에 참여하긴 하지만 종종 본래의 목적에서 벗어나 다른 산물이나 결론을 만들어 내곤 하였다. 그의 담임교사인 Mrs. Harris는 Matthew의 이런 모습을 긍정적으로 받아들이기보다는 자주 분통을 터뜨리곤 하였다. 그녀는 교사의 지시를 따르는 아이들을 좋은 학생으로 평가했고, 이것이 1학년에서 중요한 기술이라고 믿었다. Matthew는 읽기에서 하위 그룹에 속했었는데, 평균 이상에 위치하는 것이 다른 어떤 것보다 중요한 학교라는 장소에서 Mattew의 이러한 배치는 그의 교육적 장래에 좋은 징조가 아니라는 생각이 들었다.

나는 Mrs. Harris로 하여금 Matthew가 얼마나 창의적이고, 지적이며, 호기심이 많은 아이인가를 알도록 돕고 싶었다. 나는 Matthew가 학급의 활동들을 다른 아이들보다 넓게 확장시키고 있음을 어렴풋이 감지하고 있었다. 어느 날 전체 학급 수학 시간에 그 기회가 주어졌다. 아이들은 배경 그림과 펜을 가지고 문제를 이야기로 표상하는 활동을 하는 중이었다. 그날은 아이들이 연못 속의 개구리들에 대한 이야기를 만들었다. "해가 떠오른 날, 질퍽 질퍽한 진흙 연못에서 개구리 세 마리가 놀고 있어요. 개구리 네 마리가 함께 놀려고 왔어요. 모두 합하면 개구리가 몇 마리일까요?" 이 활동이 10분 정도 진행되고 있었고, 어린이들은 백합꽃밭으로 둘러싸인 연못이 그려진 매트 주위에 작은 말chip들을 옮기고 있었다.

나는 교실을 돌아다니면서 도움이 필요한 아이를 찾아 도와주었다. Matthew를 살짝 보니 자신의 무릎을 내려다보고 있었다. 그는 자기 책상에 있던 수 줄 a number line을 꺼내 숫자를 따라 손가락을 움직이고 있었다. 매트에서 말들을 이리저리 움직이는 대신에 Matthew는 수 줄을 사용하는 중이었다. 나는 이 방법이 문제에 대한 하나의 복잡한 접근법이며, 이는 그가 한 가지 매개물에서 다른 것으로 이해 understadning를 전이하고 있음을 보여 준다고 생각했다. 어쩌면 이것이 Mrs. Harris가 Matthew를 새로운 시각으로 보도록 하는 기회일지도 모른다고 나는 생각했다. 휴식시간에 나는 Mrs. Harris에게 가서 그녀가 Matthew가 하고 있는 것에 관심이 있을지도 모르겠다고 속삭였다. 나는 이것이 그 교사에게 가르침의 순간이 되기를 희망하면서 기다렸다. 그러나 그것이 얼마나 오만한 생각인가! Mrs. Harris는 Matthew에게 가더니 그의 손에서 수 줄을 잡아챘다. 그녀는 조용하면서도 엄격하게 Matthew에게 지금은 펜을 가지고 활동하는 시간이며, 그가 책상 속을 들춘 행동이 좋지 않다고 말했다. 그녀는 수 줄을 자신의 책상 위에 내던지고 다음 문제를 풀기 시작했다. Matthew는 선생님을 쳐다보지도 못했다. 그는 펜을 모으더니 "해 아래 개구리 여덟 마리가 잠자고 있습니다. 물고기 한 마리가 철벅거려 그중 네 마리가 깨어 깡충 뛰어가버렸어요. 개구리는 몇 마리가 남았나요?"에 맞도록 이동시켰다.

이 후 나는 Matthew와 Mrs. Harris에게 사과했다. 왜? 나는 교사의 체제 내에서 일하기, 좋은 조력자 되기의 주요한 규칙들 중의 하나를 위반했다. Mrs. Harris의 교실은 상호작용에 대한 일정한 규칙이 존재하는 공간이었다. 그리고 Mrs. Harris가 자신의 학급에 규칙이 필요하다는 것을 충분히 알만큼 나는 이 학급에서 오래 있었고, 교사의 지시 따르기는 규칙 지키기의 일부분이었다. 확산적 사고를 하는 Matthew에게 관심을 가질 것을 Mrs. Harris에게 제안함으로써, 나는 주변인처럼 다른 활동을 하는 Matthew의 상태를 더욱 부각시켰다. 놀이터에서 나는 Matthew에게 Mrs. Harris로부터 꾸지람을 듣게 하여 미안하다고 사과하고, 다음에는 내가 어떻게 해야 할지 물어보았다. 그는 주어진 일로 되돌아가도록 내가 그를 상기시켜주어야 한다고 매우 지혜롭게 대답하였다. 그래야 다시 곤경에 처하지 않을 테니까. 왜 나는 이런 점들을 고려할 만큼 충분히 영리하지 못했을까? Mrs. Harris 또한 Matthew는 주어진 활동들을 지속하도록 도움이 필요하며 이 부분에서 내가

Matthew를 위해 큰 도움이 될 수 있다고 Matthew와 같은 점을 지적했다.

맥락으로서 관계와 역할Relationship and Role as a Contex

맥락에 대한 우리 저자들의 관심은 특정 역사, 사회, 정치적 맥락 안에서 어린이들에 대해 고찰하는 것뿐만이 아니라 연구자와 연구를 맥락 내에서 개념화하는 것까지 확장된다. 맥락은 현장연구 수행의 외적 양상뿐만이 아니라 연구자의 개인적 역사, 연구 주제에 대한 견해, 방법론적 선택들과 같이 프로젝트의 질적 조건들도 포함한다.

본 장에서 우리 저자들은 이해understanding는 보고, 알고, 관계 맺는 방식들로부터 나온다는 가정을 가지고 쟁점들에 접근한다. 우리가 무엇을 알 수 있다는 것은 우리가 그것과 어떤 상호작용을 하는가 뿐만 아니라 왜, 어떻게 보는가와 본질적으로 연결되어 있다. 이러한 이유로 우리는 연구자들의 행위와 해석을 단순한 기술의 문제가 아닌 것으로 보면서, 연구자들이 어떻게 그들의 연구를 하게 되는지 면밀히 살펴볼 것이다.

자료 수집과 생성의 차이Distinction Between Collecting and Generating Data

연구 행위에 관한 많은 글에서 보면, 정보를 축적하는 과정은 흔히 자료 수집data collection으로 기술된다. 이러한 입장은 세계관을 설명하는 연속체continuum 비유를 통해 이해할 수 있다. 이 연속체의 한쪽 끝에 있는 것이 바로 연구자들은 이미 있는 자료를 수집한 뒤 이러한 증거의 단편들로부터 유효한 결론을 내린다는 시각이다. 이러한 종류의 연구의 관건은 타당하고 신뢰할 수 있는 측정도구를 가져서(오차 범위 내에서) 가능한 한 정확하게 현실을 표상하는 것이다. 또한 연구의 반복 가능성에 대해서도 관심을 기울인다. 즉, 만약 방법론이 충분히 상세하게 논의된다면 다른 연구자들도 원래의 결론에 도달할 수 있을 것이다(King et al., 1994). 이러한 관점에서 보면, 연구자들은 자료 수집 기계 장치에서 교환할 수 있는 부품이다. 이 관점에 대해 우리 저자들이 가장 우려하는 것은 연구자나 도구를 표준규격화하여 연구자가 관심현상에 대해 가치중립적인 측정을 하게 되는 것이다.

연속체의 다른 끝에는 자료에 대해 한층 더 상호작용적/생성적으로 바라보는 시각이 있다. 연구 행위는 연구, 이론, 어린이에 대한 연구자의 관점, 참여자들과 타협된 역할, 시간이 지나면서 형성되는 관계 등을 포함해 그 자체가 맥락으로서 인식된다. 이러한 맥락을 바탕으로, 자료는 복잡하고도 변증법적인 관계를 나타내는 특정한 방식으로 생성된다. 자료는 객관적인 연구자들에 의해 수집되도록 "저곳out there"에 있지 않다. 오히려 자료는 특정 지역 내에서 연구자와 참여자들 간의 관계와 상호작용으로부터, 그리고 관심문제들에 관해서 무엇이 중요한가에 대한 해석으로부터 나온다. 한 연구자에게 자료인 것이 다른 연구자에게는 소음일 수 있다. 가치 있는 자료 생성generating data의 관건은 관련이 있는 청중들에게 자료를 해석적으로 연결시켜서 그들이 자료의 의미를 이해할 수 있도록 하는 것이다. 우리 저자들은 이 책에서 이러한 입장을 고찰할 것이다.

- 연구의 목적이 연구의 특성을 만든다.

왜 연구를 수행하는지 그 이유는 다른 것들 중에서도 학문적 전통, 연구기금의 기회, 직업적 압력, 유행 그리고 뜻밖의 발견serendipity에 의해서 형성되며, 이러한 연구 수행의 이유는 연구의 출발점이다. 개인은 주의를 집중시키고, 변인들을 규정하며, 무언가를 보는 기회를 구성한 다양한 이유에 의해 연구 프로젝트를 설정하도록 압력을 받는다. 연구문제는 연구자를 특정한 방식들로 제한하고 단지 일정한 것들만 지각되고 해석되게 만든다. 흔히 실재는 주어진 연구의 결과에 의해 규정된다고 전제되는 듯하다. 다시 말해, 우리는 실증적 연구의 지지가 있기 때문에 어떤 것에 대해서 인지한다. 증거가 지지하는 모든 것은 이에 대한 타당화를 추구하는 이론적 · 실증적 역사의 결합물이라고 제시하는 것이 보다 사리에 맞을 것이다. 이는 연구자가 무엇을 보았는가 만큼이나 어떻게 보았는가를 반영한다.

이를 보는 또 다른 방식은, 연구를 조직하고 이론화하는 데 사용된 구성개념들이 어린이가 사는 물리적 · 사회적 맥락만큼이나 중요한 맥락들을 연구자의 인지방식에 제공한다는 것이다. 또래 관계, 성별, 준비도, 언어능력, 정체성과 같은 이러한 구성 개념들은 모두 연구자가 연구 내에서 어린이들과 그들의 역할들을 어떻게 보는가를 규정한다.

Barrie Thorne(1993)은 성별 놀이gender play에서 훌륭한 사례를 보여 준다. 성 차이에 관한 연구들을 검토하는 가운데, 그녀는 연구들이 행동에서의 두 집단 간 평균 차이에 초점을 맞출 때 한 집단 내 변이, 집단 간 중복, 활동의 맥락적 특성에 유의하는 데는 자주 실패하는 것을 알아냈다(pp. 57–58). 연구에서 하나의 전통적 앎의 방식에 대한 주목은 다른 관점으로부터의 이해를 배제시키고 특정한 연구결과들이 조명될 가능성을 높인다. 예컨대, 프로젝트의 목표가 발달의 궤적을 탐구하는 것이라면, 발달적으로 지향되지 않은 것들을 지각하기는 어렵다. 만약 행동이 맥락보다는 연령에 의존적인 것으로 보인다면, 맥락에 대해 복잡한 방식으로 주목하지는 않을 듯하다.

연구자의 관점은 연구를 상당히 특정한 방식들 내에 위치하게 한다. 연구자의 관점은 심지어 이론적 틀이나 학문적 전통보다도 더 개인적이다. 다시 말해, 이는 개인적 경험, 기억, 정체성, 어린이들과 사회 내에서 지위에 대한 우리의 암묵적 희망을 포함한다. Ann Oakley(1994)는, 우리 모두가 아동기를 경험하기는 했지만 아동기에 대한 우리의 이해는 그 현상에 대한 성인의 의미를 통해 여과된다는 입장에서 다음과 같이 이 쟁점에 대한 논의를 전개한다.

> 아동기는 연구되어야 할 어떤 것일 뿐만 아니라 우리 모두가 내부에 간직하고 있는 어떤 것이다: 일련의 기억들, 수집된 생각들… 우리 자신의 아동기는 비록 선형적linear 방식은 아닐지라도 우리 자신에 의해 살아졌고 형형색색으로 기억된다. 이러한 기억들은 성인으로서 우리가 아동기를 어떻게 생각할지 배운 그대로의 렌즈를 통해 여과된다. 따라서 어린이들을 연구함에 있어서 우리 내부에 있는 어린이를 연구하게 되는 듯한 느낌도 있다. (p. 28)

우리는 연구자로서 우리가 생각하는 세계와 어떠한 모습이어야 한다고 생각하는 세계를 표상하기 위해 우리의 연구에 은유, 이미지, 희망을 부여한다. 이러한 이미지들은 우리의 과거에 대한, 그리고 실증적 현재 안에 있는 어린이들에 대한 우리의 관점을 형상화시키기 때문에 특별히 강력한 것으로 보인다. “어린이들에 대한 성인들의 지각은 그들의 시간과 공간에 의해 영향을 받으므로 불가피하게 맥락에 둘러싸여 있으며context-bound, 부분적이고 논쟁적이다"(Alderson, 1994, p. 49). 우리는 우리 기억의 프리즘, 이상적인 어린이, 부모 또는 교사에 대한 낭만적인 이미지, 그리고 미래에 대한 희망찬 감정을 통해서 우리의 연구에 참여한 이들을 바라본다.

고유한 우리 자신만의 성격과 경험들은 우리 연구에 있어서 강력한 맥락으로 작용한다. Barrie Thorne은 그녀의 성 정체성과 경험이 어떻게 성별 놀이에 대한 그녀의 이해의 필수 불가결한 부분이었는가를 묘사하였다. 그녀는 어린 시절 똑같은 성 유형의 상호작용을 하며 놀던 한 사람으로서 소녀들에게 더 가까운 느낌을 가졌다. 그녀가 느꼈던 감정이입은 어떤 면에서는 사회관계에 대한 이해를 모호하게도 만들었다. 소년들과는 감정적으로 분리되었기 때문에 그들의 상호작용을 보다 더 분명하게 해석할 수 있다고 느꼈다. 게다가, 상호작용을 분석하기 위해 사용된 구성개념들의 많은 것들이 여성보다는 남성의 삶으로부터 나오고 있었다(1993, p. 26). 그녀는 자신의 현장 전략들을 개정하기 위한 노력으로 그녀가 소위 "기억의 분투tugs of memory"라고 불렀던 자신의 지식을 사용했다. 그녀는 다수의 관점들로부터, 즉 학급의 사회계급 내에서 어린이들이 갖는 다양한 지위를 통하여 그리고 사회체계의 중심에서 한 아이로서의 그녀 자신의 기억의 프리즘을 통하여 어린이들의 경험들을 보려고 시도하였다.

- 주어진 한 가지 관점 내에서는 특정 역할들만 수행할 수 있다.

연구자 역할은 전문가집단 내에서 발달되는 상호작용과 개별 연구자의 표현을 위한 경계들의 결합으로서의 그것(Eisenhart와 Graue[1990]가 역할과 역할 정체성이라고 부른 것)으로 볼 수 있다. 연구에 관한 문헌은 성인과 어린이 간 관계에 대한 인식론적 입장과 참여자의 관점들을 드러내는 방법을 표상하는 일련의 역할들을 발달시켜 왔다. Spradley의 참여관찰자 개념(1979)과 점층적 참여, Corsaro의 반응적 역할(1985), Mandell의 성인 역할의 최소화(1988)는 모두 다 연구자가 현장에서 자신을 어떠한 위치에 놓는가에 대하여 고찰한 방법들을 나타낸다. 연구자의 역할은 연구자가 생성하고자 희망하는 이해의 종류와 관계가 있기 때문에, 역할의 선택은 적어도 부분적으로는, 이론적 뒷받침이 있는 결정이어야 한다. 연구자에 의하여 타협된 역할은 자료생성과정에서 어떤 것들을 보다 더 두드러지게 만들기 때문에 상당히 구체적이고 특수한 방식으로 실재를 구성한다.

만약 연구자가 어린이들과의 상호작용이 어린이들의 활동에 변화를 초래하고 따라서 관찰을 무효화한다고 믿는다면, 참여관찰자 역할을 수행하기가 매우 어려울 것이다. 만약 연구자가 어린이들의 관점을 이해하기 위하여 희망할 수 있는 유일한 방법이 그들 세계의 한 부분이 되는 것이라고 가정한다면, 택해진 역할의 유형들은 이루 말할 수 없게 다양할 수 있다. 성인들이 일반적으로 가지는 힘과 특권을 보유한 상호작용적 성인an interactive adult이 이에 포함되는데, 어린이 상호작용과 활동에서 성인 개입을 극소화한 것으로 Mandell은 이를 최소의 성인 역할the least adult role이라고 부른다.

역할이 어떻게 자료와 이해를 형성하는가에 대한 사례는 교사 조력자로서 일하였던 내 연구에서 살펴볼 수 있다. 나는 내 현장노트의 깊이가 당일 내가 서술하는 시간에 따라 아주 다양해짐을 발견했다. 내가 맡은 과제가 없는 교사 주도의 시간 동안, 예를 들면 아침에 대그룹으로 모여 앉아 하루 일과를 소개하는 계획하기 시간 동안, 내 노트는 꽤 자세했다. 이 시간은 내 손의 자유로움과 일상적 성격을 지닌 시간의 결합은 축어적 문구를 많이 획득하고 학급 상호작용의 대본을 기록하는 일을 수월하게 해주었다. 한 학습영역을 맡고 있거나 어린이들과 함께 주어진 활동들을 할 때, 내 노트는 상호작용의 일반적 본질을 주로 포착하면서 보다 간결한 특성을 지녔다. 또한 어떤 소란이나 집단의 전반적 특색을 적는 것 외에는 다른 영역 안에서 이루어지는 행위에 주의를 기울일 수 없었다. 이는 집단활동시간의 노트가 보다 더 가치가 있다는 것을 의미하는가? 반드시 그런 것은 아니다. 보다 얇아 보일 수 있는 기록의 특성은 Ottenberg(1990)가 머리노트headnotes로 지칭한 것에 의해 보완되는데, 이는 '기록되지는 않아도 연구자의 참조의 틀 내부에 보유되어 있는 이해'로서 정의된다. 교수 환경 내부에서 어린이들과의 상호작용으로부터 나오는 이해는 만약 내가 수동적 참여자였다면 얻을 수 없었을 것이다.

해석적 연구는 사람들 간의 상호작용으로부터 나오기 때문에 연구자의 역할 구성은 진행 중인 과정ongoing process이다. 참여자의 요구는 시간이 지나면서 조건들이 변화하는 데 따라 바뀌고, 신체적 요구사항도 바뀌며, 관계가 형성되고 단절되고 또 회복된다. 연구를 하는 동안 역할을 타협하는 일이 여러 차례 발생한다.

연구는 단 한 사람이 위치와 역할에 대한 의사결정들을 내리는 것이 아니다. 참여자들 또한 상황에 대해 더 많이 알게 되고 초기에는 분명하지 않았던 이득과 어려움들을 인식하게 되면서 의사를 결정하고 수정한다. 예컨대, 나의 저서 《무엇을 위한 준비인가?Ready for what?》(1993)의 기초가 되었던 현장연구에서 세 유치원 각각에서 내게 부과했던 역할은 비슷했으나, 지역적인 다양성이 있었다. 비록 내가 같은 방식이라고 생각한 것 내에서 나 자신을 나타냈을 지라도, 참여자들은 연구 장소의 필요와 자신들이 내가 제공할 수 있으리라고 여긴 강점들이 서로 보완되도록 나의 역할을 구성하였다. 플톤Fulton 학교에서는 내가 교사보다 낮은 지위를 지닌 보조교사의 역할을 수행하면서 효율적이고 시기 적절한 방법으로 학급을 지원해 줄 것으로 기대되었다. 노르우드Norwood 학교에서 나는 우수한 교육적 실천에 대하여 자문을 받는 대학에서 온 전문가였다. 로체스터Rochester 학교에서 나는 그곳의 특정 프로그램과 이중언어교육에 대해서 잘 모르지만 관심을 가지고 배우고자 하는 사람이었다. 이러한 환경에서의 역할은 학교 안에 있는 모든 사람들로부터 배우고 있는 교생처럼 느끼게 했다. 이러한 역할의 다양성은 각각의 연구장소에서의 나의 이해들이 달랐음을 의미하는가? 전적으로 그렇다. 그러나 각각의 맥락에서의 기대와 상호작용이 같지 않았기 때문에 이는 예상되었어야 했다. 방법론적으로 쟁점은, 차이점들에 대해 아는 것과 그 차이점들이 어떻게 자료와 해석의 발달을 형성하는가를 이해하는 것에 초점이 맞춰져 있다.

처음부터 모든 상황들에서 최소의 성인으로서 보여지기를 원했었던 Nancy Mandell은 그녀의 역할이 모든 맥락들에서 통일된 차원으로 지정되지 않았다고 주장하였다. 그녀는 어린이들과 어른들은 당면한 상황에 따라 그녀로부터 다른 것들을 기대했다고 결론을 내렸다. 예를 들어, 때로 교사들은 Mandell이 "지저분한 일"[1] 이라 지칭한 일을 해주는 여분의 손을 필요로 했다. 그러한 역할을 떠맡는 것이 어린이들에 대한 그녀의 위상에 손상을 주지는 않았다. 그녀는 자신이 본 것을 행동의 경계boundaries for behavior가 있는 교사들과 어린이들로서 해석하였고, 그것이 그녀로 하여금 자신의 연구 프로젝트와 참여자들 양쪽의 요구를 만족시키도록 허용했다고 보왔다.

Dorrine Kondo(1990)는 《자아 만들기Crafting Selves》에서 일본인 정체성에 대한 그녀의 이해가 어떻게 참여자들과의 지속적인 타협으로부터 나왔는지를 묘사하였다. 그녀는 변화하는 힘의 관계와 자아의 발현적 구성을 다음과 같이 역동적 과정으로 표현하였다.

> 나의 이야기의 쟁점에는 끊임없이 논쟁되고 변화하는 나의 정체성과 나의 일본인 친척들, 친구들, 지인들의 정체성의 경계들이 문제가 되었다. 우리는 각자의 삶에 참여하였고 서로를 이해하고자 하였다. 이해하기 위한 시도로서, 서로를 적절히 이해할 수 있는 범주 안으로 억지로 넣으려고 하며 어쩔 수 없이 힘을 사용하게 되었다. 이러한 힘과 의미의 관계는 창조적이기도 하면서 우리의 관계를 점진적으로 단련하는 의미에서 고통스럽기도 하였다. 그 대신, 서로에 대한 우리의 타협된 이해로 인해 나는 현재 내 연구에 생명을 불어넣는 특정한 문제들을 형성할 수 있게 되었다. (p. 10)

William Hart(1994)는 그의 선도적인 수필에서 어린이들에 대해 알기 위하여 정보 수집에 필요한 방법론적 도구에 모든 관심을 쏟는 기술적 접근을 비판한다. 그는 과학적 어린이 관찰을 강조하는 아동연구방법과 개인적 상호작용의 측면에서 이해를 구축하는 어린이들과의 깊은 관계를 다음과 같이 대조시켰다.

> 자신에 대해 또한 어린이와 자신과의 관계에 대해 성찰하는 아무런 노력 없이 어린이들을 연구하려는–"또한 자신의 자녀를 더 잘 이해하려는"–요구는 그러한 이해에 쉽게 도달할 수 있다는 자만이다. 만약 어린이들에 대한 이해를 어떤 식으로든 방해하는 자신 내부의 장애물들을 볼 수 없고 무엇보다도 개인적PERSONAL이라면, 어린이들을 기술적TECHNICAL 존재로서 생각하기 쉽고 그 결과 문제를 풀기 위하여 기술적 해결책을 구하기가 쉽다. 그러나 그렇게 되면 어린이연구의 전체적 방향은, 특정한 남자들과 여자들로서 우리가 가지는 어린이 이해의 유형으로부터 기술적 관례에 의하여 가지는 이해의 유형으로 가버리게 된다. 이는 어린이들에 대한 당신의 또는 나의 개인적 지식을 구축하지 않고 어떤 다른 것으로 이를 대체하게 되는 것이다. (pp. 13–14)

Hart의 경고는 중요한 것으로, 이는 우리 저자들도 어린이연구의 질적 방법에 관한 과목을 가르칠 때마다 부딪치는 문제이다. 학생들은 종종 이러한 종류의 연구를 하는 "바른 방법"에 대해서 묻곤 하는데, 우리는 이들에게 완벽한 연구의 비법을 알려줄 수 없음에 좌절감을 많이 느낀다. 방법론에서 단 하나의 초점은(적합한 관찰기술들, 효과적인 현장노트, 편견이 없는 면담 질문들, 그리고 신뢰할 수 있는 코딩) 매력적이다. 이는 연구자들이 참여자들에게 책임을 가지고 배려하는 사람이기보다는 기술자가 됨으로써 연구를 바르게 할 수 있다고 생각하도록 스스로를 안심시킨다. 모든 것이 그렇듯이, 어떤 것이 방법론적으로 좋은지 아닌지에 대한 질문에 대해, "맥락에 달려 있다"는 모호한 대답을 듣게 될 것이다. 만약 맥락 내에서 계속 일하기를 바란다면 연구자로서의 개인적 차원을 대충 보아 넘기거나 과소평가해서는 안 된다.

• 관계의 유형은 발달적이지만, 타협된 역할에 의해 제한된다.

성인이든 어린이들이든 간에 참여자들과의 상호작용은 부분적으로 연구자에 의해 규정된 암묵적 역할에 의해 구성된다. 상호작용의 유형들과 점진적으로 다져진 정서적 유대는 연구에서 취해진 역할들과 미묘하면서도 견고하게 연결된다. 예를 들면, 한번의 각본화된 면담 초안은 적시에 한 번이든 혹은 시간을 걸쳐서든지 어린이의 관점을 깊이 있게 탐구할 기회를 제공하지 않는다. 그러한 면담에서는 질문과 대답을 주고받는 동안 떠오르는 이해를 발달시킬 시간이 없다.

조력자나 양육자로서 권위를 지닌 사람 같은 태도를 취하는 것은 상호작용에 대한 특정한 기대를 만들어 낸다. 만약 어린이들이 당신이 다툼에 개입하고 규칙에 어긋나는 행동을 멈출 것이라고 예상한다면, 이들은 당신 앞에서 그러한 행동을 덜 하게 될 것이다. 어떤 연구자들은 만약 또래 문화에 초점을 맞춘 연구라면 특별히 어린이들과 연구자들 간에 힘의 차이를 중지하는 것이 필수적이라고 제안하고 있다.

이러한 입장에 대한 찬반 논쟁은 성인들과 어린이들 간에 존재하는 차이의 본질에 대한 관점의 차이에서 형성된다. 이러한 차이들이 물리적 실재인가 아니면 우리가 원하면 관계의 변화가 가능한 단지 사회적으로 구성된 범주들인가? 정교성과 복잡성이 증가한다는 가정하에 성인들과 어린이들 간에 성숙적 차이들은 침투가 가능한 경계들인가 아니면 분리할 수 없는 경계들인가?

우리 저자들은 이러한 논쟁들의 핵심은 이러한 차이들의 의미에 있다고 믿는다. 성인들과 어린이들 간에 힘에 있어서 차이의 의미를 고려할 필요가 있다. 어린이들의 경험에 대한 정중한, 복잡한, 반응적인 설명을 하고자 한다면 우리는 반드시 이러한 힘의 차이를 극소화시켜야 한다. 미성숙에 대한 우리의 가정과 어린이들의 능력에 대한 우리의 과소평가는 그들에 대한 우리의 이해를 증진시키지 않으며, 흥미진진한 자료를 얻고자 하는 바람에서 차이가 실재하지 않는 듯이 가장하는 것 또한 최적의 접근방법이 될 수 없다.

성인들은 그들이 연구하는 사람들의 삶에서 결코 완전한full 참여자가 될 수 없다. 어린이들과 함께일 때 스며들 수 없는 이 경계는 더욱 분명해진다. 성인들은 모든 차이의 표식들을 치워버리고 어린이들의 삶에 완전한 참여자가 될 수 없다. 연구자는 특정한 목적을 위해서 그곳에 있는 것이고, 그 목적이 달성되면 떠날 것이다. 연구자는 일차적으로 실증적 이유들을 위해서 마음대로 참여자들의 삶을 엿보다 사라진다. 연구자의 삶은 참여자들의 삶과 같은 것이 아니다. 사회적 상황에서 요구되는 성인들의 기대치에 대해 고려하지 않은 채 성인들이 어린이들의 역할을 흉내 내며 어린이들로부터 힌트를 대신 얻고자 할 수 있는 것이 바로 그 좋은 예라 할 수 있다. 어린이들은 이와 동등한 역할 바꾸기를 할 수 없는데, 아마도 심리학적 연구에서 항상 인용되는 발달적 이유 때문은 아닐 것이다. 현대 사회의 대부분의 맥락들에서 어린이들이 성인의 역할을 하도록 허용되지는 않으므로 성인들이 역할이나 지위를 선택하는 데 사용하는 힘은 어린이들의 그것과는 상당히 다르다.

어린이들과 성인들 간에 경계들은 많은 연구자들이 생각해온 것보다 훨씬 더 탄력성이 있다. 만약 연구자들이 그들의 일과 어린이들과의 관계에 대하여 현명한 선택을 한다면, 어린이들은 자신들의 경험을 성인들과 공유할 수 있고 또한 성인들은 그러한 경험들을 중요한 범위까지 이해할 수 있다. 탄력성 개념은 중요하다. 설사 성인과 어린이 사이에 전적인 분리는 바람직하지 않다 해도, 우리가 어린이들의 삶과 세계에 접근함에 있어 현저한 제한점들이 존재하는 것은 사실이다. 만약 우리가 숙련된 현장연구자라면 어린이들로 하여금 이러한 경계들을 눈치채지 못하게 할 것이라고 생각하는 것은 이러한 경계들이 발달적으로 그리고 되돌릴 수 없게 강제된 것으로 가정하는 것과 마찬가지로 무례한 것이라 할 수 있다.

어린이의 맥락과 연구자의 앎 사이의 상호작용

Interaction between Children's Contexts and Researcher Knowing

어린이의 맥락은 동적이고 이원적인 방식으로 실재를 구성한다. 이는 어린이들이 경험하는 상호작용의 기회와 기대를 결정한다. 한 아이가 누구인가는 스쿨버스에 타고 있을 때와 읽기 그룹에 속해 있을 때, 식탁에 앉아 있을 때 등 맥락에 따라 다르다. 행동의 제한, 성인과 어린이 간 상호작용의 수준과 종류, 어린이가 자신의 활동을 결정할 수 있는 자유의 정도는 맥락 안에서 생성되고 협상된다. Berry Mayall(1994)은 성인과 어린이 간의 차이점에 대한 논의에서 이에 대해서 다음과 같이 설명하였다.

> 다른 사람과 혹은 일상적 환경과 어린이 사이에 이루어지는 상호작용의 결정적이고 뚜렷한 특징은 성인과 비교해서 나타나는 어린이의 절대적인 무력함에 의해서 결정되는 것이 아니라 특정한 환경 속에 존재하는 어린이들과 성인들 간의 권력 관계의 정확한 본질에 의해서 결정된다. 따라서 나는 어린이의 무력함은 특정한 사회적 환경에 존재하는 성인이 아동과 아동기를 어떻게 개념화하는가에 따라서 달라진다는 점을 제안하고자 한다. 여기서 주장하고 싶은 점은 아동기는 특정하게 정해진 관계의 형태로 경험되는 것이 아니며, 특정한 시간과 장소에 존재하는 아동기의 특징은 그 시간과 공간에 있는 성인이 어린이에 대해서 어떻게 이해하고 있는가, 그리고 성인과 어린이들 간의 적절한 관계에 대해서 어떻게 이해하고 있는가에 따라서 달라진다는 것이다. (p. 116)

이는 두 번째 중요한 논의점을 제기한다. 연구자가 어린이에 대해서 알고 있는 것 또한 맥락적인 실체이다. 이는 특정 상황에 있는 부모, 교사, 양육자 등과 같은 성인들이 어린이와 그들의 행동을 어떻게 규정하는가, 그리고 연구자가 어린이에 대해서 어떻게 개념화하고 알게 되는가에 달려 있다. 의미가 상황에 특정한 방식으로 어떻게 펼쳐지는가에 대한 주의 없이 수집된 아동에 대한 자료는 손상되기 쉽고 생명력이 없는 것이다. 연구자는 다양한 맥락 속에서 이해를 해나가야 하고 연구자 자신이 알고 있는 내용이 어디서 온 것인지 알아내려고 의도적으로 노력해야 한다.

나의 개인적 경험에 대한 다음의 예가 이 점에 대해서 명료하게 설명해준다. 얼마 전에 나는 당시에 22개월이 된 내 아들 Sam과 함께 뮌헨에서 7주간 지낸 적이 있다. 우리는 어린이들과 엄마들, 그리고 양육자들이 많이 있는 놀이터에서 많은 시간을 보냈다. 놀이터에 몇 차례 방문한 후 나는 독일 어린이들은 물건을 소유하려는 다툼을 별로 하지 않는다는 생각을 하기 시작했다 "내거야"라고 소리치는 경우가 있기는 했지만 대체로 부드럽게 잘 넘어가는 것처럼 보였다. 나는 독일 어린이들은 미국 어린이들보다 덜 자기중심적이고 소유에 대한 욕심이 적어서 발달단계가 다르게 진행된다는 결론에 쉽게 도달하려던 참이었다. 또한 나는 내가 놀이터에서 어린이와 함께 놀이하는 유일한 성인이라는 것을 알게 되었다. 다른 성인들은 벤치에 앉아서 이야기하거나 책을 읽거나 혼자 쉬고 있었다. 특별히 위험한 일이 없는 한 어린이들은 대부분의 경우에 스스로 활동을 주도하였다.

이 관찰 사례들이 어떻게 교차하며, 나의 지식은 어떻게 특정한 속성을 지니게 되었는가? 일단, 만일 내가 휴식이 필요한 아이의 엄마가 아니었다면 이러한 작은 이론들을 발전시킬 기회가 없었을 것이다. 내 아들은 내게 독일에서 놀이터에 갈 기회를 주었다. 또한 나는 내 아들을 특정한 아이, 즉 두 살이 다 되어가며, 모든 감정적 변동성을 다 가지고 있는 미국 아이로 인식하고 있었기 때문에 나는 내 아들과 내가 어떻게 행동해야 하는지에 대한 특정한 기대를 가지고 있었다. 나는 아들과 함께 놀아주어야 하고 내 아들이 다른 사람의 물건을 갖지 않도록 해야 한다. 흥미롭게도 내 아들에게는 다른 사람의 물건을 사용해서는 안 된다고 하면서, 나는 내 아들에게 다른 사람이 원할 경우에 아들의 물건을 다른 사람과 나누어야 한다는 사실을 지속적으로 알려주면서 물건 나누기에 대한 것을 강화해야 한다. 엄마로서 가지고 있는 이러한 문화적 전제들을 새로운 맥락에 적용하려고 하였지만 이러한 것들이 제대로 적용되지 않는다는 사실을 알게 되었다. 내 행동은 다른 아이들과 내 아들 간의 상호작용을 제한하였고 나와 아들 사이에 많은 힘 겨루기를 야기하였다. 나는 독일의 놀이터에 아이들이 가지고 온 물건들은 모두가 함께 사용하다가 놀이가 끝나고 집에 돌아갈 때는 물건을 가지고 온 아이가 다시 가져간다는 것을 시간이 지난 후에야 알게 되었다. 또한 내 아들 Sam이 놀이터에서 돌아다니는 동안 나는 앉아서 지켜보는 것도 배우게 되었다. 나는 부모들이 부모로서의 역할을 어떻게 배우는가에 대한 연구를 진행해 왔고 아동연구에 대해서 고민하고 있는 교육연구자였기 때문에 내가 알게 된 이러한 지식들은 반성적 특성을 지니고 있었다. 내가 알게 된 것, 즉 나의 지식은 내가 무엇에 주의를 기울일 것인지와 내가 어떻게 현상을 해석할 것인지에 영향을 주는 시간, 공간 그리고 경험의 특정한 집합으로부터 나온 것이다.

어린이연구에서의 상호성Reciprocity in Work With Children

앞 장에서 기술된 윤리에 대한 논의에 덧붙이자면, 연구자의 역할은 연구참여자에게 책임 있게 행동해야 하는 관계적 측면을 포함한다. 어린이연구를 하는 우리의 책임은 무엇인가? 가장 기초적인 차원에서, 우리는 윤리적으로 어린이와 상호작용해야 한다는 책임을 지닌다. 내 아들과의 상호작용에 있어서와 달리 우리는 연구에 참여하는 어린이와 상호작용하면서 그들에게 어떠한 해로움도 끼치지 않도록 최선을 다해야 한다. 이 외에, 우리는 우리 연구에 참여하는 어린이에게 어떠한 빚을 지게 되는가? 자신의 사회적 위치에 대한 연구참여자 스스로의 지식을 촉진시키면서, 우리는 어느 정도나 어린이를 위해서 연구를 하는가? 어떤 이는 어린이에 대한 연구는 어린이를 위해서 하는 것이라기보다는 연구자인 우리를 위해서 하는 측면이 더 많다고 주장하였다(Oakley, 1994). 우리는 비판적 문화기술지와 같은 관점의 가치를 우리와는 다른 권리와 이해를 지니고 있는 집단의 사람들에게 확장할 수 있을 것인가? 연구자는 진정으로 어린이들과 협력적인 연구를 수행할 수 있을까? Berry Mayall(1994)은 어린이들과 평등한 권력 관계를 가지는 것에 대한 논의를 하면서 가능성과 제한점을 다음과 같이 제시하였다.

> 비록 자료 수집과 해석, 그리고 자료의 사용 전반에 있어서 일반적으로 연구참여자보다는 연구자가 더 많은 권한을 가지게 되지만 자료 수집방식을 달리하거나 분석과 보고서 작성단계에 연구참여자를 참여시킴으로써 불균형을 어느 정도 시정할 수 있다. 여성과 함께 하고 여성을 위해서 하는 여성연구에서 그 예를 찾을 수 있다. 그러나 순수 문화기술지부터 구조화된 질문지법에 이르기까지 어떠한 자료 수집방식이 사용되든 간에 보고 들은 것을 해석하는

> 연구자에게 권한이 주어지게 된다. 이는 아동이 연구대상이 될 때 더 문제가 된다. 연구자가 자료를 처리하는 과정에 아동을 얼마나 많이 참여시키는가와 상관없이 아동의 사회적 지위와 구조적 위치에 대해서 설명하기 위해서는 일반적으로 아동이 가지고 있는 지식과는 다른 종류의 지식을 요구하는 자료의 분석과 해석이 필요하다. 따라서 연구가 전적으로 연구의 대상이 되는 아동을 위한 것일 수는 없도록 하는 중요한 측면이 존재한다. 이는 연구자가 (학술적 논문을 쓰는) 개인적인 업적을 제쳐놓더라도 마찬가지이다. (pp. 11-12)

성인과 어린이의 경험의 경계가 탄력적이기는 하지만 경계가 아주 없는 것은 아니다. 성인과 어린이가 지니는 의제agenda는 다르다. 어린이에 대해서 관심이 있는 학자들과 어린이 자신들의 경우에는 특히 그렇다. 이는 정보에 대한 요구와 이러한 정보와 관련해서 취할 수 있는 행동은 그들의 사회적 지위 및 위치에 따라서 규정된다. 하지만 이는 연구참여자에 대한 우리의 책임이 없다는 것을 의미하는 것은 아니다. 이는 연구에 참여한 학급 어린이들에게 구운 과자를 주거나 영화를 보여주는 것과는 다른 형태의 상호성에 대해서 생각해볼 필요성을 제기한다. 우리는 어린이의 목소리가 다른 사람들에게 들리도록 돕고 어린이들이 자신에 대해서 알도록 어떻게 도울 수 있을지에 대해서 고려할 뿐 아니라 특정한 맥락이 특정한 종류의 요구와 기대를 어떻게 구성하는지에 대해서 고려해야 한다. 좋은 해석적 연구가 다 그러하듯이 어린이연구는 종종 우리에게 우리 자신의 필요보다는 연구참여자의 필요를 우선적으로 고려할 것을 요구할지도 모른다. 협력이란 우리와 연구참여자 모두에게 혜택을 주는 것이어야 함을 명심해야 한다. 그렇지 않으면 진정한 의미의 협력이 아니다.

요약 Summary

본 장에서 우리 저자들은 연구에 영향을 주는 특정 상황 속에서 연구가 진행된다는 점을 강조하려고 노력하였다. 우리는 연구자가 가지고 있는 경험, 이론 그리고 연구방법이 연구자가 보게 되는 것에 영향을 준다는 점을 지적하였다. 또한 어린이에 대한 질적 연구에서의 연구자 역할에 대해서 논의하면서 이를 특정한 연구 프로젝트에서의 관점과 연관을 지어 설명하였다. 우리는 연구자가 어린이와 형성하게 되는 관계와 연구결과에 대한 해석 간의 연관성에 대해서 살펴보았고, 어린이를 대상으로 하는 연구에서의 협력에 대한 가능성을 탐구하였다. 이러한 내용들은 장기간에 걸쳐서 대학 부속 보육시설에서 이루어진 공동연구에 대한 David Fernie와 Rebecca Kantor의 논의에서 생생하게 다루어진다.

공동연구 경험에 대한 우리의 회상
Our Reflection on a Collaborative Research Experience

David E. Fernie / Rebecca Kantor
오하이오 주립대학

1987년부터 우리는 한 유아원preschool의 일과에 대해서 연구하고 글을 쓰기 시작했다. 이 유아원에서 "삶의 세계"가 어떤 양상으로 형성되었는지 알기 위하여 연구팀 안에서 다양한 연관된 분석들을 구성하고 우리의 문화기술적 공동연구에 사용하였다. 다른 저서들에서, 우리는 연구지에서 발견된 학교문화와 또래문화의 양상에 대한 연구방법과 결과에 대한 서술을 주로 해왔다; 그러나 이 글에서는 우리 연구의 개인적이고 사회적인 측면에 초점을 두고 기술하고자 한다. 구체적으로, 우리가 장기간의 협력적 연구를 어떻게 수행해왔는지, 즉 우리의 협력을 형성하고 지속하도록 한 상황들과 우리가 직면했던 도전과 쟁점들에 대해서 회상하는 글을 써달라는 부탁을 받았다.

1985년에 만났을 때 우리는 오하이오 주립대학 내의 다른 두 학과에 근무하는 정년보장을 아직 받지 않은 조교수라는 공통점을 지니고 있었다. 인류생태학 대학College of Human Ecology 내의 가족관계 및 인간발달학과Family Relations and Human Development Department에 근무하던 Rebecca는 정년보장을 받기 위해서 필요한 연구 업적을 쌓는 것을 포함해서 조교수에게 일반적으로 요구되는 업무들 외에도 대학의 교수에게는 다소 생소한 로저스대학 부속 실험학교Rogers Laboratory for Child and Family Studies에서의 파트타임 주교사의 역할을 담당하고 있었다. 교수와 현장교사의 역할을 동시에 부여한 것은 보다 더 구성주의적인 프로그램을 만들고 실험학교 내에서의 연구를 활성화하기 위한 학과의 전략에 따른 것이었다. 실험학교는 질적으로 우수한 프로그램을 유지해야 하는 동시에 연구대상지로서 실험적 조건에 맞게 학교를 운영해야 하는 긴장관계에 놓여 있었다.

우리와 함께 문화기술적 연구를 시작하였지만 다른 대학으로 옮겨간 Elisa Klein과 함께 사범대학 내의 교육이론 및 실제 학과Educational Theory and Practice Department에 근무하던

David는 연구 진행, 강의, 많은 학부생과 대학원생 지도를 포함하는 다양한 업무를 담당하고 있었다. 또한, 오하이오 주립대학이 컬럼버스 지역에서 차지하는 높은 비중은 우리로 하여금 이 지역의 교육 프로그램과 교육개혁 관련 일들에 관여하여 봉사해야 한다는 압박을 더욱 크게 느끼게 하였다. 그 시기에 우리의 가장 주요 관심은 어떻게 하면 이러한 여러 업무들을 잘 수행하면서도 성실하고 온건한 학자적 삶을 살아갈 것인가에 대한 것이었다. 당시에 우리는 둘 다 컬럼버스 지역에 새로 이사 온 상황이었고, 첫 아이로 2살 된 남아를 키우는 부모였다.

대화를 시작하면서 우리는 교사로서 우리가 경험했던 것과 마찬가지로 유아원 학급에 대해서 이해하는 것에 관한 강한 관심을 공유하고 있음을 알게 되었다. 우리는 둘 다 개별적인 아동발달 지식에 기초한 유아교육 전통에 따른 교육을 받았으며 학급의 번잡하고 흥미로운 일상과는 거리가 먼, 당시에 일반적이던 통제적 임상 면담, 구조화된 관찰 그리고 도구 중심의 연구를 진행해왔었다. 우리는 둘 다 그동안 해왔던 연구방법들에 대해서 만족하지 못하던 상황이었고 사회적 맥락으로서의 학급에 대해서 이해하고 서술할 수 있도록 하는 연구방법을 찾고 있던 중이었다. 학자적 삶과 개인적 삶의 측면에서 우리가 지니고 있던 이러한 공통점은 우연이었지만 매우 의미 있는 것이었다. 지금 되돌아 보면 "같은 시간에 같은 장소에" 있었다는 것이 우리가 장기간에 걸친 동등한 협력관계를 형성하게 된 주요 요인이었다.

우리 연구의 역사적 전환점을 가져온 또 다른 사건은 우리 프로젝트의 멘토가 되어준 Judith Green과 Bill Corsaro와의 만남이었다. 교실 담론에 초점을 둔 교육 인류학의 선도자인 Judith는 오하이오 주립대학의 교수로 재직하고 있었다. Judith는 언어와 문화에 관심이 있는 이 대학 교수들의 커뮤니티를 형성하는 데 중요한 역할을 하였고, 우리를 이 그룹에 초대하였다. 우리는 긴 시간 동안 Judith와 다른 학자들과 함께 활기찬 대화를 하였고 학급에서의 삶에 대한 사회문화적-문화기술지의 가능성에 대해서 발견하였다. 새로운 패러다임으로 전환하는 데 결정적인 도움을 준 Judith는 우리가 프로젝트를 수행하는 동안 여러모로 조언을 해주었다.

캠퍼스에서 질적 연구모임을 이끌면서 Judith는 어린이를 대상으로 연구하는 사회학자인 Bill Corsaro에게 3일간의 연구 워크숍을 부탁하였고, 이 모임에 Rebecca도 참여하였다. 유아를 대상으로 하는 문화기술적 연구에 대한 흥미롭고 심층적인 설명을 들을 수 있었던 이 기회는 이와 비슷한 연구를 시작하려던 우리의 계획과 우연하게 일치하였다. 이 워크숍에서의 만남을 시작으로 우리와 Bill의 관계가 시작되었으며, 우리가 프로젝트를 수행하는 몇 년 동안 이 관계가 지속되었다.

Bill과 Judith는 장기간의 교육 인류학적 연구를 수행하면서 직업적 성공을 이루어낸 모델이 되어 주었고, 다른 사람들로부터 우리가 들은 부정적인 이야기들을 반격하였다. 어떤 동료들은 좋은 의도를 가지고 우리에게 문화기술적 연구는 연구물이 게재되기까지 너무 많은 시간이 소요되므로 하지 말 것을 종용하였다. 또 다른 동료들은 그 시기에 일반적으로 공유되었던 질적 연구에 대한 편견, 즉 질적 연구는 타당하거나 의미 있는 연구방법이 아니라고 하였다. 아직 정년 보장을 받지 않은 교수였던 우리는 10년 전이었던 그 당시에 교육 인류학 연구를 게재할 수 있는 학술지가 상대적으로 적은 것에 대해서 염려하였다. Bill과 Judith의 격려, 도움, 사례 그리고 자신이 하고 있던 연구에 대한 그들의 열정은 우리가 가지고 있던 염려와 근심을 극복하게 하였고 새로운 장기적 연구를 수행하도록 하였다.

우리가 새로운 연구방법으로 옮겨가고 있을 즈음 Rebecca와 부속학교의 교사들은 부속학교의 교육과정에 대한 연구와 예비교사인 학부 학생 대상의 멘토링 방법을 개선하기 위한 방안을 모색하고 있었다. 그 당시에 그들은 교육실습생들에게 보여 주기 위해서 자신들이 가지고 있던 교육 철학과 실제에 대한 내용을 담은 교육과정을 문서화하는 작업을 하고 있었다. 교육과정을 문서화하는 과정에서 교사들은 교육과정의 사회적인 측면, 즉 교육과정과 관련된 경험을 하면서 어린이들과 교사들 "내부에서within the heads" 일어나는 일보다는 그 "사이에서between the heads" 일어나는 일에 대해서 학부 학생들에게 더 잘 보여 줄 수 있는 관점과 언어를 찾기 위해 노력하고 있었다. 지금 생각해보면, 연구자들과 교사들은 우리가 지금 "사회적 구성주의"라고 부르는 이론적 틀을 찾고 있었던 것이다. 사회적 구성주의의 기본적인 전제는 사람들은 특정한 문화적 맥락 속에서 직접적인 상호작용을 하면서 의미를 구성한다는 것이고, 따라서 "지식은 사람들이 자신의 머릿속에 소유하고 있는 것이 아니라 사람들이 함께 하는 어떤 것이다"(Gergen, 1985, p. 270). 이 관점은 어린이들이 그들의 세상을 어떻게 이해하게 되는지, 그리고 협력을 하는 가운데 연구자들이 어린이들에 대해서 어떻게 이해하게 되는지에 대해서 서술하는 데 유용하게 사용될 수 있기 때문에 우리에게 많은 의미가 있다.

실질적인 측면에서, 연구장소에 대한 자연스런 접근이 가능한 점과 Rebecca는 중요한 연구를 하는 동시에 부속학교의 발전을 이끌 것이라는 이중의 기대가 우리가 이 학급에서 연구하는 것을 타당하게 만들었다. 지금 회상해보면, 부속학교의 목표와 문화기술적 연구방법이 서로 부합한다는 또 하나의 장점이 더 있었다는 것을 알 수 있다. "전개되는evolving", "귀납적인inductive" 그리고 "변화시키는transformative"이라는 용어들은 교육의 실제에 대해서 반성적 사고를 하는 해석적 연구자들과 교사들 모두에게 해당되는 것들이었다. 일상적인 삶 속에서 패턴을 찾는 것은 문화기술적 연구의 핵심이 되는 일이고 교실 생활의 복잡성 속에서 일해야 하는 부속학교 교사들의 필요에도 부합되는 것이었다. 시간이 지나면서 우리는 교육의 실제로 치환된 연구가 아니라 실제와 연관된 연구로 문화기술지를 이해하게 되었다. 우리는 또한 지식의 사회적 협상은 상호확산적이라는 것, 즉 전체는 개별적 기여의 합보다 크다는 것을 확신하게 되었다. 이는 비록 잘못된 해석에 대한 집단 합의의 가능성에 대해서 인정해야 하지만 모든 참여자들의 해석을 더 넓고 중요한 것으로 만든다.

지금까지 우리는 우리가 연구를 시작하면서 우리의 직업적 삶과 활동들이 자리했던 복잡 다양한 영향들, 사건들, 사람들, 요구들에 대해 강조하였다. 그러나 거기서부터 우리는 능동적으로 우리의 직업적 삶에 있어서 더 큰 일관성을 만들어가고 우리의 협력적 연구를 진전시키기 위한 전략을 만들어나갔다. 우리는 우리의 협력적 연구와 부속 학교를 중심으로 강의, 연구, 업무들을 조화롭게 융합함으로써 다양한 활동들에서부터 전체를 만들어나갔다.

우리가 의지한 그리고 지금도 사용하는 초기의 통합 전략 중 하나는 문화기술학ethnography과 관련된 주제들을 중심으로 공동으로 이끄는 대학원 세미나를 계획하는 것이었다. 첫 세미나는 문화기술학을 이론과 방법론으로서 탐구하는 수단이 되었고, 후에 우리는 연구팀의 멤버들에 의해 진행 중인 주제별 분석의 배경이 되고 또 그 분석에 정보를 제공하는 새로운 문헌들, 예를 들어 사회적 능력 및 사회성 발달을 검토했다. 이 공동 강의 세미나는 새 문헌에 몰두하고, 학생들과 함께 지식을 구성하며, 또 강의와 연구의 의제들agendas을 함께 합치려 했던 우리의 필요를 만족시켜 주었다.

이 세미나는 우리의 연구팀을 계속 발달시키는 좋은 공급원이 되었다. 세미나에 참여한 많은 이들이 연구팀의 멤버였거나 혹은 멤버가 되었고, 세미나는 연구 프로젝트에도 계속 이어진 새로운 역할인 전체 연구 프로젝트를 계획하고 이끄는 교수와 부수적인 분석을 수행하는 박사과정 연구자 간의 전통적인 조합과는 달리 덜 계층적인 관계를 수립하는 데 도움을 주었다.

시간이 흐르면서 우리의 협력연구팀은 현장교사, 학부의 우등생들 그리고 석사 및 박사과정 학생들을 포함한 역동적인 조합이 되었고, 새로운 학생들이 들어와서 연구 프로젝트 내에서 논문pieces을 완성하고 자신들의 경력의 다른 측면을 향해 나아갔다. 프로그램의programmatic 연구를 수행하는 그룹을 구성하는 것은 흔하지만, 그리고 박사과정 중과 후에 프로젝트 제로Project Zero에서 일한 경험이 있는 Dave에게는 친숙했지만, 그 그룹이 어떻게 진행하는지는 우리들에게 새롭고 흥미로운 부분이었다.

연구 그룹이 진행하는 방식은 사회적으로 조성되고 시간이 흐르면서 생겨났다. 연구 그룹은 연구의 다양한 측면들, 즉 주제를 개념화하기, 자료 분석하기, 학술지와 학회에 제출할 글을 비평하고 쓰기에 착수하기 위해 매 주마다 만났다. 비록 종종 각 개인이 개별 주제를 추구하는 데 선두에 서기도 했지만, 귀납적으로inductively 연구 전략을 발달시키고, 자료를 코드화하며code 또 삼각측량하기triangulate 위해서, 그리고 자료에 대한 해석을 발달시키고 명확하게 설명하기 위해서 우리는 광범위하게 학생들과 일했고, 학생들은 서로 간에 그리고 대학부속기관the lab의 교사들과 협력하며 일했다.

이러한 매일의 사회적 과정은 그룹 정체성을 생성시키고, 공유된 지식을 발달시키며, 서로 연결된linked 분석을 계획하고 수행하는 데 필수적이었다. 여기서 "연결된"이란 이전의 분석을 통해 얻은 이해가 새로운 분석을 자극했고, 또 새로운 분석이 우리가 다른 분석에서 내린 해석에 영향을 주고 또 영향을 받기도 했다는 뜻이다. 공동연구collaborative inquiry에 대한 관심은 연구를 위해 다른 사회적 망을 형성하는 것 그 이상이었다. 이는 공동연구는 심층적인 연구를 가능하게 하는 사회적 구조social structure를 제공하고 이 연구장소setting에 대한 공유된 이해를 가능하게 했다. 이것은 우리의 연구 경력에서 아주 신나는 시기였다. 우리는 생각과 통찰력을 나누고, 어떻게 함께 협력하며 글을 쓰는지를 배우고, 해석과 방법에서 나타나는 쟁점들을 해결해 나가도록 서로 도우며, 팀의 구성원이 되고, 우리의 연구를 전미 교육연구협회American Educational Research Association : AERA와 다른 학회들에 참가한 동료들에게 발표하고, 연구장소에 대한 연구와 우리의 이해를 진전시켰다.

이러한 만족과 흥분에도 불구하고, 대학문화에서 집중적으로 그룹으로 일하는 것은 매우 흔한 인간관계상의 오해나, 잘못된 의사소통 그리고 성격 차이를 넘어서는 여러 가지 문제가 있는 쟁점들을 제기했다. 다양한 방식으로 나타난 근본적인 쟁점 중 하나는 연구팀 내에서 구성된 지식의 "소유권ownership"에 관한 것이었다. 우리의 프로젝트에서 개인이 아이디어와 해석적 통찰을 발안했던 것은 확실하지만, 그 아이이어와 통찰은 항상 이전 그룹의 생각과 대화를 기반으로 개발한 것이었고 또 그룹의 과정을 통해 더 발달시킨 것이었다. 결국, 한 아이디어에 대한 노고의 인정을 어떤 개인에게 하거나, 혹은 반대로 어떤 개인이 한 아이디어에 대해 혼자서만 인정받는 것은 어렵고 심지어 부당한 것이었다. 그룹 소유권에 대한 발상은 모든 교육의 과정을 통해 개인의 성취만을 칭찬하는 우리 사회에서 익숙해지기 위해 대가를 치러야 한다. 이것은 특별히 강력하고 독창성 있는 아이디어가 우리의 학문적 정체성에 핵심이 되는 대학의 맥락에서 사실이다. 그렇다면, 발명품이 명백하게 공동의 것으로 인정될 때 누가 지적 아이디어들을 "소유"하는가?

또 다른 주요한 그리고 계속 진행 중인 역동성의 예를 들면, 학생들은 종종 자신들이 독특한 논문 주제를 찾고 별개의discrete 분석을 할 것이라는 전통적인 기대를 가지고 왔다. 그에 반해서 우리는, 우리가 하는 분석을 위한 모든 주제가 그 특별한 교실 속에서의 삶에 적절하고 가장 두드러진 것이어야 함을 깨달아왔다. 따라서, 비록 학생들이 자신의 폭넓은 관심, 예를 들어 문해능력, 성차, 또는 친구 관련 쟁점들을 프로젝트에 가져올 수는 있었지만, 자신의 연구가 더 큰 문화기술학 내에 위치하게 하고 또 주제와 문제들이 귀납적으로 생겨나는 것을 허용할 만큼 충분히 유연해야 했다. 학생들이 연구 그룹이 이미 알고 있었던 것을 이해하고 집중적인 그룹과정이 어떻게, 논문처럼, 전통적으로 개인적인 산물에 유익할 수 있는지를 보려는 시각vision을 이해하려고 인내심을 발달시킨 것은 칭찬할 만하다.

내재된embedded 그리고 서로 밀접하게 관련된 본질을 가진 이 연결된 분석은 또 학생과 교수의 역할에 관한 쟁점들을 제기했다. 예를 들면, 교수로서 우리는 색다른 학생지도의 방식을 개발해야 했다: 어떤 학생의 공식적인 지도교수가 누구인지를 막론하고, 우리 둘은 대학에서 논문심사위원의 역할에 기대하는 시간과 또 그 노력을 인정하는 것 이상으로 서로의 지도학생들과 광범위하게 일했다. 짐작컨대 우리의 밀접한 관여close involvement가 학생들에게 유익했다 할지라도, 그것은 또 학생들이 이미 교수/대학원생의 관계구조 내에서 성취하기 어려운 독립성을 발달시키는 것을 제한했다.

종신교수신분을 획득하고자 우리가 가졌던 압박감을 고려할 때 저작권authorship은, 특히 프로젝트의 초반에 골치 아픈 쟁점들이었다. 원래 우리는 단순히 공동의 노력을 반영하여 교수들 간에는 저자의 위치를 교대로 회전시키고, 뚜렷이 구별되는 분석을 한 대학원

생의 경우 제일 저자first authorship가 되는 것으로 계획했었다. 이것은 언제나 지나치게 단순한 계획으로 드러났다. 예를 들어, 우리 각자의 종신교수 심사가 다가왔을 때, 각 논문article에 기여한 정도를 퍼센트로 표기하게 하는 대학의 심사서류 요건 등은 우리를 걱정시켰고 또 대학이 미사여구에도 불구하고 아직 공동연구를 인정하고 지원할 준비가 되어 있지 않았음을 보여 주었다. 그 당시 우리는 임박한 출판물의 저자 순서를 우리 각자의 종신교수 심사 시간대에 맞추어 협상했다.

위에 언급한 모든 쟁점들은 우리의 공동문화기술학collaborative ethnography에서 나타났는데, 이는 대개 전통적인 연구의 관례가 적용될 수 없는 듯했기 때문이다. 물론, 이러한 쟁점들에 대한 다양한 "해결책"은 기존의 관계들 안에서 찾아야 하며, 계속 진행 중인 사회적인 협의과정을 거치고, 또 우리 자신이 처한 맥락을 고려해야만 한다. 우리는 공동으로 연구를 진행하고 있는 독자들이나 이 책의 다른 기고가들도, 특별히 새로운 패러다임이나 비전통적인 주제들을 다룬다면, 우리의 의견에 공감할 것이라고 믿는다. 그들도 자신들의 특정한 맥락 내에서 어떤 것을 하는 새로운 방식을 찾아야 할 것이다.

그러면 우리가 이 글에서 나누기에 유용한, 협력에 관해 전반적으로 배운 것은 무엇이었나? 이 질문에 대답하기 위해서 우리는 발달development과 사회적 구성social construction에 대한 우리의 지속적인 연합 이미지combined images로 돌아가는 우리 자신을 발견한다. 협력에서 어떤 과정과 어떤 쟁점들은 발달적이다; 즉, 그 쟁점들은 어느 한 시점에 나타나고, 그 시기에 가장 두드러지다가, 그 다음에 인지적 그리고 사회적으로 새로운 장소로 통과해 간다. 예를 들어, 초기에 우리는 서로의 글쓰기 습관과 방식에 맞추면서 문서 처리를 하는 데 상당한 시간을 보내면서, 현재보다 원고를 작성하는 데 훨씬 더 많은 애를 썼다. 시간이 흐르면서 이러한 긴장은 약화되었는데, 이것은 우리가 우리의 통찰을 전달하기 위해 그룹으로 글을 쓰는 방식과 공유된 언어를 발달시키고, 또 서로의 글쓰기 방식에 적응하게 되었기 때문이다. 우리가 묘사한 지적 소유권과 저작권의 역동성과 같은 다른 과정과 쟁점들은 주기적으로 반복된다. 시간이 지나면서 우리는 이러한 쟁점들이 장기간의 절차적 규칙을 적용함으로써 영원히 해결될 수 있는 사안이 아니며, 대신 우선은 대화와 타협의 사회적 구성을 통해 다루어져야 한다고 확신하게 되었다.

문화기술학에 관여한 우리 모두에게, 대학부속학교에서의 연구과정을 강의 그리고 프로그램 개발과 통합한 것은 혁신적transformative이었다. 즉, 그것은 우리가 이 교실 그리고 그 어떠한 교실에서도 무엇을 보고, 생각하며, 또 기술할 수 있는지를 영원히 바꾸었다. 우리가 예상하지 않았던 것은 협력연구자가 되는 과정에서 우리가 경험한 병행된 그리고 보다 더 개인적인 변화였다. 많은 다른 협력관계들이 쇠약해지거나 또는 해결할 수 없는 갈등으로 인해 끝나버리는 것을 알기에, 우리는 우리의 협력관계가 계속적으로 생산적임을 다행으로 여긴다. 흥미롭게도, 우리는 이제 성숙한 연구과정을 위한 준비가 되었다고 느끼며 그것을 적용할 적절한 주제영역을 찾고 있다. 더불어 우리는 어떠한 질적 연구도 구하기 힘든 상당한 양의 외부 연구비를 따와야 하는 압박감인 새로운 대학 관련 쟁점에 직면하고 있다. 이렇게 출현하는 쟁점들 또한 사회적 과정으로서 탐구되어야 할 것이다. 이번에 우리가 다르게 느끼는 것은 그룹 협력이 만족스럽고, 실현 가능하며, 심지어 연구를 하는 데 이익이 된다는 자신감과 연속적인 도전들은 대화, 타협 그리고 그룹으로서의 사회적 행위를 통해 극복해 나갈 수 있다는 자신감이다.

참고문헌

Gergen, K. J. (1985). The social constructionist movement in modern psychology. *American Psychologist, 40*(3), 266–275.

Note

1. 이 명칭은 즐겁지 않아 보이는 콧물 닦아주기, 테이블 닦기, 기저귀 갈기 등의 신체적 돌봄을 포함한다.

CHAPTER

06

Generating Data

자료 생성하기

Kurt야, 너보다 영리한 사람들과 어울려라. 너는 그렇게 하는 것이 쉬울거야.

— Kurt Vonnegut의 아버지가

어린이들kids을 연구하는 것이란 여러분보다 자신들의 세계에 관해서 더 영리한 어린이들과 훈련되고 체계적인 방식으로 어울리는 것이라고 생각해보라. 이 장에서는 어린이들과 그렇게 함께 어울리는 동안 해야 할 일들에 대해서 다룬다.

앞서 언급한 바와 같이, 이 책에서는 대부분의 경우에 흔히 사용되는 자료 수집하기collecting라는 용어보다 자료 생성하기generating라는 용어를 선호한다. 자료는 마치 덩굴에 달린 토마토처럼 누군가에 의해 수확되기를 기다리고 있는 것이 아니다. 자료를 입수하는 것은 매우 적극적이고 창의적이며 또 즉흥성을 요하는 과정이다. 자료를 수집하려면 먼저 그것을 생성시켜야만 한다. 만약 연구가 흡수하기

본 장의 저자 : Daniel

soaking와 캐내기poking의 과정이라면, 이 책에서는 흡수하기보다는 캐내기가 중요함을 강조하고 있다. 또는 먼저 캐내고 나서 흡수하는 것이 더 나은 방법이다. 연구자는 벽에 붙은 파리나 주머니 속에 든 개구리와 같은 별개의 존재가 아니다. 연구자는 자료가 있는 그곳에 있다. 그렇지 않은 상황에서 연구자가 존재할 수는 없다. 연구자는 자료와 함께 섞여 있는 것이다.

연구현장으로 들어가기 전에Before Entering the Field

연구문제Questions

자료의 생성은 연구문제와 더불어 시작된다. 연구문제는 "여기 무슨 일이 일어나고 있는가?"와 같이 총괄적인 것일 수도 있고, "이 어린이들은 자기들끼리 하는 일을 할 수 있기 위해 무엇을, 언제, 어디서, 어떻게, 왜 할 것이며, 또 누구와 할 것인지에 대해서 알고 있는 것이 무엇인가?"와 같은 보다 구체적인 것일 수도 있다. 또는 "만약 신체적 공격성physical aggression이 사춘기 이전의 남학생들 사이에서 친근함의 상징이라면, 실제로 서로를 친구라고 인정하는 남학생들 사이에서 더 많은 공격성이 관찰될 것인가?"와 같은 특정 이론을 검증하는 연구문제도 있다.

연구문제 없이 현장으로 들어가서 그곳에서 마치 봄에 피는 꽃처럼 연구문제가 나타나기를 기다린다는 것은 어리석은 생각이다. 연구는 무작위 시도random endeavor가 아니다. 연구자가 순무 밭 대신 유아교육기관에서 현장연구fieldwork를 하기로 선택한 데는 이유가 있다. 그 연구자는 순무가 아니라 어린이들과 관계된 일에 관심이 있는 것이다. 일단 현장연구가 시작되면 연구문제는 수정될 수 있다. 사실상 완전히 새로운 연구문제를 발전시킬 수도 있다. 그러나 새 연구문제는 이전의 연구문제를 기반으로 생겨난다. 연구문제는 탐구의 부양책이다. 양질의 연구문제를 가지고 있었을 때에 연구현장에서도 좋은 연구문제를 발전시킬 수 있을 것이다. 연구문제 없이 연구현장으로 가는 것은 무용화를 신지 않고 무도회에 가는 것과 같다. 춤이 신발 속에서 나오는 것은 아니지만 적어도 무용화는 무도장 마루에서 잘 움직일 수 있게 해준다. 연구문제 없이 연구현장으로 가는 것은 연구자 및 그 외에 관계된 모든 사람들의 소중한 시간을 허비하는 것이다.

사전지식Prior Knowledge

편견을 가지지 않기 위하여 아무런 사전지식 없이 연구현장으로 가는 것이 이상적이라고 보는 견해는 적절하지 않다. 무지ignorance가 편견을 예방하는 것은 아니다. 아는 것은 중요하다. 탐구하는 그 분야에 대해 이미 알려진 사실은 많이 알수록 더 좋다. 문헌을 검토하는 것reviewing the literature은 매우 중요하다. 문헌검토를 통해 얻은 지식은 연구자가 갖는 주관성subjectivity의 일부가 되며(제3장에서 논의하였음), 다른 모든 지식과 마찬가지로 비판적인 시각을 가지고 다루어져야 한다. 알려진 사실이 틀릴 수도 있고 또 불충분한 것은 분명하지만, 그렇다고 해서 연구현장으로 들어가기 전에 의도적으로 정보를 수집하지 않는 것은 현명하지 못하다. 어떤 분야에 대해서는 실제로 알려지고 이해된 것이 거의 없을 수도 있다. 이렇듯 지식과 이해의 부족이 어떤 특수한 연구 분야를 선택한 이유가 될 수도 있겠지만, 아직 세상에 알려지지 않은 것the unknown과 무시된 것the ignored 사이에는 차이가 있다.

연구계획Plans

연구계획의 세부사항은 대개 그 분야에 대해 사전에 알려진 정도에 따라 결정된다. 이론정립을 목적으로 하는 연구theory-building research 분야에 대해서는 사전에 알려진 사실이 거의 없는데, 그 경우에는 Bakan의 조언이 적절하다:

> 잘 알려지지 않은 분야에 대한 좋은 연구는 잘 계획할 수가 없는 것이 사실이다. 참으로 좋은 연구란 그 연구과정에서 나오는 경험들에 이끌려서 행하는 연구를 의미한다. 이러한 연구는 미리 예측할 수 없다. 만약 미리 예측할 수 있다면, 그 연구를 통해 얻을 수 있는 새 정보가 거의 없다는 것이고, 그런 분야에 대한 연구를 할 이유도 상당히 적어진다. (1967, p. xiv)

과감하게 미지의 분야를 연구한다 할지라도 연구자는 연구문제처럼 연구계획 역시도 수정될 수 있음을 인식하면서 전반적인 연구계획을 세울 수 있으며, 또 마땅히 세워야 한다. 최소한, 언제 현장연구를 시작하고 언제 끝낼 것인지, 하루에 몇 시간씩, 일주일에 며칠을 연구현장에서 보낼 것인지, 어떻게 그 시간과 날짜가 바뀔 수 있을지, 그리고 매일 몇 시간씩 자료의 기록data record construction을 위해 쓸 것인지 등에 대한 예비 일정표는 계획되어야 한다.

연구문제를 고안하는 것, 문헌을 검토하는 것, 그리고 연구계획을 수립하는 것은 연구현장을 방문하기 이전에 해야 하는 중요한 활동들이다. 하지만 이 활동들은 현장방문을 시작한다고 해서 끝나는 것이 아니다.

연구방법Methods

> 생각[연구]한다는 것은 이전에는 보지 못했던 것을 보는 것이고, 나아가 눈에 보이지 않는 것까지도 이해하게 되는 것이다. (Maclean의 작품 속 인물 Paul의 대답에서, 1976, p. 92)

무엇인가를 발견한다는 것finding it out은 표면적인 인간 상호작용의 저변을 이해하는 연구를 필요로 한다. Norman Maclean의 단편소설 《A River Runs Through It》[역주 : 우리나라에서는 《흐르는 강물처럼》으로 번역됨]에서 발췌된 위의 장면은 한 형제가 몬타나Montana에 있는 블랙풋Blackfoot 강에서 낚시를 하고 있는 상황에서 나온 것이다. 둘 다 뛰어난 낚시꾼들이지만, 그중 한 명은 낚시의 대가이다. 대가가 아닌 형이 동생 Paul에게 어떻게 고기들이 강의 어떤 특정한 지점에 있는 것을 알았는지에 대해서 묻는다. 위에 제시된 인용문은 형의 질문에 대한 Paul의 대답이다. 보이는 것을 통해 보이지 않는 것을 이해하게 되는 것이 연구의 핵심이다.

Paul처럼, 우리 저자들은 연구과정이 3단계를 거친다고 본다: (a) 일상생활에서 관찰할 수 있는 것the everyday observable, (b) 풍부한 기술rich description 그리고 (c) 이론화된 설명theorized explanation, 즉 보이지 않는 것이나 관찰할 수 없는 것을 이해하게 되는 단계이다.

일상생활에서 관찰할 수 있는 것the everyday observable이란 즉각적으로 쉽게 눈에 띄는 것, 즉 누구든지 어떤 장소에 갔을 때 쉽게 보는 것을 말한다. 해석학적 연구를 해본 경험이 있는 사람은 누구나 아주 명백히 보이는 것만을 보는 이러한 첫 번째 단계를 거친다. 처음 몇 주 동안은 "나는 이곳에서 많은 시간을 보냈지만 첫날 도착해서 30분 이내에 알아낸 것 이상으로 더 알아낸 것이 없는 것 같아"라며 좌절감을 느낄 수 있다.

이 단계에서 얻은 지식이란 매일의 일상적인 경험 속에서 발달된 종류의 것들–무비판적인 일상생활 지식인 것이다. 이러한 지식의 특징은 경험에 바탕을 둔다는 것과 체계적인 관찰 및 반성적인 사고reflection가 부족하다는 것이다. 예를 들면, 어떤 청소년 축구팀의 연습을 구경하는 사람들 모두가 똑같은 것을 보는 것은 아닐 것이다–각 사람의 관점perspective이 독특한 방식으로 그 사람의 주의attention를 이끈다. 그러나 그 연습을 지켜본 사람들은 자신이 본 것에 대해서 이후에 서로 일치되게 이야기를 나눔으로써 각자가 본 일들을 비슷하게 설명하고 비슷하게 인식하게 되는 것이다–비록 코치가 한 일에 대해서는 서로 다르게 평가할 수도 있겠지만. 우리 생애의 많은 부분은 이 단계에 머무르고 있다. 이렇게 표면적인 단계에서 세상을 바라보는 것으로부터 세상이 어떻게 움직이는지에 대한 결론을 반성적 사고를 통해 이끌어 내는 것이다. 만약 무엇인가를 "꾸며내고자make it up" 하는 생각을 가지고 있다면, 이 첫 번째 단계에서 하는 몇 번의 관찰이면 충분하다.

풍부한 기술rich description은 꼼꼼하고, 체계적이며, 훈련된 관찰의 결과로 나온다. 꼼꼼하다는 것은 주의 깊음의 정도를, 체계적이라는 것은 관찰의 계획된 특성을, 그리고 훈련되었다는 것은 연구과정에 대한 자기 비판적self-critical인 특성을 가리킨다.

명백한 것만을 볼 수 있는 첫 번째 단계를 잘 견디면서 관찰하는 것을 꼼꼼하게 기록하는 연구자는 마침내 다른 것들, 즉 항상 거기에 있었지만 눈에 잘 띄지 않았던 것들에 대해 인식하기 시작한다. 이것이 두 번째 단계이다. 두 번째 단계는 오직 주의 깊은 관찰자만이 볼 수 있다. 이것은 몰두해 있는 지극히 작은 일들에 대한 지식을 계속 확장시킬 때 도달할 수 있는 단계이다. 낚시의 예로 돌아가서, 위의 장면에 나온 그날은 Paul이 블랙풋 강에서 낚시를 한 첫 번째 날이 아니었던 것이다.

해석학적 연구를 살아온 경험lived experience을 통해 얻은 지식과 차별화시키는 것이 바로 이 풍부한 기술rich description이다. 풍부한 기술의 체계적인 특징으로는, 다른 많은 것들 가운데서도, 명확한 초점이 있다는 것, 어떤 현상을 다양한 시각에서 바라볼 수 있도록 표본을 추출한다는 것, 다양한 출처의 자료를 통해 발달된 생각들hunches을 여러 자료에 비추어 조사하는 것(보통 삼각측량술triangulation로 알려진 것), 일정한 패턴과 예외들을 열거하고 찾아내는 것, 그리고 주제들themes을 밝혀내는 것을 들 수 있다. 풍부한 기술은 특정한 것something in particular에 세심하게 주의를 기울이고, 또 그것에 일정 기간 동안 계속 주목했을 때 나오는 것이다. 이는 자료를 모으는 가운데 훈련됨과 동시에 그 모든 예측불허의 급전quirkiness을 통해 인간의 삶을 상기시킨다는 점에서 과학적인 측면과 예술적인 측면을 동시에 지니고 있다.

이론적 설명theoretical explanations은 표면 아래에 있는 보이지 않는, 인간의 상호작용들로 이루어진 평범한 사회생활이 의미하는 것이 무엇인지를 이해하는 것이다. "과학의 과제는 엄밀히 즉각적으로 눈에 띄지 않는 실재reality를 발견해 내는 것이다"(Bakan, 1967, p. 144). 이론적인 설명들은 관찰한 것들을 서로 연결시켜주고, 왜 어떤 일들이 그렇게 일어났는지에 대해서 설명해주는 아이디어들을 발달시킴으로써 풍부한 기술의 범위를 확장시켜준다. 이론은 기술한 내용을 이해하는 데 필요한 틀framework을 제공한다. 또한 이론적인 설명은 기술한 내용들이 고립된 관찰에 머무르지 않고 어떤 것에 서로 연결된 사건이 되도록 함으로써 덜 국소적인 것으로 만든다. 이론은 또 연구자에게 Denzin이 말하는 공적 인성public persona을 제공하는데, 그것은 독자들로 하여금 연구자가 어떤 입장에서 그러한 해석을 했는지를 이해하도록 도와준다. 마지막으로, 이론적인 설명은 국소적 환경local setting에 대한 사회적, 역사적, 정치적 그리고 문화적 차원의 지식을 이용하여 인간의 행위와 상호작용들을 의미 있는 맥락 안에서 볼 수 있게 한다.

보이지 않는 것에 이르는 과정은 자료의 생성과 더불어 시작된다. 자료 생성은 세 가지 기본적 자료 생성 전략—면담, 관찰, 관련 물건 수집artifact collection—에 대한 치밀한 기술skills을 요한다. 자료 생성의 방법은 다양하지만 각각은 이 세 가지 유형의 변형으로 볼 수 있다. 문제는 이 세 가지의 기본적이면서도 일반적인 전략들을 가능한 한 폭넓게 보는 것이다. 예를 들면, 면담을 하는 데에는 여러 가지 방법이 있다.

본 장에 나오는 일련의 글상자들boxes은 일반적인 참고자료들을 열거하고 있는 Box 6-1을 시작으로 하여 자료 생성방법에 대한 전문적인 기술을 획득하는 데 도움을 줄 참고자료들을 제시한다. 방법론과 관련된 선행 문헌에서는 일반적으로 관련 물건의 수집artifact collection보다는 면담법과 관찰법에 더 많은 주의를 기울이는 경향이 있다. 이 책에 나온 참고자료의 목록들도 이러한 경향을 반영한다.

연구는 창조적인 과정이며 또 당연히 그래야 한다. 그러므로 어린이들에 대한 자료를 생성하는 일은 연구자로 하여금 매우 창의적이 되어야 한다는 도전을 준다. 일단 연구현장에서 어린이들과 있게 되면, 연구자는 어린이들의 이야기를 듣고 관찰할 수 있으며 그들 삶의 물리적 흔적들physical traces을 수집할 수 있는 새롭고도 다양한 방법들을 계속적으로 모색해야만 한다. 우리는 논의를 통해 몇 가지 가능한

개요 Overviews

Box 6-1

Bernard, H. R. (1988). *Research methods in cultural anthropology*. Beverly Hills, CA: Sage.

Delamont, S. (1992). *Fieldwork in educational settings: Methods, pitfalls, and perspectives*. London: Falmer.

Denzin, N. K. (1989). *Interpretive interactionism*. Newbury Park, CA: Sage.

Denzin, N. K., & Lincoln, Y. S. (Eds.).(1994). *Handbook of qualitative research*. Thousand Oaks, CA: Sage.

Erickson, F. (1986). Qualitative methods in research on teaching.In M. C. Wittrock (Ed.), *Handbook of research on teaching* (3rd ed., pp. 119–161). New York: Macmillan. (또한 Linn, R., & Erickson, F. (1990). *Quantitative methods/qualitative methods*. New York: Macmillan. 에서도 이용이 가능함)

Glesne, C., & Peshkin, A. (1992). *Becoming qualitative researchers: An introduction*. White Plains, NY: Longman.

Jackson, B. (1987). *Fieldwork*. Urbana: University of Illinois Press. (비록 약간 구식이긴 하나 기술공학적인 방법(technology)과 관련해 특별히 유용함)

Peshkin, A. (1988). Understanding complexity: A gift of qualitative inquiry. *Anthropology and Education Quarterly, 19*, 416–424.

Sanjek, R. (Ed.). (1990). *Fieldnotes: The makings of anthropology*. Ithaca, NY: Cornell University Press.

Webb, E., Campbell, D. T., Schwartz, R. D., & Sechrest, L. (1966). *Unobtrusive measures: Nonreactive research in the social sciences*. Chicago: Rand McNally.

변형된 방법들을 예를 들어 설명하고자 한다. Tobin과 그의 동료들(1989)이 비디오테이프를 이용해서 한 것처럼 면담이 질문 없이도 이루어질 수 있다는 것을 깨닫게 되면 다른 가능한 방법들이 떠오르기 시작한다.

어린이들을 연구하는 것은 성인들을 연구하는 것과는 다르며, 또한 더 불확실한 노력이다. 게다가 유아들을 연구하는 것은 더욱더 그러하다. 성인과 어린이 사이의 육체적, 사회적, 인지적 그리고 정치적인 차이들이 연구자와 어린이들의 관계를 성인들 간의 관계와 상당히 다르게 만든다. 참여관찰자participant-observer는 결코 어린이가 될 수 없는 것이다. 관찰자는 여전히 즉각적으로 확인할 수 있는 명백한 "타인other"으로 남는다.

심각한 윤리적인 문제를 일으키는 "속이면서under cover"하는 연구를 하지 않는 한, 연구자는 무슨 집단을 연구하든 "타인"으로 남는다. 그러나 그 "다름otherness"의 정도는 문화, 성 그리고 그 밖의 차이들에 따라 결정되는 상대적인 것이다. 대부분의 경우, 다른 성인들을 연구하는 성인연구자는 뚜렷한 공유영역을 찾음으로써 연구자와 연구대상자 간의 차이를 줄일 수 있다. 예를 들면, 교사를 연구하는 많은 사람들은 그들 자신이 한때 교사였다는 공유영역이 있다. 비록 성인과 어린이 간의 차이는 우리 모두가 한때 어린이들이었다는 이유로 인해 성의 차이보다 다소 덜 절대적이긴 하지만, 어린이들이 대개 연구자와 물리적으로는 가깝지만 사회적으로 멀기 때문에 어린이와 연구자 간의 거리가 모호한 것이기도 하다.

> 성인이 어린이들의 세계에 접근하는 것이 얼마나 쉬운지에 대해서는 학자들 간에 다소 의견이 다르지만(Wacksler, 1986), 이 두 사회적 범주들(성인과 어린이)이 가지고 있는 가정들assumptions과 가치들values이 다르다는 것은 불가피한 사실이다. 마치 흑인 사회 속에 있는 백인연구자나, 여성들을 연구하는 남성연구자, 또는 외딴 부족의 문화를 관찰하는 민족학자ethnologist와 같이, 어린이들의 문화를 이해하고자 하는 성인 참여관찰자는 그 어린이 집단의 구성원들처럼 눈에 띄지 않고 통과할 수는 없는 것이다. (Fine & Sandstrom, 1988, pp. 10-13)

연구 승인 얻기Gaining Entry

한 친구가 일류 대학의 신입생인 조카에게 대학생활이 어려운지에 대해서 질문한 이야기를 한 적이 있다. 그 젊은이는 웃으면서 "대학생활은 쉬워요. 대학에 들어가는 것이 어렵지요." 라고 대답했다.

이것은 현장연구에서의 이야기이기도 하다. 일단 시작하기만 하면 현장연구 자체는 쉽지만 연구현장으로 들어가는 것은 매우 어려울 수 있다. 어린이집단의 책임을 맡고 있는 사람들인 문지기역할 담당자들gatekeepers이 어린이들을 보호하는 것은 이해할 만하다. 또한 그 문지기역할 담당자들은 어린이들을 지켜보고 또 자기들이 어린이들과 하는 상호작용을 지켜보는 외부인이 있다는 것이 그리 편안하지만은 않을 것이다. 어떤 장소와 또 어떤 집단의 어린이들은 다른 어린이들에 비해 좀 더 접근하기가 쉽다. 학교가 집단 가정group homes이나, 집 없는 사람들을 위한 보호시설들, 또는 십대 미혼모들을 위한 지원단체보다는 접근하기가 쉽다. 문지기역할 담당자들이 그들의 보호대상자들의 사생활을 보호하려고 하는 것은 이해할 만하며 또 칭찬해야 할 일이다. 그러나 우리 사회에 알려진 것이 거의 없어서 그들에 대한 이해를 발달시킬 필요가 있는 어린이집단들이 존재한다.

이러한 집단에 대한 연구 승인을 얻는 것은 문지기역할 담당자들이 예전에 연구자들과 유쾌하지 않은 경험을 가진 적이 있기 때문에 어려울 수도 있다. Bruce Jackson(1987)은 그 전의 연구자가 부정직했기 때문에 자신과 다른 사람들에게 이야기하는 것을 거절한 사람들에 관한 곤란했던 이야기를 들려준다. Buddy Peshkin(사적 대화, 1995)은 뉴 멕시코New Mexico에 있는 미국 인디언American Indian 지역사회 속으로 접근하는 데 있어서 자신이 인류학자가 아니었던 것이 얼마나 중요하게 작용했는지에 대해서 설명했다. 이 지역사회 사람들은 그 전의 인류학자들과 가진 경험들 때문에 더 이상 인류학자들을 환영하지 않았다.

주요 대학에 있는 연구자들은 흔히 다른 이유로 바로 인근에 있는 기관들로부터 연구 승인을 받는 것이 어렵다는 것을 발견한다. 문지기역할 담당자들이 연구자들과 나쁜 경험을 해본 적이 없을지라도, 대개 자신들이 "지나치게 많이 연구되어 온" 것 같은 느낌을 갖는 것이다. 내Daniel가 알고 있는 어느 대학 부속 실험학교에서 일하는 교사는 세 편의 박사학위 논문에서 주요한 연구대상이 되었다.

연구 승인 얻기Gaining Entry

Box 6-2

1. "첫째, 똑같이 좋은 장소이면서 들어가기 쉬운 곳이 있을 때 굳이 들어가기 어려운 장소를 선택할 이유는 없다"(Bernard, 1988, p. 160).
2. "당신 자신과 당신의 프로젝트에 관한 충분한 서류를 가지고 현장으로 가라. 대학으로부터, 자금지원기관으로부터, 혹은 계약연구를 하고 있는 경우 의뢰인으로부터의 소개장이 한 통 또는 몇 통 필요하다"(Bernard, 1988, pp. 160–161).
3. 문지기역할 담당자들–공식적인 담당자들과 일상생활의 담당자들–이 누구인지 확인하라. 각 문지기역할 담당자와 어떻게, 그리고 무엇을 협의할 것인지에 대해서 당신이 잘 알고 있는지를 확실히 해라.
4. 정직하라, 간결하라 그리고 겸손하라. 목적은 출입허가를 얻는 것이지 감명을 남기고자 하는 것이 아니다. 당신이 누구를 위해서 출입허가를 받고자 하는지, 다시 말하면 이 연구에서 당신이 누구인지를 인식시켜라.
5. 당신 자신이 유용한 존재가 될 수 있는 방안을 모색하라. 자진하여 필요한 서류를 봉투에 집어넣기, 게시판 꾸미기, 청소하기 등의 일을 하라. 연구 승인을 얻는 데 도움을 줄 뿐만 아니라 그 맥락 안에서의 일상생활 속으로 빠르고 깊게 들어갈 수 있게 해준다.
6. 일단 현장에 들어가면, 부모들과 다른 사람들로부터 허락을 받는 것이 계속 진행된다. 다단계 접근(a multiple-stage approach)을 사용하는 것이 유용하다. 먼저, 당신 자신을 소개하고 개괄적인 설명을 하라. 그 후에 보다 상세한 설명을 더하라. 면담이나 비디오 녹화 등과 같은 구체적인 활동을 위한 허락을 얻기 전에 사람들이 당신에 대해 알아보고 또 어린이들로부터 당신에 관해 들을 수 있는 기회를 제공하라. 허락을 받기 전에는 면담, 비디오 녹화 등의 활동을 실행하지 말라.

- 주요 연구대학에서 좀 떨어진 연구장소로 가기 위해 멀리 차를 운전해야 하는 것은 상당히 가치로운 일이 될 수 있다.

유아들의 문지기역할 담당자들에 관해 마지막으로 한 가지 더 언급하고자 한다. 연구자가 먼저 상대해야만 하며, 또 초기에 연구 승인을 얻기 위해서 만나게 되는 문지기역할 담당자는 대개 관리자administrator이므로 연구자가 실제로 함께 할 어린이들로부터는 동떨어진 사람이다. 예를 들면, 청소년 클럽의 기관장은 대개 사무실 안에 있거나 혹은 기금조달을 위해 외부에 나가 있을 것이다. 연구자가 매일 함께 일해야 할 문지기역할 담당자들—교사, 상담원, 집단의 통솔자 등—은 비록 종종 공식적으로 허가를 거절할 수도 있지만, 일반적으로는 출입허가를 내릴 수 있는 위치에 있는 사람들이 아니다. 그러나 비록 그들이 공식적으로는 그렇게 하지 못한다 할지라도 비협조적인 태도를 취함으로써 비공식적으로 연구를 거절할 수 있다는 것은 분명하다.

일차적인 문지기역할 담당자들로부터 허락을 받는 것은 보통 일회적이고, 양자택일식의 절차이다. 일단 출입허가를 받으면, 본래의 합의가 유지된다는 가정 속에서, 계속적으로 허락을 얻기 위해 협의할 필요가 없다. 관리자가 마음을 바꿀 수도 있으나, 대개 일단 현장에 들어가면 연구가 진행되는 것이고 처음에 만난 문지기역할 담당자를 다시 만날 일은 거의 없다.

일상의 문지기역할 담당자들, 즉 실제로 어린이들과 일하는 성인들에게 출입허가를 받는 것은 대개 점차적으로 쉬워질 수는 있지만 결코 멈추지 않는 매일의 과정이다. 이 과정은 계속 진행되는 것이어서 일상적인 협의를 요구한다.

처신하기Positioning

연구대상과의 신뢰감rapport 형성문제는 질적 연구에 관한 대부분의 학술논문들에서 많은 주목을 받는다. 신뢰감을 형성하는 것은 어려운 일일 수 있다. 장기간의 대면연구를 하는 연구자들은 심지어는 어울리기 쉽지 않은 사람들과도 잘 지내는 데 숙련되어야 한다. 이제 논의의 방향을 바꾸어 처신하기positioning의 개념, 즉 연구자가 어떻게 연구현장에서 그곳에 있는 사람들과의 관계 속에서 처신하는가에 대해서 다루고자 한다. 이에 대한 중요한 두 가지 개념을 설명하고자 한다. 첫 번째는 태도attitude에 관한 것이고, 두 번째는 관계relationships에 관련되는 것이다.

배우는 사람되기Being a Learner

연구자는 배우는 사람으로서 연구현장에 간다. 만약 연구자가 "거기there"에 있는 어린이들이 아는 것이 무엇인지에 대해서 이미 알고 있다면 그 연구자는 그곳에 있지 않을 것이다. 연구자는 그 어린이들에게 "나는 너희들에게 배우고 싶어. 나의 선생님이 되어주겠니?"라고 말하고 있는 것이다. 연구자는 그곳에 있도록 허락해 달라고 무릎을 꿇고 계속 부탁하는 존재로 자기 자신을 봐야 한다고 말하는 것은 결코 과장이 아니다. 연구자의 존재는 "거기"에 있는 사람들의 허락과 "거기"가 누구의 것인지에 따라 결정된다. 다음의 세 가지 기본 가정들은 연구하는 어린이에 대한 연구자의 태도를 위한 기초가 되어야 한다.

1. 모든 어린이들은 총명하다All kids are smart. 그들은 자기가 사는 세계에서 어떻게 지내야 하는지에 대해서 잘 알고 있다. 그들은 그곳에서 무엇이 유효하게 작용하고, 무엇이 작용하지 않는지에 대해서 알고 있다. 어린이들만큼 그들의 세상에 관해 총명해질 수 있는 유일한 방법은 어린이들로부터 배우는 것이다.
2. 모든 어린이들은 납득되게 행동한다All kids make sense. 외부인에게는 정상적이지 않은 것으로 보일 수 있는 활동도 내부인, 즉 그 안에서 관계된 사람들에게는 이해할 수 있는 활동인 것이다. 어떻게 이런 활동들이 이치에 맞는지를 이해할 수 있는 유일한 방법은 아주 주의 깊게 듣고 관찰하는 것이다.
3. 모든 어린이들은 좋은 삶을 살기를 원한다All kids want to have a good life. 외부인에게는 자기 파괴적self-destructive 혹은 타인 파괴적other-destructive인 것으로 보일 수 있는 것도 내부인에게는 좋은 인생의 성취라는 목적과 연관되어 있는 것이다.

이 세 가지의 가정들과 기본적인 처신하기[1]는 연구현장에서 연구자의 충실한 벗이 되어야 한다. 이는 다른 사람들의 관점을 이해할 수 있게 해주고, 또 연구자로 하여금 자료 생성을 방해하는 태도상의 방해물들을 버릴 수 있게 한다.

우리 저자들은 도덕적 상대주의moral relativism를 지지하는 것이 아니다. 그러나 Jackson이 언급한 것처럼, "현장연구자의 임무는 사람들이 하는 일이 해야 할 일인지 혹은 하지 말아야 할 일인지를 판단하는 것이 아니라, 사람들이 무엇을 하고 또 그것이 무슨 의미가 있는지를 찾아내는 것이다"(1987, p. 266). 예를 들어, 연구자는 또래보다 몸집이 큰 어느 12살 아이가 왜 자기 행동에 대한 변명도 없이 자기보다 체구가 작은 또래들을 못살게 구는지를 이해하고자 노력해야 하는 것이다. 좋은 삶을 위한 어떤 욕망이 다른 사람들을 파괴시켜왔다는 것은 의심할 여지가 없다. 그렇지만, 우리는 인간이 그 능력들을 사용하는 특정한 방식에 대해서 존경하지는 않을지라도 인간의 기본적인 능력들은 존중할 수는 있는 것이다. Geertz가 표현한 것처럼, "극악무도한 사람들the devil people이 자신이 하고자 하는 일에 대해서 어떻게 생각하는지"(1983, p. 58)에 대해서 알아내는 것은 매우 주의 깊게 그 사람들에게 주목하고 또 그들의 능력을 존중하는 태도를 요구한다.

어떤 특정집단에 대해 어떤 태도를 취하고 또 어떤 관계를 맺을지는 그 집단에 대한 연구를 시작하기 전에 세심하게 고려해야 한다. 만약 어떤 집단에 있는 어린이들, 예를 들어 난잡하고 무방비한 성행위에 가담하는 청소년들을 연구하는 것이 상당히 힘든 대상이라는 것을 미리 알고, "그 아이들이 하는 모든 것이 너무나 어리석을 때 어떻게 나 스스로에게 계속 이 아이들은 총명하다고 상기시킬 수 있을까?"라는 생각이 든다면 실제로 그 연구를 하는 것에 대해서 신중하게 다시 생각해 보라. 동시에, 어린이들에 관해 사회에 알려진 지식이 접근의 수월함이나 편안함의 정도와 높은 상관관계가 있다면, 어린이들에 대해 알려진 것이나 알려진 것으로 생각되는 것은 매우 공적인 맥락들public contexts, 예를 들면 학교, 캠프 그리고 어린이 스포츠단 속에 있는 중류 및 중상층의 어린이들에게만 국한된 지식이 될 것이다.

관계Relationships

George Spindler[2]는 호주 원주민의 유목민 악단과 함께 여행한 어느 인류학자의 이야기를 우리 저자들보다 더 감동적이고 정확하게 들려준다. 그 인류학자는 그 악단과 신뢰감을 형성하는 데 성공하지 못하고 있었다. 아무리 열심히 노력해도 또 그 무엇을 해도 그는 무시되었고 항상 그 집단이 하는 일상생활의 가장자리에 머무르게 되었다. 그에게 접근한 유일한 사람은 그 집단에 있는 다른 사람들과 거의 상호작용을 하지 않으면서 끊임없이 사탕과 담배를 구걸하는 그 집단에 동화되지 못한 것이 분명한 한 늙은 여인이었다(이 이야기를 이해하기 위해서는 호주 원주민집단들이 무려 200개 이상의 혈연관계 관련 용어들을 가질 정도로 상당히 복잡한 혈연관계 조직들을 가지고 있음을 알아야 한다). 마침내 어느 날, 그 인류학자는 좌절감으로 화가 나서 그 늙은 여인에게 "어머니old mother, 나를 좀 귀찮게 하지 말고 저리 가세요!"라고 소리를 질렀다. 바로 그 순간, 그 악단에 있던 모든 사람들이 그에게 웃으면서 달려와서는 "만약 저 여인이 당신의 어머니라면, 당신은 나의…"라고 말하는 것이었다.

이 이야기는 실제로 일어난 일은 아닐 것이라는 느낌을 주지만, 연구를 위한 중요한 시사점과 더불어 인간관계에 대한 한 가지 중요한 사실을 내포하고 있다. 사람이 다른 사람과의 관계를 형성하는 것은 그 사람이 우리의 좀 더 넓은 "혈연관계"의 조직 속에서 위치가 정해지지 않는 한 매우 힘들다는 것이다. 나Daniel의 경우에는, 나의 경험 내에서 당신과 유사한 어떤 대상이 있어야만 나는 당신이 어떤 사람인지를 알 수 있다. 모든 상호작용은 중재mediated된다. 사람들은 서로 직접 상호작용하는 것이 아니라 문화적인 정의들, 기대들, 역할들 등을 통해서 상호작용하는 것이다.

그렇다면 연구자가 묻고 또 대답해야 할 한 가지 매우 중요한 질문은 "이 어린이들 그리고 이 성인들과의 관계에서 나는 누구일까?"라는 것이다. 그 역할은 발달되고 또 절충될 것이다. 그러나 연구자가 해야 할 중요한 첫 번째 활동은 자신이 어떤 사람인지에 대해서 사람들에게 알려주는 것이다. Beth는 제5장에서 교사 보조자로서의 역할을 담당하는 것에 대해 기술하였다. 교사 보조자로서의 역할은 그녀로 하여금 교실에서 편안하게 느낄 수 있게 해주었다. 또 중요한 것은 그 역할이 그녀에게 교실에서 어린이들과 성인들 모두에게 친숙한 신분identity을 제공하였고 상호작용을 가능하게 했다.

교사들, 부모들, 어린이들은 그들의 환경에 들어온 새로운 사람에게 자신들이 알고 있는 방식으로 어떤 신분을 부여한다. 대학에서 나온 대부분의 사람들은 장학하기 위해서to supervise나 혹은 평가하기 위해서to evaluate 교실에 들어온다. 대학에서 나온 사람 중 한 명의 신분으로 현장에 들어가게 된다면 그러한 신분은 연구자를 위해 유익한 것이 되지 못한다. 중앙 관청의 어느 행정가가 교사들에게 나Daniel를 문화기술학자ethnographer가 아닌 "평가자"evaluator로 소개한 적이 있는데(나는 그것이 의도적이었다고 생각한다), 이 때문에 나는 그 교사들로부터 신뢰감을 얻기까지 몇 달이 걸렸다.

연구자는 자신이 어떤 인물이 될 것인지를 결정하고, 그 인물persona이 함께 일하게 될 어린이들과 성인들에게 접근할 수 있는 존재인지 생각해보며, 또 자신이 과연 그러한 인물이 될 수 있는지에 대해서도 잘 생각해보아야 한다. 그 후 사람들에게 자신이 누구인지에 대해서 잘 알려주어야 한다. 이 모든 것은 배우는 사람이 된다는 맥락에서 행해지는 것이다. 만약 대학에서 나온 어떤 이가 배우는 사람이 되겠다고 하는 것을 사람들이 받아들이기 어려워한다고 해도 이는 놀랄 일이 아니다.

즉흥적으로 하기 Improvising

Miles Davis는 종종 악단의 단원들에게 "여러분은 여러분의 호른을 알고, 그 화음들을 알고, 또 모든 선율들을 알아야 합니다. 그리고 나서 그 모든 것을 잊고, 그저 연주만 하십시오"(Sanjek, 1990, p. 411)라고 말했다.[3] 현장연구도 마찬가지이다. 자료를 생성하는 것은 끊임없이 즉흥적으로 하는 것improvisation을 요구한다. 그러나 즉흥적으로 하기 위해서는 모든 제반 기술들이 필요하다.

관찰하는 방법과 면담하는 방법을 배운다는 것은 기초부터 그것들을 배운 후에, 생각하지 않고도 그것들을 실제로 할 수 있을 때까지 연습하고, 그리고 나서 그저 현장연구만 하는 것을 의미한다.

즉흥적으로 하는 것은 계획을 전제 조건으로 한다. 자료 생성은 체계적일 필요가 있다—상당히 철저하게 조사했다는 결론을 내릴 수 있게 하는 계획이 있어야 한다. 계획을 바꿔야 하는 상황이 올 수 있다는 것은 분명하지만, 이 변경들은 계획의 광범위한 변수들 안에 포함되어 있는 것이어야 한다. 만약 그렇지 않으면, 그 계획 자체를 재평가해야 한다. 즉흥적으로 한다는 것은 어떤 것에 고착되는 것과는 구별되지만, 근거를 기반으로 해야 한다.

삼각측량하기 Triangulating

단 한 가지의 연구 전략research strategy을 사용하는 것, 예를 들면 관찰만 하는 것, 혹은 더 나쁜 경우에는 오직 한 가지 종류의 관찰만 하는 것은 자료의 기록에 편견bias을 야기한다. 좋은 자료기록은 "가능한 많은 시각에서 나온"(Luria, 1979, p. 177) 견해들을 내포한다. 삼각측량술triangulation은 질적 연구에 관한 학술 논문에서 흔히 강조되는데, 정확하게 그것이 무엇을 의미하고 또 어떤 기능을 하는지를 이해하는 것이 중요하다.

다양한 각도에서, 그리고 다양한 방법으로 조사하는 것은 연구하고 있는 사회적 세계에 대한 보다 완전한 기술을 제공한다. Denzin(1978)은 세 가지 방식의 삼각측량하기를 제안했다: (a) 시간, 공간 그리고 사람들을 가로지르는 많은 자료의 출처들data sources을 이용하는 것; (b) 다른 연구자들investigators을 이용하는 것; 그리고 (c) 다양한 연구방법을 사용하는 것이다. 혼자서 연구하는 연구자는 다른 연구자들을 이용하지 못할 수도 있지만 다양한 자료의 출처들과 연구방법을 사용하는 것은 자료 생성을 위해 필수적이다.

다양한 방식으로 조사하지 않는 것이 갖는 위험성은 인간이 패턴과 이야기의 건설자들pattern and narrative constructors이기 때문에 야기된다. 인간은 무엇이든 유용한 자료들로부터 세상을 설명하기 위해 일관성 있는 이야기들을 구성한다. 그들은 혼란과 무작위randomness를 직면할 때에도, 예를 들어 컴퓨터로 만들어 낸 마구잡이 형태들로부터도 패턴과 설명을 생각해 낼 것이다. 연구자는 상호작용을 이해하고자 노력할 때 끊임없이 자기 자신을 살펴보아야만 한다. 삼각측량법은 그렇게 할 수 있는 중요한 수단을 제공한다.

"그곳에 있는 것being there", 즉 연구현장에 있는 것은 필요하지만, 그것만으로 충분한 조건이 되는 것은 아니다. 그곳에 있는 동안 자료를 생성할 다양한 방법들을 탐색해야만 하는 것이다. 바깥 세상은 매우 크고, 우리는 연구를 위해 그중 작은 부분을 선택한다. 우리가 선택한 그 작은 부분은 상당히 다양한 면을 가지고 있으며multifaceted 또 복잡하다. 연구하는 현상을 이해하기 위해서는 다양한 방법을 사용하여 현상을 주의 깊게 보는 것이 요구된다. 지켜보기watching와 노트에 기록하기taking notes는 중요하다. 그러나 인간의 삶에는 그 이상의 것이 있으며, 연구자로서의 삶도 그러하다.

어린이들의 상호작용에 관한 Ting(1992)의 연구는 다양한 방식으로 자료들을 생성한 좋은 예이다. 그녀는 연구 초기부터 매일 다른 위치에 앉아서 관찰하는, 단순하지만 중요한 단계를 거쳤다. 그녀는 일과 동안 다양한 시간대에서 관찰했다. 매일 30분씩 교실의 다른 영역에 카메라를 두고 녹화했으며, 또한 2층의 관찰실에서도 녹화를 함으로써 광범위한 비디오 촬영을 통한 한층 더 나아간 관찰을 하였다. 그녀는 비디오를 통해 얻은 정보를 문서로 기록하는 방법들을 창안했다. 그녀는 어린이들과 많은 비형식적인 면담을 수행했다. 또 현장에서 고안한 도구들instruments을 가지고 보다 형식적인 면담 또한 행했다. 그녀는 Corsaro(1985)의 "반응적reactive" 전략(본 장의 후반에서 논의됨)을 사용함으로써 그 교실의 많은 영역에서 일어나는 어린이들의 놀이 속으로 초대되었다. 또 교사들을 면담했고, 어린이들이 매일 집으로 가져가는 쪽지들과 인쇄물들을 수집했다. 그 결과, 연구현장인 어린이집과 그녀 자신이 목표로 정한 특정한 어린이들을 매우 상세하게 또 다양한 관점들로부터 바라볼 수 있게 하는 자료기록을 만들어 낼 수 있었다. 예를 들면, 그녀가 Teddy는 "주변에 머무르는 아이child on the edge"라고 주장했을 때, 자신이 모은 다른 종류의 증거들을 가지고 매우 설득력 있게 그 아이의 위치를 보여 줄 수 있었다.

삼각측량술은 연구현장을 넘어서까지 확장된다. 다른 사람들, 팀에서 같이 일하는 다른 연구자들뿐 아니라 관련된 연구를 하는 다른 연구자들과의 상호작용이 중요하다는 것은 흔히 간과되어 왔다(Wasser & Brelser, 1996을 참조하라). 제3장에서 다룬 '문헌 검토하기'에 관한 논의에서는 이론정립을 위한 연구theory-building research에 있어서 문헌의 검토는 계속적으로 진행되는 것이어야 함을 강조했다. 그러나 무엇이 알려져 있는가에 관한 질문에 대답하는 것은 독서reading 이상의 노력을 필요로 한다. 이는 다른 학자들과 이야기하는 것을 요구한다. 자료 생성과정에서 "극히 작은 일들에 대한 매우 확장된 깊은 지식extremely extended acquaintance with extremely small matters"(Geertz, 1973, p. 21)에 초점을 두는 연구자들에게 특별히 중요한 것은 귀중한 기록에 나온 큰 인물들big-picture folks—역사가들, 철학자들, 사회학자들 등—과 관계를 형성하는 것이다. 무엇이든 진실로 유용한 것을 알아내기 위해서는 다양한 장소에 있는 많은 사람들이 폭넓게 배열된 도구들tools과 시각들을 이용하여 폭넓게 파고드는 것이 필요하다. 좋은 연구는 많은 두뇌들 사이에서 나온 많은 생각의 결과로 나오는 것이다.

관찰하기Observing

훈련되고 체계적인 관찰은 기술이며, 그것은 학습될 수 있는 것이다. 숙련된 관찰자는 다른 사람들이 볼 수 없는 것들을 본다. "생각한다는 것은 눈에 두드러진 것을 보고 이해함으로써 이전에는 잘 보이지 않던 것을 볼 수 있게 되는 것이며, 나아가 눈에 보이지 않는 것까지도 이해하게 되는 것이다"라는 Norman Maclean의 글로 돌아가면, 관찰하기는 보통의 관찰자casual observer가 볼 수 있는 눈에 두드러진 것들로부터 시작하는 것이며, 그리고 나서 주목하지 않고 있던 것, 즉 보통의 관찰자들이 놓치는 것을 볼 수 있게 되는 것을 의미한다.

- 기록하라Write it down.

첫 단계는 관찰하고 있는 것을 기록하는 것이다. 기록되지 않은 관찰은 자료가 아니다. 현장연구의 많은 부분이 어떤 일들을 글로 적는 것으로부터 이루어진다. 현장에서 일어난 일을 어떻게 기록하는가는 개인적인 문제이다. Beth는 좁고 한 장씩 떼어서 쓸 수 있는 노트steno pad를 사용하는 것을 선호한다. 그녀는 분리된 페이지가, 예를 들어 교사는 왼쪽에 그리고 어린이들은 오른쪽에 기술하는 것처럼, 기록체계들을 고안하는 데 매우 유용하다는 것을 발견했다. 나는 노트북 컴퓨터를 선호하는데, 이는 쓰는 것보다 훨씬 더 빠르게 또 더 읽기 쉽게 타이핑할 수 있기 때문이다. 그렇지만 가끔 컴퓨터는 방해가 되며, 그럴 때는 작은 노트를 사용하는데, 나는 분리대가 있는 세 개의 작은 고리가 부착된 바인더를 선호한다. 우리 저자들은 때때로 노트 조차도 방해가 된다는 것을 발견했는데, 이러한 경우에는 기록을 할 수 있는 시간과 장소를 찾을 수 있을 때까지 기억 속에 저장해두어야 한다.

속기법이 매우 귀중한 연구도구라는 것을 알지만 우리 저자들 중 어느 누구도 그 기술을 가지고 있지 않다. 대학원에 들어오는 대부분의 사람들은 실업계 수업business classes을 듣지 않았다. 현장연구자들은 불가피하게 약자를 많이 쓴다든지, 모음을 뺀다든지 등의 특유한 속기법을 고안해서 사용한다. 나는 현장기록 fieldnotes을 타이핑할 때, 변환키shift key를 치거나 구두점을 사용하지 않는다. 대신 문장들이나 생각들 사이에 스페이스 바space bar를 두 번 친다(이것은 나에게 유효하게 작용하지만 독자들에게는 유효하지 않을 수도 있다). 현장기록을 위해 노트북 컴퓨터를 이용하는 데 있어서의 한 가지 장점은 후에 그 현장기록을 확장할 때 손으로 쓴 기록을 가지고 시작하는 것보다 더 빠르다는 것이다.

*구체적이고 상세한 것들*Concrete Particulars

관찰의 목적은 일상생활에서 나타나는 "구체적이고 상세한 것들"(Erickson,

관찰하기Observing

Box 6-3

Adler, P. A., & Adler, P. (1994). Observational techniques. In N. K. Denzin& Y. S. Lincoln (Eds.), *Handbook of qualitative research* (pp. 377–392). Thousand Oaks, CA: Sage.

Bernard, H. R. (1988). Participant observation. In *Research methods in cultural anthropology.* Beverly Hills, CA: Sage.

Fine, G. A., & Sandstrom, K. L. (1988). *Knowing children: Participant observation with minors.* Newbury Park, CA: Sage.

Spradley, J. P. (1980). *Participant observation.* New York: Holt, Rinehart & Winston.

Wolcott, H. F. (1981). Confessions of a "trained" observer. In T. S. Popkewitz & B. R. Tabachnick (Eds.), *The study of schooling: Field based methodologies in educational research and evaluation* (pp. 247–263). New York: Praeger.

1986)을 기록하는 데 있다. 많은 관찰 기록들이 가지고 있는 한 가지 문제점은 그것들이 포괄적이고 또 상세한 서술이 부족하다는 것이다. 일상생활의 상호작용에서 놓치기 쉬운 바로 그것들이 기록의 소재들이다–복장, 머리, 점심 도시락, 표현, 자세, 연령, 성, 어린이들이 무엇처럼 보이는지, 그들이 무엇을 말하는지, 그들이 무엇을 하는지 등에 관한 상세한 서술은 어린이들의 일상생활에서 나오는 구체적인 세목들concrete details이다. 무엇인가를 지어내고자make it up 하는 사람들이 그 중요성을 주목하거나 인식하는 데 실패하는 것이 바로 이런 구체적이고 상세한 것들이다. 구체적이고 상세한 것들은 어린이들이 매일 처한 행위들situated actions, 즉 "어떤 문화적 환경 속에, 그리고 또 참여자들의 의도가 서로 상호작용하고 있는 상태 속에 놓인"(Bruner, 1990, p. 19) 행위들에서 구성하는 의미를 찾아가는 유일한 길이다.

Harry Wolcott(1981)은 1800년대 후반에 저명한 생물학자이자 박물학자naturalist인 Louis Agassiz의 실험실에서 18세 때 개인 지도를 받기 시작한 Nathaniel Shaler의 이야기를 들려준다.

> [Shaler]는 녹슨 양철 냄비가 놓여진 작은 테이블 앞에 앉도록 지시받았다. Agassiz는 Shaler 앞에 작은 물고기 한 마리를 두면서, 그 표본을 손상시키지 않고 단지 "그것을 주의하여 보기study it"만 할 것과, 이때 인쇄된 자료들을 참조한다든지, 실험실에 있는 다른 사람들과 이야

기를 하지 않고 그 표본 자체에만 그의 주의력을 제한시킬 것을 지시했다.

약 한 시간 후에 Shaler는… 관찰을 끝냈으며 좀 더 도전적인 과제로 진행할 준비가 되었다… 그러나 참으로 고통스럽게도, Shaler는 Agassiz가… 그에게 무엇을 발견했는지에 대해서 즉각적으로 질문할 의도가 없음을 깨달았다. 그날도, 그 다음 날도, 그 주에도 Agassiz는 오지 않았다. 그래서 Shaler는 그 관찰하기 과제에 다시 한 번 더 전념했다–그리고 마침내 그는 엉성한 처음의 조사 때보다 백 배는 더 많이 알게 되었다고 느끼게 되었다… 칠 일째 되는 날… Agassiz가 와서 "자, 그래서?"라고 물었다. 그의 질문은 한 시간가량의 설명이 나오게 했고, 그 동안 Agassiz는 테이블의 가장자리에 앉아 시가cigar를 피우고 있었다. 그리고는 갑자기 "아니야"라며 설명을 중단시키고는 불쑥 나가버렸다.

다행히 Shaler는 Agassiz의 행동을 그가 계속적인 지도 없이도 열심히 그리고 부단히 연구할 수 있는지를 시험하는 것으로 해석했다. 그는 원래의 노트를 버리고 또 다음 한 주 동안 하루에 열 시간가량을 보내며 상세한 새 노트를 작성하면서, 또 다시 관찰하기 과제로 돌아갔다. 그리고 그러한 시간 끝에… Shlaer는 본인 스스로도 놀랄 만한, 그리고 Agassiz를 만족시킨 것이 분명한 결과들을 가지게 되었다. 왜냐하면 비록 칭찬의 말은 하지 않았지만 그 결과 Agassiz가 그 앞에 새롭고 좀 더 복잡한 과제를 두고는 그것으로 무엇을 생각할 수 있는지 보라고 말했기 때문이다. 그 과제는 두 달이 걸렸다. (pp. 248–249)

우리 저자들은 모든 사람이 한 마리의 죽은 물고기에 대해서 아주 잘 알게 될 때까지 여러 주를 보내야 한다고 주장하는 것이 아니라, 보통의 관찰자는 삶의 모습 중 많은 부분을 그저 스쳐 지나간다는 것을 말하고자 한다. 인간은 필요에 의해 매우 선택적으로 주변 상황들을 본다. 그렇게 하지 않는다면 주변의 감각적 자극들에 의해서 압도당하게 될 것이다. 좋은 관찰자도 압도당한다. 현장에 들어가면서 사람들은 흔히 그 모든 것의 평범함에 의해 충격을 받는다. 죽은 물고기와 마찬가지로, 거기에 있는 것은 명백하게 거기에 있는 것이고 즉시 서술할 수 있는 것이다. 그러나 주의 깊은 관찰자는 두 번째 단계, 즉 눈에 보이지만 그 전에는 주목하지 않았던 단계에 도달하게 되며, 이에 의해서 압도당하기도 한다. 문제는 기록할 무언가를 찾는 것이 아니라, 그 모든 것을 어떻게 기록할 것인지를 찾는 것이다. 이 단계에서는 관찰을 선택적으로 해야만 한다. 이 단계를 거쳐 숙련된 관찰자가 되는 것이다.

*관찰의 연속체*The Observational Continuum

일반적으로 관찰은 떨어져서 하는 관찰detached observation, 예를 들면 관찰실에 있는 일방경one-way mirror이나 스크린 뒤에 앉아서 노트에 기록하기로부터 완전한 참여관찰, 예를 들어 상담원으로 일하기까지로 이어지는 연속체로 묘사된다. 그 연속체 사이의 각 지점은 장점들과 과제들을 제시한다. 관찰실 안에 있는 연구자는 도움을 구하거나 혹은 그가 무엇을 하고 있는지에 관해 호기심을 가진 어린이들에 의해 방해받지 않고 노트에 기록할 수 있다. 그 연구자는 어떤 한 어린이 혹은 한 그룹에 초점을 두었을 때 자신이 다른 사람들에게 줄 수 있는 영향에 대해 걱정하지 않아도 된다. 그 사람은 어쩌면 관찰실 바깥에서 감기에 걸리면서 연구대상과 섞여 있는 것보다 더 건강하게 지낼 수 있을지도 모른다. 그러나 동시에 그 사람은 어린이들에서 떨어져 있으며, 대개 그들이 무엇을 말하는지 분명하게 들을 수는 없다. 어린이들에게 질문을 하거나 상호작용할 수도 없다. 관찰실에서 이루어지는 관찰은 교실의 어떤 부분들을 다른 부분들보다 더 분명하게 잘 볼 수 있게 한다. 그러나 사실 교실의 어떤 부분들은 관찰할 수 없을 수도 있다.

완전한 참여는 현장노트fieldnotes를 기록하는 것을 곤란하게 만든다. 완전한 참여를 하는 연구자들은 기억 회상을 돕는 간략한 메모 이외에 거기에 있으면서 알게 되었지만 적을 수 없었던 것에 대한 "머릿속의 기록들headnotes"(Ottenberg, 1990)에 의존해야만 하며, 그리고 나서 기회가 있을 때 정기적으로 방해가 되지 않을 장소로 피해가서 기억을 통해 그것들을 부연시키려고 시도한다. George Spindler는 메모를 적기 위해 갈 수 있었던 유일한 장소가 화장실이었던 한 학교에서 연구했던 일에 대해 설명했었다. 기억의 한계 때문에 좋은 현장노트를 적는 것은 어려운 도전이다. 그러나 참여관찰자는 스크린이나 유리 뒤에 있는 것이 아니라 "그곳에" 어린이들과 함께 있으면서 어린이들이 말하는 것을 들을 수 있고 어린이들과 상호작용하거나 그들의 경험을 어느 정도까지는 나눌 수 있게 된다.

연구자들은 참여관찰자가 되기 위해 여러 방법들을 시도해왔다. Corsaro의 "반응적 전략reactive strategy"은 성인 연구자가 "최소한의 성인"이 되는 방식으로 참여할 수 있는 유용한 방법임을 입증해 왔다. 성인처럼 행동하지 않을 방법을 찾으면서, 그는 "어린이들과의 접촉을 시작하는 것은 주로 성인이다. 즉, 성인들은 반응적

reactive이라기보다 주로 능동적active이었다"(1985, p. 28)는 사실에 주목하게 되었다. 예를 들면, 그는 성인들은 상호작용에 장기간 관여되는 것에 대해서 생각하지 않고 어린이들과의 대화를 시작한다는 것을 발견했다. 성인들은 또한 다른 영역들은 피하면서 일정한 영역들에만 머무르는 경향이 있었다. "성인들은 소꿉놀이 영역, 옥외 모래사장, 정글짐climbing bars, 또는 오르기 집climbing house 속으로는 좀처럼 들어가지 않았다"(p. 28). 그의 전략은 어린이처럼 행동하는 것이 아니라 좀 더 정확히 말해 성인처럼 행동하지 않는 것이었다.

다른 시각들Different Perspectives

가능한 많은 다른 시각들에서 관찰할 수 있도록 하는 연구계획은 중요하다. 그러나 그것은 또한 특정한 참여자로서의 역할을 수행하는 것을 어렵게 할 수도 있다. 어떻게 하면 어떤 한 장소를 보기 위한 모든 시각들과 모든 입장들을 찾아낼 것인가는 여기에서 자세히 논의될 수 있는 것이 아니다. 각 교실, 운동장, 집단 가정group home, 공원, 스케이트장은 서로 다른 종류의 어려움을 야기한다. 이러한 어려움들은 그 상황 속에 처해 있는 것이며situated, 그 상황 안에 있는 연구자가 해결해 나가야만 한다. 성인교육이 이루어지는 교실에서 연구한 어느 연구자는 그 교실상황을 잘 녹화하기 위해서는 위험하기는 하지만 카메라를 문 꼭대기에 높이 위치하도록 두는 방법밖에 없음을 발견했다.

우리 저자들이 말할 수 있는 것은, 예를 들어 빈 교실에서 한 주를 보내는 것, 카메라의 각도와 배치들을 실험해보는 것, 그리고 마이크를 올려둘 장소를 찾는 것(Ting, 1992)과 같은 많은 계획이 필요하다는 것이다. William Corsaro(1985)는 교실에 들어가기 전에 오랜 기간에 걸쳐서 어떤 식으로 어린이들의 기록을 검토하고 관찰실에서 어떤 방법으로 어린이들을 관찰하였는지에 대해서 서술하였다. 어느 장소에서든 제일 먼저 할 일들 중 하나는 다른 시점들vantage points로부터 무엇이 보여질 수 있을지를 탐색하고 발견하는 것이다. 이 시점들은 물리적인 것뿐만 아니라 연구자가 맡고 있는 역할들을 포함한다. 또한 이러한 위치들positions에서 볼 수 없는 것이 무엇인지도 고려해야 한다.

때때로 다른 시점을 취하는 것은 그 장소에 있는 다른 부분으로 옮겨가는 것처럼 쉬울 수도 있다. 인간은 습관의 창조물이다. 필요한 모든 적응장치들을 가지고 낯선 장소로 들어가는 것은 어떤 종류의 정해진 일과routine를 발견하는 것에 매우 관심이 끌리게 한다. 어느 정도의 편안함과 연구자에게 어떤 신분을 제공하는 한 장소–교실의 한 구석 혹은 버스에서의 한 의자–를 발견하는 것은 낯선 사람이 되는 초기 단계를 통과할 수 있도록 도와준다. 그러나 완전하게 관찰하려면 움직일 것이 요구된다.

다음에 제시된 두 개의 짧은 이야기들은 약간의 시각 변화가 초래할 수 있는 차이를 설명한다. 몇 해 전에 나Daniel는 버지니아Virginia의 시골에 있는 한 학교에서 4학년을 담당하는 초임교사 한 명을 관찰하였다. 나는 그 교실 뒤에 앉아서 습관적으로 주변을 바라보았다. 그 순간 즉각적으로 내 눈에 들어온 몇 가지 상황들이 있었다. 첫째, 그 교실은 행복해 보이지 않았다. 교사와 어린이들 모두가 그곳에 있고 싶어 한다는 것을 나타내는 어떤 종류의 징조도 없었다. 두 번째는 교사가 움직이지 않았다는 것이다. 그녀는 수업시간 내내–나의 기억으로는 역사수업시간이었다–조금도 움직이지 않고 자신의 책상 앞 정 중앙에 서 있었다. 마지막으로, 앞의 그 두 가지보다 더 눈에 띈 것은 그 교실이 너무 산만하고 정리가 되어 있지 않았다는 것이다. 그 교실은 거의 버려진 것처럼 보였다. 여덟 개의 죽은 식물들이 내 눈에 들어왔는데, 그 식물들은 모두 화분 속에 있었지만 거의 죽어 있었다.

수업 후에 교사와 어린이들은 바깥놀이를 나갔다. 나는 호기심에서 빈 교실 앞으로 나아가서 그 교사가 움직이지 않고 서 있던 자리에 서 보았다. 그 교실의 산만함과 책장들이 배열–비록 나는 배열이라는 것이 맞는 말인지에 대해서 확신할 수 없지만–되어 있는 방식 때문에, 그 지점에서는 죽은 식물들이 전혀 보이지 않았다. 오른쪽으로 약간 움직이자 몇 개가 시야에 들어왔다. 왼쪽으로 조금 움직이자 좀 더 많은 것이 시야에 들어왔다. 중간으로 돌아가자 그 모두가 시야에서 사라졌다. 나는 왜 그 교사가 죽은 식물들에 대해서 아무 대처도 하지 않는지 의아했었는데, 그 교사는 이미 대처를 해왔던 것이다.

두 번째 예는 다음과 같다. 몇 해 전에 아동연구법이라는 나의 대학원 수업을 수강하는 두 학생이 학교의 구내식당lunchrooms에서 연구하겠다고 했다. 그 학생들은 일주일에 세 번씩 어느 큰 초등학교의 구내식당을 방문했으며 벽을 따라 앉아서 관찰했다. 때때로 어린이들과 이야기하는 것을 시도했지만, 소음 때문에 거의 불가능하였다. 그 학생들은 점점 좌절감을 느꼈고, 매주 세미나시간에 와서 자신들은 아무 것도 본 게 없으며 시간만 허비하고 있다고 했다–학교의 구내식당은 참을 수 없을 정도로 시끄럽고 혼란스러우며, 어린이들은 허둥지둥 먹고 많은 음식을 버린다. 그게 전부 다였다. 나는 그 학생들에게 참고 계속 관찰할 것을 강권했다.

일주일 후, 그 학생들은 크게 미소를 지으면서 세미나실에 들어왔다. 물론 모든 사람들이 무슨 일이 생겼는지 알고 싶어 했다. "우리가 일어서서 봤어요"라고 그 학생들이 말했다. 그 학생들은 자신들이 눈에 거슬리지 않기를 원했고 또 그 구내식당을 순찰하는 감독자들monitors과 동일시되고 싶지 않았기 때문에 일어서는 것을 꺼려왔다고 설명했다. 하지만 어느 날 좌절감을 느끼며 그 학생들 중 한 명이 서서 자기에게 제일 가까이 있는 식탁을 내려다보았다. 그 순간, 그 구내식당은 혼돈상태에서 사회적으로 구성된 관계의 무리들clusters로 바뀌었다. 그 학생이 내려다보았을 때, 네 명의 어린 소녀들이 이야기하며 먹고 있는 것이 보였다. 보다 중요한 것은, 그 네 개의 접시들이 똑같다는 것을 본 것이다–반쯤 먹은 햄버거, 가운데 한 숟가락을 퍼 먹은 으깬 감자, 다 먹은 컵케이크, 말아 둔 포장껍질 그리고 그 부분에 2cm 만큼 부은 우유. 그 학생은 옆에 있는 식탁을 보았고, 첫 번째 집단과는 다르면서도 각각 똑같이 조직된 접시들을 가진 또 다른 한 무리의 어린이들을 보았다. 그 옆에 있는 식탁에서 또 한 무리, 그리고 또 계속.

그 순간 그 구내식당이 다르게 보였다. 그 학생들은 두 번째 단계로 옮겨간 것이었다. 그들은 어떻게 점심을 먹는지에 따라, 보다 작게는, 어떻게 자기들의 접시를 조직하는지에 따라 서로를 동일시하는identify 방법을 발견한 어린이집단을 인식하게 되었다. 어린이들에게 있어서 점심을 먹는 것은 단순히 먹는 것이 아니라, 복잡한 사회적 용무a complex social affair였다. 어떤 면에 있어서 이것은 뻔한obvious 발견이었다. 먹기는 의식화된 일a ritualized event이다. 그러나 그것을 보기 위해서는 일어서서 움직이는 것이 필요했다.

물론 다른 시각들을 받아들이는 것은 단순히 물리적인 위치를 바꾸는 것 그 이상을 일컫는다. 그것은 자료 생성의 전 과정을 일컫는다. 그렇지만 때로는 단순히 이리저리 돌아다녀 보는 것이 좋은 출발점이 될 수 있다.

비디오 사용하기*Using Video*

비디오는 기록하면서 이루어지는 관찰에 유용하게 활용될 수 있다. 비디오로 촬영한 영상은 어떤 상황을 여러 번 관찰할 수 있게 해주고, 특히 미시 수준의 분석에 유용하다. 비디오 사용은 점차적으로 인기를 얻고 있으며 초보 연구자들은 비디오 없이는 연구를 할 수 없다고 느끼는 경우도 있다. 다른 연구도구와 마찬가지로 비디오는 강점과 약점을 가진다. 비디오를 사용할 것인지, 또는 언제 사용할 것인지에 대한 결정은 어떤 연구도구이든 사용 결정을 내릴 때 적용되는 것과 같은 기준에 근거해서 판단해야 할 것이다.

비디오를 사용함에 있어서의 몇 가지 제한점은 다음과 같다. 첫째, 비디오로 촬영한 영상을 돌려 보는 것은 많은 시간을 요하기 때문에 잘 보지 않게 될 수 있다. 야구 캠프에서의 30분짜리 수업시간에 대해서 가장 상세하게 기록한 서면 기록을 읽는 데에는 30분보다 훨씬 적게 걸리며, 기록한 노트는 책상 위에 펼쳐 놓고 전체를 한 번에 다 살펴볼 수도 있다. 노트 위에 무언가를 적을 수도 있고, 포스트잇 쪽지를 붙일 수도 있다. 반면에 동일한 야구캠프 수업시간에 대한 30분짜리 비디오를 보기 위해서는 30분이 소요된다. 비디오는 전체를 한 번에 보거나 직접적으로 작업할 수도 없다. 하루에 30분짜리 수업시간 몇 개를 몇 주간 그리고 몇 달간 곱해 보면, 조만간 선반 위에는 수백 시간 분량의 비디오 테이프가 쌓이게 될 것이다. 다음 장에서 우리는 비디오를 보다 더 잘 활용할 수 있는 방법에 대해서 이야기한다. 만약 비디오 사용을 계획한다면, 시간 요인을 의식해야 한다.

비디오 사용의 두 번째 제한점은 "거기에 있기 being-there"에 대한 환상이다. 비디오 관람하기는 관람자에게 자신이 보고 있는 것을 경험한다는, 즉 실제로 자신이 거기에 있다는 거짓된 느낌을 줄 수 있다. 비디오를 촬영할 때 실제로 거기에 없었다면, 사실 간단히 말해서 그 연구자는 거기에 없던 것이다. John D'Amato는 테이프에 녹화된 일화는 연구자로 하여금 연구현장을 지금 바로 여기서 경험하는 것과 같은 의미가 있다고 하였다. 그러나 그렇게 하려면 테이프에 녹화된 어린이들에 대한 지식이 있어야 하며 이는 특정 비디오 기록을 능가하는 것이다. 즉, 테이프에 녹화된 일화를 "현장에 있으면서 경험하는 것"과 같은 정도로 경험하기 위해서는 연구자는 처음부터 반드시 현장에 있었어야 한다. 연구자는 자신의 기억 속에 저장된 노트headnote를 지니고 있어야만 한다. D'Amato는 자신의 기념비적 논문(1986)의 기초가 되었던 테이프 녹화 부분에 대해 다음과 같이 기술하였다:

> 이 부분에 대해서 한 번 생각해보자: 이 [비디오-녹화된] 수업에 대한 내 설명은 풍부한데, 그 이유는 내가 테이프를 여러 번 보았고, 여기에 녹화된 어린이들에 대해 많이 알고 있기 때문이다. 그런데 내가 테이프를 처음 보았을 때, "이 상황이 정말 이랬었나? 무엇 때문에 그때 다들 그렇게 흥분했었지?"라는 생각이 들었다. 그러니까… 테이프에는 별로 담긴 것이 없어 보였다. 순간의 충만함fullness은 지금 그 자리에서 경험하는the here-and-now 감각으로 인해 가능한 것이다. 테이프나 전사본을 볼 때 실제의 그 느낌을 잃게 되는 이유는 지금 그 자리에서 경험하는 상호작용이 아니라 연구자 자신이 현재 처한 맥락하에서 이루어지는 경험이기 때문이다. 기록을 살아 있게 만드는 것은 창의적 행위이다. 마치 지금 그 자리에 있는 것처럼 기록 자체의 내부에 생각의 흐름을 구축하면서 기록에 몰입해야 한다. (개인적 교신, 1986)

비디오가 주는 도전은, 어떤 연구도구와도 같이, 이를 사용하는 창의적 방법을 발견하는 것이다. Ting은 어린이들의 위치(보다 자세한 것은 제7장의 그녀의 글을 보라)를 기록하기 위하여 비디오를 사용하였다. 그녀는 관찰실에서 교실의 지도를 사용하여 5분마다 손으로 어린이들의 위치를 기록하기 시작하였다. 그녀는 모든 어린이들을 기록하는 데 1분 이상이 걸렸고, 종종 어린이들은 그녀가 기록을 마치기도 전에 다른 곳으로 옮겨갔기 때문에 이 방법이 불편했다. 또한 그녀는 한 곳에서 실제로 놀이를 하던 어린이들과 이리저리 돌아다니다가 5분 신호가 멈추었을 때 우연히 특정 지점 X에 있던 어린이들을 구별하기 위해서는 이 방법이 적절하지 않다는 것을 깨달았다. 이후 그녀는 사진을 찍어 보았으나 전 교실을 다 보려면 3장 또는 4장을 찍어야만 했고, 사진 속의 어린이들이 잘 확인이 되지 않는 경우도 종종 있었다. 그래서 그녀는 비디오를 사용하여 매 5분마다 교실을 상하좌우로 촬영하였다. 비디오는 어린이들이 이동 중인지 또는 멈추어 있는지 확인하도록 해주었고, 어린이들을 쉽게 알아볼 수 있었으며, 몇 초마다 전 교실을 상하좌우로 찍을 수 있게 해주었다(왜 그녀가 단순히 전체 자유놀이 1시간을 녹화하지 않았는지 궁금한 독자들은 위에 제시된 비디오 촬영의 첫 번째 제한점을 참고하라).

Ting은 또한 특정 영역의 활동을 기록하기 위하여, 예컨대 쌓기 영역에 카메라를 고정시키는 방법을 사용하였고 이는 성공적이었다. 그녀는 자신이 카메라 가까이에 서 있지 않을 때는 어린이들이 카메라를 덜 의식하는 것을 알아차렸다. 그녀가 카메라를 들고 있으면 어린이들은 종종 카메라 앞에 와서 연기를 하기 위해서 원래 하던 일을 멈추었으나, 카메라가 삼발이에 그냥 놓여져 있으면 카메라의 존재를 인식하지 않았다. 그녀는 자유놀이시간 전에 카메라를 설치하고, 한 영역에 조준한 뒤 자동으로 촬영되도록 내버려두었다. 그녀는 PZM 마이크(이 장의 후반부에서 논의됨)를 카메라에 장착한 뒤 눈에 거슬리지 않게 영역에 고정시켰다. 이런 방법을 사용하여 어린이들의 놀이를 비교적 조심성 있게 기록할 수 있게 되었다.

한 가지 주의할 점은 다음과 같다. 연구자의 존재가 어린이들에게 어느 정도 받아들여진 후에는 어린이들이 "내가 여기 있다는 것도 의식하지 못한다."고 결론 내리기 쉽다. Ting은 다음의 짧은 에피소드를 통해 연구자도 카메라도 결코 어린이들 눈에 완전히 안 보이게 되지는 않음을 확신하였다. 자유놀이시간 중간에 남자아이 세 명이 카메라를 향해 다가왔다. 한 명이 카메라를 향해 바지를 내리더니 성기를 흔들었다. 그리고 나서 그들은 아무 일도 없다는 듯이 제자리로 돌아가 놀이를 계속하였다. 5분도 채 안 걸린 에피소드였지만, 교훈은 분명하다: 우리는 네가 보고 있음을 안다—그러니 이것을 보라!

Asher와 Gabriel(1993)은 줌 렌즈zoom lens와 무선 마이크가 장착된 비디오 카메라를 사용하여 운동장에서 이루어지는 어린이들의 사회적 상호작용을 조사할 수 있었다.

> 어린이가 휴대한 무선전송체제의 구성요소에는 한 개의 작은 목걸이lavaliere 마이크Sony ECE-44와 포켓용 발신기Samson TH-1 Belt Pack가 포함된다. 어린이의 윗도리 깃에 마이크를 꽂아주고, 어린이의 허리띠에 부착된 패드가 있는 주머니 안에 발신기를 넣어주었다… 음성 발신기 장비를 사용하여 관찰자는 약 100m 정도씩이나 어린이로부터 멀리 떨어져 있을 수 있었다… (p. 198).

무선 마이크를 사용하면 성인들이 좀처럼 들을 수 없는 대화를 녹음할 수 있다. Asher와 Gabriel은 자신들이 사용한 방법이 "운동장이나 구내식당과 같은 장소에서 어린이들의 숨겨진 대화의 세계를 포착하는 데 적합하기 때문에 이상적"이라고 보고하였다(p. 202).

비디오 녹화하기로 인해 윤리적 문제가 발생될 수도 있다. 비디오에 녹화된 자료는 사람들과 장소에 가명을 부여함으로써 누구인지 알 수 없게 위장할 수가 없다. 이 외에도 다음과 같은 또 다른 문제들이 발생할 수 있는 여지가 있다.

> 사람 속을 들여다보거나 사람을 통해서 보고자 하는 현대 사회과학의 욕망, 우리의 탐욕스러운 "모든 것을 한 눈에 보는 주의panopticism"(Foucault, 1978)는 우리가 대상들을 주시할 때 그들이 누구인지, 어떻게 행동해야 하는지에 대한 관념을 필연적으로 변화시키게 되는 자기-인식self-awareness과 자기-의식self-consciousness을 만들어 낸다. 비디오 녹화는 초점을 맞추고, 확대하고, 왜곡하고, 이러한 효과를 연장시킨다. (Tobin & Davidson, 1990, p. 276)

면담하기Interviewing

어린이들은 자신들이 안다고 생각하는 것보다 더 많이 알고 있다. 그들은 자신들이 아는 것에 대하여 연구자보다 확실히 더 많이 안다. 면담의 목적은 어린이들로 하여금 아는 것에 대하여 말하게 하는 것이다.

어린이들과 앉아서 하는 전형적인 면담을 하기는 어렵다. 어린이들이 어리면 어릴수록 면담은 더 힘들다. 어린이들은 대부분 이런 특정한 형태의 상호작용을 아마도 경험해본 적이 없을 것이다. 그들은 앉아서 성인의 질문에 대답하는 활동에서 재미를 찾을 수 없을 것이다—"친구들과 재미있게 놀겠니, 아니면 여기에 남아서 내 거북한 질문들에 대답하겠니?"

면담은 독특한 이야기 행위speech act(Mishler, 1986)로서 형태나 목적에 있어서 평범한 대화와는 매우 다르다. 성인들은 면담에 친숙하리라 예상된다. 비록 한 번도 면담을 직접 해본 적이 없다 해도 TV에서 "면담" 쇼를 많이 방송하기 때문에 성인들은 한번이라도 면담을 꼭 보았을 것이다.

그러나 어린이들의 경험들은 매우 다를 수 있다. 그들은 성인들과 이야기를 나누는 경험을 많이 갖지 않았을지도 모른다. 어린이들이 가졌던 경험은 교실에서 관례로 행해지는 질문과 대답과 같은 의식화된 것일 수 있다. 그들은 어린이들에게 말할 때 목소리의 음색을 변화시키며 호기심에 찬 "어린이-이야기kid-talk" 판version

을 가정하면서 접근해오는 성인들에게 익숙할지도 모른다. 그들은 성인들이 자신들에게 질문을 하는 경우는, "이것은 무슨 색이니?"에서와 같이 성인이 이미 답을 알고 있는 문제에 대해서 질문을 하거나, 또는 "네가 무슨 생각으로 창문을 향해 공을 던졌니?"에서와 같이 꾸지람을 듣는 상황이라고 생각한다. 어린이들의 삶에 대하여 가르쳐주기를 원했던 성인을 만나보았던 경험을 한 어린이는 거의 없다.

그렇다면, 어린이들을 면담할 때 첫 번째 할 일은 면담이 어떤 것인지, 어떻게 하는 것인지에 대해서 협의하는 것이다. 어린이들과 그들이 처한 맥락에 따라서 초기 협의단계에서 많은 시간을 소비할 수도 있다. 어린이들과의 첫 번째 면담이 실제로 이루어지기까지 오래 걸릴 수도 있다는 것을 알고 있어야 한다. 어린이들과 면담을 하기 위한 방법을 찾기 위해서 매우 창의적으로 접근해야 한다.

연구는 일반적으로 간접적이고 반복적인 과정이며, 면담하기는 특히 그러하다. 어린이들은 자신들이 아는 대부분의 것들을 함축적으로 알고 있다. 지식은 이를 방출하기 위하여 완벽한 질문의 자극을 기다리며 어린이들의 머릿속에 답변 형태로 정리 보관되어 있지 않다. 축구선수, 입양아, 폼폰pompon 소녀, 십대모母가 되는 것이 무엇을 의미하는지를, "…가 되는 것은 무엇을 의미합니까?"라고 직접적으로 물어봄으로써 알아낸 연구자는 없다. 인류학자인 Harold Conklin은 연구자들에게 선택을 할 것을 제안한다－정보를 간접적으로 얻든지, 아니면 쓰레기를 얻든지. Conklin은 궁극적으로 필리핀의 Hanunoo가 약 1,400여 종의 식물들을 구별해낼 수 있음을 발견했다. 그는 사람들에게 자신들이 아는 식물들을 모두 말해보게 함으로써 이를 발견한 것이 아니다. 그는 대단히 세심하고 끈기 있는 인내력의 결과로서 간접적으로 이를 배웠다(1954, in Spradley, 1979, p. 124). 세심하라Be attentive. 끈기를 지녀라Be patient. 인내하라Be persistent.

다음 절에서는 어린이들을 면담하는 데 필요한 구체적인 제언들을 제시한다.

한 쌍 또는 소집단 면담*Pair or small-group interviews*. 이 방법은 D'Amato가 처음 제시한 방법이며, 매우 유용한 전략으로 어린이들을 쌍으로 또는 3인조로 인터뷰하는 것이다. D'Amato(1986)와 Baturka, Walsh(1991)는 이 방법을 유치원, 1학년, 2학년 어린이들에게 사용하여 가장 큰 효과를 얻었다. 어린이들은 성인과 함께

면담하기 Interviewing

Box 6-4

Anderson, K., & Jack, D. C. (1991). Learning to listen: Interview techniques and analysis. In S. B. Gluck & D. Patai (Eds.), *Women's words: The feminist practice of oral history* (pp. 11–26). New York: Routledge.

Briggs, C. L. (1986). *Learning how to ask: A sociolinguistic appraisal of the role of the interview in social science research*. Cambridge, UK: Cambridge University Press.

Fujita, M., & Sano, T. (1988). Children at American and Japanese day-care centers: Ethnography and reflective cross-cultural interviewing. In H. Trueba & C. Delgado-Gaitan (Eds.), *School and society: Learning content through culture* (pp. 73–97). New York: Praeger.

Hatch, J. A. (1990). Young children as informants in classroom studies. *Early Childhood Research Quarterly, 5*, 251–264.

Jackson, B. (1987). Interviewing. In *Fieldwork*. Urbana: University of Illinois Press.

Kvale, S. (1996). *Interviews: An introduction to qualitative research interviewing*. Thousand Oaks, CA: Sage.

Mishler, E. G. (1986). *Research interviewing: Context and narrative*. Cambridge, MA: Harvard University Press.

Parker, W. C. (1984). *Interviewing children: Problems and promise*. Journal of Negro Education, 53, 18–28.

Spradley, J. P. (1979). *The ethnographic interview*. New York: Holt, Rinehart & Winston.

Tammivaara, J., & Enright, D. S. (1986). On eliciting information: Dialogues with child informants. *Anthropology and Education Quarterly, 17*, 218–238.

홀로 있기보다는 친구와 함께 있을 때 더욱 긴장을 풀었다. 그들은 대답할 때 서로를 도와주었다. 그들은 또한 서로가 면담에 잘 참여하고 정직하게 대답하도록 도움을 주었다. D'Amato는 한 어린이가 이야기를 미화시키기 시작할 때 다른 어린이가 "거짓말이야! 거짓말이야!"라면서 반응한 사례에 대해서 보고하였다(개인적 교신, 1986).

Baturka는 면담의 가장 풍부한 부분은 "정답"을 찾으려는 시도와 연결된 직접적인 답변들로부터 나오기보다는 연구자의 질문에 대해 어린이들이 서로 이야기를 나누면서 오고 간 논의로부터 나왔음을 발견하였다. 어린이들은 논의를 하는 동안 그들이 좀 더 원하는 방향으로 질문들을 수정한 뒤 질문들에 대답하였다. "질문과 답변 모두 반드시 정보 제공자들로부터 발견되어야 한다"(1979, p. 84)라는 Spradley의 충고는 유념할 가치가 있다. 쌍으로 또는 3인조로 어린이들을 면담하는 방법을 사용하면 더 나은 질문들을 확인할 수 있는 논의로 이어질 수 있다.

소품Props. 유아들을 면담할 때는 소품—물건—을 가져가는 것이 도움이 된다. 어린이들은 초점을 맞출 수 있는 구체적인 어떤 물건이 있을 때 보다 쉽게 주의를 집중할 수 있다. 예를 들면, 학급어린이들의 사진은 학급의 사회적 상호작용에 대한 어린이들의 이해를 파악하는 데 대단히 유용하게 활용될 수 있다. 책상 위에 사진들을 펼쳐 놓은 뒤 Mary의 사진을 집어 들고 "만약 Mary가 미술 책상에서 작업을 하고 있는 중이라면 어떤 아이들이 와서 Mary와 함께 작업을 할 것 같니?"라고 물어볼 수 있다. 소품을 사용할 때, 사진 크기와 같이 세부적인 사항들이 중요함을 인식해야 한다. 또한 책상 위에 사진들을 한 번에 다 펼쳐 놓을 수 없게 되면 면담시간이 거북해질 수도 있다. 종이 자료는 코팅 처리하는 것이 좋다.

가상의 질문Hypothetical questions. 잘 구상된 가상의 질문들은 유아들로 하여금 면담을 훨씬 더 친숙하고 보다 유능하게 할 수 있는 활동인 가상놀이로 전환하게 해준다. 가상의 질문들은 보다 나이든 어린이들에게 "정답" 찾기로부터 벗어나도록 자유를 허용해준다. "내가 어린아이였다고 가정하자. 나는 이 캠프에 처음 왔는데 무엇을 해야 하는지도 모르겠고 어디로 가야 하는지도 모르기 때문에 도망쳐서 덤불 속에 숨어 있는데, 네가 나를 발견했어. 내가 그렇게 겁을 내지 않도록 하기 위해서, 그리고 덤불 밖으로 나오도록 하기 위해서 나에게 무엇이라고 이야기할 것 같니?"

제3자 질문Third-person questions. 질문들이 어린이들에게 덜 위협적이 되고, 그들이 어떻게 대답할지 여유를 갖고 생각하도록 돕는 손쉬운 방법은 어린이들의 입장에서 일반적인 상황에 대한 질문을 하는 것이다. 면담자는 어린이의 사생활을 깊이 파고들지 않을 것을 분명히 해야 한다. 면담자는 또한 어린이를 특정 주제에 대한 전문가, 예를 들면 집단 가정group home에서 어린이가 행동하는 방식에 대한

전문가로 간주하고 의사소통을 해야 한다. "네가 무엇을 하는가"에 대립하는 것으로서 "어린이들이 무엇을 하는가"에 대한 질문들은 어린이로 하여금 자신을 관련시키지 않고도 정직하게 대답할 수 있는 기회를 준다. "때때로 어린이들은 밤에 몰래 나가 공원을 돌아다니기도 한다. 어떤 아이는 열쇠를 훔친다. 그래서 직원을 깨우지 않고 들어올 수 있다."

질문으로 활용하는 비디오*Video as questions*. 어떤 연구자들은 면담도구로 비디오 테이프를 성공적으로 사용하기도 한다. George와 Louise Spindler(1987)는 초등 교육에 대한 독일과 미국의 관점에 대한 비교연구에서 "~을 환기시키는 자극evocative stimuli"과 "반성적인 면담도구reflective interviewing tools"로서 시각적 이미지의 사용에 개척자적인 공헌을 하였다. 그들의 학생이었던 Fujita와 Sano도 일본과 미국의 유아원에 대한 비교(1988)연구를 할 때 유사한 방식으로 비디오 테이프를 사용하였다. Joe Tobin, David Wu, 그리고 Dana Davidson은 교차-문화cross-cultural, "다성적multivocal"인 문화기술적 맥락을 끌어내기 위해서 중국, 일본, 미국의 유아교육기관에서의 전형적인 하루를 녹화한 비디오 테이프를 각 문화권의 어린이들, 교직원들, 부모들에게 보여 주었다(Tobin et al., 1989). Hong(1995)은 유아교육기관 학급의 대집단시간group-time에 대한 연구에서 대집단시간을 촬영한 비디오 자료를 소집단의 어린이들에게 보여 주고 어떤 일이 진행되고 있는지 설명해달라고 부탁하였다. 어린이들의 반응은 때로 대단히 유익하였다.

면담과정에서 질문으로서 또는 자극으로서 사용할 수 있는 것은 비디오뿐만이 아니다. 사진과 같은 매체도 질문의 도구로 용이하게 사용될 수 있다.

면담으로서의 대화*Conversations as interviews*. 현장에서 면담이 짧고 급하게 끝나는 것은 흔한 일이다. 연구자가 배우게 되는 대부분의 것은 하루 전반에 걸쳐 일어나는 짧은 대화로부터일 것이다. 여기에서 비결은 이렇게 짧은 상호작용을 하는 동안 대단히 주의를 기울일 것과 이야기 내용을 기록하는 방법들을 찾아내는 것이다. 사춘기 이전의 어린이들preadolescents에 대해 연구한 동료들은 면담을 하는 동안 가능한 한 비형식적 과정을 만들기 위해서 아무리 애를 써보아도 어린이들이 매우

형식적으로 대답하거나 질문에 아예 대답을 하지 않지만, 자신의 이야기를 들어주는 사람과는 마냥 앉아서 이야기 나누는 것을 좋아한다고 보고하였다. 연구자는 반드시 맥락에 맞게 행동해야 한다. 속담에도 있듯이, 너를 데려온 사람과 함께 춤을 추라.

시기를 맞추기*Timing*. 어린이들이 면담보다 더 흥미 있는 활동을 할 수 있을 때 그들을 면담하는 것은 좋은 방법이 아니다. 어떤 어린이가 기어오르기 구성물the climbing structure에서 친구들과 함께 놀이를 할 수 있는 시간에 앉아서 지루한 질문들에 대답하기를 원하겠는가? 타이밍은 중요하다. 아마도 "조용한 시간" 또는 방과후 프로그램에서의 하루 중 마지막 시간과 같이 어린이들이 피곤해 할 때, 그리고 뛰어 돌아다니기보다는 앉아서 조용히 이야기하는 데 더 관심을 가질 때, 즉 "내리막down" 시간에 면담이 잘 이루어진다. Baturka(Baturka & Walsh, 1991)는 면담을 위해 교실에서 어린이들을 데리고 나갈 수 있도록 허락을 받았는데, 그녀는 교실 밖에서 비밀의 간식과 함께 20분을 보내는 것이 어린이의 마음을 끈다는 것을 알게 되었다. 낮잠시간에 잠 자는 것을 싫어하는 어린이들을 면담하는 것은, 만약 이 시간에 면담을 하도록 승인을 받을 수 있다면, 성공적일 것이다. 이런 것들은 단지 사례들일 뿐이다. 요점은 앉아서 이야기하기가 어린이들의 흥미를 끌만 한 시간 또는 최소한 면담이 어린이들이 선택할만 한 하나의 대안이 될 수 있는 시간이 언제인지를 찾는 것이다.

면담 녹음하기Recording Interviews

설사 면담을 녹음하거나 녹화하는 것이 일반적이라 할지라도, "재연再演, retro"이라는 말 그대로 노트에 펜이나 연필을 가지고 손으로 쓰는 기록이 보다 더 생산적인 방법이며 연구자가 발달시켜야 할 기술임에 틀림이 없다. 녹음기는 면담을 통해서 이야기된 내용과 방법에 영향을 미친다. 유아들과 함께 하는 면담에서 녹음기를 사용할 경우, 유아들이 녹음기에 자신의 목소리를 녹음하고 재생시키는 놀이에 몰두하는 모습을 지켜보게 될 가능성이 크다. 이는 유아들이 재미있게 여기는 것이 무엇인지에 대해서 알아내는 것 이상의 것을 알아내지 못할 수도 있다. 어린이들이 말한 것을 받아 적는 것은 연구자가 그들이 한 이야기를 진지하게 생각하고 있다는 것을 어린이들에게 전달하게 된다.

내Daniel가 경험한 바로는 조화로운 관계rapport가 형성되어 편안해 보임에도 불구하고, 사람들은 아직도 녹음기에 대고 자유롭게 말하는 것을 망설인다. 어른들의 경우 이는 확실하다. 어린이들의 경우 덜 확실하지만, 그들이 녹음기를 의식하지 않고 녹음기의 존재가 아무런 영향을 미치지 않는다고 결론짓는 것에 마음이 내키지는 않는다. 어린이들이 녹음되는 것에 대해 신경을 쓰지 않는다는 주장은 다음과 같은 두 가지 주장의 결합이라는 인상을 준다: "어린이들은 천진난만하다"와 "그들은 심지어 내가 그곳에 있는 것조차도 모른다." 나는 둘 중 어느 것도 사실로 받아들이지 않는다. 어린이들은 천진난만하지 않거니와 연구자를 상당히 의식한다.

성인들과 함께 하는 면담의 경우, 정보 제공자가 질문에 대답하기 전에 녹음기를 꺼달라고 부탁하는 것이 하나의 의식ritual으로 정착되기도 한다. 내가 그들이 말한 것을 받아 적거나, 심지어 말을 반복해달라고 요청했을 때에도 이의를 제기한 사람은 한 명도 없었으나, 녹음기에 대고 말하는 것에 대해서는 사람들이 망설이게 된다. 나는 녹음과 녹화를 광범위하게 사용해오고 있다. 심지어 녹음기를 바닥에 내려놓고 눈에 거슬리지 않는 외장형 마이크를 책상의 한쪽 끝에 놓아두면서까지 나는 피응답자가 녹음기를 의식하고 있다는 점을 잊지 않고 있다. 어린이들을 포함하여 사람들은 녹음기가 돌아갈 때는 하지 않을 이야기를 녹음기가 꺼져 있을 때는 말할 것이다.

나는 어린이들이나 성인들과 면담할 때 비디오 녹화를 해왔고, 그 결과가 만족스럽다. 비디오 녹화된 것을 보는 것은 오디오가 할 수 없는 방식으로 면담에 대해서 내게 상기시켜준다. 비디오는 어린이들이 말을 하고 있는 동안의 얼굴 표정, 혹은 다른 아이의 말을 듣는 동안의 얼굴 표정이 어떠한지를 기록해주는데, 표정은 때로 이야기 내용보다 더 유용하다. 시각적 이미지는 오디오 테이프보다 불분명한 반응을 더 용이하게 해독하도록 도와준다. 비디오 녹화의 가장 큰 불편함은 매우 눈에 거슬린다는 것이다. 비디오 사용은 면담자로 하여금 사람들을 배치하고 또한 빛과 그림자를 고려할 것을 요구한다. 비디오 카메라는 오디오 녹음기처럼 눈에 안 띄는 곳에 놓아둘 수 없다. 내가 사용하고 있는 캠코더들은 크고 견고한 삼발이를 필요로 한다. 신 모델일수록 캠코더의 크기가 작고 더 작은 삼발이를 사용하기 때문에 눈에 덜 거슬릴 것이다. 디지털 비디오 카메라는, 1997년도 당시에는 상당히 비싸지만, 꽤 작고13×9×5cm 면담을 촬영하는 데 훨씬 더 쓸모가 있을 것이다.

녹음하는 것은 또 다른 문제를 야기한다. 우리는 다음의 세 가지 문제점에 대해서 언급하고자 한다. 첫째, 녹음기에 의존하게 되면 "내가 면담내용을 지금 놓쳐도 테이프에 녹음되어 있으니까 괜찮다."는 생각을 하게 되어 주의를 덜 기울이게 된다. Bruce Jackson은 다음과 같이 경고하였다.

> 면담을 많이 녹음하고 있는 거의 모든 현장연구자는 지나간 5분 동안에 이야기된 것에 대해 아무런 생각이 나지 않음을 깨닫는 경험을 해오고 있다… (내가 할 수 있었던 것보다 훨씬 더 잘) 테이프가 기억하고 있다는 것을 내가 아는 한, 나는 긴장을 푼다. 나는 내 신발을 뚫고 올라오고 있는 것처럼 보이는 못에 대해 생각할지도 모른다. 나는 그날의 남은 일들에 대해 생각할지도 모른다. 나는 그가 방금 상기시켜준 것을 생각할지도 모른다. 아, 어떻하지? 그는 나를 쳐다보며 답변을 기다리고 있었다. 무엇에 대한 답변이란 말인가? 당신이 누군가를 면담하는 중에 그에게 "방금 뭐라고 말씀하셨나요?"라고 되물어보아야만 할 때 몹시 멍청하다는 느낌이 들 것이다. 그러한 느낌은 당연하다. (1987, p. 100)

노트나 노트북 컴퓨터에 손으로 기록하는 것은 면담자로 하여금 피면담자가 말하는 것에 주의를 기울이게 만든다. Spradley(1979)는 면담자들은 사람들이 말하는 것에 대해 그들의 무지와 관심을 지속적으로 표현하라고 강력히 권한다. 그의 조언은 중요하다. 좋은 면담자의 필수조건sine qua non은, 첫째, 반드시 좋은 청자이어야 한다는 것이다. 녹음기가 연구자를 위해 면담내용을 대신 듣게 만들어서는 안 된다.

둘째, 녹음기 사용이 완전히 익숙하지 않거나 불편한 면담자는 녹음기 때문에 주의가 산만해질 수 있다. 면담이 시작되면 연구자는 기계가 아니라 면담에만 전적으로 초점을 맞추어야 한다—"내가 녹음기 작동하는 것을 잊지 않았나?, 내가 녹음 버튼을 눌렀나?, 내가 이어폰 구멍에 마이크 잭을 꽂았나?, 녹음 수준을 제대로 맞춰 놓았나?, 건전지가 다 나갔나?"

만약 어린이들이 이미 녹음기가 재미있고 신기한 물건임을 알아차린 상태에서, 연구자가 끊임없이 녹음기를 만지작거리면서 어린이들의 주의를 녹음기에 집중하게 만들면 어린이들은 더욱 산만해질 것이다. 현장에 나가기 전에 기계 사용을 연습하라. 자동적으로 될 때까지 연습하라. 현장에 가기 전에 항상 건전지를 점검하라. 여분의 건전지를 가지고 다녀라. 만약 걱정을 많이 하는 성격이라면, 녹음기를 두 대 사용할 것을 생각해 보라. 그러나 이 예방조치가 실제로 걱정을 더 많이 하게 할지도 모름을 인식하라. 일단 현장에서는 녹음기 작동을 확인하고 면담을 시작하는 것을 관례화하라. Sandy Ives는 자신의 관례에 대해서 다음과 같이 묘사하였다.

> 면담을 시작할 준비가 되면, 나는 마이크를 들고 "자, 시작합시다."라고 말한다. 그리고 나서 피면담자를 바라보지 않은 상태에서 직접 마이크에 대고 말한다: "오늘은 금요일, 9월 29일, 1980년, 나는 Ernest Kennedy[이제 피면담자를 쳐다본다]의 집이 있는 메인Maine의 아르가일Argyle에 있습니다. 우리는 그가 강변기사a river-driver로 일했던 시기에 대하여 이야기할 것입니다. 내 이름은 Sandy Ives이고 이 테이프는 80.3입니다." 이후 나는 마이크를 제자리에 가져다 놓고, 물러 앉아 긴장을 풀면서, "오케이, 이제 다 됐네요. 지금부터…"라고 말한다. 즉, 면담을 시작하기 위하여 녹음기를 먼저 준비시키고 이후에 피면담자에게 집중하면서 면담이 시작되는 것이다. 나는 이를 모두 즉석에서, 그리고 조용하게 하려고 노력한다. 동시에 나는 면담이 시작되었다는 것을 분명하게 인식시켰다. (In Jackson, 1987, p. 89)

준비를 완벽하게 마치면 모든 주의를 면담에만 기울이면서 면담을 시작하라. 줄이 긴 마이크를 준비하라. 녹음기를 옆에 놓거나, 아니면 눈에 띄지 않도록 바닥에 놓는다. 녹음기를 점검하기 위하여 면담을 중단시키는 일은 절대로 해서는 안 된다. 그리고 노트에 적어라. 이 모든 예방조치에도 불구하고 녹음이 안 되고 기계 작동이 실패할 수도 있다.

셋째, 성능이 좋은 마이크를 사용한다 해도 현장에서 녹음되는 말은 종종 불분명하다. 단어들을 알아들을 수 없는 경우가 간혹 발생한다. 어린이들은 비교적 시끄러운 장소에서 많이 생활한다. 면담을 하는 동안에는 알아차리지 못했던 소음이 테이프상에서는 성가실 정도로 크게 들릴 수 있다. 때로 말한 내용을 제외한 모든 소리가—사무실의 화장실에서 물 내리는 소리, 누군가 연필로 책상 위를 두드리는 소리—녹음된 것으로 느껴지기도 한다. 전사를 하는 동안 의자에서 상체를 굽히고 이어폰을 통해 나오는 소리 쪽으로 몸을 보다 가까이 가져가려고 노력하는 자신을 종종 발견할 것이다.

외장형 마이크는 필수품이다. 내장형 마이크는 최고로 좋은 녹음기라 해도 기계 내부의 소음을 녹음하는 것을 저지하는 민감성에 있어서 제한적이다. 우리는 PZM 마이크들(Grown과 Radio Shack 양쪽 다 이 마이크를 생산한다)을 추천한다. 이 마이크들은 대단히 민감하다. 이들은 전全 방향성이다. 즉, 이들을 화자에게 조준해 놓을 필요가 없다. PZM은 눈에 거슬리지 않는다. 이는 납작하고 마이크처럼 보이지 않는다. 어린이들은 MTV에서 본 가수들을 모방하면서 PZM에 입술을 내리누르고 싶은 유혹을 받지 않을 것이다.

면담을 어떤 방식으로 녹음하는가에 포함된 상쇄효과trade-offs가 있는 것은 분명하며, 녹음하는 것이 항상 더 나은 것은 아니다. Jackson(1987)은 다음과 같은 조언을 준다. "어떤 기계이든 간에 사용하면 도움을 얻을 것이나, 누가 상관boss인지 기억하라: 기계로 하여금 너를 게을러지게 하도록 하지 마라"(p. 102).

- 구입할 수 있는 최고의 녹음기와 최고의 외장형 마이크를 마련하라.

진실과 면담Truth and Interviews

진실은 무엇인가? 면담과정에서 하게 되는 일반적인 염려는 어린이들이 과연 진실을 말하는 것인가 하는 점이다. "만약 어린이들이 내게 거짓말을 한다면, 그리고 내가 그들을 믿는다면 어떻게 될까?" 틀림없이 사람들은 면담에서, 설문지에서, 그리고 어떤 다른 정보-수집과정에서 거짓말을 한다. 이것이 어느 정도일 때 쟁점인가?

면담은 자백이 아니다. 사실상 면담은 "사실"을 얻기보다 그 이상의 것이다. 가장 흥미로운 질문들은 단 하나의 정답을 가지지 않는다. 대학원생에게 물어 보라, "대학원을 좋아합니까?" 또는 친구에게 물어보라, "너는 남자친구를 좋아하니, 여자친구를 좋아하니?", "결혼한 것이 마음에 드니?", "네 자식들을 좋아하니?" 어떤 자극적인 질문이라도 이에 대한 사려 깊은 대답은 "때와 형편에 달려 있다"와 "~와 비교해 볼 때"를 많이 포함하며, 또한 시간이 지남에 따라 대답은 변할 것이다. 더욱이 만약 정말로 색다른 질문을 받게 되면 좋은 답변을 제시하는 데 시간이 걸릴 수 있으며, 더 나은 답변이 그 다음 날 생각나게 될 가능성도 있다.

설사 꾸며낸 답변일지라도 의미를 탐구하는 데 도움이 된다. 어린이들은 주어진 사회적 맥락 내에서 그리고 가능한 대답들의 일정한 범위 내에서 답변을 꾸며낸다. 그들은 거짓말을 할 때 어떤 패턴을 따를 것이다. 말해진 이야기는 설사 그 세부내용은 사실이 아니라 해도 진실의 요소뿐만 아니라 진실의 기능을 가진다. 모든 가공의 이야기는 어떤 것의 변종이다. 과장은 어린이임being a kid에 대한 이야기의 한 부분이다.

거짓말은 또한 보다 깊은 수준에서 진실일 수도 있다. 예컨대, 한 여자아이가 학교 식당에서 나오는 음식을 사실은 좋아하지만 그 음식을 싫어한다고 말할 수 있다(명백하게, 이는 억지 사례일지도 모른다). 이 아이는 집단-규정된 정답을 제시하는 것이기 때문에 그렇게 한다. 즉, 어린이들로서 갖는 정체성 중 한 부분은 학교 식당의 음식을 좋아하지 않는 것이고, 나는 어린이이니까 내가 개인적으로 그 음식을 좋아하든 아니든 간에 나는 그 음식을 싫어하는 것이다.

마지막으로, 면담하기의 과정은 장기간에 걸쳐 반복적으로 행해진 수많은 짧은 면담들로 이루어진다. 면담은 오랜 기간에 걸쳐서 이루어지는 관찰 및 인공물 수집과 병행하면서 이루어진다. 면담에서 나온 하나의 답변은 보다 광범위한 자료 기록 안에 존재하기 때문에 언제 누가 무엇에 대해서 말한 것이 얼마나 신뢰할 수 있는 것인지를 연구자가 판단할 수 있다. 이것이 연구자가 "그곳에 있어야 하는" 이유가 된다.

연구도구 Instruments

질적 연구에 대한 대부분의 논의는 연구도구instrument에 대해 짧게 고해한다. 연구자가 주된 연구도구임을 논의에서 강조하지만, 도구가 된다는 것이 어떤 의미인지를 이해하려면 도구가 무엇인지에 대한 철저한 이해가 선행되어야 한다. 이를 하는 한 가지 방법은 도구들을 사용하는 것에 대해 생각하는 것이다. 연구자의 도구성은 제8장에서 논의될 것이다. 여기에서는 현장에서의 도구 사용에 초점을 둔다.

해석학적 연구자들은 현장에서 도구를 사용하고 또 마땅히 사용해야 한다. 도구는 체계적 방법으로 특정 종류의 자료를 생성하는 것을 돕기 위하여 구성된 연구의 연장research tool이다. 유아들을 대상으로 연구할 때 도구의 창의적 사용이 특히 유효한데, 이는 면담이 지닌 본래의 제한점과 앞에서 논의되었던 성인과 어린이들 간에 존재하는 거리의 한계 때문이다.

도구에 대해 논의할 때 표준적 지침은 도구가 현장에서 구성되어야 한다는 것이다. 도구로서의 연구자와 현장에서 이루어지는 도구의 구성 양쪽 모두를 강조하는 것은 교육심리학을 비롯한 학문과 학계를 오랫동안 지배해 온 하나의 협소한 관점에 대한 반작용이다. 이론 연속성the theory continuum의 한쪽 끝에 있는 테스트 관련 연구, 지속성 연속성the duration continuum의 한쪽 끝에 있는 일시적인 연구, 기술 연속성the description continuum의 한쪽 끝에 있는 측정하기의 연구, 그리고 도구를 개발하고 타당도와 신뢰도에 대한 격렬한 심사를 받게 하는 연구는 가치가 있는 것이다. 우리가 하는 연구는 이러한 연속성상의 반대쪽에 위치하고 있다. 우리는 다른 사람들의 좁은 관점에 대응하는 연구자로 우리 스스로를 규정하는 것에는 관심이 없다. 그렇게 하기에 인생은 너무 짧다.

현장에서 개발된 도구이든지, 아니면 다른 사람들이 사용한 것을 수정한 형태의 도구이든지 간에 모든 도구는 자료를 생성하는 데 중요한 연장들이고 자료 생성과정이 다중 관점들을 포함함을 보증하는 중요한 방법들이다. 도구들은 물질이다. 이들은 측정을 위주로 하는 연구에서든 아니면 이야기체로 된 연구에서든 간에 체계적 기술description을 지원하는 데 사용된다. 좋은 도구는 특별한 종류의 체계적 기술을 용이하게 만든다. 본 장의 초반부에서 Ting이 어린이들의 움직임을 추적하기 위하여 비디오를 사용한 것에 대해 설명하였다. 누군가 혼성 스포츠에서 이루어지는 성별 상호작용에 대해서 연구한다면 축구 경기를 하는 동안 남자아이들이 여자아이들에게 공을 몇 번이나 패스했는지, 그리고 그 반대의 경우를 정확하게 기록하게 해주는 도구를 개발할지도 모른다. 서술적인 현장노트로부터는 일반적으로 얻기 힘든 매우 구체적인 정보를 획득하는 것이 유익할 때가 있다.

도구는 어린이들의 움직임을 추적할 수 있게 도와주는 지도와 같이 단순한 것일 수도 있다. 우리는 위에서 면담을 할 때 어린이들의 사진들을 이용하는 것에 대해 언급했었다. 현장연구를 하는 동안 연구문제들이 정교해지고 또 수정되기도 하는 것처럼 도구도 마땅히 바뀔 수 있다. 나중에 지지되지 않는 결론을 도출해 내거나 무의미하게 비교하는 것을 피하기 위해서 도구의 어떤 부분이 수정이 되었는지, 그리고 언제 수정되었는지에 대해서 지속적으로 기록해 두는 것이 중요하다.

많은 도구들이 현장에서 구성될 것이지만, 단지 도구의 이러한 측면만을 강조하는 것은 공유된 특징을 지닌 연구에 대한 노력을 무시하는 것이 된다. 유아교육기관에서 교실에 들어가는 어느 연구자는 그 교실에 들어간 첫 번째 연구자가 아니다. 일반적으로 많은 연구자들이 유아들의 교실에 들어가고 있다. 특히, 연구 중심대학에 가까이 위치하고 있다면 아마도 다른 연구자가 그 교실에 이미 들어간 적이 있을 것이다. 연구자는 왜 마치 그동안 아무도 자신이 가진 연구문제에 관심을 가지지 않았던 것처럼, 자신이 처음부터 모든 것을 만들어 내야 하는가? 다른 사람들은 대단히 유용한 도구들을 이미 구성해 놓았을 수도 있다. 새로 만드는 것보다 다른 사람의 것을 빌려와서 어느 정도 수정을 해서 사용하는 것이 더 낫다는 것을 알게 되는 것은 필연적이다. 그러나 도구들을 처음에 개발한 사람은 많은 실험과 수정을 거친 후에야 비로소 그렇게 만들게 된 것이다.

유용한 도구 없이 현장에 가는 것은 질문 없이 가는 것과 마찬가지로 무의미하다. 다른 사람들이 자신과 유사한 연구상황에서 무엇을 했는지 알고 있어야 하며, 다른 연구자가 이미 만들어 놓은 것을 보완하여 사용하는 것이 중요하다. 연구는 사회적인 일이다. 개인은 아무 것도 없는 상태에서 시작하는 것이 아니다. 연구자는 보다 광범위하고 이미 진행 중인 맥락 내에서 연구를 하는 것이다.

- 누군가가 이미 만든 것을 새로 만들지 마라. 그가 더 잘 만들었을 가능성이 있다.

우리는 앞에서(제1장과 제2장) 정확성accuracy과 정밀성precision 간의 차이를 밝혔다. 도구의 강점은 정밀성에 있다. 정밀성은 종종 정확성의 개념과 혼돈된다는 위험성이 있다. 운동장에서의 공격성 수준을 측정하도록 고안된 도구가 어린이들의 장난스러운 때림과 공격적 때림을 구별하지 못한다면 이 도구는 정확하지 않다. 축구 시합을 하는 과정에서 남자아이들이 여자아이들에게 패스한 공의 수를 기록하도록 고안된 도구는, 예를 들자면 남자아이들이 자기 편이 점수를 낼 기회가 있을 때는 여자아이들에게 공을 패스하지 않는다는 사실을 놓친다. 도구를 구성할 때 정밀성/정확성 상쇄효과를 유념하는 것이 매우 중요하다.

인공 산물 수집 Artifact Gathering

인공 산물 수집은 가치가 있는 일임에도 불구하고 좀처럼 주목을 받지 못한다. 본 절에서 우리는 관찰과 면담에 대한 논의보다 인공 산물 수집에 대해서는 짧게 언급할 것인데, 이는 인공 산물 수집이 덜 중요해서가 아니라 문제점을 덜 내포하고 있기 때문이다. 인공 산물 수집은 연구과정의 중요한 측면이다. 인공 산물은 다른 모든 자료와 마찬가지로 반드시 생성되어야 한다. 즉, 이들을 누적하는 것은 대단히 적극적이고 창의적인 작업이다. 초기 인류학자들이 이국의 문화를 연구하기 위하여 세계의 외딴 구석들을 여행했을 때, 그들은 그러한 문화들로부터 만들어진 가공품들—옷, 용구, 종교적 물건 등과 같은 자연사 박물관 물품들—을 때때로 가지고 돌아왔다. 토착민 역시 데리고 와서 전시했을지도 모른다. 신성한 물건들과 같이 가져와서는 안 되는 항목들을 가지고 오는 경우도 있었는데, 이에 대해서는 후손들이 반환을 요구하기도 했다.

초기 문화기술학자들은 철저하게 서술적이었으며, 인공 산물의 전시는 서술의 일부였다. 초기 인류학사에서는 시각적 기록이 그림에 제한되어 있었고, 이후에는 크고 어설픈 구식 사진기에 제한되었음을 기억할 필요가 있다.

오늘날의 학문 세계에서는 어린이집 또는 청소년 하키 리그 또는 걸스카웃 캠프에서 가져온 인공 산물의 전시는 거의 통용되지 않거니와 이를 원하는 관객도 없을 것이다. 뉴기니아의 산 또는 호주의 사막에서 사는 부족들의 물건들과 달리 이러한 물건들은 적어도 첫눈에 박물관의 물품들처럼 이국적으로 보이지 않을 것이다. 그러나 어린이들 삶의 많은 부분이 감추어져 있으며, 그러한 숨겨진 삶으로부터 나온 인공 산물들은 어린이들의 삶을 조명해준다.

내 딸 Scooter의 하키 가방에 어떤 물건들이 들어 있을지 잠시 생각해 보라. 내가 이를 예로 드는 이유는 많은 독자들이 하키 가방과 그 안의 내용물들에 친숙하지 않으리라고 생각하기 때문이다. 대부분의 독자들은 이 가방들이 얼마나 큰지에 대해서 놀랄 것이다. Scooter의 하키 가방은 약 90×40×40cm 크기이며, 옆 주머니 두 개와 끝 주머니 두 개가 있고, 지퍼가 여러 개 있으며 무거운 어깨 줄이 있다. 이 가방에는 로커룸의 냄새가 강하게 배어 있는데, 특히 처음 열 때 이 냄새가 심하다. 가방을 열면 바지가 맨 처음에 나온다. 사람들은 대부분 하키 바지를 본 적이 있겠지만, 이 바지가 얼마나 크고 무거운지에 대해서 알게 되면 대부분 놀랄 것이다. Scooter가 6살에 하키 게임을 시작했을 때 전체 장비의 무게는 그 아이 체중의 1/4이었다. 다음으로는 가방에서 어깨 패드가 나올 것이라고 짐작할 수 있을 것이다. 양말, 장갑, 정강이 패드, 목 보호대 그리고 스케이트가 따라나오는데, 이 역시 짐작할 수 있는 바이다. 그러나 이것은 무엇인가? 속옷 상점에 진열된 것들보다 더 무겁고 더 실용적으로 보이기는 하지만, 의심할 바 없이 양말 대님 띠 같아 보인다. 생각해보면 이해가 되는 바이다. 이것이 없다면 하키 선수들이 그렇게 무거운 양말을 흘러내리지 않게 어떻게 제대로 신고 있겠는가? 많은 독자들은 아마도 Mario Lemieux가 양말 대님 띠를 맨다는 사실을 결코 생각하지 않았을 것이다. 또 가방 안에는 작은 플라스틱 용기가 있는데, 그 안에는 왁스가 담겨 있다. 많은 하키 선수들은 막대의 끝에 붙인 테이프에 왁스를 바른다. 왁스를 바르면 퍽puck(아이스하키용 고무 원반)을 좀 더 잘 쥐게 해준다. 또한 왁스로 인해 테이프가 젖지 않기 때문에 테이프가 더 오래간다. 다음은 두 개의 테이프 롤이 나오는데, 하나는 검은색이고 하나는 투명하다. 검은색 테이프는 막대용이다. Scooter는 정강이 보호대를 제자리에 고정시키기 위하여 양말 주위에 투명 테이프를 감는다. 가방 바닥에 몇 가지 항목들이 남아 있다—여분의 끈, 입 보호대, 몇 개의 퍽, 젖은 양말 한 켤레, 팔꿈치 패드, 그리고 지름이 12cm 정도 되는 큰 투명 테이프. 이것이 다 어디에 쓰는 것인가? 연습이나 게임이 끝난 후 로커룸에 앉아서 대부분의 아이들이 양말에 붙였던 테이프를 떼어내 테이프 공에 조심스레 말고 있는 것을 지켜보라. 이들은 마치 시즌 말에 누가 가장 큰 테이프 공을 가질 수 있는가를 보고자 하는 것 같다. "어휴, 집에 갈 수 있게 그냥 테이프를 뜯어내고 옷을 입어라."라고 불평하는 부모와 고개를 끄덕이며 테이프 공을 힘들여 계속 감고 있는 아이들을 보라. 독자를 청소년 하키 세계 내부로 데려가고 싶은 연구자는 그들이 실내 스케이트장으로 질질 끌고 다니는 가방 속으로 독자를 데려가는 것이 나을 것이다. 어린이들이 도시의 거리에서 그들의 재킷과 신발 때문에 살해당하는 세상에서, 어떤 유형의 재킷과 신발을 가지도록 어린이들에게 가해지는 압력이—당연히 매우 비싼 종류—지대할 때, 어린이들이 자신들의 삶에서 구성하는 의미가 무엇인지에 대해서 파악하려고 시도하는 질적 연구에 있어서 삶의 일상적 인공 산물들은 중요한 역할을 한다.

몇 가지 일반적 생각들 Some General Thoughts

이제는 분명해졌듯이, 인공 산물들은 몇 장의 종이, 예를 들면 교실에서의 어린이들의 작품이나 보이스 앤드 걸스Boys and Girls 클럽의 주간 소식지 같은 것보다 더 중요할 수 있다. 인공 산물들을 물리적으로 수집할 필요는 없다. Scooter는 그녀의 하키 가방을 보여줄지는 모르나 물품을 가져가게 허락하지는 않을 것이다. 가방 속에 있는 물건들을 그녀가 변화를 주는 로커룸이나 그녀가 경기를 하는 링크와 같이 그림을 그리거나 사진을 찍거나 비디오 촬영을 하거나 녹음하거나 혹은 복사할 수 있다. 방, 운동장, 비디오 상점의 지도는 인공 산물들이 될 수 있다. 칼라 복사는 자료의 실제 기록들을 보관할 수 있게 해주는데, 한 때는 흑백으로만 가능했었다. 슬라이드를 가지고 만든 칼라 복사물은 큰 칼라 사진을 자료 기록에 넣는 데 경제적이다.

Eugene Webb과 그의 동료들(Webb, Campbell, Schwartz, & Sechrest, 1966)이 인간의 상호작용이 환경에 남기는 흔적에 대해서 관심을 가짐으로써 생성할 수 있는 자료인 "물리적 자취physical trace"라고 부르는 것에 대해서 해석학적 연구자들은 충분한 관심을 기울여오지 않았다. 이들은 시카고에 있는 과학과 산업 박물관The Museum of Science and Industry 전시회 주위에서의 타일의 "부식erosion"을 설명하였다. 부화하는 병아리들 주위에 둘러진 비닐 타일은 6주마다 교체해주어야 하는 반면, 전시장 밖에 쳐진 타일은 수년간 존속하였다. Bernard(1988)는 "행동의 자취behavior trace" 연구들, 예를 들어 공중 화장실의 낙서에 대한 연구(Sechrest & Flores, 1969)와 고물 집적소junkyards에 있는 중고차들에 대한 연구(Gould & Potter, 1984)에 관하여 설명하였다.

모든 상황이 동등하다면(물론 대부분 그렇지 않은 경우가 많지만), 운동장에서 인기가 있는 것들은 인기가 없는 것들보다 더 많이 닳고 부서져 있을 것이다. 그네 의자는 마모되고, 그네 아래 땅바닥은 구덩이가 파인다. 선호되는 옷은 반복된 세탁으로 인해 색이 바랜다. 쓰레기통에서는 선호되는 페인트 색깔들의 용기들이 훨씬 더 자주 보인다. 사실상 아리조나Arizona 대학의 William Rathje와 그의 동료들은 가장 유명한 행동추적연구 중의 하나인 "쓰레기 프로젝트"를 1973년부터 수행해오고 있다. 이들은 쓰레기를 분류하고 분석하여 소비자 행동 패턴을 조사해오고 있는 중이다(보다 더 자세한 설명은 Bernard[1988, p. 291, ff]을 보라).

남겨진 자취를 추적하는 연구방법에 대해서 이해하려면 창의성과 세부항목에 대한 주의집중이 요구된다. 어린이집이 끝나는 시간에 쓰레기를 샅샅이 조사하는 것은 비록 흥미 있는 일은 아니겠지만, 이는 이 장소에서의 사람들의 행위와 상호작용에 대한 중요한 정보를 제공할 수도 있다. 휴지의 양은 감기의 유행을 알려주는 표시가 될 수 있다. 버려진 음식물의 부피는 어린이들의 음식 선호에 대한 암시가 될 수 있다. 모든 자료 생성에서, 조심스러운 측정을 진행하는 일은 문제가 있을 수 있고 또한 현재의 도전이 될 수 있다. 예컨대, 독감 유행이 극치에 달했을 때는 쓰레기통을 더욱 자주 비우기 때문에 하루 일과가 끝난 시점에만 쓰레기통을 확인하는 것은 왜곡된 해석을 낳을 수도 있다. 우리의 도전은 인간의 행위와 상호작용이 환경에 어떤 식으로 흔적을 남기는지에 대해서 알아내는 것이고, 그러한 흔적을 정확하게 묘사할 수 있는 방법을 찾아내는 것이다.

우리는 인공 산물들과 익명성에 관해서 간략히 언급하며 결론을 짓고자 한다. 인공 산물들의 익명성을 유지하기 위해서는 특별한 조치가 필요하다. 청소년 클럽의 소식지에는 이름이 실리고 사진에는 얼굴이 나온다. 이름과 얼굴은 지울 수 있겠지만, 연구지가 어디인지를 다른 사람들이 확인할 수 있는 많은 단서들이 그대로 남아 있는 것은 사실이다. 연구자들은 연구 참여자들을 반드시 보호해야 한다.

편견과 효율성Bias and Efficiency

편견과 효율성은 모든 연구자들에게 극복해야 할 어려운 과제를 제시한다.

편견은 서술description에 있어서의 체계적 오류이다. 효율성은 자료 생성과정에서 얻어지는 정보의 극대화를 의미한다.

편견 Bias

삼각측정(본 장)과 주관성(제3장), 두 가지에 대한 초기 논의에서 편견에 대한 내용이 명백하게 다루어졌다. 삼각측정에 대한 논의에서 우리는 다음과 같이 언급하였다. "예컨대, 단지 관찰만 한다든지, 특히 단 한 가지 종류의 관찰만 한다든지 하는 식으로 단 한 가지의 연구 전략만 사용하는 것은 자료 기록에 있어서의 편견을 초래한다." 자료 생성 시 많은 방식들로 편견이 들어올 수 있다. 매일 같은 시간에 운동장을 관찰하는 연구자는 걸음마기 유아들과 그들의 엄마들이 주로 운동장을 사용한다고 결론을 내릴 수 있다. 그러나 사실상 하루 중 다른 시간에는 보다 나이 많은 어린이들로 운동장이 가득 채워질지도 모른다. 캠프 상담자가 추천한 어린이들만 면담하는 연구자는 어떤 어린이들은 캠프에 있기를 싫어할 수 있는데도 불구하고 캠프에 있는 모든 어린이들이 행복하고 잘 적응한다고 결론을 내릴지도 모른다.

주관성에 대한 논의에서, 우리는 다음과 같이 기록하였다.

> 연구자가 자신의 편견에 대해서, 그리고 연구 참여자와 자신의 개인적 관계에 대하여 무엇을 발견하든지 간에 Strauss(1987)가 "자세한 정보에 입각한 이론적 민감성"(p. 12)이라고 부른 것을 획득하기 위하여 연구자는 반드시 연구 분야의 이론과 자신을 연결지어야 한다.

연구현장으로 갈 때 연구자가 지니고 가는 태도와 신념으로 인해 자료 생성에 편견이 들어갈 수 있다. 태도와 신념에서 자유로울 수 있는 사람은 없다. 그가 누구인가는 그가 세계를 어떻게 보는가에 영향을 미친다. 자신의 정체성에 대해서 명확하게 인식하고 자신의 정체성이 자신이 연구하는 구체적 맥락 내에서 어떠한 영향을 미치는가를 연구자가 파악하는 것은 쉬운 일이 아니다. 편견은 제거될 수가 없는 것이다. 그러나 편견은 확인될 수 있고, 편견이 어떠한 영향을 미치는지 명백하게 감시될 수 있다.

효율성Efficiency

무제한의 시간과 돈을 가진 사람은 없기 때문에 연구자는 자료 생성과정의 효율성을 신중하게 고려해야만 한다. Asher와 Gabriel(1993)은 교실에서는 어린이들 간의 사회적 상호작용을 잘 관찰할 수 없다는 것을 깨닫게 된 후에 운동장에서의 사회적 상호작용에 관한 연구로 전환하였다. 교실에서 생성된 자료는 시간과 노력면에서 가치가 없었다. 이들은 운동장에서의 상호작용만을 봄으로써 자신들의 관찰에 편견이 생기게 되었지만 이는 훨씬 더 효율적이었다. 이들은 또한 편견의 방향과 정도를 분명하게 인식하였다—운동장에서는 교실에서보다 상호작용이 더욱 빈번히 일어나고 성인의 감독을 덜 받는다.

때로 편견과 효율성 간에 상쇄 효과가 있다. 정보 제공자를 대표하는 표본은 면담 대상자로는 좋지 않은 개인들을 포함할지 모른다. 좋은 면담 대상자들은 연구자가 연구하고자 하는 집단에 대한 대표성을 지니지 않을 수도 있다. 편견은 없으나 극히 비효율적인 절차로는 많은 자료를 생성할 수가 없다. 반대로, 극히 편견을 가지고 있으나 효율적인 절차는 막대한 분량의 해석할 수 없는 자료를 생성할지도 모른다. 자료 생성의 기술은 편견과 효율성 간의 조화를 맞추는 것이다. 연구자는 자기 자신과 독자들에게 자료 생성과정에서의 제한점에 대해서 알려야 한다.

모든 기술 오류description error가 체계적으로 일어나는 것은 아니다. 연구자가 능력이 부족할 수 있고, 많은 편견을 지닌 것은 아니지만 쓸모가 없는 매우 표면적인 자료를 생성해 낼 수 있다. 관찰과정에서의 편견에 대해서는 언급하지만 걸음마기의 아이들과 함께 있는 여성들 중 많은 경우는 어머니가 아니라 유모라는 것을 발견해 낼 수 있을 정도로 충분히 신중하게 관찰하지 않는 사람들과 위에 제시된 운동장에서의 사회적 상호작용을 연구한 연구자들을 비교해보라.

결론Conclusion

인류학자 Charles Frake은 그의 연구에 관해 논의한 논문의 저자에게 다음과 같이 반응하였다.

> 당신은 문화기술자로서 나의 기술들skills에 대해 극단적으로 언급하고 있다. 이는 나만큼 또는 나보다 더 나은 사람들을 화나게 만드는 일이다… 나는 단지 무엇보다도 연구를 어떻게 할 것인가에 대해서 더욱 고민하자고 주장하는 것이다. 나는 많이 고민한다. (in McDermott, 1982, p. 328)

좋은 연구자는 마땅히 많이 고민해야 한다. 인간으로서, 우리는 외양에 의해 쉽게 속임을 당한다—장인 마술사journeyman magician 아무에게나 물어 보라. 우리는 스스로를 속이는 데 있어서는 명수이다. 우리는 자료를 생성하는 과정에서 고민할 필요가 있다. 만일 우리가 스스로를 속인다면 궁극적으로 우리는 다른 사람들을 속이게 될 것이다. 연구의 유일한 죄는 오만함이며, 특히 연구방법method에 대한 오만함이다. 즉, 연구자가 사용하는 연구방법이 연구자로 하여금 고민을 할 필요가 없게 만든다는 오만함이다. 어떠한 연구방법도 결코 그렇게 할 수 없다.

자료 생성은 많은 기술들의 채집a collection of many skills이다. 어떤 기술도 획득하려면 연습을, 때로 많은 연습을 필요로 한다. 좋은 연구자는 자료를 x번 생성한다. 좋은 연구자는 자신의 자료 생성 전략에 대해 y번 걱정한다. x번과 y번 모두 대단히 큰 숫자이다.

Note

1. 저자들이 이 아이디어들을 생각하게 된 것은 Ray McDermott의 덕택임을 다시 한 번 언급한다.
2. 나Daniel는 이 이야기를 1981년 가을학기에 매디슨에 있는 위스콘신 대학교University of Wisconsin-Madison에 개설된 대학원 세미나에서 들었다.
3. 저자들은 이를 Eisenhart(1995)의 글에서 발견했다.

CHAPTER

07

Constructing a Data Record

자료 기록 구성하기

우리 저자들이 경험한 바에 의하면 초보 연구자들은 자료 생성 기술을 신속히 습득한다. 그러나 자료를 작업할 수 있는 자료 기록으로 변형시키는 방법을 학습하기 위해서는 더 많은 시간이 요구된다.

자료 생성하기는 도전적이나 현장연구, 즉 "그곳에 있기"는 곧 즐겁고, 자극적이고, 심지어 중독성이 있는 일이 된다. 그곳은 때로 쾌적한 곳이다. 나는 확실히 연구현장에 있는 것이 내 연구실에 있는 것보다 더 즐겁다. 인류학자 George와 Louise Spindler는 "병나고, 춥고, 젖고, 벌레에 물리고, 다른 누군가의 언어를 따라 투쟁하는 것으로부터 고통을 당하고, 우리가 알기를 원하는 사람들로부터 거부당하고, 우리가 어른들과 함께 일하기를 원하는데, 어린이들로부터 시달리고…"(1970, p. 300) 있음을 인정한다. 그러나 그럼에도 불구하고 그들은 자랑스럽게 "우리는 현장에서 참으로 안 좋은 시간을 가져본 적은 결코 없다…"(p. 300)고 보고한다.

본 장의 저자 : Daniel

자료 생성하기와 비교해 볼 때, 자료 기록을 구성하는 것은 고역이다—지루하고 때때로 늦은 밤까지 일해야 하는 요구가 지나친 작업이다. 자료 기록을 희생시키고 현장 작업에 초점을 맞추고자 하는 유혹이 강하게 들 수 있다. 내가 그렇게 했고 이에 대해 몹시 후회하고 있듯이, 시간이 제한되어 있기 때문에 자료 생성하기가 자료 기록을 가지고 일하기보다 더욱 중요하고 따라서 자료 기록을 며칠간, 몇 주간 또는 몇 달간 미룰 수 있다고 스스로를 쉽게 설득하게 된다.

막 기록이 된 지저분하고, 암호를 사용하여 작성되고 확장된 현장노트는 연구자의 현장 경험에 도달할 수 있는 창문이 된다. 갈겨 쓴 글씨는 여전히 읽기 쉽고, 간략한 노트는 의미로 가득 차 있다. 몇 주 또는 심지어 며칠만 지나도 현장노트는 시들기 시작한다. 육필肉筆은 읽기가 어려워진다. 내가 왜 노트에 썼는지 그 이유를 잊어버리게 된다. 이들은 기록된 경험으로 더 이상 되돌아가지 않는다. 즉시성은 희미해진다. 자료 기록은 가급적 빨리 이루어져야 한다. George Spindler는 대학원생들에게(나 Daniel은 그들 중의 하나였다) 자료를 생성한 후 그 자료를 기록하기 전에는 잠을 자지 말라고 이야기하곤 했다. 자료 기록을 하지 않고 잠이 든 후 아침에 일어나 보면 잃어버린 것들이 있을 거라고 그는 우리에게 말해주었다.

- 자료 생성과 자료 기록 구성 사이에 존재하는 시간의 기하학적 기능 때문에 자료 기록의 질이 저하된다.

자료 기록은 필수적이다. 연구자가 그곳, 즉 연구현장에 있는 것으로는 충분하지 않다. 많은 사람들이 그곳에 있어 왔다. 연구되는 어린이들은 연구자보다 그곳에 더 오래 있어 왔고 또한 훨씬 더 풍부한 경험을 가지고 있지만, 그들은 자신들의 경험을 기록하지 않았다. 현장에서의 시간이 아무리 흥미롭고 가치가 있다 하더라도 충실한 자료 기록이 없으면 단지 좋은 기억거리들로 남을 뿐 연구가 될 수 없다. 인간의 기억은 놀라울 수 있으나, 아주 짧은 동안이라면 몰라도 자료를 오래 저장하기에 좋은 장소는 아니다.

- 자료 생성에 1시간을 사용하면 자료 구성에 필요한 3시간을 확보하라. 면

담을 전사하는 경우에는 더 많은 시간이 필요하다.

- 연구를 시작하는 바로 그 순간부터, 현장에서의 3시간당 적어도 1시간을 해석을 위한 시간으로 확보하라.
- 해석을 위해 충분한 시간을 배당하는 사람은 아무도 없다.

연구계획을 할 때 일반적으로 많이 하는 실수는 자료 기록 구성과 해석(다음 장은 해석에 초점을 맞춘다)에 필요한 충분한 시간을 확보하지 않는 것이다. 시간을 배당하라. 연구 초기에 계획을 할 때 자료 기록 구성을 위한 계획을 포함하라. 연구계획 시 자료 기록에 매진할 날들을 전부 적어 놓아라. 계산기를 가지고 앉아 시간을 계산해보라. 한 주에 30시간 동안 현장 작업을 할 계획이라면, 자료 기록을 구성하는 데 90시간, 해석을 하는 데 10시간이 필요하다. 이를 합하면 130시간이다. 한 주는 168시간이다. 자고, 먹고, 아이들과 이야기하고, 수업을 하는 등에 사용할 수 있는 시간은 38시간밖에 안 남게 된다. 내가 만약 하루에 6시간 잔다면 다른 일들을 위해 남는 시간은 겨우 4시간이다. 그렇다면 연구자는 계획을 다시 짜야 할 필요가 있을 것 같다.

적시에 자료 기록을 구성하는 것은 어린이들과 작업할 때 필수적이다. 어린이들과의 면담은 전형적으로 짧고 비형식적이며, 쉽게 잊혀진다. 관찰은 때때로 도중에 방해를 받는 경향이 있다. 예컨대, 자원 상담원으로 일하는 참여 관찰자는 기억과 암호, 그리고 자신이 급히 갈겨쓴 노트에 크게 의존해야만 한다. 몇 주 또는 몇 달 뒤에 연구참여자들과 함께 앉아 그들이 무슨 일을 했는지 어떤 이야기를 했는지를 생각해 내려고 노력하면서 현장노트를 재구성하는 습관은 마치 해독이 불가능한 노트나 불분명한 녹음을 들으면서 이를 이해하려고 하는 것과 마찬가지로 염려스러운 습관이고 사람들의 시간을 허비하는 것이다. 어린이, 더 나이가 어린 유아와 함께 하는 연구인 경우 이는 더욱 비효과적인 전략이기도 하다.

본 장은 첫째, 자료 기록이 무엇인지, 둘째, 자료 기록을 어떻게 구성하는지, 셋째, 풍부한 자료 기록이 왜 중요한지에 대해서 고찰한다.

자료 기록 The Data Record

많은 연구에서 자료 기록 구성하기의 과정을 건너뛰고, 부화화하기와 같은 자료 분석은 원 자료를 통해서 이루어진다고 생각한다(우리 저자는 해석과 분석이라는 용어를 혼용하여 사용한다). 이것은 위험한 일이다. 현장에서 만들어진 노트는 불완전하며, 연구자로 하여금 후에 이야기체 설명을 충실하게 기록하도록 상기시켜 주는 역할을 한다. 녹음된 테이프는 반드시 전사되어야 하며, 인공 산물들은 분류되어야만 한다. 원 자료의 변환으로 인하여 자료 기록은 조직된, 즉 쉽게 이해할 수 있는 그리고 융통성 있는, 즉 많은 방식들에서 접근할 수 있는 형식으로 만들어진다.

연구자는 현장에서 자료를 생성한다. 이 자료들은 다양한 형태를 취하는데, 형태가 다양하면 다양할수록 더 좋다. 연구자는 공책과 가방 안의 원 자료들을 연구를 위하여 가져오고(고급스러운 연구를 한다고 가정하며), 논의를 위하여 책상 위에 이 자료들을 쌓아놓는다. 설사 경험이 많은 연구자라 할지라도 커다란 원 자료 더미들에 의해 압도당한다—"이 모든 것을 가지고 무엇을 하나?" 자료 더미들이 조직되고 융통성 있는 자료로 변환되기 전에는 연구자가 할 수 있는 일이 거의 없다.

연구자는 자신의 책상에서 자료 기록을 구성하고 이를 해석한다. 연구자 중에 "자료를 공개하고 자료로 하여금 스스로에 대해서 말하게"해야 한다는 주장을 펴는 사람들이 종종 있다. 만약 그렇다면 무척 쉬울 것이다. 그러나 우리는 아직 우리의 자료가 스스로 말하는 것을 본 적이 없다. 그 대신에, 자료들은 비자동적非自動的으로 그곳에 있으며, 작업이 끝날 때까지 계속 그곳에 있다. 자료들이 손대지 않은 채로 오래 있으면 있을수록 이들이 반드시 말해야 할 것은 더 적어진다. 첫 번째 할 일은 이들을 작업하기 가능한 형태로 만드는 일이다. 이 시점에서 수행된 작업은 이후의 고민과 좌절을 모면하게 해줄 것이다. 초기에 수행된 작업의 질은 이후에 이루어질 작업의 질에 영향을 미칠 것이다.

그렇다면 원 자료와 자료 기록 간의 차이는 중대하다. 현장에서 적은 노트, 그린 그림, 녹음한 테이프 등은 원 자료이다. 속기 표기, 암호로 급하게 쓴 현장노트가 충실한 이야기체로 확장되고 워드 프로그램 또는 자료 분석 패키지에 입력된 다음에 현장노트는 자료 기록의 일부가 된다. 오디오 테이프가 전사되거나 비디오 테이프가 기입된 (아래에 설명된 대로) 이후에야 이들은 자료 기록의 일부가 된다. 자료 기록을 구축하는 것은 현장연구에만 해당되는 일은 아니다. 모든 원 자료는 분석될 수 있기 전에 작업되어야 할 필요가 있다. 즉, 질문지 답변들을 답안지에서 가져다가 데이터베이스에 입력해야 하며, 이는 검사 점수이거나 또는 기록된 묘사이거나 간에, 즉 이야기체의 자료이든 측정 형태의 자료이든 마찬가지이다.

연구 진행 중에 해석을 한다해도 자료 기록이 제대로 구성되기까지는 해석이 주요한 역할을 할 수는 없다. 현장에서의 일차적 활동은 자료를 생성하는 것이다. 자료 생성과 해석 간의 차이가 강조되어야 하는 이유는 연구자는 누구에게나 즉각적으로 보이는 것을 보는 단계인 1단계로부터 보이지 않는 것을 찾아내는 3단계로 즉각적으로 이동하고 싶어하는 욕망을 쉽게 가질 수 있기 때문이다. 그러나 만약 현장에서부터 해석을 시도하여 관찰된 행동과 상호작용의 구체적이고 자세한 내용을 그대로 기록하기보다는 연구자의 해석을 기록한다면, 이후에 초기 해석이 불충분함을 발견할 때 재해석할 수 있는 자료가 남아 있지 않게 된다. 다시 말하면, 구체적인 자세한 내용이 담긴 충실한 기록이 없이 일반화의 단계로 넘어가는 것은 그것을 발견하는 것이 아니며 날조하는 것이다.

자료 기록 구성하기 Constructing a Data Record

- 나중에는 아무 것도 기억하지 못할 것이라고 가정하라. 연구과정의 모든 단계에서 항상 충분한 주석을 기록해 두라.

자료 기록 구성하기에서 첫 번째 단계는 주석annotation 달기이다—모든 것을 즉각적으로 알아볼 수 있도록 충분히 자세하게 묘사했는지 확인해야 한다. 주석은 자료 기록의 모든 기재사항에서 기본적인 저널리스트 질문들, 즉 '누가, 무엇을, 어디서, 왜, 언제, 그리고 어떻게'라는 질문들에 대답할 것을 요구한다. 연구자는 이 그림을 Melissa로부터 수집했는지, 또는 왜 Kim과 Maurice가 포함된 특정 에피소드를 녹음했는지 나중에도 기억할 수 있을 것이라고 믿는 경향이 있다. 연구자는 현장에서 많은 그림을 모으고, 많은 Melissa들과 부딪치고, 많은 생생한 사건들을 목격한다. 현장연구를 막 끝낸 그날 저녁에는 그렇게 분명하게 특별했던 하루가 조만간 많은 날들 중의 하루가 될 것이다.

일정 수첩에 적힌 이해할 수 없는 기재 사항들을 생각해보라—이름이 없는 전화번호들, 성이 없는 이름들, 이 사람과 어디에서 무엇을 해야 하는지에 대한 내용이 없는 정보들. 아무 것도 기억하지 못한다고 가정하고 모든 것에 자세한 정보가 적힌 쪽지를 붙여라. 지나칠 정도로 자세한 내용을 많이 첨가하는 것이 가능은 하지만, 관련 없는 정보는 버려도 된다. 하지만 빠뜨린 정보는 나중에 되찾을 수 없는 경우가 많다는 것을 기억해야 한다.

충실한 자료 기록은 다중차원적이다multidimensiona. Luria가 주의를 준 것처럼, 우리도 마땅히 "사건을 가능한 한 많은 관점에서 살펴보아야"(1979, p. 177) 한다. 상당히 많은 해석학적 작업은 연구자 혼자서 하기 때문에 자신이 가장 편안하게 생각하는 자료 생성 전략을 선호하는 경향이 있다. 예컨대, 면담하는 것을 편하게 생각하는 연구자라면 면담 전사본에 지나치게 무게를 두어 자료 기록을 구성하지 않도록 주의해야 한다. 풍부한 자료 기록은 많은 관점을 제시한다.

원 자료 Raw Data

- 항상 원 자료를 보존하라. 언제 원 자료로 되돌아가야만 하게 될지 결코 모른다.

원 사료(어떤 종류라도)의 보존은 나중에 본 자료로 되돌아가야만 풀릴 수 있는 질문이 나타나는 경우가 있기 때문에 필수적이다. 어떤 종류의 원 자료이든 복사본을 만들어 원물原物과 떨어진 다른 곳에 보관하라. 예컨대, 하나는 연구실에 보관하고, 다른 하나는 집에 보관하라. 노트북 컴퓨터를 사용하는 경우에는 원래의 현장노트를 저장해 두고, 확장된 노트로 변화하기 전에 새로운 문서 파일을 만들도록 하라. 하드 드라이브에만 백업 파일을 만들지 말고, 디스크에도 항상 백업을 하라. 테이프에 하드 드라이브를 백업하는 것은 좋은 방법이다.

어떤 경우에 원 자료로 되돌아가야 할 필요가 있을까? 이에 해당되는 사례는 다음과 같다. Buck(Daniel의 아들)이 세 번째 생일을 맞기 몇 주일 전에, 그의 9살짜리 누나인 Scooter는 그가 "forget"을 말하고자 할 때 "I got-for my book"과 같이 "got-for"라고 말하곤 하는 것을 발견했다. 우리도 오래 전부터 그가 그렇게 말하고 있는 것을 알고는 있었다. 그러나 우리는 예전에 그가 호기심을 가지고 "got" 뒤에 가외로 전치사를 사용하는 것으로서만 got-for를 들어왔었기 때문에 기본적으로 "for"를 무시하고 "got"으로 "got-for"를 이해함으로써 그가 말하고자 하는 것을 완전히 오해하고 있었다. 예컨대, 우리는 그가 없다고 우리에게 말할 때 그가 가지고 있다고 말하는 것으로 반대로 이해했다. 우리는 왜 Buck이 가지고 있지 않은 것으로 보이는 어떤 것을 가지고 있다고 우리에게 말하는지 확실하지 않았으나, 걸음마기 아이들에게서 어떤 모순들이 나타날 수 있다고 성인의 관점에서 생각할 수 있고 아이들도 성인들로부터 똑같은 것을 기대하게 될 가능성이 높다. Buck이 곤경에 처해 있는대도 우리가 그 상황에 동정하지 않았기 때문에 아이가 좌절했으리라는 것은 의심할 여지가 없다. 만일 연구자가 Buck의 대화를 녹음했고 몇 달 동안 명사 "got-for"를 우리가 그랬던 것처럼 옳지 않게 해석했고, 전사본에 "for"는 적지 않고 "got"으로 전사하고 있었음을 깨달았다고 상상해보라. 녹음된 원 테이프를 보관하지 않고, 그 테이프에 다른 내용을 덮어서 녹음해왔다고 상상해보라. 또한 그가 갖지 않은 것을 가졌다고 이야기하는 것으로 보이는 사실에 기초하여 Buck의 언어 사용에 대해 결론을 도출하고, 이제는 그 결론이 잘못된 것을 알았다 하더라도 더 이상 그의 "got"과 "got-for"의 사용을 구분할 수 있는 원 자료가 없다는 것을 상상해보라.

현장노트 Fieldnotes

현장에서 적은 노트를 자료 기록의 일부인 현장노트로 전환하는 것에 관해서는 간략하게 언급하고자 한다. 자료 기록에서 강력한 이야기narrative를 구성하는 비결은 현장에서 적은 노트를 보다 큰 이야기가 구축될 수 있도록 기억을 상기시켜 주는 역할을 하는 것으로 간주하는 것이다. 현장에서 손으로 기록한 노트의 내용을 단지 컴퓨터 문서 파일에 옮기는 식의 "전사하기transcribing"는 빈약한 묘사에 머무를 뿐이다. H. Russell Bernard(1988)는 현장에서 적은 것을 "약기jottings"라고 부른다. 그는 현장노트라는 용어는 현장에서 이루어진 약기가 확장된 것으로 간주하여 두 용어를 구분한다.

문자로 적힌 묘사 또는 현장 약기, 책상 위에 있는 자료 더미는 매우 중요하나, 이들을 자료 기록의 부분으로 만들려면 작업을 거쳐야 한다. 연구자는 약기를 가지고 시작하며, 그 다음에 머리노트와 그곳에서 겪은 경험을 되살려 이러한 초기 노트를 능가하는 이야기체의 기술을 한다. 이 작업의 목표는 Norm Denzin이 명명한 "두터운 묘사thick description"이다.

> 자세한 기술은… 개인이 하고 있는 것을 기록하는 것 이상을 의미한다. 이는 단순한 사실과 표면에 보이는 것을 넘어서는 것이다. 이는 자세한 내용, 맥락, 감정, 개인들을 다른 사람과 결합하는 사회적 관계망을 보여 준다. 자세한 기술은 감성emotionality과 자기-감정self-feelings을 일깨운다. 이는 경험에 역사를 삽입한다. 이는 의문을 지닌 개인이나 개인들을 위하여 경험의 중요성 또는 사건의 연속성을 형성한다.
>
> 자세한 기술에는 상호작용을 하는 개인들의 목소리, 감정, 행위, 의미가 내포된다. (1989, p. 83)

우리는 컴퓨터로 현장노트 작성 시 형식을 지정할 때 여백을 많이 남길 것을 권한다. 여백은 나중에 노트를 하기 위한 자리이다. 나Daniel는 종이의 부피를 줄이기 위하여 1줄 간격을 선호한다. 모든 쪽에는 머리말a running head을 달아야 하며, 이 머리말은 주석-누가, 어디에서, 언제-을 제공해야 한다. 어떤 자료 분석 패키지는 줄마다 숫자를 표시하는데, 이는 쓸모가 있을 수 있다. 연속적 시간을 기록하는 것은 유용하다. 매 5분마다 적는 것이 도움이 된다. 일관된 규정체계를 지니는 것도 유용하다. 예를 들면, 나는 항상 사건에 대한 기술과 연구자의 논평을 분리시키기 위하여 네모형 괄호를 사용한다. 다음의 사례는 내가 제시한 형식의 예를 보여 준다.

045
101591
방과후
1600–1730

하루 일과가 끝난 시간이다.

1635

파랑집단에 속한 모든 어린이들이 일어나서 그들의 냅킨을 쓰레기통에 던졌다. 쓰레기통 근처에서 많은 유아들이 밀치락거리고 있다. 함께 있는 것을 즐기는 어린이들의 장난스러운 밀치락거림이다. 모두 웃는 가운데 서로 찌르고 밀어 재낀다. 많은 남자아이들은 냅킨을 가지고 점프 넣기를 하거나 벽에다 맞혀 떨어지게 하려고 애쓴다. TK는 냅킨을 던져서 쓰레기통에 집어넣기에 성공하자 두 팔을 위로 들어올린다. DB는 자신의 클립보드(집게가 달린 필기판)를 집으려고 "리더들의 책상leaders' table"에서 멈춘다. 그녀는 머리를 말꼬리 모양으로 잡아 올려 자신의 손목에 감고 있던 하늘색과 오렌지색의 "고무밴드scrunchy"로 묶는다. 그녀는 남자아이들에게 쓰레기통 밖에 있는 냅킨들을 집으라고 소리친다. JS는 불평을 하면서도 냅킨을 집어서 쓰레기통 안에 내동댕이친다. 어린이들은 웃고 이야기하며 계단을 올라가고 있다. RG는 계단 꼭대기에서 멈추더니 아래를 보고 소리친다. "DB야, 빨리 와. 너는 항상 그렇게 늦는단 말이야." 어린이들은 웃고, 계단 아래로 "느림보 DB"라는 소리가 더 많이 들린다. 어떤 아이들은 "DB는 pokey–do래요."라고 외친다. [나는 어린이들과 DB 간에 격의 없는 친근함을 보고, 어린이들과 교사들 사이와는 매우 다른, 강한 인상을 받았다. 나는 이것이 학교 건물 내에서 일어났기 때문에 이를 더 많이 의식했다고 생각한다. 이러한 일은 "학교" 답지 않은 일이다]

1640

내가 운동장에 나갔을 즈음에는 어린이들이 이미 킥볼kickbal(발야구 비슷한 아이들의 공놀이)을 하기 위해 팀을 구성하는 중이다. 나는 그늘진 자리를 찾는다. 날씨가 매우 덥다. 나는 통나무 의자로 가서 전날 저녁에 발을 다쳐 두껍게 붕대를 감고 있기 때문에 놀이를 할 수 없는 DD 옆에 앉는다. 나는 DD에게 몇 가지 질문을 하고 이를 녹음해도 괜찮은지 묻는다. ES가 오더니 자기도 이야기할 수 있느냐고 묻는다.

오디오 테이프와 비디오 테이프 Audio and Video Tapes

테이프 전사하기는 대단히 많은 시간을 소비하는 일이다. 또한 수없이 재생을 해도 불구하고, 들리지 않아 의자에서 몸을 기울이며 단어들에 더 가까이 가려고 애쓰고 있는 자신을 발견할 때 매우 좌절감을 느낄 수 있다. 가장 먼저 결정해야 하는 것은 정확성에 대한 기대수준이다. 모든 전사는 근사치이다. 테이프가 놀라울 정

전사본 규정 Transcription Conventions

Box 7-1

Sacks, Schegloff, & Jefferson(1974)에서 적용한 전사 형식

1. 일반적 대문자와 소문자는 대화를 의미한다.
2. 이중괄호는, ((　　)), 화자(話者)의 목소리의 톤 또는 비언어적 기호체계에 대한 정보를 제공하기 위하여 사용된다.
3. 이중사선은, //, 화자가 방해를 받았거나 말을 멈춘 것을 나타낸다.
4. 밑줄 긋기는 화자가 말의 속도에 변화를 주었거나 소리에 강세를 두어 말함으로써 특정 단어를 강조한 것을 나타낸다.
5. 콜론은, :, 한 단어 내에서 소리나는 음절이나 음절 부분의 발음이 길어지는 것을 나타내기 위하여 사용된다 (예 : "n:o"는 "no"를 길게 늘여 발음하는 것을 의미한다).
6. 하나의 사선이 나오거나 따라가는 글자는, /d/, 음소를 나타낸다.

Sacks, Schegloff, & Jefferson(1974)의 것을 수정한 전사 형식

1. 네 개의 줄은, ----, 화자가 앞서 한 말을 다른 말로 바꾸거나 자기-수정(self-correct)을 하기 위하여 멈춘 것을 나타낸다.
2. 생략부호 "…"는 자료가 생략되었음을 나타낸다.

이 연구를 위하여 저자가 첨가한 전사 형식

1. (?)는 해독할 수 없는 소리를 나타낸다.
2. [묘사]는 사람들의 행위의 묘사를 나타낸다.
3. "어린이/어린이들과 소녀/소년"은 신원을 밝힐 수 없는 목소리를 나타낸다.

출처 : Hong(1995).

도로 선명하고 잡음이 전혀 없다고 가정한다 해도 실제와 똑같은 전사본은 없다. 설사 실제와 똑같은 단어들을 얻는다 할지라도 억양, 속도, 강조, 뉘앙스 등은 놓친다. 비언어적인 소리, 사람들이 말할 때 내는 툴툴거리는 소리와 "어uhs" 소리는 단지 실제에 근접하는 정도이지 실제와 똑같을 수는 없다. 말의 리듬, 어떤 말을 할 때 걸리는 실제적 시간은 대부분의 전사본에서 놓치는 부분이다. 좋은 전사본은 일련의 전사본 규정을 요구한다(예로서, Box 7-1을 보라). 일련의 좋은 규정은 전사본을 풍부하게 만들 수 있으나, 인간의 말은 대단히 복잡하며, 자신들의 말이 녹음되고 있음을 알고 있고 녹음을 용이하게 하는 방식으로 말하는 성인들과 함께 한다 해도 결코 말을 종이에 똑같이 옮겨 담을 수는 없다.

테이프 전사 시 요구되는 정확성의 수준은 연구자의 목적에 달려 있다. 예를 들면, 미시분석Microanalysis은 일반적인 분석의 경우보다 훨씬 더 정확할 것을 요구한다. 학급에서 나타나는 반응 양식의 리듬에 많은 관심을 가졌던 D'Amato(1986)는 학급의 에피소드를 실시간in real time으로 전사하였다(그림 7-1을 보라). 이 정도 수준으로 정확하게 전사하는 것은 극히 노동 집약적이다. 아이들 간에 주고받는 농담을 연구한 Sacks(1974)의 전사본은 독자에게 청소년 사이에 이루어지는 농담의 교환을 재창조한 것으로 연구자의 수고가 많이 들어간 전사본의 좋은 사례로 남아 있다. D'Amato의 노력보다는 시간을 덜 소비했겠지만, 아마도 Sacks의 전사본은 때때로 필요 이상으로 정확한 것 같다.

그림 7-1
전사본 사례
출처 : D'Amato (1986, p. 21).

수업에서의 대화의 흐름을 보존하려는 시도에서, 전사는 "스트립"(Goffman(1974)이 사용한 용어와 기본적으로 일치)이라는 용어로 조직되어 왔다. 한 개의 스트립은 5초 안에 들어 있는 모든 말이다. 만약 전사의 모든 스트립의 끝과 끝을 세로로 잇는다면, 오디오 테이프나 비디오 테이프에 담겨 있는 어떤 정보의 문자판(a written version)을 가질 수 있을 것이다. 다음은 수업의 첫 번째 스트립이다.

: 00 : 05

Claradine?

과학(Science)

과학(Science)

ROOOOO

나는 그것이 무엇인지 알아(I know what that)

Ahhhhhhhhhhh

각 스트립은 화자가 바뀌는 것을 나타내는 선들로 구성된다. 맨 위의 선은 항상 교사의 논평을 위해 남겨진다. 두 번째 선은 어린이가 교사에게 한 말을 위해 남겨진다; 또한 추가된 선들은 한 명 이상의 어린이가 반응할 때 사용될 수 있다. 두 번째 선 아래에 있는 선들은 어린이들이 말을 한 순서에 따라 이 외의 경우에 사용된다. 따라서, 첫 번째 스트립은 "과학Science"이라고 말한 어린이와 함께 시작한다. 이 어린이는 Ellen이 칠판에 쓴 단어를 읽으려고 하는 중이다. 이 어린이의 말과 중복되어 다른 어린이가 "ROOOOO"하며 으르렁댄다. 으르렁대는 소리와 중복되어, 세 번째 어린이가 "나는 그것이 무엇인지 알아I know what that"라고 말한다. 교사는 손을 들고 있는 Claradine을 호명하고, Claradine는 "과학"이라고 말하면서 교사가 적은 것에 대한 자신의 의견을 들려준다. 그러는 동안 네 번째 어린이가 "Ahhhhhhhhhhh"이라고 말한다.

Bruce Jackson은 테이프를 전사하면서 자신이 한 일을 높이 평가한다: "나는 저 테이프들을 한 줄 한 줄, 반복해서 듣고 또 들으면서 대단히 많을 것을 배웠기 때문에 일을(테이프를 전사하는) 하는 것이 행복했다"(1987, p. 81). 테이프를 전사하는 것은 발로 작동되는 전사기를 필요로 하는데, 잠시 멈출 때마다 미리 조정된 시간만큼 테이프가 자동적으로 뒤로 가며 속도를 조절할 수 있다. 녹음기에는 이 기능이 없기 때문에 전사기 없이 녹음기를 재생해서 들으면서 전사를 하려면 불필요한 수고를 추가해야 한다.

테이프 전사를 다른 사람에게 부탁하는 것을 선호하거나 부탁할 수 있는 경우에도, 전사해 주는 사람의 정확성을 검토하기 위하여 연구자가 정기적으로 부분적으로라도 전사를 직접 하는 것이 중요하다. 구술을 전사하는 데 문제가 없는 사람들도 대화를 녹음한 테이프들을 전사하는 것이 쉽지 않을 수도 있고, 어린이들의 말을 이해하는 것이 쉽지 않으며, 특히 어린이가 사투리를 쓰는 경우라면 더욱 어려울지도 모른다. 몇 년 전, 매우 드믄 기회로서 내가 전사를 위한 기금을 확보했었음에도 불구하고, 나는 테이프 한 개를 내가 전사해야만 했었는데, 이는 내가 고용했던 중서부 사람이 버지니아Virginia 동부 해안 지방의 강한 억양을 알아듣지 못했기 때문이다. 중서부지역의 귀로 간파할 수 있는 버지니아 억양을 지닌 한 피면담자는 Broadus Wood(지역 정치가의 이름을 딴)라는 이름의 학교를 수없이 많이 언급했다. 전사를 하는 사람은 이를 "brought us wood"로 듣고 또한 학교 이름이 나타나는 문장들은 전사가 어느 정도 이해가 되는 방식으로 처리했다.

정보 기입하기Logging

일반적으로 연구자들은 오디오 테이프를 전사하는데, 특히 면담 테이프는 대부분 전사를 한다. 때로 테이프가 많을 때 그리고 단지 특정 주제에 대해서 관심이 있다면 테이프에 "정보 기입하기log"를 하는 것이 좋을 수도 있다. 비디오 테이프는 정보 기입하기를 하는 것이 원칙이다. 비디오 테이프를 단지 그림이 있는 오디오 테이프로 간주하지 않는 한, 그리고 무엇이 일어나는가보다 무엇이 이야기되는가에 관심이 있는 것이 아니라면, 비디오 테이프를 전사하는 일은 거대한 과제이다—얼마나 많이 기술해야 하는가?

비디오 테이프를 자료 기록의 부분으로 만드는 작업의 첫 번째 단계는 이를 접근하기 쉽게 만드는 것이다. 운동장에서의 30분짜리 에피소드에 대해 적은 기록을 읽는 데 소요되는 시간은 일반적으로 30분 미만이 될 것이다. 그러나 30분짜리 휴식시간에 관한 비디오를 보는 것은 30분이 걸린다. 비디오 자료 수집이 증가함에 따라 이에 접근하기 쉽게 만드는 일이 점점 더 중요해진다.

테이프에 기입된 정보는 일관된 기준, 예를 들면 활동, 주제, 행위자의 입장과 퇴장 등의 기준을 사용하여 분할시킨 짧은 단편들로 구성된다. 각 단편에는 테이프에 기록된 시간을 적고—녹음 시에 항상 날짜와 연속시간 표기 선택을 사용하라—, 각 단편에 담긴 내용에 대해 간결하게 묘사하라. 오디오 테이프에 대한 정보를 기입하는 일은 연속시간 표시를 지시할 수 없기 때문에 더욱 어렵다. 기계의 계수장치는 종종 기계마다 일정하지 않다. 전前 부호화 단계로서 주제나 또는 어떤 다른 중요한 기준에 의해 전사본 자체의 정보를 기입하는 것이 유용할 수 있다. 그렇게 하는 것은 컴퓨터 검색을 보다 효율적으로 하게 해줄 수 있다.

일단 테이프의 정보가 기입된 후에는 보다 자세하게 행위를 묘사하고 부호들을 도입함으로써 이 정보에 접근할 수 있다. 비디오 테이프 선반은 접근하기 어렵다. 구성이 잘 된 정보 기입 책log book은 테이프들에 연구자가 접근할 수 있게 해주고 테이프에 담긴 원 자료를 자료 기록으로 전환하게 해준다.

Hue-Fen Lin(1993, 1995)은 시각적 자료를 비디오 테이프로부터 종이 위에 경제적이고 쉽게 옮기는 방법에 대해 실험하였다. 그녀는 자신이 복사하기를 원하

그림 7-2
비디오를 트레이싱한 것
출처 : Lin, 1995, p. 74

사례 9 교사 시범—공전과 자전
날짜 : 1994년 1월 26일
시간 : 대집단활동시간

Mary는 Elena를 지명하여 집단 모임용 깔개의 중앙에 서서 태양의 역할을 하도록 하고, Ivana는 지구 역할을 하면서 Elena의 옆에 서 있도록 한다. Mary 자신은 달의 역할을 한다.

는 시각적 이미지를 멈추게 한 다음, 화면에 트레이싱 종이를 부착시키고 이미지의 윤곽을 베꼈다그림 7-2. 한 에피소드를 기록하고 싶으면, 몇 초마다 테이프를 멈추고 각 이미지의 윤곽을 베꼈다그림 7-3. 그리고 나서 트레이싱 종이들을 가져다 스캔을 한 뒤 컴퓨터 파일로 만들었다. 그 시점에서 더 이상 트레이싱 원본이나 사본을 만들어 놓는 일에 신경을 쓰지 않아도 되었다. 그녀는 또한 이미지에 언어적 정보를, 예컨대 대화나 어린이들의 이름을 입력할 수 있었다. 이 전략은 독자에게 그녀가 연구한 교실에서 일어나는 일을 보여 주되, 사진의 이미지가 지닐 수 있는 방식으로 어린이들이나 교사를 노출하지 않도록 해주었다. Hsueh-Yin Ting(1992)은 블록 영역에서의 어린이들의 움직임과 상호작용을 보여 주기 위하여 비디오에 기초한 간단한 그림들을 사용하였다그림 7-4.

항상 테이프를 포함한 원 자료를 백업하라. 테이프들을 복사하면 영상의 질이 떨어진다. 원본보다는 복사본을 가지고 작업하라. 그렇게 해야 사용한 테이프가 손상되거나 분실되거나 도난을 당해도 여전히 원본을 이용할 수 있으며, 복사본의 복사본을 만들 필요가 없다.

그림 7-3
에피소드를 트레이싱한 것
출처 : Lin(1995, p. 74)을 각색함.

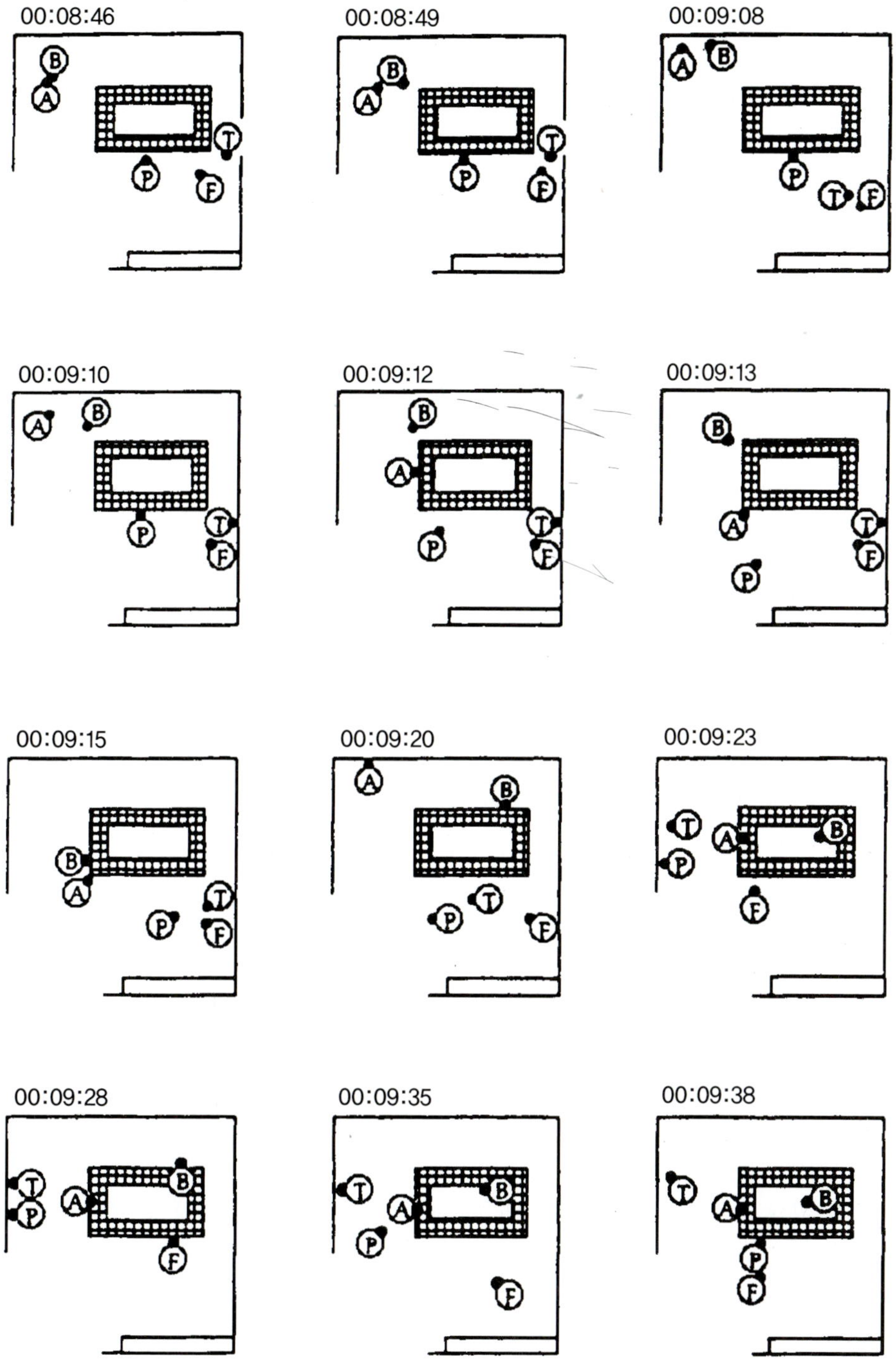

그림 7-4
비디오 자료를 보면서 그린 그림
(그림에 있는 점은 유아가 보고 있는 방향을 나타낸다)
출처 : Ting(1992, p. 100).

연구도구 Instruments

우리는 제6장에서 도구 사용에 대해 논의했다. 도구를 가지고 생성했거나 혹은 도구에 의해서 생성된 자료는 원 자료이다. 원 자료는 반드시 기록 형태로 변형되어야 한다. 만약, 예컨대 Ting(1992)이 했던 것처럼, 교실의 지도 위에 매 5분마다 어린이들의 위치와 활동을 기록하는 것으로 어린이들의 "스냅사진"을 만든다면, 반드시 이 지도들을 가지고 작업해야 한다. 첫째, 종이를 복사하고 주석을 단다. 그 다음에 종이의 양을 줄이는, 즉 자료를 "감소"시키는 어떤 방법들을 찾아낼 필요가 있다. 일주일에 걸쳐 3시간이 넘는 어린이들의 움직임을 기록한 300쪽의 종이 더미에는 연구자가 쉽게 접근할 수 없다. Hsueh-Yin Ting의 사례연구에서 나온 그림 7-6은 Ting이 교실 내에서의 어린이들의 움직임에 관한 자료를 접근할 수 있는 자료 기록으로 전환시켰던 한 가지 방법을 보여 주는 것이다.

인공 산물 Artifacts

사진은 인화하거나 슬라이드로 만들 필요가 있다. 또한 그림은 복사되어야 하고, 비디오 녹화물은 정보를 기입할 필요가 있다. 인공 산물들은 무엇이 어디에 있는지 알 수 있도록 충분히 자세한 설명을 적어 정보를 기입할 뿐만 아니라 반드시 조직되어야 하며, 가능하다면 파일 홀더 안에 정리하도록 한다. 파일들을 처리할 수 있는, 즉 연구자가 쉽게 접근할 수 있는 양식으로 만드는 것이 과제이다. 예를 들면, 유아교육기관에서 매주 부모들에게 보내는 6쪽짜리 소식지에 담긴 모든 내용이 다 연구와 관련이 있지는 않을 것이다. 관련이 있는 부분들을 돋보이게 표시하라.

컴퓨터 공학에서의 대단한 진보는 스캐너로서, 위에서 언급한 바와 같이, 문자로 된 자료를 바로 컴퓨터 파일로 복사할 수 있게 해준다. 그렇게 하는 것은 분석 작업을 훨씬 더 쉽게 해줄 수 있다. 모든 자료와 마찬가지로 인공 산물 역시 복사본을 만들어 놓아야 한다. 종이가 아닌 사물들은 사진을 찍거나 또는 비디오 촬영을 한 뒤 보관하도록 한다.

자료 기록의 중요성 The Importance of the Data Record

Fred Erickson에 의하면 기록된 자료data record는 해석의 근거 자료가 된다. 이는 연구자가 현장에 있었다는 근거가 될 뿐만 아니라 연구자가 현장에 있을 때 무엇을 축적했는지에 대한 기록이 된다. 이는 연구자가 해석을 할 때 활용하는 자료이기도 한다. 풍부한 기록자료가 없는 연구는 단지 무엇인가를 지어내는 것에 지나지 않는다. 이야기를 지어내는 사람들은 자신의 관찰과 경험에 의해서 "내가 여름 캠프에 갔을 때 일인데…"라는 말을 하지만 관찰과 경험에 대한 충실한 기록에 근거해서 그런 말을 하는 것은 아니다. 부동산 거래를 할 때 제일 중요한 세 가지 법칙이 "위치, 위치, 위치"인 것처럼 현장연구를 할 때 제일 중요한 세 가지 법칙은 "기록하라. 기록하라. 기록하라."이다.

우리는 이 시점까지 타당성validity에 대해서 직접적으로 언급하지 않았다. 우리는 타당성이라는 용어 대신 정확성accuracy과 정밀성precision에 대해서 언급하는 것을 선호하는데, 여기에는 두 가지 이유가 있다. 첫 번째 이유는 타당성이라는 용어에는 연구에 대한 대부분의 담론에서 지니는 일반적인 의미가 있기 때문이고, 두 번째 이유는 이러한 담론 속에 존재하는 타당성이라는 용어에 대한 제한된 시각 때문이다.

타당성에 대한 사전적인 정의에서 중요한 것은 "근거가 확실하거나 정당한"이라는 개념이다. 충분한 자료 기록이 없이는 근거가 확실하거나 정당한 분석이 이루어질 수 없기 때문에 자료의 기록이 매우 중요하다는 점을 명료하게 해둘 필요가 있다. 충분한 기록이 근거가 확실한 해석을 보장하는 것은 아니지만 좋은 해석을 하기 위한 필수조건이 된다. 즉, 충분한 기록은 근거가 확실한 해석을 위한 필요조건이지만 충분조건은 아니다. 최종 연구물이 충분한 근거가 있는 것인지 혹은 정당한 것인지는 연구의 계획에서부터 보고서 작성에 이르기까지 연구의 전 과정에 달려 있는 것이다.

"타당성"이라는 용어는 측정과 관련된 의미를 내포한다. 타당성은 연구의 전체적인 측면에 대한 것이라기보다는 주로 연구도구와 관련된 측정에 대한 것이다. 심리측정학적 전통에서 타당성은 측정을 중심으로 하는 연구에 사용되는 검사도구와 관련된 용어이다. 타당성이 지니는 측정과 연관된 의미 때문에 다른 용어를 선호하는 연구자들도 있다: Geertz(1973)는 "주장성assertability", Campbell(1978)은 "그럴듯함plausibility", Denzin(1989)은 "있을 법함verisimilitude", Erickson(1989)은 "신뢰성trustability"이라는 용어를 사용하였다.

연구방법을 기술한 저서들에는 "타당성의 위협요인"에 대한 자세한 설명이 포함되어 있다(Krathwohl, 1993, pp. 454–478 참조). 특정 지역의 역사, 성숙, 연구대상자 이탈, 표집 등을 포함하는 타당성의 위협요인들은 모든 종류의 연구를 할 때 고려되어야 하지만 연구방법론책에서는 주로 실험연구와 같은 측정 관련 연구들과 연관지어 이를 설명하고 있다. 예를 들어, 만일 현장연구에 참여하는 클럽 스카우트Cub Scout 소속 아이들의 반 정도가 이탈한다면 "연구대상자 이탈"은 중요하게 다루어져야 하지만 해석학적 연구자들은 일반적인 연구방법론책에서 이에 대한 별 도움을 얻지 못할 것이다. 사실 연구자가 연구대상자 이탈이라는 문제를 어떻게 다루는가 하는 것은 상당 부분 연구 맥락에 달려 있는 것으로, 연구대상자 이탈은 타당성을 위협하는 요인이라기보다는 오히려 중요한 연구결과로 간주될 수도 있다. 여러 명의 아이들이 중간에 클럽 스카우트에서 탈퇴한다는 사실을 통해서 몇몇 아이들이 클럽 스카우트를 소년 야구리그Little League가 시작되기 전까지만 참여하는 활동으로 여기고 있다는 것을 알 수 있다.

타당성에 대한 관점을 확장하는 것과 관련된 이슈는 자료 기록의 중요성에 대한 논의를 벗어나는 것이므로 이에 대해서는 제10장에서 언급하고자 한다.

사회과학연구에서의 핵심은 연구자가 사회적 상호작용과 사회적 과정 자체를 분석하는 것이 아니라는 점이다. 연구자는 상호작용과 과정들을 먼저 기록한 후에 그 기록들을 해석하는 것이다. 또한 해석의 과정은 연구자가 현장에 첫발을 내딛는 순간 시작되고, 현장에 있는 많은 시간 동안 계속되며, 자료를 기록하고 논문을 작성하는 더 많은 시간 동안 지속된다. 통찰력은 언제 나타날지 모른다. 좋은 통찰이 무시되어서는 안 된다. 우리가 의도적으로 자료의 기록과 해석을 구분하려는 것은 자료 기록의 중요성을 강조하기 위함이다.

어린이를 연구하는 목적은 어린이의 매일 매일의 일상과 그 이면을 이해하고자 하는 것이다. 세 단계에 대한 Maclean의 비유를 빌리자면 보이지 않는 것을 이해하는 것은 자료의 기록을 통해서 이루어진다. 연구자는 눈에 보이지 않는 것을 기록된 자료에서 먼저 보고, 그 다음에 현장에서 보게 된다.

결론Conclusion

- 자료를 직접 만져라.

각 연구 프로젝트가 독특하듯이, 자료 기록의 형태는 모두 다르지만 좋은 기록은 잘 구성되어 있다는 특성을 공유한다. 즉, 좋은 기록은 찾기가 쉽고 융통성이 있으며 여러 측면에서 다룰 수 있다는 특성을 갖는다. 실용적인 자료 기록을 하기 위한 방법 중 하나는 원 자료를 최대한 여러 번, 최대한 다양한 방식으로 다루어보는 것이다. 자료를 직접 만져야 한다. 자료를 늘어놓고, 그룹 짓고, 분류하라. 그런 후에는 다시 늘어놓고, 다시 그룹 짓고, 다시 분류하라. 포스트잇 노트를 많이 사용하라. 자료를 직접 다루다보면 기억 속에 존재하는 추가적인 자료를 기록해낼 수 있게 되며, 이러한 과정은 추상적인 정보를 구체적인 자료로 변형시킨다.

유아의 또래 사회 세상으로 들어가기
Getting Into the Peer Social Worlds of Young Children

Hsueh-Yin Ting
대만 국립 신죽사범대학

질적 연구는 맥락에 민감하다. 연구자는 어느 곳에 위치하고 무엇을 하는 가에 따라서 다른 역할을 수행하고 다른 전략과 방법을 사용한다. 질적 연구를 잘 하기 위해서는 맥락을 반영하는 의사결정을 해야 한다. 유아를 연구하는 경우에는 유아의 연령이 연구자의 의사결정에 영향을 주는 맥락적 요인의 하나가 된다.

이 글에서 나는 유아의 또래 간 사회 세상을 연구하는 동안 연구자로서 내가 한 결정들에 대해서 이야기하고자 한다. 내가 수행한 두 개의 연구 가운데 하나는 어린이집에서 "가장자리에 처한 유아children on the edge"에 초점을 두고 수행한 연구이며, 다른 하나는 다언어/다문화 유아원 교실에서 이루어진 또래 그룹에 관한 연구이다.

나는 두 가지 이슈, 즉 내가 유아의 또래 사회 세상으로 들어가기 위해서 연구자 역할을 어떻게 설정했는지에 대한 것과 유아들 간의 상호작용을 기록하기 위해서 비디오 자료를 어떻게 활용했는지에 대해서 이야기하고자 한다.

연구자의 역할 The Researcher's Role

연구에 대해서 이야기할 때 우리는 연구자가 방 안에 있는 가구 중의 하나와 같이 눈에 띄지 않는 것이 중요하다는 말을 자주 한다. 연구자가 눈에 띄지 않으려고 아무리 노력해도 연구자가 현장에 들어서는 순간 맥락의 성격이 변하게 된다. 연구자의 존재가 연구자 자신과 연구 참여자의 해석에 영향을 줄 수 있기 때문에 연구자의 존재가 미치는 영향에 대해서 잘 살펴보는 것이 중요하다.

연구를 하면서 내가 직면한 첫 번째 도전은 연구자의 영향력을 최소화하면서 유아들의 또래 세상을 잘 관찰할 수 있도록 유아들에게 가까이 다가가는 것이었다. 나는 유아들이 성인의 감독에서 벗어난 상황에서 어떻게 상호작용을 하는지에 대해서 관찰하고 싶었다. 그러나 나는 신체적으로 성인의 크기였고, 유능성의 정도에서도 유아들과 상당히 구별이 되는 존재였다. 내가 관찰한 두 기관 모두에 아시아권의 유아들이 있었지만, 영어에 그리 능통하지 않은 중국인 성인으로서 나는 첫 번째 연구를 수행할 때 특히 두드러져 보였다. 게다가 교실의 또 다른 성인인 교사들이 권위를 가지고 있는 사람으로 유아들에게 인식되었기 때문에, 같은 맥락에 있는 성인인 나 또한 권위를 지닌 사람으로 인식되었다. 나는 성인으로서 지니는 내 권위에 대한 유아들의 인식을 최소화하기 위해서 노력했다. 성인으로서의 내 권위를 유아들이 인식하는 것을 최소한으로 줄여야 유아들의 사회적 세계에 들어갈 수 있는 "입장권"을 가질 수 있기 때문이다.

나는 Corsaro(1985)의 "반응적 전략reactive strategy"을 사용함으로써 교실에 있는 다른 성인들과 구별되는 사람으로 인식될 수 있음을 발견하였다. Corsaro는 권위를 지닌 성인들이 일반적으로 먼저 행동을 취하고 어린이들은 성인의 행동에 반응한다고 하였다. 나는 일반적인 성인과 달리 유아들이 내게 먼저 다가온 경우에만 반응하였다. 나는 이처럼 유아들의 행동에 반응하는 역할을 함으로써 교실에 있는 다른 성인들과 나를 차별화할 수 있었다. 유아들은 성인의 개입을 피하기 위해서 성인이 있는 경우에는 다르게 행동하였다. 나는 유아들의 활동에 개입하지 않았다. 나는 특히 갈등 상황에서 개입하지 않도록 주의하였다.

두 연구 모두에서 나는 교사에 의해서 공식적으로 소개되지 않은 상태에서 교실에 들어갔다. 나는 하나의 영역을 선택하여 그 옆에 앉아서 관찰하였다. 유아들이 와서 내게 무엇을 하고 있는지 물어보면 나는 유아들이 놀이하는 것을 보고 있다고 말해 주었다. 나는 유아들이 있을 때는 절대로 유아들에 대해서 교사에게 이야기하지 않았다. 교사들에게 이야기를 할 필요가 있을 때는 유아들이 돌아간 후에 하였다. 나는 유아들이 나를 자신들의 행동에 대해서 교사에게 일러주는 스파이라고 생각하는 것을 원하지 않았다. 나는 유아들이 나를 충실한 친구로 여기기를 원했다. 교실에 있는 다른 성인들처럼 행동하지 않음으로써 나는 교사들은 쉽게 관찰하지 못하는 유아들의 사회적 세계에 들어갈 수 있었다.

역할을 규정하는 것은 계속적이고 상호적인 과정이다. 첫 몇 주 동안 내가 유아들을 관찰하는 동안 유아들은 나를 관찰하면서 내가 누구인가를 이해하려고 노력하였다. 나에게 누군가의 엄마냐고 묻는 아이들도 있었고, 나에게 거기서 무엇을 하고 있는지를 물어보는 아이들도 있었다.

(1996년 10월 3일 : 관찰 두 번째 주)

나는 현장노트를 쓰면서 테이블 옆에 앉아 있다. 4세 남자 아이가 와서 "지금 뭐하고 계세요?"라고 묻는다. 나는 "뭘 쓰고 있어"라고 대답한다. "뭘 쓰고 계시는데요?", "지금 내가 교실에서 보고 있는 것을 쓰고 있어." 아이는 내 노트에 적힌 글을 가리키면서, "여기를 읽어보세요"라고 한다. 나는 단어를 하나하나 짚으면서 읽는다. "여기에는 '10시 30분, 대근육활동영역에는 성인이 아무도 없다.'라고 써 있어." 아이는 미소를 지으며 묻는다. "여기에 정확히 그렇게 적혀 있어요?" 나는 "그래"라고 대답한다. 아이는 미소를 짓는다. 더 이상 질문하지 않는다. 아이는 내 옆에 앉아서 작은 블록을 가지고 놀이한다.

유아들의 저항Children's Resistance

일반적으로 연구 참여자들은 연구에 참여할지 여부를 자신들이 결정하지만 유아의 경우에는 부모나 보호자가 결정한다. 부모가 연구 참여를 승인하면 유아들은 자신의 의사와 상관없이 연구에 참여하게 된다. 그러나 그렇다고 해서 유아들이 저항을 하지 않는 것은 아니다. (아이러니하게도 나는 유아들의 거부에 대해서 흥미를 가지고 있었지만) 몇몇 아이들이 나를 거부한다는 사실을 받아들이기가 어렵다는 것을 알게 되었다.

(1993년 9월 25일 : 관찰 첫 번째 주)

나는 쌓기 놀이영역 옆에서 관찰을 하고 있다. N이 내게로 와서 내 어깨를 두 번 때린다. 아이의 작은 주먹이 나를 아프게 하지는 않는다. 나는 아이가 왜 나를 때리는지 알지 못했고, 아이에게 친절하게 보이려고 미소로 답한다. 아이는 다시 나를 때린다. 교사가 하듯이 아이에게 그만두라고 하지 않고 나는 또래 아이처럼 반응하기로 했다. 나는 "나를 왜 때렸니? 난 네가 나를 때리는 게 싫어."라고 말한다. 아이는 "난 당신이 싫어요."라고 말한다. 나는 "내가 왜 싫어?"라고 묻는다. 아이는 "몰라요. 그냥 싫어요."라고 말한다. M(여자아이)이 옆으로 지나간다. 아이는 이 여자아이를 안으면서 "(여자아이를 보면서) 난 너를 싫어하지는 않지만, (나를 가리키면서) 당신은 싫어요."라고 말한다. 아이는 뒤로 몇 걸음 물러나서 교실에 있는 모든 사람을 향해 소리친다. "나는 저기 있는 저 사람이 싫어!" 당황스럽고 속이 상해서 어떻게 반응해야 할지 몰라 나는 가만히 앉아서 아이를 쳐다본다. 아이는 교사가 "N!"하고 부르자 내 곁을 떠난다.

이 일은 내가 현장연구를 시작한 첫 주에 일어났다. 나는 N이 교실에 있는 모든 사람들 앞에서 나를 싫어한다고 말해서 속이 상하고 당황스러웠다. 나중에 교사는 N이 교실에 들어오는 모든 낯선 사람들에게 비슷하게 행동한다고 알려주었다. 교사의 말을 듣고 나는 기분이 조금은 나아졌다. 나는 N에게 동정의 마음이 생겼다. 아이는 연구에 참여하지 않겠다고 거부의 의사를 밝힐 기회가 없었기 때문에 누군가에 의해서 관찰되는 것의 불쾌함을 이런 식으로 표현한 것일지도 모른다. 그렇다 하더라도 나는 "N과 관련된 문제"를 해결하는 데 어려움을 겪었다. 이후 나는 교실에서 관찰을 할 때 N으로부터 떨어져 있으려고 노력하였다.

도덕적 딜레마 Ethical Dilemmas

유아들의 상호작용에 개입을 하지 않으려는 나의 결정은 도덕적 딜레마를 가져왔다. 나는 유아들의 세계에 들어가기 위해서 그들에게 "충성"해야 했다. 나는 유아들이 내가 있을 때에도 성인이 없을 때 하는 행동을 그대로 할 만큼 나를 안전한 사람으로 인식하기를 원했다. 그러기 위해서는 내가 아이들의 행동에 개입을 하지 않을 뿐 아니라 내가 관찰한 것을 교사에게 말하지도 않아야 했다. 그런 역할을 하는 것이 내게는 쉽지 않았다. 교육자로서 나는 유아들을 보호하고 교육해야 할 책임감을 지속적으로 느꼈다. 때때로 분명한 신체적인 위험이 예상되는 상황에서는 개입을 해야 했다.

교사들과 의사소통을 할 때에도 나는 "반응적reactive"으로 행동했다. 즉, 교사들이 먼저 물어보는 경우에만 아이들에 대해서 신중하게 이야기함으로써 나는 유아들에게 "충성스러운" 친구로 남을 수 있었고, 교사들이 보지 못하는 것을 내가 관찰하고 있다는 것을 나도 모르는 사이에 교사들에게 전달하던 연구 초기의 실수를 범하지 않게 되었다.

유아들의 상호작용 기록하기 Recording Children's Interactions

물리적으로 그리고 사회적으로 유아들에게 가까이 다가가는 것은 겨우 첫 단계에 해당하는 일이었다. 풍부하고 복합적인 유아들 간의 상호작용을 기록하는 방법을 찾는 것은 또 다른 도전이었다. 내가 "스냅 사진snapshots"이라고 명명한 비디오 카메라와 녹음기를 활용하는 방법은 유아들 간에 이루어지는 언어적 · 비언어적 상호작용의 미묘함을 기록하는 데 매우 유용하게 사용되었다.

나는 내 모국어가 아닌 영어로 연구를 진행하기 때문에 종종 유아들의 대화내용을 모두 알아듣는 것이 어렵다고 느꼈다. 또한 비언어적 의사소통의 뉘앙스를 글로 기록하는 것이 어렵다고 생각되었다. 나는 내가 관찰하는 것을 그림으로 그릴 수 있다면 상호작용의 다양한 측면들을 더 정확하게 기록할 수 있을 것이라고 생각했지만 그림을 빨리 잘 그리는 능력이 내게는 없었다. 나는 비디오 카메라와 녹음기가 매우 유용하다는 사실을 알게 되었다.

처음에는 잘 이해되지 않던 유아들의 대화도 녹음이나 촬영을 한 후 반복해서 들음으로써 잘 이해할 수 있었다. 유아들의 상호작용을 반복해서 보고, 장면별로 다시 보는 것은 정밀 분석을 할 때 많은 도움이 되었다. 언어능력이 잘 발달된 성인들과 달리 유아들 간에 이루어지는 상호작용에는 비언어적 표현과 몸짓 언어가 많다. 예를 들면, 물리적 공간의 거리는 유아들 간의 또래 관계를 이해하는 중요한 단서가 된다. 비디오 촬영을 한 후 촬영된 상호작용 자료를 유아들에게 보여 주고 그들의 의견을 들을 수도 있었다.

비디오 사용하기Using Video

비디오 자료를 사용하는 데 "가장 좋은" 방법은 없겠지만 "더 나은" 방법들은 있다고 생각된다. 비디오 자료를 어떻게 활용할 것인가는 상당 부분 연구 맥락에 달려 있다. 나는 두 연구를 진행하면서 시행착오를 겪으면서도 실험을 하는 데 많은 시간을 할애하였다. 성능이 좋은 캠코더와 마이크는 필수사항이다. 나는 캠코더로 촬영을 할 때 항상 다음의 세 가지 사항을 고려한다: 최소한의 방해, 좋은 시야와 깨끗한 음향, (유아와 기계 모두의) 안전.

최소한의 방해Least Obtrusiveness

캠코더는 연구자가 촬영하는 장면에 영향을 줄 수 있다. 캠코더를 사용하는 것은 연필과 작은 노트를 사용하는 것보다 훨씬 더 방해가 될 수 있다. 캠코더는 유아들의 시선을 끌게 되므로 유아들의 호기심을 충족시키고 기계의 존재에 익숙해지도록 하는 데 시간이 걸린다. 유아들에게 캠코더를 소개할 때 나는 유아들이 캠코더 화면을 통해서 촬영된 내용을 볼 수 있도록 하였다. 대부분의 유아들은 캠코더 화면을 한 번 보고는 만족하였다. 여러 번 반복해서 화면을 보기 원하는 몇몇 유아들에게는 캠코더는 놀잇감이 아니라고 알려주었다. 캠코더가 얼마나 방해가 되는가의 정도는 유아들의 사전 경험에 따라 다르게 나타났다. 내가 연구를 진행한 두 곳의 기관에 다니는 유아들은 관찰과 캠코더 촬영에 이미 익숙한 상태였다. 유아들이 캠코더 앞에서 "연기하는" 경우는 거의 없었다. 유아들은 캠코더가 놀잇감이 아니며 내 허락 없이 만져서는 안 된다는 것을 알고 있었다.

캠코더를 내가 직접 들고 촬영하는 것보다는 사람 없이 촬영되도록 세워두는 것이 방해가 덜 된다는 사실을 발견하였다. 나는 많은 경우에 교실 한쪽에 삼각대를 사용하여 캠코더를 세워두고 무인 촬영을 하였다.

*좋은 시야와 깨끗한 음향*Best View and Clear Sound

캠코더는 한정된 시야 범위를 가지고 있다. 인간의 눈으로는 180° 혹은 그 이상을 볼 수 있다. 캠코더로는 한 부분만을 볼 수 있다. 교실에 캠코더를 놓을 수 있는 위치가 제한되어 있기 때문에 캠코더의 시야는 더욱 제한될 수밖에 없다. 나는 캠코더를 놓을 좋은 위치를 찾기 위하여 많은 시간을 할애하였다.

첫 번째 연구를 진행한 교실은 넓었다12×8.5m. 나는 쌓기 영역이 인기가 있는 영역이고 인원 제한이 없는 영역이었기 때문에 이곳에서 유아들의 상호작용을 촬영하기로 했다. (교실이 비어 있는 주말에) 나는 세 군데 위치에서 촬영을 시도했고, 결국 네 번째 위치를 선택하였다그림 7-5. 첫 번째 위치는 쌓기 영역의 경계 역할을 하고 있는 피아노의 윗부분이었다. 이곳은 방해가 되지 않는 위치이기는 하지만 높이 때문에 캠코더 조절이 잘 안 되었고, 쌓기 영역에서 일어나는 유아들의 활동과 영역에 들어왔다 나갔다 하는 유아들의 모습을 동시에 촬영할 수가 없었다.

그래서 나는 쌓기 영역 한쪽에 있는 유아들의 눈 높이에 위치한 선반 위로 캠코더 위치를 옮겼다. 그러나 왔다 갔다하는 유아들의 모습을 담기 위해서는 캠코더의 위치를 계속 앞뒤로 옮겨야 했고 캠코더의 화면은 왼쪽에 있는데, 내가 앉을 수 있는 곳은 오른쪽밖에 없어서 캠코더의 화면을 볼 수가 없었다.

그림 7-5
카메라의 위치
출처 : Ting(1992).

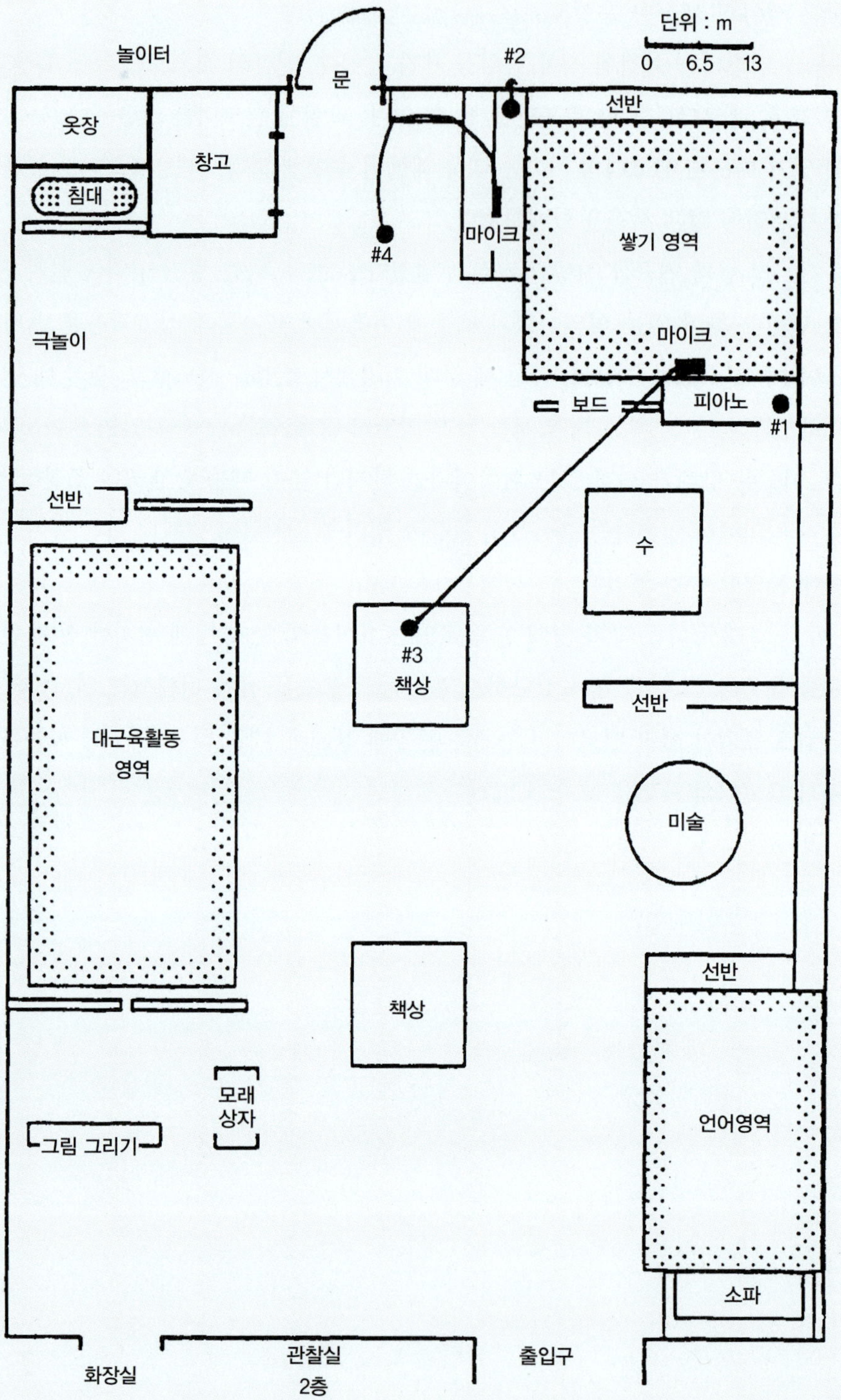

앞서 이루어진 관찰을 통해서 유아들이 놀이영역에 들어올 때 영역 입구에 서서 한동안 놀이상황을 지켜본 후에 영역에 들어온다는 것을 발견했기 때문에 나는 유아들이 영역에 들어오는 상황을 촬영하는 것이 중요하다고 생각했다. 이렇게 지켜보는 행동은 유아들이 놀이 그룹을 선택하는 데 중요하게 작용하는 것으로 보였다. 나는 세 번째 위치로 출구 근처의 쌓기 영역 외부에 있는 테이블 위를 선택하였다. 그곳은 거리가 있어서 쌓기 영역과 입구를 같이 촬영할 수는 있었지만 쌓기 영역에서 이루어지는 유아들의 대화가 잘 녹음되지 않는다는 문제가 발생했다. 이 문제를 해결하기 위하여 나는 긴 연결 코드와 PZM 마이크를 사용하였다. 유아들이 걸려서 넘어지는 일이 없도록 테이프로 연결 코드의 줄을 바닥에 고정시켰다. 처음에는 무선 마이크를 사용해 보았지만 음향의 질이 만족스럽지 못했다.

이 위치는 쌓기 영역을 촬영하기에 아주 좋은 위치였지만 유아들의 활동에 방해가 되었다. 캠코더의 삼각대는 유아들의 플레이 도우 놀이 테이블을 차지해버렸고, 전선줄이 바닥에 테이프로 고정되어 있었음에도 불구하고 유아들은 줄을 밟지 않도록 매우 조심하는 모습을 보여 주었다. 그래서 나는 결국 삼각대를 실외놀이터로 나가는 문 옆으로 옮겼다. 이 위치는 자유선택활동시간에 유아들이 사용하지 않는 곳이다(이 문은 이 시간 대에는 사용되지 않는다). 이곳은 캠코더가 눈에 잘 띄지 않고 내가 캠코더를 조정하기에 좋은 위치였다. 교실의 다른 쪽에서 흥미로운 일이 발생하면 캠코더를 돌려서 촬영할 수 있었다. 여기서 내가 말하고자 하는 것은 캠코더를 놓을 위치를 정하는 것처럼 단순하게 보이는 일에도 많은 시간이 소요되고 시행착오를 거치게 된다는 것이다.

두 번째 연구에서 내가 관찰을 수행한 교실은 꽤 작은 크기6 X 9.5m였고, 실제로는 두 개의 교실이 연결되어 있었다. 삼각대를 최대한 왕래가 적은 장소에 놓았음에도 불구하고 교사가 두 번이나 삼각대의 다리에 걸려서 넘어진 후에는 삼각대 사용을 중단하였다. 이 후에 나는 캠코더를 들고 촬영하기로 하였는데, 매일 90분 동안 캠코더를 들고 촬영한다는 것은 어려운 일이었고, 며칠이 지나자 어깨가 무척 아파왔다. 연구가 진행되는 동안 나는 캠코더를 놓기에 적합한 다른 장소를 찾을 수 있었다.

안전Safety

나는 유아들과 교사들의 안전에 가장 신경을 많이 썼지만 동시에 촬영 기계의 안전도 고려해야 했다. 전문적인 수준의 값비싼 이 촬영 기구는 대학으로부터 빌려온 것이었고 내가 책임을 져야 하는 것이었다. 나는 한쪽에서 캠코더로 촬영을 하는 동안에도 교실에서 일어나는 전반적인 일들에 대해서 기록을 하고 싶었지만 기계를 계속 살펴야 하는 상황이었다. 하루는 내가 보지 않는 사이에 학급의 유아 한 명이 마이크를 카펫 밑에 숨겼다는 사실을 교사가 내게 알려주었다. 교사는 분명히 내가 촬영 기계들을 더 잘 살펴보기를 원하고 있었다. 그 이후로 나는 교실의 다른 상황들을 관찰하려는 노력을 중단하고 캠코더 가까이에 계속 머물러 있었다.

스냅 사진Snapshots

나는 유아들이 하루 동안 어떻게 집단을 형성하는가에 큰 관심을 가지고 있었다. 그래서 몇 분간의 간격을 두면서 유아들의 위치를 기록하였는데, 손으로 기록하기도 하였고 카메라로 사진 촬영을 하면서 기록하기도 하였다. 그러나 두 가지 방법 모두 그리 좋은 방법이 아니었다. 나는 캠코더를 사용하는 것이 효과적이라는 것을 발견했다. 관찰실에서 몇 분간의 간격을 두면서 교실 전체를 둘러보았고, 간격 사이에 특정 유아에게로 초점을 좁혔다. 관찰실에서는 유아들의 대화를 녹음할 수는 없었지만 유아들의 움직임을 상세하게 기록할 수 있었다.

두 번째 연구를 진행한 교실에는 관찰실이 없었다. 두 개의 연결된 교실들을 캠코더를 들고 왔다갔다 하면서 몇 분 간격으로 유아들의 위치를 촬영하는 것은 그리 좋은 방법이 아니었다. 나는 교실 모양을 그려둔 작은 종이 위에 유아들의 위치를 손으로 기록하는 것이 더 유용한 방법임을 발견하였다.

녹음하기Audiotaping

내 연구에서 비디오를 많이 사용하였지만 캠코더가 너무 방해가 되거나 유용하지 않은 경우도 있었다. 깨끗하게 녹음이 잘 되고 크기가 작은 녹음기가 훨씬 방해가 덜 되고 더 융통성 있는 도구가 되었다. 특히, 교실 크기가 작아서 비디오 촬영을 할 위치를 찾기가 어려웠던 두 번째 연구를 수행할 때 나는 항상 녹음기를 가지고 다니다가 흥미로운 대화를 듣게 되거나 유아들과 대화를 나누게 될 때 녹음을 하였다. 녹음자료는 내 필드노트에 완벽하게 기록되지 않은 사건들을 회상할 때 도움이 되었다. 그리고 내가 들어갈 수 없는 장소에서 이루어지는 대화를 녹음할 때도 녹음기가 유용하게 사용되었다. 예를 들면, 몇몇 유아들이 하루는 블록으로 "동굴"을 만들고 그 안에 숨었다. 나는 그곳에 들어갈 수 없었지만 녹음기는 들어갈 수 있었다. 맥락에 대한 기록 없이는 녹음된 유아들의 목소리를 구별하기가 매우 어려운 경우가 많기 때문에 녹음을 할 때도 나는 항상 기록을 병행하였다.

비디오 자료를 변형하기Transforming Video Data

내가 직면한 다른 도전은 비디오 자료를 종이 위에 옮겨 기록하는 것이다. 시각적인 자료의 특성은 도전과 가능성을 동시에 제공한다.

자료를 기록하는 한 가지 방법은 일반적으로 많이 활용하는 이야기체로 기록하는 것이다(예 : Corsaro, 1985). 하지만 나는 이야기체로는 유아들 간에 이루어지는 상호작용의 중요한 부분이 되는 비언어적 측면을 적절하게 기록하기 어렵다는 생각이 들었고, 자료를 그림으로 기록하는 방법을 구상하였다.

나는 일련의 그림을 사용하였다그림 7-4 참조. 각각의 그림은 특정 시간대에 쌓기 영역 안에 있는 유아들의 위치를 보여 준다. 작은 점들은 유아들이 쳐다보고 있는 방향을 나타내는 것이다. 맥락적인 정보와 함께 제공된다면 이런 단순한 그림들은 연구자로서 내가 본 것을 독자도 볼 수 있도록 해준다. 예를 들면, 블록영역에서 놀고 있는 두 집단의 유아들은 매우 가까이에서 놀이하고 있지만 별로 상호작용을 하지는 않는다는 사실을 알 수 있다.

그러나 이 그림들은 매우 중요한 부분인 몸짓 언어에 대한 정보를 독자에게 제공하지는 못한다. 최근 기술의 발달로 비디오 촬영한 장면을 사진으로 쉽게 출력할 수 있지만 유아들의 사진을 사용하는 것은 익명성 보장에 대한 약속을 위반하는 것이다. 가명을 사용한다 하더라도 유아들의 얼굴은 사진 속에 그대로 드러나기 때문이다. 나는 화면에 종이를 대고 비디오로 촬영된 장면을 베껴 그린 후 스캔하여 컴퓨터 파일로 저장하는 방법을 사용하였는데그림 7-3 참조, 이 방법은 훗날 내 동료인 Hui-Fen Lin에 의해서 더 진보된 방법으로 발전하였다. 이미지만 그렸기 때문에 그림에서 유아들의 얼굴이 드러나지 않으면서도 몸짓 언어는 매우 잘 나타나서 매우 강력한 시각적 증거를 제공할 수 있었다. 그러나 이 과정에서 이미 좋지 않았던 내 시력이 더욱 나빠졌다는 사실을 시인하지 않을 수 없고, 나는 아마도 이 방법을 다시 사용하지는 않을 것 같다.

나는 스냅사진 자료를 그림 7-6과 같은 방식으로 옮겨 기록하였다. 이 자료는 세 영역으로 구성된다. 첫 번째 영역은 42분 동안 모든 유아들이 있었던 위치를 보여 준다. 두 번째

날짜 : 1994년 3월 30일
시간 : 오전 9 : 55~10 : 37(42분)
유아 # : 14/15
결석한 유아 : E

(1) 시간의 흐름에 따른 유아들의 위치

	9 : 55 AM	10 : 04 AM	10 : 13 AM	10 : 20 AM	10 : 25 AM	10 : 37 AM
(블록)	J, P, δ, W, M R, O___	J, P, W, M, R, δ, [O], S,A,B___	J, P, W, M, -R, -O [S], A, B, δ___	J, P, H, W, M, A, B, δ, -S___	J, P, H, W, -M, A, B, S, δ___	J, P, R, [O], -W H, Y, D, -S -A -B___
(극화)					M___	-M
(조형)	A, B, S, ©___	-A, -B-S		D, Y___	D, Y, [R]___	-Y-D-R, N, δ___
(그리기)	D, Y, @	D, Y, H	−D−H−Y___			S, K, @
(간식)			D, H, Y___	−D−Y−H, R___	−R, O, K___	-O-K, W, M, δ___
(수)						
(카펫)	H, N, K, δ___	N, K, -H___	N, K, δ, O___	N, K, O, δ___	-N-K-O	A, B___
(기타)			R___	S___	-S, N___	-N

(2) 유아들의 그룹별 분석

	9 : 55 AM	10 : 04 AM	10 : 13 AM	10 : 20 AM	10 : 25 AM	10 : 37 AM
(블록)	J, P, W, M___			H	−M___	−W___
(극화)					M	−M
(조형)						M, W___
(그리기)	D, Y___	H	(snack)___	−D−Y−H		
(간식)				D. Y___		−D−Y
(수)				H		D,Y___
(카펫)	A, B, S___	(block)___		−S	S_	−S
(기타)	N, K, δ___	−δ	O, δ___		−N(snack)___	

맥락적 정보

1. (L은 모국으로 돌아갔음. O는 새로 입학한 유아임)
2. 비행기 프로젝트는 사흘째 지속되고 있음. 쌓기 영역은 비행기와 관련된 활동으로 구성되어 있으며, 유아들에게 매우 인기가 있음. 교사는 유아들이 쌓기 영역에서 놀이할 때 극화놀이영역에 자신의 이름표를 걸어두는 것을 허용함. 즉, 8명의 유아들이 비행기에서 놀이할 수 있음. 교생 선생님이 가끔 유아들과 놀이함
3. 러시아인 가족 코디네이터가 오늘 학교에 왔으나, 내 기록상 어느 곳에 위치하는지는 명확하지 않음

@=제니, δ=교생 선생님, ©=가족 코디네이터, "[ ]"=혼자 놀이함 "__"=오랫동안 놀이함
(성인들은 유아들과 명백한 상호작용을 하고 있을 때에만 위치를 기록함)

그림 7-6
그림 형태가 아닌 기록

(3) 맥락적 분석

– J(Ch), P(Ch), W(Af), 그리고 M(Af)은 쌓기 영역(비행기)에서 오랫동안 놀이한다. 그러나 J(Ch)와 P(Ch)는 대부분의 시간을 함께 보낸다. M(Af)이 오전 10시 25분에 쌓기 영역을 떠났고, 그 후 W(Af)도 쌓기 영역을 떠났으며 그 둘은 간식을 함께 먹으러 갔다.

– L(Pa)이 모국으로 돌아가서 R(Pa)은 어떤 그룹의 유아들과도 오랫동안 함께 지내지 않는다. R(Pa)은 쌓기 영역에서 다른 네 명의 여아들과 잠깐 동안 함께 놀이한다. 조금 있다가 교사가 이 여아를 불러서 식물에 물을 주라고 한다. (오늘은 이 아이가 물 주는 당번이다) 식물에 물을 준 후 이 여아는 간식을 먹고는 조형영역에서 혼자 논다. 그 후에, 이 여아는 쌓기 영역으로 다시 돌아와 J(Ch)와 P(Ch)하고 함께 놀이한다.

– D(Ch)와 Y(Ch)는 늘 함께 지낸다. H(Ch)는 그들과 오전 10시 4분부터 10시 20분까지 함께 놀이하고는 이름표를 걸지 않고 쌓기 영역을 떠난다. (R이 식물에 물을 주러 가면서 자신의 이름표를 떼지 않아서 R의 이름표가 아직도 걸려 있다) 잠시 후 10시 37분에 몇 명의 유아들이 쌓기 영역을 떠나자 D와 Y가 블록영역으로 온다. 그들이 영역 안으로 들어오자 H는 "비행기" 밖으로 나와서 D와 Y를 맞이한다. (여아들은 비행기 안에서 놀이하고 있다)

– A(Ru), B(Ru), 그리고 S(Ru)는 공룡 흉내를 내면서 쌓기 영역으로 다가온다. A(Ru)와 B(Ru)는 자신들의 이름표를 걸어놓고 쌓기 영역 안으로 들어와서 "비행기" 옆에 다른 구성물을 만들고는 자신들끼리 놀이한다. S(Su)는 대부분의 시간 동안 혼자 놀이하다가 쌓기 영역 밖으로 나갔다, 들어왔다를 두 번 반복한다.

– N(Vi), K(Pa) 그리고 O(Af) (새로 입학한 유아)는 한동안 교생 선생님과 함께 갈색 카펫 위에서 놀이한다. 잠시 후에 O(Af)와 K(Pa)는 함께 간식을 먹으러 가고, N(Vi)은 교생 선생님과 함께 조형영역으로 이동한다. O(Af)는 쌓기 영역에서 10시 13분 이전과 10시 37분에 놀이한다. 이 여아는 유아들의 놀이에 잘 참여하지 못한다. 이 여아는 자신들끼리만 비행기 놀이에 열중하면서 자기를 무시하는 다른 여아들 옆에 서서 찡그리는 표정을 짓기도 한다.

그림 7–6 계속

출처 : Ting(1992).

영역은 유아들의 위치에 대한 내용이기는 하지만 개별 유아가 아니라 그룹별로 구성된 유아들의 위치를 보여 준다(이 시점에서 유아들의 그룹이 확인되었다). 세 번째 영역은 맥락적인 정보를 제공한다. 대문자는 유아들을 표시하는 것이다. 유아들을 나타내는 글자 옆에 기록된 괄호 속의 글자는 해당 유아의 국적을 나타내는 것이다.

결론 Conclusion

나는 아직 배워야 할 점이 무척 많은 초보 연구자이다. 나의 두 번째 연구에 참여한 다언어, 다문화 교실의 유아들 중에는 만다린어를 사용하는 유아들이 있기는 하였지만 나는 외국어로 연구를 하면서 질적 연구를 배웠다. 현재 나는 대만으로 돌아왔으며 여기서는 내 모국어를 사용하는 유아들을 연구하고 있다.

내 경험이 다른 분들에게 도움이 되기를 바란다.

참고문헌

Corsaro, W. (1985). *Friendship and peer culture in the early years*. Norwood, NJ: Ablex.

CHAPTER

08

Interpretation in Context

맥락 속에서 해석하기

해석학적 연구를 다른 종류의 연구와 구분하는 핵심적인 요소 가운데 하나는 반복의 속성, 즉 연구과정의 각 단계들이 서열적이지 않고 서로가 서로에게 영향을 주는 것이다. 해석적 연구의 과정은 순환적이다. 다음의 다이아그램은 아동에 대한 전통적인 연구와 해석적 접근의 차이점을 잘 보여 준다그림 8-1.

일반적으로 연구는 연구자가 연구를 설계하고, 대상을 선정하고, 자료를 수집하고 분석한 후 결과에 대해서 보고서를 작성하는 순서로 진행된다. 연구에 대한 이러한 단순한 관점하에서는, 특히 통계적 설계연구의 경우에는, 이 순서에서 벗어나는 연구를 하게 되면 연구결과가 우연히 나타난 것이거나 결과의 대표성을 변화시키는 것으로 간주된다. 대부분의 양적 연구자들은 연구에 대한 이러한 개념은 다소 고지식한 것이며, 연구과정에 대한 신화적 이미지를 나타내는 것임에 동의한다. 그러나 연구에 대한 이러한 형태의 설명이 대부분의 연구방법과 통계 책에 제시되

본 장의 저자 : Beth

그림 8-1
연구과정에 대한 전통적 관점

어 있으며, 이는 교육학 분야의 연구에 대한 관점을 해석적 관점과 대조되는 방식으로 고정시킨다.

해석적 연구는 연구 초점의 변화를 가져오고, 연구문제를 변형하며, 자료 생성을 위한 새로운 방법을 찾고, 현재의 자료원 내에서는 언급되지 않은 이슈를 찾으며, 지역적 아이디어를 반영한 연구 보고서 작성의 기회를 극대화하기 위해서 설계된다. 이 과정에서의 모든 단계들은 서로 영향을 주어 개념과 경험이 합치되면서 일관성을 지니게 된다. 직선의 형태로 연구를 진행하는 것이 아니므로 해석적 연구의 과정은 한 그릇에 담긴 스파게티와 같이 서로 섞여 있으며 전체적인 모습으로 묘사하는 것이 보다 적절하다그림 8-2.

견고한 해석과 글쓰기를 하기 위한 시간을 짜내야 하는 현장 연구의 압력에 의해서 위에 제시된 과정이 단지 이상적인 것이 되는 경우가 종종 있지만 개념적으로 이는 매우 중요하다. 순환적인 접근은 해석과 연구과정의 모든 측면들을 맥락화하는 역할을 한다. 중요한 것은 지역성과 근접한 해석을 생성하도록 하는 적합성과 생생함을 제공하기 위해서 아이디어와 견해를 연구현장과 최대한 근접하게 유지하는 것이다.

본 장에서 나Beth는 해석적 연구과정에 대한 우리의 견해를 서술함으로써 맥락하에서 이루어지는 해석에 대해서 논의할 것이다. 나는 해석을 위한 두 개의 상보적인 맥락들, 즉 이론적 틀 안에서 이해를 도모하는 동시에 지역적 맥락과 해석을 연관

그림 8-2
해석적 연구

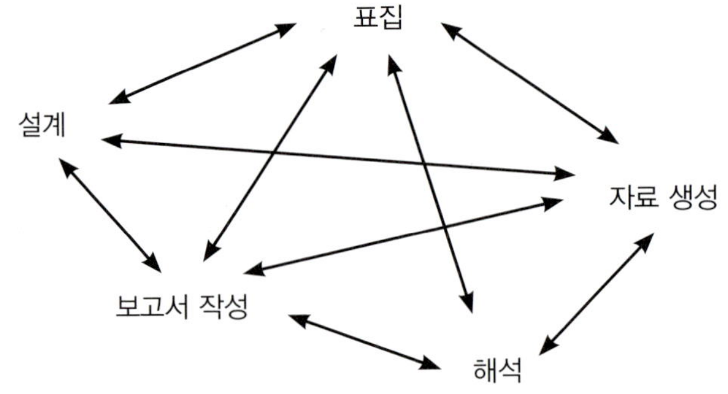

짓는 것에 대해서 고찰하고자 한다. 해석의 과정에 대한 예를 제공하기 위해서 Jared라는 유아에 대한 나의 연구 자료를 해석한 것을 제시하였다. 현장노트와 면담 자료의 내용을 제공하여 Jared가 누구인가를 규정하는 다양한 맥락 안에서 이 아이가 어떻게 위치하고 있는지를 보여 주고자 한다. 나는 Jared의 유치원 경험에 대한 우리의 해석이 어떻게 이루어졌는지를 보여 주기 위해서 이론적 개념들과 지역적 맥락에 대한 정보를 혼합하였다. 이 예는 이 책에서 우리가 강조하고자 하는 주제인 맥락 속에 위치하는 어린이들의 삶에 대해서 잘 보여 준다. 우리는 Jared를 맥락하에서 해석하고 있다.

해석이란 무엇인가? What is Interpretation?

> 사회과학에서는 오직 해석만이 존재한다. 그 자체로서 설명되는 것은 없다. 산더미처럼 많은 느낌들, 문서 자료들, 현장노트들을 가지고 현장연구자는 그가 알게 된 것에 대해서 의미를 부여해야 하는 어렵고 도전적인 과제에 직면하게 된다. 자신이 알게 된 것에 대해서 의미를 부여하는 것을 나는 해석의 예술the art of interpretation이라고 표현하였다. 이는 또한 현장으로부터 글로, 그리고 글에서 독자에게로 옮겨가는 과정으로 묘사될 수 있다. 이 예술적인 실행은 브리콜레르bricoleur[역자 : 브리콜레르란 손이 닿는 아무것이나 이용하여 만드는 일을 하는 사람]로서의 현장연구자(Levi-Strauss, 1966, p. 17)가 연구를 하면서 본인이 알게 된 것을 독자에게 전달하는 글을 쓰는 과정으로 전이하도록 한다. (Denzin, 1994, p. 500)

해석은 복잡하고 반복적이며 여러 단계로 구성된 과정으로, 이론가들과 방법론자들에 의해서 매우 다른 방식으로 규정된다. 앞서 언급된 바와 같이 Denzin은 이를 현장에서 글로, 글에서 독자에게로 옮겨가는 과정이라고 표현하였다. 해석에 대한 이러한 정의는 연구자에게 특정한 과제를 부여한다(자료 생성하기, 문서화된 자료를 분석하기, 글을 구성하기, 독자들을 위한 이야기 만들기). Denzin은 또한 과정적인 측면에서 이를 탈구조화deconstruction, 획득capture, 일괄bracketing, 구성construction 그리고 맥락화contextualization라고 묘사하였다(Denzin, 1989). 이러한 관점에서 해석은 자료와의 관계에 대한 문제, 즉 연구자가 현장에서 생성된 자료에 대한 다양한 관점을 구성하기 위해서 어떠한 노력을 하는가에 대한 것이다. Stake(1995)는 항목적 집합(중요한 개념들에 대한 예들의 축적categorical aggregation)

또는 직접적 해석에 대해서 암시하였다. 많은 이론가들은 해석의 과정을 세 부분으로 분류하였다: Strauss(1987)는 분석의 과정에 초점을 두고 귀납induction, 연역deduction, 그리고 증명verification으로 묘사하였으며, Huberman과 Miles(1994)는 Denzin과 유사하게 자료를 어떻게 활용하는가와 연관지어 자료 분석과정을 자료 축소data reduction, 자료 진열data display, 그리고 결론 도출/증명conclusion drawing/verification으로 기술하였다. 또한 Wolcott은 기술description, 분석analysis, 그리고 알려주는 것에서부터 설명하는 것으로 전이하는 해석interpretation의 트리오로 구상하였다. 해석은 연구자의 학문적 배경과 "실재reality"를 이해한다는 것이 무슨 의미인지에 대한 관점에 의해서 영향을 받는다. 해석은 어떤 이들에게는 매우 분석적이고 처방적인 단계적 과정이기도 하고, 다른 이들에게는 개인적 통찰력과 직관으로 가득찬 신비로운 것이기도 하다.

해석을 수집된 자료를 재구성하여 진열하는 순서에 따르는 과제로 생각하든지 묘사된 것을 글의 형식으로 이론적 구인들과 연관짓는 분석적 과정으로 여기는 것에 상관없이 해석은 복잡하고, 혼돈스러우며, 사전에 미리 처방된 것을 따르지 않는다. 또한 해석의 과정은 학습될 수 있는 요소들과 방법론적인 측면에서 비판받을 수 있는 요소를 지닌다. 해석의 과정에 대한 우리의 논의는 해석이 과학이냐 예술이냐를 구분하는 이분법적인 생각의 중간 부분을 오가는 것이다. 해석은 분리하는 것이기도 하고 합치는 것이기도 하며, 분석적이면서 종합적이고, 기술적이면서 내용을 환기시키는 것이고, 미녀이기도 하고 야수이기도 하다. 해석의 과정은 서로를 융합하는 객관적이고 주관적인 요소들을 지닌다. 앞서 언급된 바와 같이 해석은 시적이면서 어렵고 힘들고 창의적이고 분석적인 일들로 가득한 로맨틱한 과학이다. 해석은 끈기와 지속적인 노력을 통해 이루어진다. 해석은 해석적 연구의 전 과정을 통해 이루어지는 능동적인 의미 구성의 과정이다:

> 해석은 사건, 대상, 경험 또는 문서의 복합적인 의미를 구성하는 생산적인 과정이다. 해석은 변화시키는 힘을 지닌다. 해석은 경험을 조명하고 설명한다. 글, 대상 또는 경험으로부터 추출된 의미를 이끌어 내고 정제한다. 의미는 글 속에 존재하는 것이 아니며, 해석은 경험 또는 표상에 앞서 존재할 수 없다. 의미, 해석 그리고 표상은 서로 깊이 연관되어 있다. (Denzin, 1994, p. 504)

기술로부터 설명으로 From Descriptions to Explanations

해석(대부분의 문헌에서 분석이라고 하는)에 대한 많은 문헌에서 이에 대한 방법론적인 정의와 자료의 사례들과 함께 부호화coding, 메모하기memoing 그리고 주제themes 등의 개념을 소개하고 있다. 그러나 사례들이 제시되어 있기는 하지만 특정한 연구 문제의 맥락하에서 소개되지 않기 때문에 연구자가 다양한 자료원과 경험으로부터 이해를 형성하는 과정을 조명해주지는 못한다. 우리는 맥락화하는 작업을 좋아하므로, 나는 해석에 대한 논의를 할 때 다른 방법을 사용하고자 한다. 나는 본 장에서 유치원에 다니는 어느 유아에 대한 자료를 분석하는 과정에 독자들을 동참시킴으로써 해석의 과정에 대해서 설명한다. 나는 일상적으로 관찰되는 것으로부터 자세한 기술로, 그리고 이어서 이론화된 설명으로 이동함으로써 Jared에 대한 우리의 이해를 매우 정교한 방식으로 연결하는 자료와 해석적 작업을 제시한다. 이 과정에서, Jared가 유치원에 가는 맥락이 우리에게 해석적 지도interpretive map를 제공해주는 방식에 대한 우리의 해석에 초점을 둔다. 이는 우리로 하여금 Jared가 주변 사람들에 의해서 어떻게 구성되는지에 대해서 알 수 있게 도움을 주고, 우리가 그것을 어떻게 발견할 것인지에 대한 단서를 제공해준다.

내 연구를 통하여 수집된 자료와 이에 대한 나의 해석을 제공하면서 HyperResearch라는 질적 자료 분석 프로그램을 사용하여 컴퓨터가 해석적 과정에 어떠한 도움을 줄 수 있는지에 대해서도 보여 줄 것이다. 나는 컴퓨터와 분석도구들은 단지 지원적인 도구일 뿐 그 어느 것도 유능한 해석적 연구자의 정신과 경험을 대신할 수 없음을 분명히 지적하고 싶다. 대부분의 컴퓨터 프로그램들은 종이가 없이 분류하고 조직할 수 있도록 돕는 단순한 기술적인 가위와 폴더일 뿐이다. 자료 분석 프로그램에 대해서 더 많은 것을 알고 싶다면 Weitzman과 Miles(1995)의 저서를 참고하기 바란다. 어떠한 컴퓨터 프로그램도 당신이 올바르게 해석하는 것을 보장하거나 오류를 범하지 않도록 보호해 줄 수는 없다. 자료 분석 프로그램은 당신이 프로그램의 활용법을 잘 알고 있다면 분석을 좀 더 효율적으로 할 수 있도록 도움을 줄 수 있다. 많은 경우에 당신은 좋은 문서 프로그램을 활용하여 당신이 하고자 하는 일을 잘 할 수 있다. 어떤 프로그램이든지 사용방법을 배우는 데 많은 시간을 투자해야 한다. 이 과정에서 인내심을 가지고 매뉴얼을 잘 읽는 것이 중요하며, 만일 당신 주변에 프로그램 사용법을 이미 알고 있는 사람이 있다면 당신은 운이 좋은 사람이다.

연구방법에 대한 노트Notes on Method

구체적인 예를 제공하기 이전에 내가 사용하는 몇 가지 중요한 용어들의 의미에 대해서 설명하는 것이 필요하다. 이 글을 읽는 독자는 어느 정도의 현장연구 경험이 있을 것이라고 생각하지만 몇 가지 주요한 개념들을 제시하고자 한다. 본 절에서는 내가 자료를 해석할 때 주로 사용하는 방법인 부호화coding와 메모하기memoing에 대한 매우 간략한 설명이 제시된다. 내가 부호화와 메모하기를 어떻게 활용하는지에 대한 설명을 하고, 이와 관련해서 더 자세한 내용을 담은 저서들을 소개하고자 한다.

부호화Coding

내가 생각하는 부호화는 자료의 단락들이 나타내는 주제theme에 대한 이름을 붙이는 것이다. 이러한 관점에서 보면 부호들codes은 단지 아이디어들을 보여 주는 역할을 하는 것, 즉 연구자가 자료에 명시해 두는 분석적 범주들일 뿐이다. 부호 자체보다 더 중요한 것은 연구자가 그 부호를 가지고 전달하고자 하는 것이 무엇인가 하는 것이다. 부호화를 할 때 가장 먼저 생각해야 하는 것은 그 부호를 통해서 연구자가 하고자 하는 것이 무엇인가에 대한 것이다. 연구 참여자들의 언어와 생각을 전달하고자 하는 것인가? 아니면 참여자의 활동에서 나타나는 이론적 중요성을 발견하고자 하는 것인가? 부호는 복잡한 아이디어가 포함된 다른 어떤 것을 하기 위한 단순한 도구라는 것을 명확히 인지하면 부호를 지나치게 구체화하려고 노력하지 않을 것이고 당신이 진정으로 알고자 하는 것은 부호들이 속한 의미임을 기억하는 데 도움이 될 것이다. 부호는 이것이 속한 범주보다 이차적인 것이다.

현장연구의 어느 시점에서 형성되는지와 부호를 사용하는 연구자의 목적이 무엇인지에 따라 부호는 여러 형태로 존재한다. 가장 단순한 형태의 부호는 연구자가 자료의 특정 부분은 특정 아이디어의 예라고 생각한다는 것을 나타내는 분류 표시이다. 부호화를 할 때 찾아보아야 할 중요한 점은 자료에서 반복적으로 나타나는 것들이다. 패턴을 찾는 것도 효과적인 방법이다. 패턴은 예측할 수 있는 방향으로 반복되는 것을 말한다. 이와 동일하게 중요한 것은 패턴에서 벗어나는 현상이다. 왜냐하면 패턴에서 벗어나는 현상은 환경의 역동성하에 나타나는 어떤 종류의 변화를 알려 주는 것일 수도 있기 때문이다. 두드러지게 나타나는 일들을 찾는 것도 분석에 도움이 된다. 두드러짐에 대한 것은 연구자가 중요하게 생각하는 것이기 때문에 해석적인 요소를 담고 있지만 현장 참여자들에 의해서도 인식될 수 있는 어떤 것을 나타내는 것이어야 한다. 두드러지게 나타나는 현상은 반복되는 사건들이나 패턴에서 발견될 수도 있지만 불시에 나타날 수도 있다. 마지막으로, 실마리threads는 연구의 주요 주제에 대한 일관성 있는 생각을 제공하는 현장연구에서의 사건들과 이미지들을 통해서 연구자가 연결해가는 해석적 요소들이다.

부호는 연구에 기여하는 이론적이고 개념적인 관점들에서 나오는 외적 부호external codes와 연구를 통해서 수집된 자료를 읽으면서 나오는 이슈들에 해당되는 내적 부호internal codes로 구분될 수도 있다. 대부분의 연구에서 이 두 종류의 부호가 독립적인 것은 아니지만 이들을 조금은 다른 것으로 생각하는 것이 이론과 현장연구가 서로를 어떻게 보완하는지를 살펴보는 데 도움이 된다. 이 외에도 자료를 부호화하는 방법들이 존재하며 대부분의 연구자들은 경험에 따라, 그리고 특정 연구 프로젝트에 따라 자신만의 방법을 개발해서 사용한다. 중요한 것은 연구자 자신에게, 그리고 연구 결과를 공유하게 될 사람들에게 설명 가능한 부호화의 방법을 고안해내는 것이다.

부호화를 하는 방법에 엄격한 규칙이 존재하는 것은 아니다. 읽고, 반복해서 읽고, 또 다시 읽는 것은 대부분의 연구자들이 공통적으로 사용하는 방법일 것이다. 나는 곧 바로 부호화를 하고 싶은 충동에서 벗어나서 전체적인 그림에 대한 감각을 가질 수 있는 시간을 가질 것을 조언한다. 그러기 위해서 최소한 한 번은 필기도구 없이 현장노트 전체를 읽도록 하라. 그 후에 노트의 여백에 기록하라. 이렇게 하면 바로 자료를 분류하려고 하지 않고 자료를 읽고 생각할 시간을 가질 수 있을 것이다. 자료를 분류할 때 사용할 수 있는 여러 가지 방법이 있는데, 예를 들면 Spradley 식의 영역 분석domain analysis과 Strauss식의 조건 부호in vivo codes 등이 있다. 분석방법을 많이 알고 있을수록 그 순간에 가장 유용한 방법을 찾을 확률이 높아진다.

부호는 매우 개인적인 의미를 지니며, 많은 연구 프로젝트에서 두 명의 연구자들은 자료의 부분들을 서로 다르게 부호화할 것이다. 해석적 연구에서 부호화가 갖는 의미는 다른 종류의 연구에서 부호화가 갖는 의미와 상당히 다르다. 독자가 (학위 논문과 학술지 논문의 부록에 주로 제시되는 것과 같은) 부호들을 단순히 살펴봄으로써 분석의 과정을 이해할 수 있을 것이라는 가정은 부호를 필요 이상으로 구체화하도록 한다. 부호화는 단지 해석 행위의 일부이며 해석적 틀을 지원하는 것이다. 부호는 진리truth를 나타내는 것이 아니라 아이디어를 나타내는 것이다. 자료의 부분에 맞는 완벽한 부호를 찾으려고 노력하는 것보다는 선택한 부호를 어떻게 활용할 것인지를 생각하는 것이 보다 효율적인 일이 될 것이다.

또한 부호가 어떤 일을 하는 데 도움이 될 것인지를 생각해야 한다. 부호는 목표를 위한 수단이므로 부호를 통하여 무엇인가를 할 수 있어야 한다. 부호화는 해석을 종합하여 연구자와 궁극적으로는 독자가 감당할 수 있도록 자료를 감축하는 과정이다. 그러므로 부호화를 통하여 이미 현장노트에 있는 정보의 양을 오히려 더 많이 늘리는 일이 없도록 하는 것이 중요하다. 초기 분석에서 어린이들의 상호작용을 구분하기 위해서 20개의 다른 부호들을 활용한다면 상호작용이 어떻게 일어나는지에 대해서 이해하기 위해서 노력하는 것이 아니라 어떤 부호를 사용할 것인지를 고민하는 데 시간을 허비하게 될 것이다.

당신이 고안한 부호들이 유용한 것인지 어떻게 알 수 있는가? 부호의 유용성에 대한 통찰력을 얻기 위해서 고려할 수 있는 몇 가지 질문들은 다음과 같다. 첫째, 당신이 만든 부호들을 한 자리에 모아 놓고 하나의 이야기가 되는지 읽어보라. 어떤 이야기가 만들어지는가? 기술적인descriptive 이야기인가? 그렇다면 당신은 이제 시작 단계에 있는 것이다. 분석적인analytical 이야기인가? 그렇다면 당신은 좀 더 멀리 간 것이다. 당신이 만든 부호에 연구현장이 반영되어 있는가? 만일 그렇지 않다면, 어떻게 하면 현장이 반영될 수 있을 것인가? 스스로에게 할 수 있는 또 다른 질문은 "이 부호들은 내가 세상을 이해하는 데 어떤 도움을 줄 수 있는가?"이다. "어떻게"에 대한 질문은 그렇다 혹은 그렇지 않다 식의 질문보다 훨씬 더 중요한 것이다. 다시 말하면, 당신이 만든 부호를 통하여 당신의 현장 경험에 대해서 무엇을 알 수 있는가에 대해서 질문하라. 마지막으로, 부호화는 자료 감축의 과정이다. 해석적 연구를 통하여 생성된 방대한 양의 자료는 누구도 감당하기 어렵다. 그러나 부호들이 간과하고 있는 점은 무엇인가? 부호들이 발견된 사실을 지나치게 단순화시키고 평범화하는 것은 아닌가? 하는 질문을 하는 것도 잊지 말아야 한다.

부호화에 대한 참고문헌들 Box 8-1
Suggested Resources on Coding

Emerson, R. M., Fretz, R. I., & Shaw, L. L. (1995). *Writing ethnographic fieldnotes*. Chicago: University of Chicago Press.

Huberman, A. M., & Miles, M. B. (1994). Data management and analysis methods. In N. K. Denzin & Y. Lincoln (Eds.), *Handbook of qualitative research*. Thousand Oaks, CA: Sage Publications.

Miles, M. B., & Huberman, A. M. (1984). *Qualitative data analysis: A sourcebook of new methods*. Beverly Hills, CA: Sage.

Spradley, J. (1979). *The ethnographic interview*. New York: Holt, Rinehard & Winston.

Strauss, A. L. (1987). *Qualitative analysis for social scientists*. Cambridge, UK: Cambridge University Press.

Wolcott, H. F. (1994). *Transforming qualitative data: Description, analysis and interpretation*. Thousand Oaks, CA: Sage.

메모하기 Memoing

메모는 부호들을 연결하고 관찰한 것에 대한 연구자의 직관을 정리하여 연구자의 이해를 돕는다. 보다 쉽게 말하면 메모는 연구자가 자료와 이에 대해서 이해한 바에 대한 생각을 글로 정리한 것이다. 사람들은 자신의 훌륭한 (그리고 그다지 훌륭하지 않은) 생각들을 기억할 수 있는 능력을 과대평가하여 메모를 할 중요한 기회들을 놓치고 만다. 우리가 현장에서 관찰한 내용을 기록하여 우리의 경험에 대한 구체적인 기록물을 남기는 것과 같은 이유로 자료 해석의 개념적 과정을 메모의 형태로 보존해야 한다. 메모는 관찰과 면담의 의미를 탐구하는 개념적이고 이론적인 성격을 지니므로 부호들보다는 높은 단계에 속한다. 메모를 통하여 연구자가 이해한 바를 서로 연관짓고 구별하기 시작하면서 새로운 부호화의 과정으로 나아가는 경우가 많다. 메모는 분석의 토대가 되는 생각뿐 아니라 분석의 잘못된 시작과 막다른 길을 보여 주는 종이 위에 남겨진 해석적 연구의 흔적이라고 볼 수 있다. 나는 메모를 하는 데 너무 많은 시간을 사용한다고 불평하는 말을 들은 적이 없다. 메모하기는 크게 재미있는 일은 아니지만 꾸준히 행하면 후회하지는 않는다는 점에서 조금 투박한 비유이기는 하지만 양치 후에 하는 치실 사용하기에 비유할 수 있겠다.

방법론적인 도구로 우리가 사용하는 방법들에 대해 간략히 언급하였으므로 이제 해석에 대한 설명으로 넘어가고자 한다. 해석적 아이디어들에 도달하기 위해서 자료 속에서 헤엄치는 경험을 최소한 부분적으로라도 독자들에게 제공하기 위하여 아래에 실제 자료들을 많이 제공하였다.

메모하기에 대한 참고문헌 — Suggested Sources on Memoing (Box 8-2)

Corbin, J., & Strauss, A. (1996). Analytic ordering for theoretical purposes. *Qualitative Inquiry, 2*(2), 139–150.

Emerson, R. M., Fretz, R. I., & Shaw, L. L. (1995). *Writing ethnographic fieldnotes.* Chicago: University of Chicago Press.

Strauss, A. L. (1987). *Qualitative analysis for social scientists.* Cambridge, UK: Cambridge University Press.

관찰을 통해 만난 Jared Jared Through Observation

다음에 제시될 자료는 유치원과 초등학교 1학년 준비도readiness의 표준에 대한 1년간의 해석적 연구에서 나온 자료이다. 선행연구(Graue, 1993) 결과를 통해서 나는 준비도에 대한 지역적 정의 속에서 어린이들은 특정한 방식의 학생으로 인식되고 있음을 발견하였다. 나는 학교 지역사회가 속한 지역과 여러 학년의 맥락 안에서 준비도에 대한 개념이 어떻게 구성되고 전달되는가에 관심을 가지고 있었다. 준비도에 대한 지역적 개념의 틀 안에서 학생의 어떤 특성과 활동이 두드러지는가? 유치원과 초등학교 1학년 교육을 위한 교사와 부모의 역할이 어떻게 규정되어 있는가? 역할에 대한 기대는 그 지역의 문화적 가치에 의해서 어떻게 영향을 받으며 어린아이들과 관련된 의사결정에 어떻게 반영되는가? 이러한 질문들은 나의 연구 설계와 생성된 자료에 영향을 주었다. 이 질문들은 자료를 이해하기 위해서 사용된 항목들의 토대를 제공해주었고 나로 하여금 특정한 생각들을 가지도록 하였다. 이 질문들은 또한 본 장에 제시된 분석의 핵심을 제공하였다.

본 연구가 진행되는 동안 백인 지역에 살고 있는 중류 계층의 k-5학년 학생들이 주로 재학하고 있는 솔로몬 초등학교의 유치원 학급과 1학년 학급을 매주 방문하였다. 학년 초와 말에 부모들을 면담하였고, 8월, 12월 그리고 5월에 교사들을 면담하였으며, 5월에 어린이들을 면담하였고, 학기 전반에 걸쳐서 문서 자료들을 수집하였다. 본 저서에서 해석에 관한 설명을 하기 위하여 나는 Jared에 대한 현장노트와 면담 전사본을 모두 살펴본 후 대표적인 내용들을 제시하였다. 또한 유치원과 1학년에 대한 지역적 기대local expectations를 잘 보여 줄 수 있는 자료를 사용하였다.

1년 동안 Jared의 학급에서 이루어진 관찰 기록물의 일부를 발췌하면서 Jared의 유치원 생활에 대한 우리의 탐구를 시작하고자 한다. 나는 1년 동안 유치원 생활을 관찰하고 기록한 현장노트를 읽으면서 Jared가 포함된 부분들을 표시하였다. HyperResearch를 사용하여 해당 부분을 표시하고 부호 이름을 붙이면서 부호화하였다. 이후에 이 부분들을 분류하고 출력하여 검토하였다. 본 장의 목적을 달성하기 위하여 학급 상황 전반과 유치원 생활 1년을 감지할 수 대표적인 부분들을 현장노트에서 선택하였다. 다음에 제시된 부호들은 관찰의 맥락하에서 발견된 Jared에 대한 묘사, 즉 그가 하고 있던 일이나 교사가 언급한 일들을 나타낸다. 다음의 내용들은 약간의 회상을 포함하며, 일상적으로 관찰할 수 있는 것에 가깝다. 관찰은 준비도에 대한 나의 흥미 속에서 이루어졌음을 기억해야 한다. 나는 내가 가지고 있는 준비도에 대한 생각들에 따라 특정한 사건, 상호작용 그리고 언어에 초점을 맞추어 관찰하였다. 다음에 제시된 소제목들은 HyperResearch에서 나온 것이며 부호, 위치 그리고 현장노트를 작성한 날짜에 대한 정보를 제공한다. 다음에 제시된 내용을 읽으면서 Jared에 대한 그림을 그려보고 그가 유치원 생활을 1년 동안 어떻게 해나갔는지에 대해서 생각해보기 바란다.

울음 : 9월 3일, 1쪽 307~1449

유치원 첫날 벨이 울리기 조금 전에 Mrs. Warren은 학급 유아들을 만나기 위하여 놀이터로 나간다–"긴장한 유아와 부모들이 분명히 몇 명은 있을 거라고 생각해요"그녀는 그들을 교실 문 밖에서 만났고, "가방 안에 내게 줄 것이 들어 있니?"라고 한 사람씩 개별적으로 질문하자 그들은 교실 안으로 들어온다. 어린이들은 각자의 가방 안에 들어 있는 것이 있는지 살펴보고 Mrs. Warren에게 주어야 할 것이 있으면 꺼내서 주고, 가방을 장에 걸어둔다. 편지들은 사물함 위에 있는 Mrs. Warren의 우편함에 들어간다. 몇몇 어린이들은 가방을 맨 상태로 교실 안에 들어와서 여기저기 돌아다니고, 대부분의 어린이들은 장에 가방을 걸어둔다. Mrs. Warren은 아직 가방을 매고 있는 어린이들에게 가방을 장에 걸어두라고 알려준다. 어린이들은 모여 앉는 장소로 가서 대부분 서서 이야기를 나누고, 장난감이나 모서리 부분에 있는 차트를 만지작거린다. Jared는 시무룩한 표정을 하고 Mrs. Warren에게 매달린다.

Mrs. Warren : Jared, 내 바로 옆에 앉아도 돼… 알았지? 모두 다 앉자. [어린이들은 깔개에 앉는다–원형으로 앉았나 아니면 아무렇게나 앉았나?] 모두 준비 됐니? [Mrs. Warren은 유아들이 모두 편안하게 앉았는지 살펴본다]

미숙함 : 9월 24일, 1쪽 5442~8703

Mrs. W : 오늘은 너희들이 지난 주에 그린 모양 그림들을 가지고 활동할거야 –그 모양들은 너희들의 모양이야! 내가 너희들 몸을 따라서 그림을 그리니까 조금 간

지러웠던 것 기억하니? Christopher, 바로 앉았으면 좋겠구나. 너의 몸 그림 안을 채워야지. 잘 보기 위해서는 얼굴 안에 무엇이 있어야 하지?

어린이들 : 눈!

Mrs. W : 냄새를 맡기 위해서는 무엇이 있어야 할까?

어린이들 : 코!

Mrs. W : 그리고 여기에는 무엇이 있지? [Mrs. Warren은 미소를 지으며 입을 가리킨다]

어린이들 : 웃는 입!

Mrs. W : 그리고 머리가 춥지 않으려면 무엇이 있어야 할까?

어린이들 : 머리카락!

Mrs. W : 너희들 손가락을 보면 무엇이 보이니? [그녀는 손을 올리고 손가락 끝 부분을 가리킨다.]

어린이들 : 손톱!

Cara : 손톱과 나처럼 매니큐어 바른 손톱!

Mrs. W : 손톱에 매니큐어를 바른 사람들도 있구나. 옷을 그릴 때 너희들이 지금 입고 있는 옷을 그려도 되고, 너희들이 입고 싶은 옷—너희들이 제일 좋아하는 옷을 그려도 좋아. 만약 너희들이 제일 좋아하는 반바지가 빨간색이면 빨간색으로 색칠할 수도 있어. 아니면 너희들이 오늘 입고 온 옷을 그려도 좋아. 만약 벨트를 하고 있으면—벨트를 그리면 되겠구나!

관찰 : 어린이들은 서로를 쳐다보면서 Mrs. Warren이 하는 말에 따라 입고 있는 옷을 가리킨다.

Mrs. W : 너희들이 그린 그림 모양에는 신발도 있지? 이제 크레용을 가지고 얼굴을 그려 넣고 지퍼 같은 것들을 그리도록 하자. 큰 공간을 색칠하기에 좋은 다른 종류의 크레용도 있으니 빌려가도 좋아. 너희들이 그림 그리기를 시작하면 크레용을 가지고 올게. Carlie의 엄마가 우리가 몸무게를 재고 키 재는 것을 도와주시러 오셨어. 교무실 옆으로 너희들을 몇 명씩 데리고 가실거야. Marta, Cara 그리고 Carlie, 너희들은 Mrs. Ansell과 함께 가 주겠니? 자기 이름이 써 있는 모양 종이를 찾아야 해.

관찰 : 유아들은 흩어져서 자신이 그린 모양 종이를 찾는다. 나는 Allison과 Lester처럼 자신의 것을 찾지 못하는 유아들을 도와준다. 대부분의 유아들은 자기가 만든 모양 종이를 먼저 찾고 크레용을 가지러 간다. 유아들이 그림 그리기를 시

작하자 Mrs. Warren은 나에 대한 노래를 틀어준다. (노래 제목은 기억이 나지 않는다) 나는 유아들이 그림을 그리는 것을 보려고 교실 안에서 옮겨 다닌다. Mrs. Warren은 머리를 그리고 있는 Allison의 그림에 대해서 언급한다. Allison은 머리카락을 그렸고 눈 안에 안구를 그렸다. Mrs. Warren은 그것이 매우 인상적이라고 말한다. 그 다음에 그녀는 윗도리에 매우 복잡한 모양을 그리고 있는 Jason에게 말을 한다. Jason은 군복을 그리고 있으며 두 가지 색을 섞고 있다고 말한다. 그녀는 David 옆을 지나다가 아이가 작은 크레용으로 매우 큰 신발을 색칠하고 있는 것을 본다.

Mrs. W : David, 다른 쪽 신발도 같은 색으로 칠한 후에 바지는 두꺼운 크레용으로 바꿔서 색칠하겠니?

관찰 : Mrs. Warren은 Jared가 몸무게와 키를 재러 교실 밖으로 나가자 그의 그림에 대해서 언급한다. 그녀는 그가 매우 미숙하지만 그의 그림에는 몸의 모든 부분이 다 그려져 있다고 말한다. 반면, David는 색칠하느라고 매우 고생하고 있다 – 색칠하기는 그에게는 매우 힘든 일이다.

지시에 따르기 : 2월 13일, 1쪽 48~3947

유아들은 칠판에 무엇인가를 쓰면서 이야기하고 있는 Mrs. Warren과 함께 깔개에 앉아 있다. Karen과 어머니 두 분이 책상 위에 교재들을 놓고 있다. 거기에는 분홍색, 빨간색, 흰색 종이, 냅킨, 그리고 하트 모양의 종이가 있다.

칠판에는 다음과 같이 써 있다.

장미는 빨간색이다
설탕은 달다

장미는 빨간색이다
제비꽃은 파란색이다

교사는 유아들에게 이야기를 하고 유아들은 발렌타인 카드에 적을 내용을 불러준다. 유아들은 “I love you”와 “Happy Valentine’s Day”의 철자를 불러준다. 교사는 의자에 앉아 있고 유아들은 교사를 바라본다.

Mrs. W : 그리고 너희들에게 카드를 만들 종이를 줄거야. 지난 주에 종이를 길게 접을 수 있는 방법과 짧게 접을 수 있는 방법에 대해서 이야기한 것 기억하고 있니? 음, 종이를 길게 접어 볼거야—가게에서 파는 카드처럼 만들자. 카드를 접은 다음에는 열어놓자. 책상 위에 예쁜 레이스가 있어 [교사는 지름이 7.5cm 정도 되는 동그라미 모양의 작은 냅킨 종이를 어린이들에게 보여 준다]. 이 냅킨은 너희들이 카드를 꾸밀 때 예쁜 배경으로 사용할 수 있어. [교사는 그림이 있는 하트 모양을 그린다. 어떤 그림인지는 기억이 나지 않는다] 이런 모양의 하트를 학교 매점에서 발견했어. 그렇게 예쁘지는 않지만 멋지게 보일거야. 오렌지색 별 아래에 있는 책상 위에 발렌타인 그림들이 놓여 있어. [교사는 자신의 바로 앞에 앉아 있는 Trevor에게 말하기 위해서 몸을 구부린다] Trevor, 선생님을 계속 쳐다봐야지. [어린이들에게] 발렌타인 그림을 붙이려면 풀이 필요할거야. 너희들 중에 풀을 이미 가지고 있는 사람도 있지만 풀이 다 말라버렸어. 아주 작은 양의 풀만 사용하면 된다는 것을 기억하도록 하자. 풀을 너무 많이 짜면 여기저기 흐르게 된단다. 여러 가지 것들로 카드를 꾸밀 수도 있어. 꽃밭을 꾸며도 좋고 너희들이 하고 싶은 것은 뭐든지 해도 좋아. Gordon 선생님이 하트 모양을 어떻게 만드는지 미술시간에 가르쳐주셨니?

어린이들 : 다른 선생님이 오셨었어요.

Mrs. W : 아, 그랬지. 음, 여기에 종이를 접고 막대사탕 모양을 그리면 돼. 하트를 만들기 위해서 막대사탕 모양을 그린다는 것이 좀 이상한 것 같지만 그렇게 하면 하트가 만들어진단다. 종이를 접은 부분에 막대사탕 모양을 그리는거야.

관찰 : 교사는 반으로 접은 종이를 들고 다음과 같은 모양을 그린다.

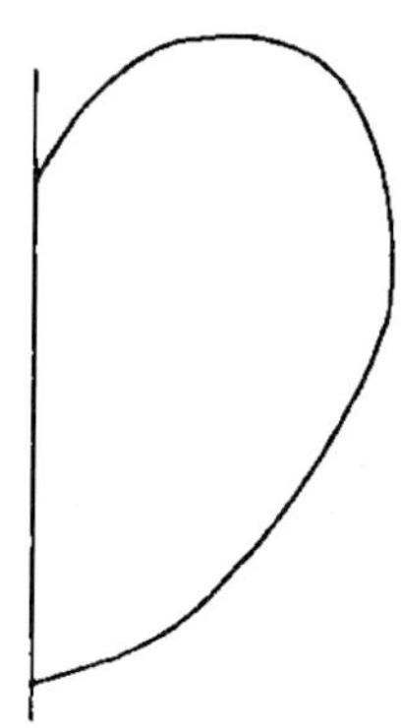

관찰 : 교사는 하트 모양을 오려내서 아이들에게 보여 준다.

Mrs. W : 몇 번 연습을 해보면 좋아. 아이스크림 콘 같이 보이기도 해.

Max : 빗방울같이 보이기도 해요.

Mrs. W : 그래, 빗방울. [교사는 접은 종이를 편다] 이제 카드에 쓸 내용을 생각해보자. [Cory가 큰 소리로 말한다] Cory, 지금은 누가 이야기하는 시간이지?

Cory : 선생님이요.

Mrs. W : 그러면 잘 듣도록 하자. 오늘 아침에 같이 생각한 내용을 써도 좋고, 아니면 새로운 내용을 적어도 좋아. 누구한테 발렌타인 카드를 보낼 것인지도 결정을 해야겠구나–엄마, 아니면 아빠, 아니면 엄마, 아빠 모두. 그건 너희들이 결정해. 이제 책상으로 갈 사람들의 이름을 불러줄게. 이름을 잘 들어봐. [교사가 유아들의 이름을 부르자 유아들은 일어나서 책상으로 간다]

Mrs. W : 만약 종이 색깔이 마음이 들지 않으면 어떻게 하면 될까?

어린이들 : 손을 들어요.

Mrs. W : 선생님한테 알려주면 다른 것으로 바꿔줄게.

관찰 : 나는 유아들과 함께 책상 옆에 서 있다. 유아들은 곧바로 쓰기 시작한다. 유아들은 다양한 단어들의 철자를 물어보고 다른 유아들과 나의 도움을 받는다. 아무도 모양을 오려내거나 카드를 꾸미는 것부터 시작하지 않는다. 다음의 내용은 Jared가 카드 안 쪽에 쓴 내용이다:

I LOVE Y

I LOVE YOU

DAD

울음 : 5월 14일, 1쪽 9428~12978

Mrs. W : 아직 하던 일을 마치지 않았다면 자유선택활동시간에 다른 놀이를 선택할 수 없어. 내가 너희들에게 가서 하던 일을 어디에 가서 계속 하면 되는지 알려줄게. Marta, 가위를 가져와서 이것을 오려주겠니? Trevor, 일어나서 교실을 세 바퀴 돌고 와서 여기 앉아서 하던 일을 계속 하겠니? [교사는 Jared와 Kelsey에게도 같은 말을 하고 나에게 그들을 도와달라고 부탁한다]

연습지 위에는 다음과 같은 덧셈 문제가 기록되어 있다.

6 +7	8 +7	3 +5	9 +10
8 +7	14 +7	6 +8	11 +8
13 +7	1 +0	9 +9	16 +3
3 +2	0 +1	7 +11	11 +9

페이지 아래 부분에는 1~26까지의 번호가 알파벳과 함께 나열되어 있다. 어린이들은 문제를 풀고 단어를 찾기 위해서 알파벳을 사용한다.

Jared, Trevor, Kelsey는 나와 함께 책상에 앉아서 연습지의 문제들을 풀고 있다. Jared는 8+7을 할 때는 수세기 도구를 사용하지만 10+5를 할 때는 손가락을 사용한다. Kelsey는 14+7은 23이라고 나에게 말한다. 나는 확실하냐고 묻고, 수세기 도구를 사용하겠냐고 묻는다. Kelsey는 수세기 도구를 사용하는 것은 허용되지 않는다고 나에게 말한다. Kelsey의 아버지는 Kelsey에게 집중해서 문제를 풀라고 한다고 한다. Kelsey는 의자에 앉아서 한 바퀴 돌고는 약 1.5분 동안 머리를 아래로 숙인다. 그리고는 뒤로 돌아서 연습지 위에 21이라고 쓰고 미소를 짓는다.

9 : 12

Jared : [7+7을 세면서] 수세기 도구를 사용해야겠어요.

Kelsey : 나는 화장실에 가야겠어요.

Jared : [곰 인형으로 숫자를 세면서] 14.

이때 Jared와 Trevor의 의견이 충돌한다. 그들은 작은 소리로 말하고, Jared는 머리를 흔들면서 얼굴이 빨개진다.

Jared : 재가 나 보고 아무것도 모른대요! 어제는 재가 나보고 GI Joe에 대해서 아무것도 모른다고 했는데, 난 알거든요.

나 : 음, 내가 생각하기에 너는 많은 것을 알고 있는 것 같구나–네가 연습지의 문제들을 얼마나 잘 풀고 있는지 봐.

Jared : 그런데 재가 나보고 아무것도 모른다고 해요!

나 : 그 아이 말이 맞니?

Jared : 아니요.

나 : 그럼 걱정할 필요가 있을까?

Jared : 아니요.

Jared는 파란색 곰을 세면서 문제를 푼다. Trevor는 앞에 여러 색의 곰들을 하나의 바구니에 넣은 후 Jared가 세고 있는 몇 개의 곰들을 가져온다. Jared는 펄쩍 뛰고는 우는 듯한 모습으로 나에게 달려온다. Trevor는 Jared가 세고 있던 곰 인형들 위로 여러 개의 곰 인형을 떨어뜨린다. Jared는 "이렇게 하면 몇 마리가 있었는지 알 수가 없잖아!"라고 말하면서 빙빙 돈다.

나 : 음, 다시 세어보자—우리 같이 세어보자.

나는 Trevor에게 자기 앞에 있는 곰들을 가지고 수세기를 하라고 말했고, Trevor는 파란색 곰을 원한다고 말한다. 나는 Trevor에게 그 앞에 파란색 곰들이 아직 더 있다고 알려준다—아래 쪽에—그러자 Trevor는 나를 노려본다. 내가 Trevor에게 심술궂게 행동하지 말라고 말하니까 아이는 "다시는 나한테 심술궂다고 하지 마세요." 라고 내뱉듯이 말한다. 나는 Trevor에게 그렇게 행동하지 않는다면 다시는 그에게 그렇게 말하지 않겠다고 했고, 우리는 화해의 악수를 한다—이 일이 Trevor를 만족시킨 듯하고 아이는 좀 더 행복해보인다. Trevor는 연필을 돌리면서 뾰족하지가 않다고 말한다. 나는 그 아이에게 다음 문제를 풀고 있으면 내가 연필을 깎아주겠다고 말한다. [이때까지 그 아이는 한 문제밖에 풀지 못했다] 내가 연필을 깎으러 간 사이에 Jared가 Trevor에게 문제의 답을 알려준다. 내가 돌아왔을 때 아이들은 웃고 있다. Trevor는 답을 쓰고는 "Jared, 나를 또 도와줄래?"라고 말한다. Kelsey는 13+7의 답을 02라고 쓴다. 나는 답이 무엇이냐고 물었고, 아이는 "이십"이라고 말한다. 나는 아이에게 나한테는 그 답이 2처럼 보인다고 말했다—숫자 차트를 가지고 와서 나는 Kelsey에게 차트에서 20을 찾아보라고 말한다. Jared는 큰 소리로 20은 숫자 10 바로 아래에 있다고 말한다. Kelsey는 책상으로 가서 02를 지우고 20으로 고쳐 쓴다.

위에 제시된 관찰들은 우리가 기술description을 넘어서 글귀inscription의 개념으로 생각해야 한다는 것을 알려 주는 좋은 사례들이다(Geertz, 1973). 나는 나의 경험에 입각하여 Jared의 삶에 대한 나의 해석을 생성했다. 현장노트의 형식으로 제공된 위의 자료들은 이미 이론화된 것이다. 이 자료들은 연구의 초점과 유치원 교사로서의 내 경험, 그리고 비슷한 환경에서 현장연구를 수행한 내 경험의 흔적을 보여준다.

이러한 관찰들은 특정한 의도를 가지고 이루어졌다—나는 유치원 교사들과 1학년 교사들이 준비도와 관련된 이슈에 대해서 어떻게 생각하며, 이를 다양한 청중들에게 어떻게 전달하는지에 대한 것을 발견하고 싶었다. 나는 이 교실에서 교사, 부모, 어린이의 목소리가 내 귓전을 울리는 상태에서 관찰을 하였다. 나는 준비도에 대한 나의 이전 연구 경험에 입각해서 특정한 것들에 초점을 두었다. Jared의 어머니가 유치원 생활을 시작할 당시 그 아이의 나이에 대해서 염려했기 때문에 Jared는 내 초점에 들어오기도 하고 벗어나기도 했다. 또한 나는 솔로몬 학교의 교사들이 학생들의 특정한 기술과 성향에 가치를 둔다는 것을 느꼈다. 위에 제시된 자료 단락들은 Jared의 유치원 경험에 대한 단순한 스냅 사진들이 아니다. 이 자료들은 솔로몬 초등학교에서의 이상적인 유치원 어린이에 대한 틀에 비추어 볼 때 Jared는 어떠한가에 대한 해석으로 이루어져 있다. 부호들은 이러한 기술과 성향에 대한 생각들을 반영한다—정서적인 성숙에 대한 관심은 울음에 대해서 기록한 단락들에서 나타나고, 과제에 집중하여 수행하는 능력에 대한 관심은 지시에 따르기와 미숙함에 대해서 기록한 단락들에서 나타난다. 나는 유치원 교사 경험을 한 사람으로서, 준비도에 대한 많은 의견들을 들은 사람으로서, 그리고 솔로몬 학교의 교육적 삶에 참여한 사람으로서 부호들을 규정하였다. 현 상태의 자료들은 맥락하에서의 어린이에 대한 이미지 조각에 대한 기술들, 즉 퍼즐의 조각들과 같다. 퍼즐을 어떻게 맞출 것인가?

메모 1 : Jared에 대한 관찰

Jared는 준비도가 부족하다는 꼬리표를 달도록 하는 전통적인 모습을 보이는 아이였다. 아이는 입학 연령 기준으로 볼 때 어린 편에 속했고, 남자아이였으며, 키가 작은 편에 속했다. Jared는 준비가 되지 않았던 것일까? 어떤 것들이 관찰되었는가? 아이가 자주 울었는가? Jared는 1년을 지내는 동안 유치원 학급에서 요구되는 일들을 할 수 있는 방법을 찾는 민감한 아이로 묘사될 수 있을 것이다. 본 관찰에서 Jared의 울음은 두드러지는 특성이었다. 그 아이는 첫날에 울었다. 하지만 다른 아이들도 첫날에 우는 경우가 많다. 그 아이는 5월에 Trevor와 상호작용하면서 울었다. 하지만 Trevor와 이야기를 할 때 나 역시 울고 싶은 적이 많았다. Trevor는 교묘한 조작에 능한 아이였다. 내가 1년의 20% 정도에 해당하는 시간 동안 교실에서 관찰을 하였지만 Jared가 울었던 기억은 그 뿐이다. 그 아이는 또래들이 참여하는 모든 활동에 참여했으며, 꽤 성공적으로 활동들을 수행하였다. Jared는 문해와 수학적 능력이 잘 발달되어 있었다. 그 아이는 많은 도전적인 상황 속에서 협상하는 방법을 찾아냈다. 만일 다른 사람들이 Jared가 항상 운다고 생각한다면 이는 무슨 의미일까? 그 아이 주변의 사람들이 Jared에 대해서 어떻게 생각하는지 살펴보는 것이 의미가 있을 것이다. 성공적인 유치원생이 되기 위해서 필요한 기준은 무엇일까?

이 메모는 개인으로서의 Jared를 반영한다-나는 준비도와 관련된 문제들을 예측하는 전통적인 특징들에 견주어서 Jared를 살펴보았고, 현장노트를 전부 검토하면서 울음의 패턴을 찾았고(수를 세는 것은 많은 경우에 유용하다), 내가 Jared를 새로운 관점에서 이해하는 데 도움이 될 수 있는 다른 정보들을 찾았다.

Jared에 대해서 더 잘 알기 위해서, 그리고 그 아이의 경험에 대한 보다 더 맥락화된 이해를 내가 어떻게 하게 되었는지를 알기 위해서, 나는 그 아이를 둘러싼 견해들을 탐구하고자 한다. 나는 지금 이 시간에 이 학급에서 유치원생이 된다는 것이 어떤 의미가 있는가에 대해서 알기 위해서 노력할 것이다. 다음에서 나는 이 과정에 대해서 설명할 것이다. 나는 Jared의 교육적 경험에 있어서 매우 중요한 역할을 한 두 사람, 즉 Jared의 어머니와 교사의 견해를 종합할 것이다. 내가 현장연구를 하는 동안에 Jared가 속한 맥락에 대해서 이해하기 위해서 기록한 분석적 메모들과 면담내용들을 소개할 것이다.

면담 질문을 유도한 분석적 범주를 사용하여 부호화된 면담 전사본은 부록에 제시되어 있다. 이는 Mrs. Millard(Jared의 어머니)와 대화를 하면서 특정한 종류의 문화적 지식을 이끌어 내기 위하여 내가 사용한 아이디어들이다. 그녀의 반응은 내가 가지고 있는 관심과 그녀가 가지고 있는 염려의 교차 지점으로부터 나온 것으로 생각해야 한다. Mrs. Millard가 질문들을 어떻게 해석하고 반응했는지를 보여 주기 위해서 전사본 전체를 제공하였다. 질문을 하는 나의 의도와 그녀의 반응에 대한 나의 해석이 포함된 면담에 대해 내가 이해한 내용은 메모 2에 제시되어 있다. 마지막으로, Jared의 유치원 경험에 대해서 그의 어머니와 교사를 면담한 전사본내용을 부호화한 것을 제시하였다.

해석을 하는 동안 나는 부호화와 메모하기 사이를 반복적으로 오갔다. 부록

방법에 대한 설명 Note on Methods　Box 8-3

우리는 자료 분석을 해나가는 데 도움을 주는 다양한 전략을 사용한다. Beth가 사용하는 전략 가운데 하나는 그녀가 생성하고 있는 이해에 대해서 하나 이상의 관점을 제공하기 위해서 여러 방법으로 자료를 읽는 것이다. Beth는 특히 면담 전사본의 경우 질문을 구성하게 한 관심들에 기초해서 먼저 자료를 분석적으로 구분한다. 이는 면담내용들은 연구 주제에 따라 만들어진 특정한 질문에 대한 반응이라는 것을 스스로에게 상기시키기 위한 것이다. 이 범주들에 따라 부호화하고 분류한 후 그녀는 다시 자료를 읽으면서 문맥 내에서 나타나는 이슈들에 따라 부호화한다. 이 범주들은 이론적인 성향을 지닐 수도 있지만 면담 범주들보다는 지역적으로 형성된 것이다.

에 제시된 Mrs. Millard와의 면담에서 나온 일반적인 이슈들에 대한 메모의 예는 다음과 같다. 이 메모는 면담에서 Mrs. Millard의 반응이 나온 맥락의 틀을 제공한 질문들에 대해서 독자들이 대략적으로 알도록 하기 위해서 기록된 것이다. 보다 구체적으로 말하면, 이 메모는 질문을 구성한 개념적 이슈들에 주의를 집중하도록 하고, 후에 이루어진 보다 심층적인 분석에 대한 관점을 제공하기 위한 것이다. 이 메모를 기억하면서 이후에 제공될 부호화된 영역들을 읽어보기 바란다.

메모 2 : 1995년 8월 4일

이 면담은 Jared의 유치원 생활이 마무리되는 시점에서 이루어졌다. 이 면담은 자녀의 학교 생활에서 전이 시기가 가까이 다가옴에 따라 부모들이 중요하게 생각하는 것이 무엇인지에 대해서 알기 위해서 이루어졌다. Mrs. Millard가 가지고 있는 큰 걱정은 Jared의 미숙함이 초등학교 1학년으로서의 학업 수행에 어떠한 영향을 줄 것인가에 대한 것이다.

개요 : 이 질문은 유치원에 다니는 자녀를 둔 부모가 학년 말에 중요하게 생각하는 것들에 대해서 알아보기 위해서 구성되었다. Mrs. Millard는 Mrs. Warren이 Jared가 쉽게 잘 운다고 했기 때문에 아이가 1학년이 될 정서적 준비가 되어 있는지에 대해서 염려하고 있다. 그녀는 시간이 지나면 아이가 잘 할 수 있을 것이라고 생각한다. 그녀는 Jared가 친구들을 사귄 것과 올 한 해 동안 학습한 것에 대해서 기뻐한다. 그리고 그녀는 내년에 학교 시간이 길어지는 것에 대해서 염려하고 있다.

유치원에 대한 설명 : 이 질문은 유치원 경험에 대한 부모의 생각에 영향을 주는 이슈들에 초점을 두는 것이다. 그녀는 유치원은 Jared에게 즐거운 경험이었고 아이가 "더욱 세속적인more worldly" 아이어머니는 이를 별로 긍정적인 것으로 여기지 않는다가 되었다고 생각한다.

의사소통 : 자녀에 대해서 학교로부터 부모가 받는 피드백에 대해서 알기 위한 질문인데, Mrs. Millard는 Jared의 미숙함에 대한 이야기를 주로 하였다. 그녀는 아이의 상대적인 나이와 Mrs. Warren이 Jared가 교실에서 울 때 도움을 주기 위해서 사용한 전략들에 대해서 이야기하였다.

기대 1 : 학년 말은 전이 시기이므로 우리는 1학년에 대한 부모의 기대가 유치원 시기에 대한 그들의 회상과 연관이 있는지에 대해서 알고 싶었다. Mrs. Millard는 Jared가 1학년 말에는 글을 읽을 수 있기를 바라고 있으며, 유치원 생활이 학교 경험을 미리 아이에게 제공했다는 측면에서 도움이 되었다고 생각한다. 그녀는 1학년 생활이 유치원만큼 재미있을 것이라고는 생각하지 않으며, 단지 아이가 1학년 동안 배워야 할 것을 학습하기를 원한다.

기타 : 이 질문은 모든 것을 포함하는 것으로, 부모가 중요하게 생각하는 것에 대해서 말하거나 또는 다시 말하거나 혹은 그들이 생각하기에 내가 알아야 할 것이 있다면 이에 대해서 말할 기회를 주기 위한 것이다. Mrs. Millard는 Jared의 유치원 경험에 대해서 만족하고 있으나 아이를 돕기 위해서 가정과 학교 사이에 중요한 정보를 교환하는 데 더 많은 노력을 기울였으면 하는 제안을 하였다.

요약 : 이 면담에서 나이와 성숙에 대한 것이 많이 다루어졌다. Mrs. Millard는 올 한 해 동안 아이가 성장했다고 생각하지만 내년에 보다 엄격한 프로그램이 주는 도전을 잘 이겨낼 수 있을 만큼 아이가 성숙했는지에 대해서 염려한다. 그녀가 Jared에 대해서 이런 생각을 가지고 있는 것은 올 한 해 동안 Mrs. Warren이 준 아이에 대한 피드백 때문이다.

Mrs. Millard와의 면담을 통해서 우리는 성숙에 대한 염려와 내년의 삶에 대한 준비와 관련된 시각에서 해석된 아이로서의 Jared를 보게 되었다(유치원 시기 동안 이루어진 이 아이의 성장은 내년에 다니게 될 프로그램의 요구에 잘 따를 수 있는 능력 여부에 의해서 측정되었다). 중요한 시기인 아이의 유치원 학년 말에 Mrs. Millard는 두 개의 렌즈, 즉 Mrs. Warren이 들려준 유치원 생활에 대한 이야기와 1학년에 대한 기대라는 미래의 프리즘을 통해서 Jared를 이해하고 있다. 이러한 염려들은 어디서 온 것이며, 어머니가 학년 말에 아들에 대해서 가지고 있는 이 이미지는 어떻게 형성된 것인가? 이 문제에 대해서 탐구하기 위한 하나의 방법은 Jared의 어머니와 담임 교사가 1년 동안 주고받은 말에 대해서 주의 깊게 귀 기울이는 것이다. 그렇게 하기 위해서 다음에서는 Mrs. Warren과 Mrs. Millard와의 면담을 통해서 나온 Jared에 대한 이야기들을 살펴보기로 한다.

Jared의 어머니와 교사를 대상으로 이루어진 모든 면담 전사본을 읽고 또 읽은 후 Jared와 그의 유치원 경험과 직접적으로 관련된 부분들을 분류하였다. 본 장에서 목적으로 하는 분석을 하기 위해서 나는 Jared의 연령에 대한 염려, 아이를 유치원에 입학시킬 것인지 여부, 성숙과 관련된 면담 사례들을 찾아내었다. 이러한 주제들을 분류하면서 나는 유치원이나 1학년에 대한 기대가 Jared를 미숙한 아이로 생각하게 만드는 관점을 형성하는 데 어떠한 기여를 했는지에 대해서 생각하기 시작했다. 이러한 기대는 사람들이 Jared에 대한 특정한 결정을 하는 데 어떻게 작용했는가? 이 질문은 Jared에 대한 주변의 견해를 형성한 특정한 맥락하에서 이 아이에 대한 묘사를 하도록 함으로써 어떤 것의 특성을 규정하는 과정이 사회적으로 이루어진다는 것을 상기시키는 것이다. 이러한 점을 염두에 두고 나는 면담 전사본에서 기대와 관련된 내용들이 나오면 기록하였다. 다음에서는 지금까지 논의된 연령과 미숙함에 대한 염려에 관해서 부호화된 사례들을 제시하고자 한다. 다음의 내용들은 면담이 이루어진 시간적 순서에 따라 제시하였다.

연령, 유보, 미숙함 : Jared 어머니와의 면담(8월), 1쪽 1646~4110

P(Jared의 어머니) : 이 아이의 연령… 아이가 7월 31일이 되어서야 만 5세가 되었고, 사람들이 모두 생각이 달라요. 사람들은 “아이가 너무 어리네요”, “첫째 아이잖아요”, “남자 아이잖아요.”라고 말해요. 이런 말들이 제 아이를 유치원에 보낼 것인지 말 것인지를 결정하는 데 많은 작용을 했어요.

Int(면담자) : 어떻게 결정하셨어요?

P : 소아과 의사, 학교 교직원과 상담했어요. 그들은 모두 아이를 유치원에 보내지 않고 유보할 이유가 전혀 없다고 했어요. 하지만 저는 그래도 되나 하는 의심이 생겼어요. 이 사람들은 모두 이런 말들을 해요. 아이가 연령에 맞게 자라고 있다… 사교적이다… 부끄러워하지 않는다… 똑똑하다… 그래서 아이를 유치원

에 보내지 않을 이유가 없다고 생각했죠. 하지만 대부분의 다른 부모들은 "아, 안 돼, 아이를 유치원에 보내면 정말 안 돼."라고 말했어요. 그래서 의심이 들기 시작했죠. 그래서 소아과 의사와 학교 교직원과 상담을 한 후에는 훨씬 마음이 좋아졌고, 아이를 진단하기 위해서 Mrs. Warren을 만났을 때 그 선생님 역시 아이를 유치원에 보내지 않을 이유가 없다고 했어요.

Int : 알아보기 위해서 어떻게…

P : 제 생각에는 이 모든 것이 옆집에 사는 이웃으로부터 시작된 것 같아요. 그 댁에는 우리 아이와 생일이 같은 7월생 딸이 있었어요. 그 아이는 지금 일곱 살이지만 다섯 살 때 부모들이 유치원에 보내지 않았어요. 아이가 여섯 살이 되어서야 유치원에 다녔죠. 왜 내가 그 분이 나보다 더 잘 안다고 생각했는지는 모르겠지만… 그 분이 아이들이 너무 어릴 때는 유치원에 보내지 말라고 했어요. 그 이후에 학교 다니는 자녀를 둔 제 직장 동료들에게 물어보았더니 의견이 반으로 나누어졌어요. 반 정도는 "유치원에 보내라"고 하고 나머지 반 정도는 "아니, 나 같으면 그렇게 어린아이는 유치원에 보내지 않겠어"라고 했어요. 그래서 무척 걱정이 되었지요. 그래서 소아과 의사와 상담을 했어요. 의사는 많은 부모들이 아이를 학교에 늦게 보내는 것은 운동 때문이라고 했어요. 많은 부모들이 자녀의 진학을 늦추는 이유는 좀 더 커서 학교에 가게 되면 나중에 고등학생이 되었을 때 운동을 더 잘 하기 때문이라는 거죠. 사람들이 "그 아이는 나이에 비해서 작으니까 훗날을 생각하면 늦게 보내는 것이 좋아"라고 말해요. 운동을 할 때는 신체가 큰 것이 좋잖아요. 저는 그렇게 되면 너무 괴로울 것 같았어요. 그래서 학교에 전화를 해서 교무실에 있는 누군가와 통화를 했어요. 그들은 얼마 전에 회의를 했는데, 유치원은 아이들을 학교 생활에 적응시키는 첫걸음이 되기 때문에 자녀가 다섯 살이 되었을 때 진학시킬 것을 굉장히 권했어요. 특히, 유아원에 다닌 아이들도 있고 그렇지 않은 아이들도 있기 때문에 1학년이 되기 전에 모든 아이들이 같은 단계에 있도록 하는 것이 중요하다는 거죠. 그래서 저도 그게 좋겠다고 생각했어요.

유치원에 대한 기대 : Jared 어머니와의 면담(8월), 1쪽 247~1604

P : 음, Jared가 학교를 좋아하도록 하는 것은 제가 바라는 앞으로 지속될 좋은 교육을 위한 정말 중요한 출발점이죠. 아이가 학교를 좋아하도록 하고… 학교에 가고 싶다는 말을 하고… 그래서 아이가 계속해서 교육을 받고 정말로 배우기를

원하는 것. 유치원교육은 미래의 학교교육이 잘 될 것인지 여부를 결정하는 토대가 된다고 생각해요. 그리고 유치원교육은 아이가 기본적인 것을 학습할 수 있는 좋은 기회라고 생각해요. 사회화되어가는 방법을 배우는 것. 아이가 다른 사람과 나누는 방법을 잘 모르고 기다릴 줄을 몰라요. Jared는 자기 차례 기다리는 것을 정말 못해요. 그런 것들. 사람들과 지내기 위해서 아이가 알아야 할 일상적인 기술들… 제가 기대하는 것은 그런 것을 배우는 것이에요.

Int : 어머니가 생각하시는 긍정적인 측면은 어떤 것인가요? 아이에게 바라는 것이 무엇인가요?

P : 저는 아이가 알파벳 쓰는 것을 배웠으면 해요. 그리고 아이가 이미 수세기는 꽤 잘 하니까 그것에 대해서는 염려하지 않아요. 제가 말했듯이 자기 차례를 기다릴 줄 알고 사람들이 이야기를 하고 있을 때 방해하지 않는 방법을 배웠으면 해요. 교육에 대해서는, 유치원에 무엇을 기대해야 하는지 정말 잘 모르겠어요. 제가 유치원에 다닐 때는 낮잠 자고 놀고 그랬었는데, 제 생각에 지금은 교육이 더 많이 이루어지는 것 같아요. 아이들이 읽기, 기본적인 숫자, 혹은 산수를 실제로 배워요. 얼마나 많이 가르치는지는 잘 모르겠지만… 그런 것 같은데, 그런데 제가 어렸을 때보다 지금 더 많은 교육을 하는지 사실 정확히는 잘 모르겠어요.

미숙함 : Warren과의 면담 2(1월), 4쪽 2273~5577

T(교사) : 가끔씩은 유아원에 다녀야 할 것 같은 아이를 만나게 되는데, 부모님들은 그렇게 하지를 않지요.

Int : 어떤 아이들이 그런가요?

T : 대부분의 경우에 정서적 미숙함이 문제이지요. 저는 Jared가 정말 걱정스러워요. 1학년 생활에 대해서 생각해보면 그 아이는 학습적으로는 준비가 되어 있을지 몰라도 정서적으로는 유치원에서도 겨우 지내고 있거든요. 이 일에 대해서 부모님과 대화를 할 필요가 있어요. 일반적으로 1년을 더 기다리는 것이 좋을 것 같은 아이들은 상대적으로 똑똑해서 엄격한 프로그램에 적응할 준비가 되기만 하면 잘 따라할 것 같은 아이들이에요. 그러나 그런 아이들은 정서적으로는 4세 아이들 수준이기 때문에 4세 아이들과 상호작용할 수 있는 유아원에 1년을 더 다닐 필요가 있을지도 몰라요. 만일 그 아이들의 부모님이 저한테 와서 상의한다면 저는 아이들이 좀 더 성숙할 수 있도록 1년을 유보하라고 제안하겠어

요. 만일 아이들이 학습적으로 느리다면, 간혹 느리면서 미숙한 아이들을 만나게 되는데, 그런 아이들은 결국 5세 옵션 프로그램 같은 곳에 다니게 되지요. 그러나 미성숙함 때문에 학문적으로 뒤떨어지는 아이들은 일반적으로 나중에는 잘 하게 돼요. 하지만 전반적으로 느린 아이들은 입학을 유보하면 안 돼요. 왜냐하면 그런 아이들은 좋은 서비스를 받지 못하게 되고, 발달이 지체됨을 증명하지 못하게 되기 때문에 이런 경우에는 오히려 입학을 하게 하고 실패를 허용함으로써 사람들이 이 아이는 도움이 필요하다는 생각을 하도록 하는 것이 더 좋아요.

Int : Jared의 경우에는…

T : 미성숙하고 정서적으로 불안정하지요. 그 아이는 똑똑한 아이예요. 학습 능력은 뛰어나지만 1학년이 되었을 때 요구되는 것들에 의해서 정서적으로 의기소침해지면 학습에 방해를 받게 되지요.

Int : 교실에서는 어떻게 지내고 있나요?

T : 매일 울지요. 깃발을 들고 있는 당번 때문에, 복도를 지나갈 때 내가 자기 손을 잡아주지 않아서, 누가 자기를 노려보아서, 혹은 어디 부딪히거나 하면 울어요. 계속 심해져서 집에 전화를 해서 집에서도 이런 일이 계속되는지 알아봐야 할 것 같아요. 그런 다음 올 봄 동안 계속해서 아이를 관찰하고 조기에 부모님에게 아이의 정서적인 상태에 대해서 염려스럽다는 점을 알려주어서 부모님들 입장에서 "아이를 유급시켜야 겠어요"라는 말을 갑자기 듣지는 않게 하려고 해요. 어쩌면 봄 동안 아이가 성장해서 유급시키지 않아도 될지도 모르지요. 일반적으로 제가 염려하는 아이들은 연초에 문제가 나타나요. 간혹 마지막 달에 새로 아이가 오는 경우가 있는데, 이때 다른 아이들은 다 잘 하는데, 갑자기 이 아이만 사회적으로나 정서적으로 뒤떨어지게 되고, 그러면 이 아이의 1학년 생활에 대해서 염려를 하게 되는데, 이때는 1년을 더 기다려봅시다"라고 말하기에는 너무 늦었고, 그렇게 되면 올바른 선택을 한 것인지 걱정을 하게 되지요. 하지만 정서적으로 미성숙한 아이들은, 다른 아이들은 다 잘 하고 있는데, Jared는 정서적으로 그렇지가 않아요. Jared는 쌓기 영역에서 모든 시간을 보내고 있고, 공부를 하러 책상으로 오지를 않아요. 쌓기 놀이를 좋아하는 다른 아이들은 스스로 선택해서 오거나 혹은 제가 한 번만 말하면 와서 공부를 하거든요. 하지만 그 아이는 제가 말하지 않으면 95%의 시간을 동물 모형과 블록을 가지고 노는데 할애하지요. 극놀이영역이나 조형 또는 다른 영역에는 가지 않고 항상 그 자

리에서만 놀고 있어요. 그곳이 그 아이가 편안하게 놀이할 수 있는 공간이지요.

미숙함 : Jared 어머니와의 면담 2(5월), 1쪽 208~1641

Int : 유치원을 졸업할 시간이 다가오는데, Jared와 관련해서 어떤 것들을 생각하고 계세요?

P : 아, 아이가 1학년이 될 준비가 되어 있나, 특히 정서적인 측면에서 볼 때 아이의 학교 생활에서의 가장 큰 문제점은 때때로 우는 것이에요. 학업은 잘 하고 있어요.

Int : 사회적인 부분에 대해서 좀 더 말씀해주시겠어요?

P : Mrs. Warren에게서 들은 바로는 아이가 아주 잘 운다고 해요. 자기 순서를 놓쳤거나 누가 놀리거나 하면 운다는거죠.

Int : 집에서도 그런가요?

P : 네, 때때로요. 거의 아이가 많이 피곤할 때요.

Int : 그런 것들이 아이가 1학년이 되었을 때 어떤 영향을 줄 것이라고 생각하세요?

P : 아, 아이가 잘 운다고 놀림을 당할까봐 염려가 되고, 그렇게 되면 아이가 더 많이 울게 될 것이고 이런 악순환이 반복될까봐 걱정이에요.

Int : 네, 아이가 사회적으로 좀 더 준비가 되려면 어떻게 해야 한다고 생각하세요?

P : 시간과 성장이 필요할 것 같아요. 잘 모르겠어요. 그러니까 집에서도 노력할 수 있지만 나이가 더 들어야 하는 문제인 것 같고….

유치원에 대한 묘사 : Jared 어머니와의 면담 2(5월), 1쪽 1456~2199

P : 아, 아이가 정말 많이 배웠어요. 읽기와 쓰기도 조금 배웠고 산수도 조금, 사실 유치원에서 이렇게 많은 것을 배운다는 사실에 놀랐어요.

Int : 유치원에서 가르치는 것이 어머니께서 기대하신 것과 어떻게 연관이 되거나 혹은 연관이 되지 않는지 말씀해주시겠어요? 어머니께서 생각하신 것하고 다른가요?

P: 제가 생각했던 것보다 많은 것이 이루어졌어요.

Int : 어떤 것을 기대하셨어요?

P : 알파벳, 수세기와 같은 것을 배울 것이라고 기대했지만 단어를 그렇게 많이 배울 줄은 몰랐고 덧셈과 뺄셈에 대해서 배울 것이라고는 생각하지 않았어요.

Int : 어떻게 된 것 같으세요?

P : 아주 잘 된 것 같아요.

기대 1 : Jared 어머니와의 면담 2, 1쪽 8462~10068

Int : 아이의 1학년 생활이 어떨 것 같으세요?

P : 어렵네요, 잘 모르겠어요. 확실하지가 않아요. 지금까지 아이의 학업 상태를 보면 연말에는 꽤 잘 읽을 수 있을 것 같지만 산수나 다른 과목에서는 얼마나 많은 것들이 다루어질지 잘 모르겠어요.

Int : 유치원 경험이 Jared의 1학년 생활을 준비하는 데 어떤 도움이 되었다고 생각하세요?

P : 글쎄요. 아이가 앉아서 학습하는 것, 조용히 하는 것, 지시사항에 따르는 것을 배웠으니까 1학년 생활을 준비하는 데 도움이 되었기를 바라요…. 학교 환경은 그저 놀고 뛰어다니고 하는 것과는 다르잖아요. 제가 말씀드렸듯이 1학년은 하루 종일 학교에 있는 것이 염려스럽고, 이에 비하면 유치원은 시간이 아주 짧았어요.

Int : 네, 오전 시간은 금방 지나가지요. 그것이 어떤 차이를 가져올 것 같으세요?

P : 아이가… 이런 말을 하기 싫지만, 1학년은 유치원만큼 재미있지 않다는 것을 알게 되겠죠. 처음으로 학교환경을 경험하는 유치원보다는 더 학습 위주가 된다는 거죠.

Int : 아이가 어떤 것을 학습하기를 원하세요?

P : 교과목 측면에서는 그 연령에 학습해야 하는 것을 잘 배우기를 바라지요. 그리고 잘 우는 것에서 벗어나서 보다 더 효과적으로 문제를 해결하는 방법을 배웠으면 해요.

미숙함, 학교와의 의사소통 : Jared 어머니와의 면담 2(5월), 1쪽 4832~7301

Int : 면담은 어떻게 되었나요?

P : 글쎄요, 처음 한 면담은 주로 아이가 어떻게 지내는가, 무엇을 학습하는가, 어떤 부분에서 개선이 필요한가, 어떤 글자를 알고 있는가, 그런 것들에 대한 것이었어요. 대부분 학습에 대한 것이었고 사회화에 대한 것도 이야기했어요. 두 번째 면담은 주로 아이의 미성숙함과 잘 우는 것에 대한 것이었어요. 선생님이 아이가 그 외에는 다 잘한다고 했고, 그 부분에 대해서 꼭 이야기하고 싶다고 했어요.

Int : 어머니가 면담을 신청하셨어요?

P : 제가 신청했어요, 하지만 Mrs. Warren은 면담에 대해서 심사숙고하고 있었다고 했어요. 왜냐하면 중요한 일이지만 점점 나아지고 있었기 때문에 얼마 동안은 두고 보자는 생각을 했고, 더 나빠지지 않는다면 그냥 두고 만일 더 나빠진다면

저한테 전화를 하려고 했었대요. 학년 말이 다가오면서 학기 초보다 나아졌다고 하셨어요. 개선되고 있었기 때문에 마음이 더 편했다고 했어요. 한 해 동안 개선되었다고 하셨어요.

Int : 미성숙함에 대한 견해가 참 흥미롭습니다. 아이의 미성숙함은 유치원에 입학할 때부터 그랬던 것인가요?

P : 아, 네. Jared는 학급에서 가장 어린아이인 것 같아요. 7월 31일이 되어야 6살이 되고, 아이의 생일이 늦다는 것이 제 머릿속에 자리 잡고 있기 때문에 아이가 미성숙하다고 생각하는 것인지 아니면 아이가 실제로 다른 아이들보다 덜 성숙한 것인지는 저도 잘 모르겠어요. 하지만 대부분의 다른 아이들보다 우리 아이가 조금은 덜 성숙하다는 생각이 제 마음속에 자리하고 있어요.

Int : 아이가 나아지려면 시간이 필요하다고 생각하세요?

P : 네, 그래요.

Int : Mrs. Warren은 아이의 미성숙함이 학급에서 나타나는 아이의 행동에 어떤 영향을 주었다고 말했나요?

P : 음, 제 생각에는 선생님이 행동 개선을 위한 지도를 하신 것 같아요. 예를 들면, 만일 아이가 쉬는 시간이나 그럴 때 선생님의 손을 잡고 싶어서 울면서 다가오면 선생님은 손을 잡아주지 않고, 만일 아이가 와서 정중하게, "선생님, 저는 지금 선생님의 손을 잡고 싶어요."라고 말하면 이렇게 하는 것이 울거나 통제능력을 잃어버리는 것보다 적절한 행동이라는 것을 알려주려고 노력하신 것 같아요. 다른 예를 들면, 깃대를 잡고 있는 당번에 대한 것인데, 매일 선생님은 아이들 명단을 작성해요. 왜냐하면 Jared가 한 번은 자기 차례를 지나쳐버렸다고 생각해서 아주 기분 나빠했었거든요. 그래서 아이가 잘 볼 수 있도록 매일 당번 명단을 작성해서 자기 이름 위에 적힌 아이들의 이름이 지워지는 것을 보면서 자기 차례가 아직 지나가지 않았다는 것을 알게 해주는 거지요.

이전의 자료들과 함께 위의 내용들을 살펴보면 몇 개의 주제들이 보이기 시작한다. 다음에 나오는 메모들은 Jared가 유치원 프로그램의 맥락에서 그의 어머니와 교사에 의해서 어떻게 형상화되고 있는지에 대한 나의 생각이 어떻게 형성되었는지를 보여 준다.

메모 3 : 부호화된 부분들에 나타난 이슈들의 요약

연령/유보/미성숙함 : Jared는 5살이 되자마자 유치원에 입학하였다. 어머니는 소아과 의사, 학교 교직원, 그리고 이웃들과 아이를 학교에 보낼지 여부에 대해서 상담을 하였다. 의사와 학교 교직원은 아이를 입학시키라고 하였고, 다른 사람들은 아이의 나이가 어리므로 좀 더 나이가 들어서 학교에 가면 나중에 운동을 잘 할 것이라고 하였다. 이 지역의 부모들은 나이가 되면 유치원에 당연히 입학해야 하는 것으로 여기지 않고 입학 여부에 대해서 다른 사람들과 의논하였다. (주 : 다른 부모들과의 면담을 통해서 확인됨)

기대 1 : 학교시간이 길어지는 것에 대해 염려하였다. 1학년 생활은 덜 재미있을 것이며, 아이가 읽기를 배울 것이라고 생각하였다.

유치원에 대한 기대 : 유치원(과 유아원)은 학교 생활을 위한 토대를 형성하고 기본적인 것을 학습한다고 생각한다(대부분 사회화에 대한 것). 교육과 관련된 목적에 대해서는 잘 모르고 있었다 ; 기대했던 것보다 더 많은 것을 학습하였다. 특히, 3R에 대한 것.

미성숙함(부모의 관점) : Jared가 정서적으로 준비가 되었는지에 대해서 의문을 갖고 많이 울기 때문에 아이가 1학년이 되면 놀림을 당할까봐 염려하였다. 시간과 성장이 필요하며 면담을 통해서 사회적으로, 학업적으로 진전이 있다는 것을 알게 되었다.-교사가 보기에 나아졌다고 생각되지만 두 번째 면담에서는 미성숙함에 대한 것에 초점이 맞추어졌다. Jared는 학급에서 가장 어리다. 교사는 아이가 학교에서 우는 것에 대한 대안을 찾을 수 있도록 돕기 위해서 행동 개선 지도방법을 사용하였다.

미성숙함(교사의 관점) : 특정한 아이들에게는 유치원 입학을 유예하는 것이 도움이 된다-Jared는 좋은 예임. 아이가 학업적으로는 준비가 되었지만 정서적으로 미성숙함-똑똑하지만 아이의 정서로 인해 방해를 받는다. 아이가 모든 시간을 쌓기 영역에서 보낸다.

요약 : 이 면담들에서도 미성숙함은 주요한 주제로, Jared가 유치원에 입학하기 이전에 다른 사람들의 기대가 무엇인지를 알아보는 것으로 시작해서 교사의 기대에 부응할 수 있는 아이의 능력에 대한 염려로 이어진다. 성숙함과 준비도에 대한 전통적인 논의가 여기에서 Jared의 성별, 연령, 똑똑한 정서적 미성숙자의 특성과 연관되어 나타난다. 활동과 기대의 변화에서 나타나듯이 그의 어머니와 교사는 Jared가 엄격한 1학년 생활에 어떻게 적응할 것인가에 대해서 염려하고 있다. 이러한 생

각들은 솔로몬 초등학교라는 지역사회에서 어떻게 형성된 것인가? 오랫동안 지속된 어린이에 대한 의미가 학교의 정책과 실제를 통해서 보여지는가? 인구통계학적 특성, 교사의 신념, 그리고 다른 이슈들에 대한 탐구로 분석의 범위를 넓힘으로써 사람들이 Jared의 특정한 부분과 특정한 성장에 대해서만 보도록 하는 특정한 사회적·역사적 장소에 Jared가 어떻게 위치하고 있는가에 대한 우리의 이해를 도울 수 있을 것이다.

Jared의 지역사회 맥락 Jared's Community Context

Jared는 특정한 지역사회에서 특정한 시기에 그의 첫 번째 초등학교 경험을 하고 있는 중이다. 그가 누구인가는 그의 주변 사람들, 그들의 물적 환경, 성공에 대한 그들의 기대에 의해 형성된다. 이러한 이유로 좀 더 일반적인 학교 사회의 특성들을 조사하는 것은 중요하다. 솔로몬 초등학교는 삶의 거의 모든 면에서 이점을 가지고 있으면서 높은 성취도를 보여 주는 중산층 가정 아이들이 다니는 학교이다. 그림 8-3에 나와 있는 정보를 보면 주로 중류층으로 구성된 학군 내에 존재하는 높은 기준과 부유함에 대한 느낌을 받게 된다.

이러한 수치들은 이 학교가 어떠한 종류의 학교인지를 묘사한다—비교적 부유하고 높은 성취. 이러한 수치들은 솔로몬에서의 살아 있는 학교 경험 속에서 어떤 식으로 펼쳐지는가? 교차 검토를 하는 한 가지 방법은 양날의 관점a double-edged perspective을 가지고 있던 Mrs. Warren에게 물어보는 것이다—그녀는 솔로몬초등학교의 교사이면서 동시에 학부모이다. 다음은 그녀가 솔로몬 지역사회를 묘사한 것이다:

> 이 지역사회에는 사회적으로 경제적으로 중상류층 또는 상류층이며, 의사, 법조인, 교수들이 많이 있어요. 보다 낮은 소득을 얻는 사람들이 약간 있으나, 이들은 별로 눈에 띄지 않아요… 이 지역의 부모집단은 매우 열심히 참여합니다. 이들은 수없이 많은 자원봉사 일을 하고, 학교 정책을 결정하거나 영향을 주는 일에 매우 적극적으로 참여합니다. 이들은 자녀의 교육에 대해 극도로 염려하며, 심지어 이 학교의 좋은 평판 때문에 전학을 오려고 하는 부모들도 있어요… 이는 놀랄 만한 일이지요. 그래서 나는 이런 데 물들어 있다고 말할 수밖에 없지요.

아이들이 대체적으로 준비가 잘 되어서 오기 때문에, 부모들이 무척 지원을 하게 되는 것이고, 우리는 개인적인 가정 생활 방식에 대항해서 싸울 일이 거의 없어요… 우리 유치원 학급은 대부분 초등학교 1학년 초의 수준에서 운영되는 경향이 있어요. 학년 초기에 그 정도 수준이 안 된다해도, 아이들은 2학기가 되면 그 수준으로 빠르게 이동하지요. 그렇기 때문에 제 기대 수준은 매우 높아요….

이러한 조건과 함께 따라오는 높은 기대와 기준은 솔로몬학교 문화의—학교 생활의 모든 측면에서 교사와 부모의 기대와 열정적인 부모의 참여를 통해—많은 방식들에서 나타나고 있다. 부모와 교사는 아이들을 위해 최선의 것을 원했고 이를 제공하기 위한 방법을 찾으려고 노력한다.

높은 기대와 함께 서로 얽혀 있는 생각들은 유치원이나 1학년을 위한 준비가 되었다는 것이 무엇을 의미하는가에 대한 개념을 강경하게 고수하고 있다. 준비가 된 학생들은 엄격한 교육 프로그램의 요구를 만족시킬 만큼 충분히 성숙하다–그들은 초점 맞추기와 복잡한 수준을 요청하는 체제와 조화를 이룰 수 있어야 한다. 준비도readiness에 대한 이러한 고려는 학생들이 다음 해에 교사의 기준을 맞출 수 있는지 아닌지, 그리고 급우들과 비교해볼 때 어떻게 이들이 잘 지낼지에 대한 염려에서 나온 것이다. 다음 단락에서는 Jared가 어떻게 묘사되는가에 대하여 더 많은 맥락을 제공하는 것으로, Mrs. Warren의 면담에서 발췌한 내용을 제공한다. 이 묘사는 어린이들이 어떻게 성장하고 발달하는가, 그리고 교사와 부모는 이 과정을 촉진시키기 위하여 어떤 역할을 맡아야 하는가에 대한 일련의 생각들로부터 나온다. Jared가 대화의 주제가 아닐지라도, 그 아이에 대한 Mrs. Warren의 관점은 여기에서 묘사된 교수teaching와 학습learning의 보다 광범위한 이미지에 놓여 있다.

그림 8–3
솔로몬 초등학교의 특성과 학군 내 28개 초등학교에서의 순위

아동 빈곤 순위 27위	한부모가족 중 27위	3학년과 5학년의 CAT점수 3위	가족 평균 수입 : 5만 달러	1990~91학년도에 유치원에서 유급된 남자아이의 퍼센트 : 17%

성숙 : Warren과의 면담 1, 2쪽 7221~9766

T(교사) : 학업능력과 성숙이 반드시 일치하는 것은 아닙니다. 읽기는 2학년 수준이지만 지독하게도 미성숙한 아이가 있을 수 있습니다. 부모님들이 와서 보고 본인의 아이들은 이미 2학년 수준의 읽기를 하고 있기 때문에 여기에서 두 단계 정도 수준을 높여주어야 한다고 요구합니다. 유치원에서 아이들에게 정말 필요한 것은 다른 아이들과 잘 지내는 방법을 배우는 것이라는 점을 부모님들이 모르기 때문에 저와 서로 의견이 다르지요. 독립적으로 행동하는 것을 배우고, 인내심과 차례 지키기를 배우는 것이 중요하지요. 저는 어린이들이 다른 데 관심을 가지고 있을 수도 있다는 것을 알고 있습니다. 작년 학급은, Lenore와 나 우리 둘 다 모두 매우 강하다고… 그 아이들은 어떤 면에서는 미성숙했지만 학업적인 면에서는 매우 강했어요. 몇몇 교사들이 불만을 이야기하기 시작했는데, 저는 새로 온 어린이들이 나머지 아이들의 수준을 끌어내리는 바람에 마치 전체 집단이 준비가 되지 않은 것처럼 보이게 만든 것이 불만의 원인이라고 생각해요. 하지만 저는 그것이 사실이 아니라고 생각해요. 저는 몇 명의 아이들로 인해서 사실과 달리 전체 집단이 미성숙하게 보이는 것뿐이고… 그리고 만약 이 어린이들이 한 교사의 학급에 모여 있다면 그 교사는 거의 대부분 불평을 합니다.

유치원에서의 기대 : Warren과의 면담 1, 3쪽 3968~6085

T : 어린이들은, 초기에는 자유놀이가 있을 것이나, 나는 결국 그 시간에 해야 할 일을 정합니다. 어린이들은 일주일 동안에 세 가지 또는 네 가지 정도의 일을 할 책임을 갖게 되고, 그러면 그들은 어떻게 자신들의 일과 놀이시간 간의 조화를 이룰 것인지에 대해서 배워야하지요. 이는 또한 나에게 많은 것을 말해줍니다. 왜냐하면 결국 놀이보다 일을 하려는 아이들과 일보다는 놀이를 하려는 아이들을 파악하게 될 것이기 때문이지요. 그리고 하루종일 앉아서 연습지 활동을 하는 아이들에게 쌓기 영역이나 소꿉놀이영역에 가서 놀이를 하라고 강요하게 되고, 쌓기 영역에 있기를 원하는 아이들에게는 연습지활동을 하라고 강요하게 됩니다. 그러나 이를 통해서 아이들의 학습 유형을 파악하게 되고, 책임감과 선택에 대한 감각을 길러주게 되지요. 나는 선택한다는 느낌을 매우 좋아해요. 그러나 하루 종일 그런 방식으로 진행할 수는 없지요. 아이들의 시간은 Mrs.

Warren이 하라고 한 일을 하는 시간과 그들이 하고자 하는 것을 선택할 수 있는 시간으로 나누어집니다.

초등학교 1학년에서의 기대 : Warren과의 면담 2, 4쪽 21~1414

Int(면담자) : 당신이 보낸 아이들에 관하여 1학년 교사들로부터 다른 피드백을 들어본 적이 있습니까?

T : 올해는 피드백을 못받았어요. 우리는 극히 적은 피드백을 얻습니다. 피드백은 한 명의 교사로부터 받은 것 같은데… "이 아이들은 꽤 저조한 상태로 오는데, 그곳에서 어떤 일이 벌어지고 있습니까?" 어쩌면 그 교사는 단지 저조한 아이 몇 명을 우연히 받게 된 것인데, 섞였거나 아니면 어떻든, 그러면 마치 전체 유치원이 할 일을 하지 않은 것처럼 보이지요. 우리는 좀처럼 칭찬을 듣지 못합니다. 아이들이 정말 잘 한다고 우리에게 말해주는 교사들은 드물어요. 아이들이 어떤 수준에서 오고 이로 인해서 현 상태가 만들어지는데, 만약 아이들이 좀 더 높은 수준에서 오는 것이 아니면 어떤 상태이든 만족스럽지 않을 것이라고 저는 생각합니다. 만약 우리가 모든 아이들이 글을 읽을 수 있게 해서 보낸다 해도, 글쎄요, 아이들이 충분히 높은 수준으로 읽는 것은 아니라고 하겠지요. 우리 아이들이 들어가는 곳으로부터 칭찬을 듣는 경우는 거의 없습니다. 저는 늘 아이들이 유치원을 졸업할 때 그 아이들은 정말 훌륭하다고 느낍니다.

초등학교 1학년에서의 기대 : Warren과의 면담 3, 3쪽 2367~3688

Int : 준비도의 개념은 유치원과 1학년 간에 어떻게 다르다고 생각하십니까?

T : 전 각양각색의 메시지를 받습니다. 무엇을 바라느냐고 그들에게 물어보면 예전에는 늘 이렇게들 대답했어요. "글쎄, 아이들이 수를 10까지 알면 좋겠습니다, 어린이들이 알파벳ABC's을 알면 좋겠습니다, 그들이 앉아서 들을 수 있으면 좋겠습니다." 그러나 제가 접하는 불평은 아이들의 글씨가 정확하지 않다거나, 철자와 발음과의 관련phonics에 대한 깊은 지식이 없다거나 뭐 그런 것들입니다.

Int : 첫 번째 반응은 좀 더 일반적인 것으로 보이는군요.

T : 글쎄, 교사들에게 원하는 게 무엇인지 물어보면 정말 최소한의 기대를 말한다고 느낍니다. 그러나 교사들이 새로운 어린이집단을 만나고 그 집단을 바라볼 때 그들의 갖는 기대는 그 전 해에 경험한 어린이들의 이미지에 기초하는 것 같습

니다. 제 경우에도 매해 새로운 집단을 만나보면 그들이 줄도 못 서고, 조용히 앉아 있지도 못한다는 사실에 익숙해지는 데 오랜 시간이 걸립니다. 봄 학기의 기대를 가지고 바라보는 것이기 때문에 벽돌담에 부딪치는 것 같아요. 저는 이 아이들이 잘 앉아서 교사의 말을 들을 수 있을까에 대해서 염려가 되어서, 듣기 시간listening time, 지시를 따르는 시간과 그러한 종류의 시간을 늘리게 됩니다. 그렇게 해서 설사 아이들이 잘 앉아서 듣게 되었다고 해도, 만약 그들이 지시에 따라서 행동하는 일을 썩 잘 하지 못한다면 마치 제가 할 일을 제대로 하지 않았기 때문인 것처럼 책임이 제게 돌아오는 것 같은 느낌이 듭니다.

메모 4 : 유치원에서 가르치는 일에 대한 Mrs. Warren의 생각

Mrs. Warren은 여기에서 유치원에서 아이들이 지내는 1년 동안 어린이들에 대한 의사결정을 어떻게 하는지에 대해서 이야기한다. 두 가지 주요한 주제들을 볼 수 있다: Mrs. Warren이 어린이들을 이해하는 데 있어서 성숙의 개념을 어떻게 사용하는가, 그리고 유치원 교사로서의 Mrs. Warren의 직업은 어떻게 그녀의 동료들에 의해서, 최소한 부분적으로나마, 형성되었는가. Mrs. Warren은 어린이들의 성숙에 세심한 주의를 기울인다−성숙한 어린이는 유치원과 1학년에서 성공하게 될 어린이다. 그녀는 사회적, 정서적으로 준비되는 것을 자신의 유치원 프로그램의 주요 목표 중의 하나로 여기면서 학업적인 능력과 성숙적인 능력을 구별한다. 성숙 지표 중의 하나는 아이가 유치원에서 적합한 과제를 선택할 수 있는지에 대한 능력이다. 적합성은 과제가 교사에 의해 선택된 것인지 아닌지에 의해 부분적으로 규정된다. Mrs. Warren이 자신의 학생들의 성숙에 그렇게 주의를 기울이는 이유는 1학년 동료 교사들로부터 이에 대해 들었기 때문이다. 유치원 교사로서 그녀의 유능감은 아이들이 1학년 교육과정에 적극적으로 참여할 수 있는지 아닌지에 의해 판단된다. 기준은 선행집단에 의해 세워지므로 이 기준에 도달하지 못한 아이들은 부족한 것으로 여겨진다. 그러므로 교육과정과 평가는 기대에 의해 만들어지고, 각 학년 수준에서 아이들을 위해 세워진 기준은 아이들의 요구에 따라 만들어지는 것이 아니라, 그 위 학년에 의해 생긴 것이다. 이러한 관점에서, Jared는 고도로 능력 있고 특혜를 받은 학생에 대한 기준을 반드시 만족시켜야 한다.

Jared의 이야기 Some Words From Jared

Jared와 그의 프로그램에 대해 많은 논의가 있어왔으나, 우리는 Jared에 대해 단지 관찰의 맥락에서, 그리고 다른 사람들의 눈을 통해 듣고 있었다. 우리는 본 절에서 Jared와 두 명의 급우인 Trevor와 Bill과의 면담을 통해 유치원에 다니는 것에 대한 Jared의 생각을 들어볼 것이다. 면담은 학년 말에 이루어졌으며 유치원에 대한 유아들의 생각에 초점을 맞추었다. 집단으로 이루어진 면담이지만, (본 장이 2,000쪽 정도 분량으로 불어나지 않도록 하기 위해) Jared의 반응이 포함된 단락들만 제시하였다. 다른 화자들로의 이동은 타원(…)으로 표시했다.

Int(면담자) : 교실에 새로 온 아이가 있다고 상상해 보렴－이 아이는 유치원에 대해서 아무것도 모르고, 유치원이라는 곳이 어떤 곳과 비슷한가에 대해서도 모르거든. 나는 네가 새로 온 아이에게 유치원에서 네가 무엇을 하는지 이야기해 주었으면 해.

Jared : 글쎄요, 좋은 것은 해야 할 일이 많다는 것이고, 그렇지만 놀이시간은 많지 않아요. 주로 나는 일하는 것보다 놀이시간을 더 좋아해요. 그런데 일을 해야만 해요.

Int : 놀이와 일과 무엇이 다른지 설명해 줄 수 있니?

Jared : 그건 일하는 것을 말하고, 놀이하기는 놀잇감을 가지고 노는 것을 말해요.

Int : 일을 하도록 만드는 사람은 누구야?

Jared : 선생님은 일을 만들고 아이들은 놀이를 만들어요.

Int : 그리고 너는 일보다 놀이하는 것을 더 좋아하니?

Jared : 네….

Int : 나는 네가 새로 온 아이에게 유치원에서 네가 해서는 안 되는 것에 대해 말해주기 바라. 어떤 일을 하면 꾸중을 듣게 될까?

Jared : 만약 선생님이 하라고 한 일들을 안 하면.

Int : 어떤 일 같은 것인데?

Jared : 선생님이 저것을 가서 주으라고 말했는데, 안 줍고, 선생님이 다시 주으라고 한 뒤에도 안 줍고 그러면 선생님이 다시 주으라고 하고 또 안 줍고 그런 것이요. 그러면 선생님이 "너는 나가 있어! You're on time out!"라고 하세요.

Int : Jared, 네가 좋아하는 것과 싫어하는 것을 생각해 볼 수 있니?

Jared : 네, 나쁜 소식은 나를 기분 나쁘게 하는 사람들이나 나에게 나쁜 짓을 하는 사람들을 싫어하는 거예요. 그렇지만 좋은 소식은 언제든지 다른 사람들과 함께 놀이하는 것을 좋아하는 거예요. 나는 친구들과 많이 놀 수 있어요—바로 Trevor와 Bill과 Daniel이에요.

Int : 네가 진짜로 쉽게 할 수 있는 것을 생각해볼 수 있니?

Jared : 쉬운 일은 어떤 일을 쉽게 할 때, 그게 일이라면, 굉장히 빨리 하는 거예요. 만약 어떤 일을 천천히 하게 되면 놀 시간이 없어지고 그러면 이것을 상자에 담아 놓아야 하고 그리고 나서 내일 꼭 끝마쳐야 해요.

Int : 네가 하기에 힘든 일에 대해서 말해줄 수 있니?

Jared : 학교에서 하는 모든 일이 어려워요. 난 거의 믿을 수가 없어요. 나는 아무도 학교에 안 왔기를 바라요. 아무도, 나를 빼고. 왜냐하면 나는 학교를 싫어했으니까. 나는 이곳에서 시작했고 그리고 나면 우리는 어떤 일을 해야만 했어요. 나는 집에서 하는 게 좋아요.

Int : 유치원을 떠나기 전에 네가 꼭 배워야 하는 그런 것들이 있니?

Jared : 복도에서 걸을 때 조용히 해야 하고 아무런 농담도 하면 안 되는 거요.

메모 5 : Jared와 유치원

유치원에 대한 Jared의 이야기는 누가 유아들의 활동을 조정하는가에 대한 쟁점에 대한 것이다. 그의 주된 걱정거리들 중의 하나는 놀이와 일의 차이로서, 누가 활동을 선택하는가에 의해 정의된다. Jared는 그가 원하는 것, 즉 놀이를 하려고 하는 길에 일이 가로막고 있다는 것을 반복적으로 말했다. Mrs. Warren이 유아가 준비가 되어 있는지 아닌지를 평가하는 데 사용하는 기준은—유아가 정하지 않은 과제에 적극적으로 참여하려는 의지—Jared에 의해 자신의 유치원 경험을 묘사하는 데 사용된 기준이다. 그는 학급 상호작용과 유치원 원아가 되기에 대한 그의 규정 양쪽 모두에서 그 기준에 저항하기 때문에 곤경에 처해 있다. 흥미로운 것은 그가 어떻게 유치원 경험에서 두드러진 어떤 것으로서 Mrs. Warren이 이를 고안한 것과 상당 부분 같은 방식 내에서 그 쟁점을 들추어냈는가 하는 것이다.

Jared의 경험 읽기 Reading of Jared's Experience

이 전 페이지들에서, 나는 유치원에서의 Jared의 경험에 대한 Mrs. Warren의 자료를 발췌하여 제시하였다. 이 발췌들은 준비도 이슈에 대한 나의 관심에 의하여 고안되었고, 그러한 관심을 염두에 둔 상태에서 해석되었다. 또 한편, 나는 해석의 단편을—Jared가 학교 사람들과 그의 가족에 의하여 어떻게 구성되었는가에 대한 우리의 발현적 이해의 해설—제시하였다. 이제 나는 이러한 자료에 대해 다양한 이론적 입장과 Jared가 유치원을 통해 그의 방식을 만들었던 방법에 대해 다르게 묘사하게 해준 두 가지 대안적 읽을거리를 제시하고자 한다.

읽을거리 하나 : Jared의 경험을 매일 관찰할 수 있는 읽을거리는 솔로몬 초등학교의 중요한 참여자의 해석을 보는 것일 것이다. Jared의 어머니와 그의 담임교사의 이야기를 주의 깊게 들어야 할 것이고, 아마도 Jared의 이야기도 들어야 할 것이다. 준비도 문제에서 고전적으로 위험에 처한, 그리고 또한 유치원 시기 동안에도 그런 문제를 가졌던 어린이로서 그의 모습을 구성할 수도 있다. 성숙적 관점에서 접근한다면, Jared는 준비가 안 된 어린이로서 읽혀질 것이다—그의 생년월일, 성별, 사회 · 정서적 성숙은 유치원 초기부터 그의 성공에 장애물이 되었다. 그의 엄마는 유치원에 입학하면서부터 그러한 걱정들을 표현하였으나 어찌되었든 그의 유치원 입학을 선택하였다. 그러한 표적들은 거의 일년 내내 사실로 나타났으나 학년 말에는 사라졌다. 만약 Jared의 경험을 해석학적 관점에서 접근한다면 교사와 지역사회의 생각은 특정한 방식 내에서 그를 짜 맞출 것이고, 풍부한 묘사와 함께 Jared는 준비가 안 된 어린이로 구성될 것이다. 해석학적 틀 내에서는 유치원 시기 동안에 Jared가 했던 모든 활동이 오로지 그가 준비가 안 된 것처럼 보이게 한 렌즈의 역할을 한 것으로 인식될 것이다.

읽을거리 둘 : Jared의 경험 읽기에 활동이론an activity theory을 적용하면, 의미 구성의 과정을 보도록 우리를 도와주는 것으로서의 해석학적 읽을거리에 근거를 둘 수 있다. 이는 의미를 특정 자원과 기회에 의하여 특징지워진 기관적 맥락 내에 위치하도록 한다. Eisenhart와 Graue(1990)에 의해 개발된 활동이론의 해석을 이용하면서, 우리는 다음과 같은 측면의 의미 만들기를 탐구한다: 행위자, 해석, 과제 구성, 동기.

***행위자**–Jared에 대한 해석하기에 포함된 사람은 누구인가? 그들에게 어떤 역할이 부여되고 그들 개개인은 어떤 역할을 맡아 수행하는가?*

현장은 Jared의 경험을 해석할 때 그들의 소리가 들려질 수 있는 사람들로 꽉 차 있다. 그의 어머니와 담임교사는 양쪽 모두 학기 동안 Jared의 경험에 깊이 개입해왔다. 이 맥락에서 부모의 역할은 그의 학교 생활을 최적화하기 위하여 정보를 수집하는 사람으로 정의된다. 교사의 역할은 유아들이 탁월함의 단계에 근접하도록 도와주는 사람으로 정의된다. 유아는 도전적인 유치원교육과정에 직면하기 위해서 필요한 사회적–정서적 준비도의 관점에서 정의된다.

***해석**–기관, 행위, 사람에 담긴 의미*

유치원은 유아들에게 학교에 가는 준비를 시키는 곳은 아니었다–극히 높은 수준으로부터 혜택을 받을 충분한 준비가 되어 있는 상태로 유아들이 유치원에 올 것이라는 가정이 존재한다. 만약, 유아들이 똑똑하지만 약간의 사회・정서적인 미성숙으로 인한 문제를 지니고 있다면 이들은 발달을 위해 시간이 좀 더 필요한 것으로 간주되었다. 이는 Jared의 거의 대부분의 유치원 시기 동안 꼭 맞는 해석이다. Jared는 솔로몬 유치원의 도전에 상응하는 정서적 도구가 미성숙하거나 부족한 것으로 간주되어 왔다.

***과제**–행위자가 이용할 수 있는 자원과 개인 상호 간의 관계를 위한 구조*

학업 과제 구조 : 1학년의 손아래 학년으로서 Mrs. Warren이 부여한 특성은 Mrs. Millard에게는 그녀의 유치원 시절보다 훨씬 학업에 치중하는 모습으로, 그리고 Jared에게는 일이 너무 많고 놀 시간이 충분하지 않은 것으로서 비추어졌다. 책임감을 가르치기 위하여 Mrs. Warren은 어린이들에게 놀이 대신 작업활동들work activities을 선택하도록 요청하는 동시에, 학급에서 교사–지시적 활동의 양을 늘렸다. 그녀가 성숙을 평가했던 방법 중 한 가지는 자신의 활동을 스스로 선택했던 어린이는 누구인가, 선택할 때 도움을 주어야만 했던 어린이는 누구인가를 살펴보는 것이었다. Jared는 활동을 선택하는 데 도움을 필요로 했기 때문에 Mrs. Warren은 그가 충분히 준비되지 않았다고 생각했다. 그리고 Jared는 학교가 자신이 생각한 만큼

재미있지 않다고 여겼다.

참여구조는 사람들이 서로 상호작용을 할 때 사용하는 규칙들이다. 교사와 부모는 솔로몬 학교에서 협력적 관계를 유지하였는데, 부모들은 고도로 경쟁적인 환경에서 그들의 자녀의 성공을 확실하게 하기 위하여 자신들이 해야 할 일을 찾는 데 주도성을 발휘하였다. 적극적인 사회적 연락망network 내에서, 부모들은 교육과정과 그 안에서 이루어지는 자녀의 경험에 대하여 상호 간에 정보를 나누었다. Jared의 엄마는 이 연락망의 중심에 있지 않았고 그녀는 어떤 면에서 다른 부모들이 가졌던 방식에 순응해야 하는 압박감을 경험하지 않았다.

***동기**–지역사회의 구성원들에 의해 부과된 목적과 목표*

솔로몬 학교에서의 모든 행위의 동기는 어린이들이 학교 배경에서 탁월할 수 있다는 것을 확실하게 해주는 것이었다. 중간 정도로는 충분하지 않았다. 학생들이 학급에서 상위권에 드는 것이 대단히 중요했다. 이러한 이유 때문에 부모들과 교사들은 개별 어린이들이 집단의 상위권으로 진보하는 기회를 증진시키도록 도와주기 위한 전략들을 모색하였다. 여기에는 대단한 능력을 지닌 집단의 잠재력을 극대화하기 위하여 고안된 교육과정에 어린이들이 적응하는가를 분명히 하기 위하여 어린이들을 관찰하는 것을 포함한다. Mrs. Millard는 소아과 의사와 학교 관계자들schoolpeople이 아이를 유치원에 안 보낼 이유가 없다고 말하였기 때문에 Jared를 유치원에 보내기로 결정하였다(비록 다른 사람들이 해준 대안적 조언도 듣기는 했을지라도).

활동이론은 Jared의 경험을 해석하는 데 지역사회, 기관, 유치원교육과정에 대한 다양한 관점을 제공한다. 활동이론은 가정–학교 상호작용을 형성시키는 다양한 현장의 영향 안에 어린이들에 대한 판단을 위치하게 하고, 우리로 하여금 그러한 영향들을 이야기하는 다양한 소리에 주의를 기울이게 만든다. Jared는 특정한 시간과 장소에서, 특정한 방식들로, 이 특정한 유치원에서, 이 지역사회에서 구성되었다. 성인활동과 어린이활동에 대한 기대는 힘 관계의 인식, 자원 배당, 장단기 목적과 함께 섞여 나아가고 있다. 이러한 이론적 읽을거리는 행위를 생각에, 그리고 활동을 철학에 연결시켜 주기 때문에 우리로 하여금 단순 묘사의 표면을 넘어서서 보게 해준다.

결론Conclusion

본 장에서 우리는 많은 연구자들에게 해석적 연구의 가장 수수께끼 같은 측면, 즉 해석의 과정을 탐구하였다. 나는 대단히 작은 자료 세트에 관한 나의 고투를 사용하여 기술description과 해석interpretation을 연결시키기 위하여 내가 어떠한 노력을 했는가를 설명하였는데, 이는 경험의 가능한 한 많은 관련된 측면을 포함시켜서 우리의 초점을 천천히 넓혀 맥락을 이해하는 것을 통해 설명하였다. 이러한 측면들 중에 하나는 이론의 공헌으로, 이는 자료를 넘어서서 보는 방법들을 제공함으로써 해석의 근거가 된다. 다음 절에서 우리는 이론이 어떻게 현장 경험과 생성된 자료를 읽는 데 사용되어 왔는가를 보여 주는 특정 사례를 제시한다. Anne Haas Dyson은 질적 연구에서의 이론과 실제를 설명하기 위하여 사회적 세계와 문학의 실제의 교차intersections에 대한 Bakhtin 학파의 화법narration을 제안한다.

어린이의 세계 이해하기 : Tina와 울고 있는 영웅

Making Sense in Children's Worlds : The Meaning of Tina and the Weeping Superheroes

Anne Haas Dyson
버클리 캘리포니아 대학교

2학년인 7살의 Tina는 친한 친구인 Holly의 옆에 앉아 있다. Tina는(보통 때의 그녀와 다르게) 말은 안하지만(어린이들이 자기들이 쓴 이야기들을 연기할 급우를 선택하는 동안) 빠르고 꾸준하게 작가의 극장Author's Theater에 올릴 이야기를 쓰고 있다. 작문시간이 끝났을 때, 그녀의 노트에는 다음과 같은 새롭게 완성된 주제가 들어 있다.

ods tare wry 4 x-man	Once there were 4 x-man.
in the x-man fote othr	And the X-men fought others.
own x-man died	One X-men died.
and the rast uavy they wrey	And the rest of them were
sad they criyd	sad. They cried.
Storm flow away	Storm flew away.
rogue stry to criy	Rogue started to cry.
Jeen Cray cam	Jean Gray came.
Black Momy cam to	Black Mommy came too.
They all fote	They all fought
and the x-man won	And the X-men won.
rogue found storm	Rogue found Storm.
She was making weather	She was making weather.
and they all lived	And they all lived
happy eave after the end.	happy ever after the end.

Tina의 이야기는 내가 상상하건대 독자들에게, 특히 X-men [Lee, 1963] 영웅들의 팀에 대해 아무것도 모르는 사람들에게는 특별히 인상 깊거나 심지어 의미 있게 보이지 않는다. 그러나 연구자인 내게 있어서 이 주제는 그간 Tina가 사용해온 사회적 상상과 문학에서 핵심이 되는 사건incident을 중재해 주는 역할을 한다: 이는 "관념 형태의 생성ideological becoming"의 순간을 암시하고 있다(Bakhtin, 1981, p. 341).

Tina의 문맥적 행위의 사회적 의미를 명료화하는 방식으로서의 이 해석은 적어도 부분적으로, 한편으로는 Tina의 학급 생활의 구체적인 측면에 관하여 분석적 주의attention를 기울인 데에서 기인한 것이고, 다른 한편으로는 언어 사용 그 자체의 특성에 대해서 이론적으로 구성한 것에 대한 반성과 전유專有의 결과이다. 인류학자인 Clifford Geertz는 다음과 같이 설명하였다.

> 이는 거의 집착에 가까운 현장연구에 의해 양산된 자료 같은 것과 함께 있다… 타당성, 근대화, 통합, 갈등…에 의해 시달리는 현대 사회과학과 함께 대규모의 개념들은mega-concepts… 사실적이고 구체적으로 그들에 대하여 생각하는 것뿐만 아니라, 보다 더 중요한 것으로서 창의적으로, 그리고 비유적으로 그들과 함께 생각할 수 있게 만드는 지각할 수 있는 현상이 의미…에 주어질 수 있다. (1973, p. 23)

따라서 연구자는 어떤 기본적인 이론적 구성들, 즉 그가 연구하고 있는 것에 대한 어떤 정의를 가지고 출발한다. 그러한 정의는 연구되고 있는 현상 주위에 경계선을 그리도록 도와준다. 경계선은 예컨대 쓰기 발달에 대한 연구를 할 때 연구와 관련이 있는 것과 관련이 없는 것이 무엇인지에 대한 방법론적 결정을 할 수 있도록 안내하는 역할을 한다. 그러나 어린이들의 행위와 반응에 대한 상세한 설명은 그러한 구성들을 풍성하게 하고, 확장시키거나 이들에 도전한다.

다음 페이지에서 나는 이론적 구성들과 지역적 실재물local materiality 간에 일어나는 상호작용을 설명하고자 한다. 이를 위하여 나는 Tina가 다니는 도시의 초등학교에서의 최근 연구를 활용하고자 한다. 이 학교에는 사회문화적 배경이 두드러지게 다른 어린이들이 다니고 있다(연구지를 포함한 연구방법론에 대한 설명은 Dyson, 1995를 보라). 나는 처음에 이 연구를 안내했던 문식성literacy에 대한 이론적 구성에 대해서 정의할 것이다. 이후, 이러한 이론적 구성이 나로 하여금 어떻게 어린이들과 그들의 글에 주의를 기울일 것인가에 대한 방법론적 결정을 내리도록 하는 데 어떠한 영향을 미쳤는가와, 또한 어떻게 이 구성들이 언어 분석에 대해서 탐구하고자 하는 노력을 이끌어갔는지에 대해서 기술할 것이다. 그 언어, 즉 이 학급에서 일어났던 이야기를 들려주는 데 사용되는 단어는 해석에 결정적 역할을 하는데, 이는 언어가 이론적 구성과 매일의 생활을 중재해주기 때문이다.

불과 몇 페이지 내에서 이러한 거대한 야망을 성취하려 하기 때문에, 나는 해석학적 연구자의 일반적 전략을 사용할 것이다. 기본이 되는 정의적definitional이고 기술적descriptive 정보를 제공한 후에, 나는 짧은 이야기 한 개, 좀 더 정확히 말하자면 긴 이야기에 대한 분석적 요약 한 편을 들려줄 것이다. Erickson은 다음과 같이 기술하였다.

> 나는 질적 연구자가 가장 잘 하고 또한 거의 본질적으로 하는 것은 핵심이 되는 사건들을 기능적으로 관련이 있는 기술적 용어로 묘사하고 큰 사회적 맥락과의 어떤 관련하에 이들을 놓는 것이라고 생각한다. 이는 하나의 사회 조직의 추상적 원리들의 기능을 보여 주는 하나의 구체적인 사례로 핵심적 사건을 이용하는 것이다. (1981, p. 22)

여기에서 핵심이 되는 사건들은 Tina의 X-men 이야기와 연관되는 것들을 포함한다. 이러한 사건들의 구성을 통하여, 예를 들면 무엇을 부각시키고 무엇을 그럴 듯한 말로 얼버무릴 것인가에 대한 결정을 통하여, 나는 저 울고 있는 슈퍼히어로superheroes의 지역적 중요성과 이론적 중요성을 동시에 설명하기 위한 해석을 하기도 하였다.

기본 정의와 방법론적 결정 Basic Definitions and Methodological Decisions

문식성 발달에 대한 어떤 연구이든지 '발달하는 "그것it"이 무엇인가?', '어디에서 "그것"을 찾을 수 있는가?'에 대한 기본적인 개념적 질문을 한다. 예를 들어, Tina의 글을 이해하기 위해서는 원문, 주제, 이야기 구조, 철자에 주로 주의를 기울여야 하는 것인가? 아니면 가장 중요한 것은 글을 쓰는 개인의 마음에 대한 행동적인 증거들, 즉 계획하기, 검토하기, 교정하기 과정에서 아이가 하는 일이 될 수도 있는 것이다(Graves, 1983). 어쩌면 글은 사회·문화적으로 발생하는 일, 즉 "사건"일 수도 있다(Heath, 1983; Hymes, 1986). 그 경우에 참여자들 사이의(Tina, 친구들, 담임교사를 포함하여) 관계, 상호작용과정에서 나타나는 규정, 이용 가능한 상징적 도구, 주고받은 메시지를 포함하여 사건의 "구성요소들"에 초점을 맞추어야 한다.

Tina의 글을 이해함에 있어서, 나는 이러한 모든 일들-그리고 더 많은 일들에 주의를 기울였다. 나는 문식성에서의 "대화의dialogic"정의를 적용하였다(Bakhtin, 1981, 1986; Volosinov, 1973). 이 정의에 의하면 원문, 즉 원문의 내용, 구조, 유형이 중요한 것이다. 더욱이, Tina 같은 작가들이 종이 위에 단어들을 조직하기 위해서 애쓰는 노력 자체도 그 작가가 참여하고 있는 사회적 사건 못지 않게 중요하다. 자신의 X-men 이야기를 완성함에 있어서 Tina는 학급에서 이루어지는 작문시간에 원문 주제, 제목, 구조에 대해 선택하였다. Tina는 이러한 방식으로 자신으로 하여금 말하자면 영웅의 특성에 대하여 이야기하게 했다. 사실상 대화의 진의眞意의 관점에서 보면, 원문은 글자 그대로 정말 다른 사람들에게 전달하려는 이야기a say, 즉 하나의 "말an utterance"이다 (Bakhtin, 1986, p. 60).

그러나 대화의 관점에서 보면, 거기에는 Tina의 글을 통하여 전개되고 있는 사회적 사건만이 아닌 더 많은 것들이 있었다. 또한 거기에는 관념 형태의 어떤 것이 있었다. Tina는 문자 언어에 대한 자신의 생각에 질서를 부여하고 동시에 다른 사람들에게 전달하기 위하여 문자 언어의 기호를 사용하였다. 그러나 그 기호들은 사회적 질서의 상징들 그 자체이다. 이들은 단지 그 아이 개인의 경험이 아니라, 공적 기호 그리고 지역사회 경험과 연관이 된다. 글쓰기를 배움에 있어서 Tina와 같은 어린이들은 특정 상황 속에서 소년이나 소녀에게, 그리고 특정 연령이나 민족성, 인종, 계층, 종교 등을 가진 사람에게 유효한 기호들이나 단어들을 배우는 것이다. 기대되는 단어들을 받아들이거나 거부할 때 이들은 또한 잠재적으로 관념을 의식하게 되는 것이다.

Bakhtin의 동료인 Volosinov의 말에 따르면,

> 언어적 수행은 불가피하게 어떤 특정한 상태의 일로부터 그 출발 지점을 취한다… 따라서 인쇄된 언어적 수행은 마치 커다란 규모의 관념 형태의 담화에 참가하는 것과 같다: 어떤 것에 반응하고, 어떤 것에 반대하고, 어떤 것을 주장하고, 가능한 반응과 반대를 예상하고, 지지를 구하는 등.
>
> *어떠한 말도… 계속되는 언어적 의사소통의 과정에서는 단지 순간에 불과하다.* 그러나 그러한 계속되는 언어적 의사소통 자체도 마찬가지로 기존 사회 집단의 계속적인, 전부를 포함하는, 생성적 과정에서 단지 순간에 불과하다. (원문의 이탤릭체를 그대로 반영함; 1973, p. 95)

성인과 마찬가지로 어린이 작가들도 보다 큰 문화적 사건들을 양산하고 또한 영향을 미치는 국소적 "사건들의 상태"-진행 중인 사회적 대화-에 적극적으로 참여하는 공헌자들

이다. 사회적 정체성과 사회적 투쟁은 작가로서의 그들의 선택에 영향을 준다. 따라서 특정한 “주어진 사회적 공동체 내에서의… 순간”으로서의 Tina의 글을 제대로 이해하려면 작가로서의 개인적 성장 속에서 갖는 Tina의 이야기가 갖는 의미뿐만 아니라 학급 전체 속에서 영웅에 대한 이야기가 갖는 의미가 무엇인지에 대해서 알아야 한다.

관련된 질문들을 살펴보면, 예컨대 누가 이 학급에서 영웅의 문화적 도구, 예를 들어 신호를 사용했는가? 명백하게 드러난 사회적 목적들은 무엇인가? 어떤 점에서 Tina의 X-men 산물이 공동체 사회에서 생산된 영웅 이야기들을 대표하는가? 어떤 점에서 이 이야기는 Tina 자신의 통상적인 이야기 줄거리를 대표하는가? 학급 내에서 작문을 하는 동안 그리고 결과가 발표되는 동안 명백하게 나타난 사회적 상호작용들 또는 갈등들은 무엇이었나?

Tina와 그녀의 또래에 대한 연구에서 내가 관심을 가졌던 질문은 그러한 것들이다. 나의 목표는 글쓰기 발달을 뒷받침하는, 보다 더 특별하게는, 글쓰기를 배우는 것과 자신의 위치에서 타협하기를 배우는 것 사이의 관련성을 뒷받침하는 사회적 그리고 관념적 역학 관계를 조명하는 것이었다. 따라서 나는 학급에서 작가의 극장author's theater 사건들에 특히 주의를 기울이는 가운데 자료현장노트, 오디오 테이프 기록, 문자화된 산물들를 총괄적으로 수집하였고, 또한 Tina와 같은 선택된 어린이 참여자들의 작문 사건들에 대한 유사한 종류의 자료를 수집하였다. 이러한 후반기 자료를 수집하면서, 나는 연속적으로 있는 “자유롭게” 글 쓰는 날에 어린이들의 이야기와 행동을 관찰함으로써, Tina의 X-men 이야기처럼, 특정 어린이의 작품이 갖는 사회적 역사를 추적하였다. 물론, 어린이들이 이용 가능한 등장인물들과 행위들을 어떻게 사용하고 변형시켰는가를 알아내기 위하여 나는 어린이들이 언급했던 비디오, 만화, TV 쇼를 모두 다 보아야만 했다.

울고 있는 영웅들과 관련된 일련의 사건들과 같은 자료에 대한 해석을 하기 위하여, 나는 부호 범주화, 즉 이 학급에서 발생했던 일에 대한 분석적 이야기를 들려주는 특별한 용어들을 개발해야 할 필요가 있었다. 대화주의dialogism에 대한 이론적 개념과 어린이들의 녹화된 행동들 사이를 중재하는 것이 바로 이 용어들이다.

나는 어린이들의 상호작용에서 명백히 나타나는 사회적 과정들을 묘사하기 위한 부호 범주화 세트 하나와(예를 들어, 다른 사람들과 특별한 관계 맺기, 다른 사람들에게 저항하기, 다른 사람들로부터 거리를 두기, 보다 더 공정하게 다른 사람들과 타협하기) 문자화된 본문이 그러한 과정들을 상징하는 방식으로서의 또 하나의 부호 범주화 세트(예를 들어, 작가의 극장작품을 위한 [종종 최소한의 글쓰기와 함께] 지지대로서, 가치를 두는 등장인물들과 행위들의 대표들로서, 문자적인 권위의 강화물로서, 이 세상이 어떠하다고 말할 수 있는 그들의 권리)를 개발하였다. 마지막으로, 인간 관계에 대한 어린이들의 공공연한 가치, 흥미, 신념을 반영하고 왜곡함으로써 갖는 글의 관념적 과정들을 묘사하기 위하여 Volosinov(1973)가 사용한 용어인 "반영reflection"과 "굴절refraction"을 사용했다(부호 범주들, 행동의 색인, 자료 사례들은 Dyson, 1995에서 찾아볼 수 있다).

특히, 작가의 극장에서 이루어진 공개 토론에서, 선택된 다른 사람들과 특별한 관계를 맺는 것과 같은 사회적 과정들은 전체로서 학급 공동체에 반향을 일으키는 관념적 과정들과 함께 교차되었고, 결과적으로 작가의 과정들이 나타났다: 작가들은 인간 관계와 인간 경험의 묘사에 대한, 즉 이야기 구성에 대한 의사결정을 의식하고 있었다.

어린이 글쓰기에 주의 기울이기와 해석하기에 대한 대화적dialogic 방법을 설명하기 위하여 나는 Tina의 영웅 이야기에 대한 짤막한 해석을 아래에 제시한다. 해석은 Tina와 학급 공동체 사이에서 일어나는 상호작용을 보여 주는 이야기체 형식으로 전개된다.

울고 있는 영웅들의 사례 The Case of the Weeping Superheroes

작가의 극장은 Kristin의 학급에서 대단히 인기 있는 활동이었다. 많은 어린이들에게 극장은 자신과 실제 친구이거나 친구가 되고 싶은 또래들과 함께 공적 연극의 기회를 제공해주었다. "완성된" 각본은 이러한 공적 연극을 위해 꿈꿔 왔던 입장권이었다. 어린이들의 "완성된" 각본들은 일반적으로 매우 짧았고, 때로 사실상 문학적인 측면으로는 잘 보이지 않았다. 훌륭한 구술 작가는 가슴과 아주 가까운 곳에 종이를 잘 들고 있는 한 글로는 존재하지 않는 이야기를 보충할 수 있었다.

몇 주 동안 남자아이들은 ninjas, ninja turtles, X-men 이야기들로 작가의 극장을 독점해오고 있었고, Tina 또한 몇 주 동안 가능성이 없음에도 놀이에 함께 참여하게 해달라고 조르던 중이었다. Sammy는 영웅 드라마에 정기적으로 여자아이들을 참여시켜주던 유일한 남자아이이다. 그는 다른 남자아이들과 마찬가지로 여자아이를 고를 때 인기 미디어 이야기에 등장하는 ninja의 "foxy babes"와 꼭같이 호리호리하고 중류층의 활발한 백인 여자아이들인 Melissa나 Sarah만 찾았다. 남자아이들은 Tina와 그녀의 친구 Holly와 같은 유색 여자아이들은 한 번도 놀이에 참여시켜주지 않았다. Tina는 오랫동안 이러한 경험을 해왔다. 보통 그녀가 평화의 책이라는 제목의 저널을 쓸 때에 가족과 친구들에 대한 자신의 사랑을 표현하는 짧은 글을 썼다. 이날 Tina는 친구인 Holly에게 자신과 함께 X-men 이야기를 쓰자고 부추겼다. (X-men 이야기는 영웅 팀에 유색 여자아이들을 포함한 "강하고", "거센" 여자아이들이 등장하기 때문에 특별히 매력적이었다) "그리고 남자아이들은 안 돼. 왜냐하면 남자아이들은 우리를 놀이에 안 넣어주니까." Tina는 친구에게 강경하게 말했다.

Tina와 Holly는 나란히 옆에 붙어 앉아 그들의 이야기를 즐겁게 계획하기 시작하였다. 사회적 세계에 놓인 작가들에 의하여 기존의 영웅 이야기들과는 매우 다르게 구성된 이들의 이야기는 학급의 대화에 나타나는 성gender과 힘power에 대해서 복잡하고 모순된 반응을 드러내었다. 이야기의 시작에서 Tina는 X-men 역할인 Rogue를 자신이 하는 것으로 계획했으나, 재빨리 "이 세상에서 가장 거센toughest 사람… 우리는 모두 Blob들이야!"라고 하면서 Blob가 되기로 하였다. (Bolb들은 거대하고 살찐 돌연변이 인간들로서 실질적으로 파괴할 수 없으며 매우 나쁜 존재들이다). "만약 누군가 나에게 금속으로 된 공을 던지면, 에너지가 나를 통해서 바로 통과하기 때문이 나는 알지도 못할 거야. 그리고 우리는 세계를 훔치는 자매들이고… 절대 아프지 않을 거야. 그리고 절대로 안 죽어."

Tina는 삼촌 Blob이 되고, Holly는 조카 Blob이 되는 등 자매들은 계속 진화했다. 두 여자아이들은 더욱더 활기에 차서 교실의 깔개로 이동했고, 놀이에 깊이 빠져들었다. 극에서 삼촌 Blob인 Tina는 여자 X-men 역할의 Rogue를 생포하여 그녀의 긴 머리카락을 잘랐다. 삼촌 Blob은 자기에게도 달라고 조르는 조카 Blob에게 조금 건네 주고는 거센 힘으로 그 머리카락을 빨아들여 마셔버렸다. 그는 소녀에게 말하기를 "네가 할 수 있는 유일한 것은 그들[X-men]을 향해 그대로 불을 뿜고 이후에 나를 반드시 부르는 거야." (이 부분에서 실제 ninja 이야기 속에서 도와달라고 청하는 소녀들의 이야기와 미묘한 차이가 나타난다)

학급의 작문시간은 어린이들이 종이에 연필을 놓기도 전에 끝났다. 다음날 Tina가 결석하였기 때문에 각각의 여자아이들은 궁극적으로 자신의 X-men 이야기를 저작하였다. 또래 압력이 거셌기 때문에 각 여자아이들은 계획된 극을 쓰기가 어렵다는 것을 알게 되었다. 예를 들면, Tina가 그녀의 X-men 이야기를 쓰고자 시도한 그날, 여자아이들과 남자아이들 모두 힘센 좋은 사람 역할을 하게 해달라고 졸랐고, 아래 설명된 것처럼 Tina가 마음에 두고 있는 미안해할 줄 모르는 나쁜 사람들에 크게 불만을 가지고 있음을 표현하였다. Tina는 작문시간에 Holly, Kiliana, Sarah, James와 함께 앉아 있다. 그녀는 등장인물 목록을 만들려고 준비하는 중이다.

Holly : 나 Rogue 할 수 있어?

Tina : 너희들은 모두 나쁜 사람들이야. 난 너희들 모두의 역할을 다 결정했어.

Holly : 우리는 나쁜 사람들 아니야.

Tina : 그렇지만 그래서! 넌 나를 이길 수 없어! 야-야-야-야! 너희들 모두 원하면 나를 이기려고 노력해 볼 수는 있지.

Liliana : 너 Jean Gray야? [또 다른 X-men 역할]

Tina : 아니, 나는 Blo::b야. 넌 날 죽일 수 없어.

Liliana : 남자.

Tina : 그래! 나는 남자가 되고 싶어.

여전히 압력은 계속되었다. Holly는 Rogue가 되고 싶어 하였고, Monique는 Storm이 되기를 원하였다. Sarah는 좋은 편 여자가 되고 싶다고 말했고, James는 Wolverine 역할을 하고 싶다고 하였다. 그래서 Tina는 분명히 화가 났지만 마음을 누그러뜨리고, "너 나쁜 사람 되고 싶지 않아? 알았어. 좋아. 넌 나쁜 사람 아니야."

이렇게 학급에서 타협을 하는 동안, Blob는 사라졌고 X-men이 다시 표면화되었다. Tina는 작문시간 내내 그녀의 이야기 속에서 누가 어떤 역할을 할지에 대해서 협상하였다. 그러나 그녀는 실제로 내용을 쓰지는 않았다. Tina는 어쨌든 여자 역할들이 지배하는 작가의 극장을 보여 주려고 노력하였다. 그러나 그녀는 수줍음을 벗어난 것으로 보였고, 더욱이 그녀의 등장인물들은 그녀의 이야기가 너무 "혼란스러운"것을 알게 되었다. Tina는 단순히 입장권 이상의 것이 필요하다고 판단하였다. 그녀가 교사에게 말한 것처럼, 실제로 이야기를 "완성"할 필요가 있었다. 즉, Tina는 자신의 구술 이야기에 단서를 제공할 수 있는 글로 쓰여진 이야기 자료가 필요했고, 또한 글로 쓰여진 이야기 그 자체가 지니는 권위가 필요한 것으로 보였다.

다음 날, Tina는 실제로 자신의 글과 학급에 대한 자신의 반응, 즉 Bakhtin학파의 말utterance을 "완성"하였다. 그녀는 자신의 이야기 글을 들고, 이 글에 의지하여 크고 명료하게 이야기를 말하였다. 작문시간 동안에, Tina는 또 다시 우정에 대해서 글을 쓰고 있는 Holly

옆에 앉았다. Tina는 이 장章의 첫 단락에 제시된 그 이야기를 썼다. Tina의 글들은 전형적으로 사람과 사물을 사랑함에 대한 것이었기 때문에 그 이야기는 Tina에게만 특이한 것이 아니었다. 이 이야기는 또한 그녀의 학급에서 다른 아이들이 쓰는 것과는 다른 특이한 영웅 이야기였다. 여자들이 지배적이었고 유색 여자아이들이 주로 연기를 하였다. 또한 좋은 사람들 중에 죽은 사람도 있었다. 그리고 가장 놀라운 것은 영웅이 운다.

그녀의 이야기를 또래들이 연기하는 동안 Tina는 통상적인 성별 경향의 붕괴를 강화하였다.

> Tina : (읽음) "X–men 중의 한 명이 죽었다… 그리고 나머지 사람들은 대단히 슬펐다. 그들은 울었다." 모든 사람은 [어린이 연기자 모두] 남자아이들까지도 지금 운다.

Tina는 Blob 이야기를 상연하지 못했다. 그러나 Tina는 보다 틀에 박힌 영웅 이야기의 세계로 조용히 들어가지 않았다. Tina가 사회적 환경과 이의 지배적인 "노정과 방향routes and directions"(Volosinov, 1973, p. 91)에 의해 뒤로 조금 물러섰지만 다른 사람들의 저항이 이 아이를 침묵하게 만들지는 못했다. Tina는 교우 관계 내에서 협상을 했고, 일시적으로 압도되었을 때 연필과 목소리를 들어 올렸고 다시 썼다. Tina의 투쟁은 작가로서 자신의 "관념 형태의 생성ideological becoming"(Bakhtin, 1981, p. 341)에서, 즉 다른 사람들의 말에 대한 자신의 의도적이고 선택적인 사용에서, 하나의 중대한 경험이 된 것으로 보인다.

활동가 소녀로서–그리고 관계를 경험해 본 작가로서–Tina는 학급의 지역문화에서 영웅 이야기들의 가능성을 변화시키는 중이었다. 비록 틀에 박힌 남성 위주의 영웅 이야기들이 계속되었다 하더라도, 이는 Bakhtin의 용어를 사용하자면 "대화에 의해 만들어진dialogized"(1981, p. 426) 것이었다. 즉, 이는 여러 가능성들 중에 한 가지 가능성으로 표현되었다. 이러한 새로운 가능성들–그리고 사회의 발전에 수반되는 관념 형태의 굴절–은 Sammy로부터 작문시간에 대한 어떤 반응을 이끌어내었으나… 그들이 말하는 것과 같이 이는 또 다른 이야기이다(Dyson을 보라, 1995, 1997).

종결부 Code

Bakhtin의 대화의 상상the Dialogic Imagination(1981)의 마지막 평론을 처음으로 읽고, 나는 마음에 와 닿는 단락들을 내 독서 저널에 느린 방식으로-보통 필기 속도, 구불구불한 필기체-적어 놓았다. 나는 특히 "인간의 관념 형태의 생성"에 대한 그의 견해를 좋아했고, 이는 "다른 사람들의 말들을 선택적으로 동화하는 과정"(p. 341)에서 증명된다. 그러나 나는 그 말이 정확하게 무엇을 의미하는지에 대해 막연하고도 희미한 개념을 가졌을 뿐이었다.

유사한 방식에서, 내가 처음 Tina를 관찰하기 시작했을 때 나는 그녀의 글이 정확하게 무엇을 "의미했는지"에 대해 막연하고 희미한 개념을 가졌을 뿐이었다. 나는 사회적 투쟁으로 가득 채워져 있는 핵심이 되는 사건들을 선택하여 내 프로젝트 일지에 느린 방식으로-보통 필기 속도, 구불구불한 필기체-적었다. Bakhtin의 단어들과 Tina의 단어들을 나 자신의 이야기 속에 사용함에 따라, Bakhtin 학파의 "관념 형태의 생성"의 개념과 Tina의 매일의 행위와 반응은 서로를 조명해주었다. Bakhtin은 결국 어린이들의 글쓰기의 발달에 대해 특별히 쓴 것이 없다. Tina는 Bakhtin을 결코 인용하지 않았다. 그리고 내가 알기로는, 발달주의자들은 어린이 글쓰기에서 선상linear의 또는 상호작용적interactive인 면에 주목하고 대화적인 면에 거의 관심을 두지 않았다. Bakhtin과 Tian를 연결함에 있어서, 나는 구체적인 일상에 기반을 두고 있을 뿐만 아니라 독자들이 자신의 삶 속에서 어린이들에 대한 이해를 해나가는 데 도움이 되는 제대로 된 이야기를 구성하였기를 바란다.

참고문헌

Bakhtin, M. (1981). Discourse in the novel. In C. Emerson & M. Holquist (Eds.), *The dialogic imagination: Four essays by M. Bakhtin* (pp. 259-422). Austin: University of Texas Press.

Bakhtin, M. (1986). *Speech genres and other late essays*. Austin: University of Texas Press.

Dyson, A. H. (1995). Writing children: Reinventing the development of childhood literacy. *Written Communication, 12*, 3-46.

Dyson, A. H. (1997). *Writing superheroes: Contemporary childhood, popular culture, and classroom literacy*. New York: Teachers College Press.

Erickson, F. (1981). Some approaches to inquiry in school-community. In H. Trueba, G. Guthrie, & K. Au (Eds.), *Culture and the bilingual classroom: Studies in classroom ethnography* (pp. 17–35). Rowley, MA: Newbury House.

Geertz, C. (1973). *The interpretation of culture*. New York: Basic Books.

Graves, D. H. (1983). *Writing: Teachers and children at work*. Portsmouth, NH: Heinemann Education Books.

Heath, S. B. (1983). *Ways with words: Language, life, and work in communities and classrooms*. Cambridge, UK: Cambridge University Press.

Hymes, D. (1986). Models of the interaction of language and social life. In J. Gumperz & D. Hymes (Eds.), *Directions in sociolinguistics: The ethnography of communication* (pp. 35–71). New York: Basil Blackwell.

Lee, S. (Author and Illustrator). (1963). *The X–men*. New York: Marvel Entertainment Group.

Volosinov, V. N. (1973). *Marxism and the philosophy of language* (L. Matejka & I. R. Titunik, Trans.), New York: Seminar Press.

부 록 Appendix

전체적인 면담 본문은 1년 간의 유치원 생활을 마칠 때 Jared의 어머니와 나눈 대화에서 온 것이다. 우리는 학년을 시작할 때 이야기를 나누었으며, 많은 질문들이 서로 유사하다.

개 관 Overview

면담자 : 이것은 일종의 개관입니다. 이 면담은 지난해 가을에 어머님과 제가 했던 것과 병행하는 것으로서, 주로 1년이 어떻게 지나갔는지에 대해서 돌아보고자 해요. Jared가 유치원을 거의 마쳐가고 있는 이 시점에서 요즘 어떤 생각들을 하고 계세요?

엄마 : 아, 아이가 1학년이 될 준비가 되어 있나, 특히 정서적인 측면에서, 아이의 학교 생활에서의 가장 큰 문제점은 때때로 우는 것이었어요. 학업적으로는 잘 하고 있어요.

면담자 : 사회적인 부분에 대해서 좀 더 말씀해주시겠어요?

엄마 : Mrs. Warren에게서 들은 바로는 아이가 아주 잘 운다고 해요. 자기 순서를 놓쳤거나 누가 놀리거나 하면 운다는거죠.

면담자 : 집에서도 그런가요?

엄마 : 네, 때때로, 거의 아이가 많이 피곤할 때요.

면담자 : 그런 것들이 아이가 1학년이 되었을 때 어떤 영향을 줄 것이라고 생각하세요?

엄마 : 아, 아이가 잘 운다고 놀림을 당할까봐 염려가 되고, 그렇게 되면 아이가 더 많이 울게 될 것이고 이런 악순환이 반복될까봐 걱정이에요.

면담자 : 네, 네. 아이가 사회적으로 좀 더 준비가 되려면 어떻게 해야 한다고 생각하세요?

엄마 : 시간과 성장이 필요할 것 같아요. 잘 모르겠어요. 그러니까 집에서도 노력할 수 있지만 나이가 더 들어야 하는 문제인 것 같고….

면담자 : 그렇다면 이번 여름방학이 그에게는 상당히 중요한 시간이 되겠네요. 지난 1년 동안 어떤 종류의 긍정적인 일들이 Jared에게 일어났나요?

엄마 : 아, 아이가 정말 많이 배웠어요. 읽기와 쓰기도 조금 배웠고 산수도 조금, 사실 유치원에서 이렇게 많은 것을 배운다는 사실에 놀랐어요.

면담자 : 유치원에서 가르치는 것이 어머니께서 기대하신 것과 어떻게 연관이 되거나 혹은 연관이 되지 않는지 말씀해주시겠어요? 어머니께서 생각하신 것하고 다른가요?

엄마 : 제가 생각했던 것보다 많은 것이 이루어졌어요.

면담자 : 어떤 것을 기대하셨어요?

엄마 : 알파벳, 수세기와 같은 것을 배울 것이라고 기대했지만, 단어를 그렇게 많이 배울 줄은 몰랐고, 덧셈과 뺄셈에 대해서 배울 것이라고는 생각하지 않았어요.

면담자 : 어떻게 된 것 같으세요?

엄마 : 아주 잘 된 것 같아요.

면담자 : 또 다른 긍정적인 점들이 있다면?

엄마 : 생각해보자면… 많은 새 친구들을 사귀는 것이요. 가끔씩 와서 노는 아이의 친구들이 몇 명 있는데, 단순히 이웃아이들보다도 새로운 집단의 친구들을 사귀는 것도 좋은 일이에요.

면담자 : 어머니께서는 아이의 사회적 준비도에 대해 염려한다고 하셨는데, 그 밖에 다른 것이 있나요?

엄마 : 아마도 하루의 길이가 문제가 될 것 같아요. 제가 생각하기에 학교에서의 하루가 긴 것이 아이에게 도전이 될 것 같아요.

면담자 : 어머니께서는 Jared가 이 문제를 어떻게 다룰 거라고 생각하세요?

엄마 : 잘 모르겠어요. 아시다시피 일주일에 3일은 유치원 맞은 편에 있는 어린이집에서 지내니까 하루 종일 지내는 것이 어쩌면 익숙하겠지요. 그러나 어린이

집은 학교만큼 그렇게 구조적이지 않고, 주중에 이틀은 집에서 완전히 자유롭게 지내기 때문에, Jared의 주의집중시간이 정말 몰입하기에 충분할 정도로 길 것인지, 또 아이가 해야만 하는 일들을 하루 종일 할 수 있을지에 대해 좀 걱정스러워요.

유치원 생활 묘사하기 Describe K

면담자 : Jared의 유치원 경험에 대해 어떻게 묘사하시겠어요?

엄마 : 제가 생각하기에 재미있게 지냈어요. 아이가 즐기는 것으로 보였어요. 유치원에 가는 것을 좋아했고요. 선생님이 내 준 숙제를 집에서 하는 것은 싫어했고, 불평을 했습니다. 그러나 기본적으로 유치원을 좋아했어요. 그냥 유치원에 가서 다른 아이들과 함께 있는 것이 좋아서 그랬는지 아니면 유치원에서 하는 실제적인 일들 때문이었는지는 모르겠어요. 제게도 Jared의 유치원 경험은 긍정적이에요. 그러나 모르겠어요. 아이들이 더 이상 어린 4살짜리들이 아니고, 아시다시피 건방지게 말하고 결코 알지 못했었던 그러한 말들을 사용하고, 그래서 그런 면에서 이는… 아, 부정적이라는 말은 아니지만 제게 약간 더 어렵긴 했었어요.

면담자 : Jared가 첫째 자녀이지요?

엄마 : 맞아요.

면담자 : 그러니까 어머니께 이 모든 것이 다 새로우시지요?

엄마 : 그래요.

면담자 : Jared의 현재 상태를 작년 9월 달과 비교하면 다를까요?

엄마 : 제 생각에 아이는 정말 훨씬 더 세속적worldly이 되었어요. 설령 아이가 말하는 많은 것들을 아이가 정말로 다 이해하는 것은 아님을 확실히 알지라도, 더욱 거세고 훨씬 더 비꼬는 것처럼 들려요.

면담자 : 또 다른 차이점들이 있다면?

엄마 : 없어요. 다른 것은 별로 없어요.

의사소통 Communication

면담자 : Jared가 어떻게 지내는지 이해하는 데 도움을 얻고자 Mrs. Warren으로부터 어떤 종류의 정보를 얻고 계시나요?

엄마 : 글쎄요, 글로 적힌 그런 것을 말씀하시나요?

면담자 : 어떤 종류이든지 가지고 계신 것을 말합니다. 어머니께서 학교에서 어떤 일들이 진행되고 있는지를 알아낼 수 있는 모든 방법에 대해 말씀해주실 수 있으세요?

엄마 : 네, 전체 학급이 무엇을 하는지는 노트나 그런 것들을 통해 이미 알지요. 특별히 Jared에 관해서는 항상 면담을 통해 아는데, 선생님과 두 번의 면담을 했었고, 또 한 번은 방과 후 Jared를 데리러 갔을 때였는데, 우연히 선생님을 만나 이야기를 나눌 기회를 가졌어요.

면담자 : 면담은 어떻게 되었나요?

엄마 : 글쎄요, 처음에 한 면담은 주로 아이가 어떻게 지내는가, 무엇을 학습하는가, 어떤 부분에서 개선이 필요한가, 어떤 글자를 알고 있는가, 그런 것들에 대한 것이었어요. 대부분 학습에 대한 것이었고 사회화에 대한 것도 이야기했어요. 두 번째 면담은 주로 아이의 미성숙함과 잘 우는 것에 대한 것이었어요. 선생님이 아이가 그 외에는 다 잘한다고 했고, 그 부분에 대해서 꼭 이야기하고 싶다고 했어요.

면담자 : 어머니가 면담을 신청하셨어요?

엄마 : 제가 신청했어요. 하지만 Mrs. Warren은 면담에 대해서 심사숙고하고 있었다고 했어요. 왜냐하면 중요한 일이지만 점점 나아지고 있었기 때문에 얼마 동안은 두고 보자는 생각을 했고, 더 나빠지지 않는다면 그냥 두고 만일 더 나빠진다면 저한테 전화를 하려고 했었대요. 학년 말이 다가오면서 학기 초보다 나아졌다고 하셨어요. 개선되고 있었기 때문에 마음이 더 편했다고 했어요. 한 해 동안 개선되었다고 하셨어요.

면담자 : 미성숙함에 대한 견해가 참 흥미롭습니다. 아이의 미성숙함은 유치원에 입학할 때부터 그랬던 것인가요?

엄마 : 아, 네. Jared는 학급에서 가장 어린아이인 것 같아요. 7월 31일이 되어야 6살이

되고, 아이의 생일이 늦다는 것이 제 머릿속에 자리 잡고 있기 때문에 아이가 미성숙하다고 생각하는 것인지 아니면 아이가 실제로 다른 아이들보다 덜 성숙한 것인지는 저도 잘 모르겠어요. 하지만 대부분의 다른 아이들보다 우리 아이가 조금은 덜 성숙하다는 생각이 제 마음속에 자리하고 있어요.

면담자 : 아이가 나아지려면 시간이 필요하다고 생각하세요?

엄마 : 네, 그래요.

면담자 : Mrs. Warren은 아이의 미성숙함이 학급에서 나타나는 아이의 행동에 어떤 영향을 주었다고 말했나요?

엄마 : 음, 제 생각에는 선생님이 행동 개선을 위한 지도를 하신 것 같아요. 예를 들면, 만일 아이가 쉬는 시간이나 그럴 때 선생님의 손을 잡고 싶어서 울면서 다가오면 선생님은 손을 잡아주지 않고, 만일 아이가 와서 정중하게, "선생님, 저는 지금 선생님의 손을 잡고 싶어요."라고 말하면 이렇게 하는 것이 울거나 통제 능력을 잃어버리는 것보다 적절한 행동이라는 것을 알려주려고 노력하신 것 같아요. 다른 예를 들면, 깃대를 잡고 있는 당번에 대한 것인데, 매일 선생님은 아이들 명단을 작성해요. 왜냐하면 Jared가 한 번은 자기 차례를 지나쳐버렸다고 생각해서 아주 기분 나빠했었거든요. 그래서 아이가 잘 볼 수 있도록 매일 당번 명단을 작성해서 자기 이름 위에 적힌 아이들의 이름이 지워지는 것을 보면서 자기 차례가 아직 지나가지 않았다는 것을 알게 해주는 거지요.

면담자 : 어머니께서 더 알고 싶으신 것이 있으세요?

엄마 : 저는 정말로 교실 구석에 한 마리의 쥐가 되어 있을 수 있으면 좋겠어요. 그래서 Jared가 실제로 매일 무엇을 하는지, 선생님을 어떻게 대하는지, 다른 아이들하고는 어떻게 지내는지 알고 싶어요. 알아요, 선생님이 그런 이야기를 실제로 해줄 수 없으시다는 것을요. 선생님은 아이가 잘 하고 있다고 말하거나 잘 듣는다거나 또는 잘 안 듣는다고 말해주실 수 있어요. 저는 아이들은 집이 아닌 곳에서, 그리고 엄마나 아빠와 함께 있지 않을 때 매우 다르게 행동한다고 생각해요. 그렇지만 만약 부모가 교실에 있으면 아이들이 늘상 하던 것처럼 하기 때문에 결코 알 수가 없지요. 제 말이 무슨 뜻인지 아시겠지

요? 저는 정말로 할 수만 있다면… 제 말은 학업 면에서 그가 잘 한다는 것을 알고 또 공부를 하기에 충분히 똑똑한 것도 알아요. 제가 정말로 하고 싶은 것은 교실 구석에 한 마리의 쥐가 되어, 그냥 아이를 관찰하는 거예요. 오로지 아이가 모든 사람들과 어떻게 상호작용을 하는가를 보고 싶어요.

면담자 : 생활기록부가 어떻게 도움이 되나요? 원하는 것을 알게 해주던가요? 피드백이 많이 적혀 있나요?

엄마 : 네, 사실상 저는 생활기록부가 이렇게 완벽하고 정곡을 찌르는지 몰랐어요. 그리고 선생님이 Jared가 잘 하고 있다고 생각하고 계시다는 것을 알았어요. 그래서 우리가 크게 걱정할 부분이 없다는 것도 알았어요.

초등학교 1학년에 대한 기대 Expect Grade 1

면담자 : Jared의 1학년 생활은 어떨 것 같다고 생각하세요?

엄마 : 어렵네요, 잘 모르겠어요. 확실하지가 않아요. 지금까지 아이의 학업상태를 보면 학년 말에는 꽤 잘 읽을 수 있을 것 같지만 산수나 다른 과목에서는 얼마나 많은 것들이 다루어질지 잘 모르겠어요.

면담자 : 유치원 경험이 Jared의 1학년 생활을 준비하는 데 어떤 도움이 되었다고 생각하세요?

엄마 : 글쎄요, 아이가 앉아서 학습하는 것과 조용히 하는 것과 지시사항에 따르는 것을 배웠으니까 1학년 생활을 준비하는 데 도움이 되었기를 바라요… 학교 환경은 그저 놀고 뛰어다니고 하는 것과는 다르잖아요. 제가 말씀드렸듯이 1학년은 하루 종일 학교에 있는 것이 염려스럽고, 이에 비하면 유치원은 시간이 아주 짧았어요.

면담자 : 네, 오전 시간은 금방 지나가지요. 그것이 어떤 차이를 가져올 것 같으세요?

엄마 : 아이가… 이런 말을 하기 싫지만, 1학년은 유치원만큼 재미있지 않다는 것을 알게 되겠죠. 처음으로 학교 환경을 경험하는 유치원보다는 더 학습 위주가 된다는 거죠.

면담자 : 아이가 어떤 것을 학습하기를 원하세요?

엄마 : 교과목 측면에서는 그 연령에 학습해야 하는 것을 잘 배우기를 바라지요. 그

리고 잘 우는 것에서 벗어나서 보다 더 효과적으로 문제를 해결하는 방법을 배웠으면 해요.

면담자 : 1학년에서 아이들이 무엇을 하는지 어머니께서 어떻게 알 수 있을 것이라고 생각하세요?

엄마 : 모두 다 면담을 통해서 이루어질 거라고 예상해요. 저는 학교에서 더 많이 부모 봉사자로 참여하고 싶지만, 현실적으로 가능한지 모르겠어요.

면담자 : 벌써부터 일정이 빠듯해 보이시는데요?

엄마 : 네, 그래요.

기타 Miscellaneous

면담자 : 혹 제가 알아야 할 중요한 것인데, 제가 질문하지 않은 것들이 있을까요?

엄마 : 제 생각에는, 말하자면 솔로몬 학교와 Mrs. Warren과 전반적으로 매우 매우 만족하고 있지만, 한 가지 저나 다른 부모들이 걱정하는 점이 있어요. 다른 학교에서도 이야기한 바 있는데요. 선생님이 아이가 집에 와서 부모에게 학교에서 지낸 일들을 이야기하는 것에 많이 의존한다고 생각해요. 선생님이 가정에 짧은 편지들을 많이 보내려고 노력하시는 것은 알지만, 만약 Jared가 편지를 집에 가져오지 않으면 저는 내용에 대해서 몰라요. 한번은 견학에 대한 승인서를 제가 못 받아서 제때 견학에 대해 알지 못했어요. 하루 일과를 마칠 때 선생님이 "모두들 편지를 잘 들고 집에 가져가도록 하자."라고 말할 수 있는 방법이 있는지는 모르겠어요. 선생님이 아이들에게 책임감을 가르치려고 노력하시는 것은 알지만, 동시에 만약 부모가 서류나 편지나 그런 것들을 받아보지 못한다면 그건 문제라고 생각해요.

면담자 : 그렇다면 만약 가정과 학교 간에 정보를 교환하기 위한 가장 좋은 체계가 있다면 어떤 모습일 거라고 생각하세요?

엄마 : 오, 이런… 모르겠어요. 모든 것을 메일로 보낼 수도 없고 또 일일이 전화를 할 수도 없겠지요. 제 생각에 정말로 아이들을 믿어야만 하겠지만, 그냥 조금 더 형식적이 되어야 한다고 봐요. Jared처럼 책가방 안에 서류를 구겨서 집에 그냥 가지고 오기보다는, 만약 아이들이 각자 자기 봉투가 있고, 부모와 교사

간에 서신을 그 봉투에 넣어서 교환할 수 있는 방법도 있겠지요. 그렇다고 다른 학교 서류들을 그런 방식으로 하자는 뜻은 아니에요.

면담자 : 그러나 중요한 정보를 얻기 위해서지요.

엄마 : 네, 교사가 제게 보내기를 원하는 그런 서신들이요.

면담자 : Jared가 학교에서 잘 지내기 위해 선생님이 꼭 알아야 할 것은 무엇일까요?

엄마 : 제 생각에는, 성격이요, 그렇지요, 그가 어떤 아이인지, 그런 거지요. 만약 Jared의 주의집중시간이 짧다면, 이것도 미리 아는 것이 도움이 된다고 봐요. 비록 그렇게 되면 선생님 스스로 자기 예언self-prophesying 같은 것을 하게 될지도 모르지요. 선생님은 제가 말했기 때문에 Jared가 그렇다고 생각하실 수도 있지요. 선생님은 원래는 이것이 문제가 아니라고 볼 수도 있겠지만, 제가 말했기 때문에 문제라고 느낄 수도 있어요. 그러나 동시에 저는 선생님이 그의 행동에 대해서 부모인 제가 어떻게 느끼고 있는지를 알아야 한다고 생각해요.

면담자 : 또 다른 것이 있다면요?

엄마 : 아니요, 없는 것 같아요. 저는 선생님이 이 연령에 대해 많은 것을 알고 계시고, 또 아이들은 학업 면에서 상당히 많이 평등하다고 생각해요. 선생님께서 읽기와 같은 학습을 할 때 어떻게 집단을 구성하시는지 모르겠어요. 그래도 아마 새학기 첫 주에 아이들의 능력을 매우 쉽게 구별하실 수 있을 거라고 생각해요.

면담자 : 혹 제게 질문하실 것이 있으신지요?

엄마 : 없어요.

CHAPTER

09

Writing as Context
맥락으로서의 글쓰기

글쓰기는 연구 수행 중 수월한 부분이어야 한다. 연구자는 자료를 생성하려는 욕구와 자신들의 삶을 살아가는 참여자들의 요구 간에 조화를 이루면서 현장 작업과 관련된 춤을 이미 추어왔다. 중요한 질문들을 묻고, 주의 깊게 경청하고, 유익한 정보와 별로 쓸모없는 정보를 수집하고, 면담을 거의 끝마쳤을 때 이어폰 잭에 마이크 플러그를 끼웠음을 깨닫고 웃기도 했을 것이다. 면담 자료 더미를 분류하고, 패턴을 찾고, 그림을 짜 맞추고, 그 다음에 다른 것, 그리고 나서 완전히 다른 어떤 것을 결합시키려고 노력하였다. 이제는 오로지 이를 글로 쓰는 일만 남았다. 맞는가?

만약 이것이 그렇게 쉽다면 얼마나 좋을까. 질적 연구자들은 글이 결론이나 그저 의사소통의 양식이기보다는, 해석의 부분과 꾸러미라는 것을 점점 더 이해하게 된다. 질적 연구자들은 현장노트에, 면담 질문에, 분석적 메모에, 마지막으로 과정의 어떤 측면에 대한 세계를 말하는 주제 안에 자신의 이해를 새기면서 연구를 하

본 장의 저자 : Beth

는 동안 내내 글을 쓴다. 글쓰기는 연구자의 외적 인격의 밖에 중립적으로 놓여지는 존재가 되는 대신에, 개성과 개인적 이해의 밀고 당김으로부터 자유로운 가운데, 수사학적이고, 상황에 놓여 있고, 신비스럽게도 "분석analysis"만큼이나 분석적이다. 우리는 전에 없었던 것에 대하여 어떤 것을 말하는 상황에 억지로 놓여진 상태에서, 때로 우리가 글을 쓸 때까지 우리가 아는 것에 대해 모른다. 글을 통해서 우리는 우리의 앎의 반영reflection을—또는 적어도 공적인 장소에서 우리가 기꺼이 공유하고자 하는 부분의 반영을 만들어 낸다.

이상하게도 질적연구방법론에 대한 교재들은 글쓰기에 별로 초점을 두지 않는다.[1] 이 책에서 우리는 그러한 표준에 반하여 글쓰기에 대한 담론과 실행 양쪽 모두를 면밀히 살펴볼 것이다. 글쓰기 과정에서 우리가 중요한 쟁점들로 여기는 것을 살펴볼 뿐만 아니라, 현재 질적 연구자들이 글쓰기에 대하여 생각하고 있는 맥락에 대해서도 고찰해 볼 것이다. 우리는 이야기체 양식narrative forms이 저자와 독자가 알게 된 것을 어떻게 구체화하는지에 초점을 둘 것이다. 또한 분석을 예리하게 하면서 동시에 독자를 위해 연구자가 중요한 것으로 생각한 쟁점들을 구체화하기 위한 하나의 방법으로서 특별한 장르의 사용, 즉 삽화揷話, the vignette의 사용을 살펴보는 것에 초점을 둘 것이다. 우리는 글쓰기를 연구의 계속적 과정으로 규정하면서 본 장을 시작하고자 한다.

- 글쓰기는 연구문제 구상에서부터 시작하여 현장노트, 전사본, 연구에 대한 저서로 이어지는 원문화textualization의 쇠사슬chain의 일부이다.

"보고서 작성을 위한 글쓰기"를 해석학적 연구에 적용하면 기묘한 오칭誤稱이 된다. 글쓰기는 실제로 연구과정의 모든 단계에서 이루어진다—연구자는 자료를 생성하고, 해석을 공식화하고, 다른 사람들이 읽을 수 있도록 사례를 다듬을 때 자신의 고유한 경험과 다른 사람들에 대한 자신의 이해 양쪽 모두를 저술하는 것이다. Atkinson(1992)은 원문화의 과정을 다음과 같이 묘사한다.

> 문화기술적 보고서를 "쓰기" 전에, 우리는 이미 "현장"에 관한 우리의 관찰과 반성을 "쓰고" 있다. 실로, 현장 작업의 근거가 되는 "현장"은 사전에 주어진 자연적 실체가 아니다. 이는 실제적 상호작용과 자료 수집활동을 통하여, 그리고 현장노트 쓰기, 분석적 메모, 이와 유사한 문어적 활동들을 통해서 우리가 구성한 어떤 것이다. 글쓰기는, 그렇다면 기계적인 조사와 원 자료의 보고가 아니다. 이는 복합적인 층으로 구성된 원문 제작의 일부이다. 문화기술지는 사회적 실재의 각색으로서 문자적 표상textual representation과 분리될 수 없다. (p. 5)

이 말의 의미는 무엇인가? 이 말은, 첫째, 연구는 처음부터 끝까지 해석의 과정임을 의미한다(Geertz, 1973). 관찰을 문자로 전환하는 것은 연구의 초기 과정에서 저자의 역할을 지정해 주고 각각의 후속 문자화 작업textualization을 초기에 결합된 체인의 연결에 의지하도록 만든다. Atkinson의 생각을 적용해보면, 해석 작업은 아는 것과 알려진 것 양쪽 모두에서 다중-층의, 다중-형세의 표현이라는 점에서 콜라주와 매우 유사하다.

- 글쓰기는 우리가 연구자로서 알고 있는 것을 어떻게 아는가 뿐만 아니라, 또한 독자로서 알고 있는 것을 어떻게 아는가 하는 것을 형성하는 해석적 활동이다.

우리가 연구자로서 행하는 역할이 관심 주제에 대해 매우 상황적인 관점을 제공해 주는 것과 마찬가지로, 필자로서 우리가 하는 역할은 우리 또는 독자들이 특정한 어떤 것만 탐구하도록 허용한다. 최근 몇 년간 글쓰기의 경계는 상당히 확장되었고, 글쓰기 유형을 선택하는 것은 방법론적 결정, 이론적 결정, 그리고 심지어 정치적 결정과 연관된다. 우리가 어떤 글쓰기를 선택하는가에 따라 우리는 단지 어떤 것들만 말하게 되고, 독자들에게 단지 어떤 특정한 종류의 이해만을 경험하도록 하게 된다.

John Van Maanen(1988)은 저자가 어떠한 입장을 취하는가와 문화가 어떻게 소개되는가를 탐구하는 가운데, 문화기술지에서의 전형적인 문자 형태에 대해 한 가지 설명을 제시하였다. 가장 일반적인 유형이 사실주의자 이야기realist tales로서 제3자의 관점에서 실제 경험을 묘사하는 형식을 취한다. 이러한 글쓰기는 원주민의 관점을 중재하지 않은 것으로 보이도록 묘사하기 위하여 경험적 권위와 해석적 전능함에 의지하면서, 방법론과 문화의 설명을 분리시킴으로써 저자를 감춘다. 이렇게 이야기에서의 연구자 배제는 알려진 사람the known과 아는 사람the knower 간에 간격을 만들기 때문에 기술의 객관성을 증가시키는 것으로 보인다. 대조적으로, 고백적 이야기confessional tale에서 저자는 전면에 나와 있고 중심이 되는데, 이는 현장연구의 과정이 어떤 일정한 종류의 이해를 어떻게 양산했는가를 보여 주기 위함이다. 내Beth가 제5장에서 소개한 바 있는 Matthew와의 실패에 대한 논의는 Matthew에 대한 교사의 관점을 확장시키려는 나의 잘못된 시도가 어떠한 방식으로 기대에 어긋난 결과를 낳고 그를 곤란하게 했는가에 초점을 둔 것으로서 고백적인 이야기의 사례이다. 고백적인 이야기는 저자의 역할과 이해를 명백한 방식으로 연결해주기 때문에 저자를 해석과정의 일부로 만든다. 이야기체가 여전히 나타나지만 이야기를 들려주는 사람도 다른 행위자들과 함께 무대에 섬으로써 극의 부분이 된다. 고백적인 이야기를 읽는 것과 쓰는 것, 양쪽 모두 참여한 모든 사람들이 어떤 상황에 대한 이해를 하고 입장을 정하는 데 새로운 여지를 제공한다는 점에서 사실주의 장르와는 다르다. 끝으로, Van Maanen이 인상주의적 이야기impressionistic tales라고 부르는 예술적 형태의 글쓰기는 사람을 깜짝 놀라게 하는 연극적 틀에서 문화적 장면과 필자의 앎 양쪽 모두를 소개한다. 이들은 고도로 개인화되어 있고 때로 해석학적 연구라기보다는 마치 소설처럼 보인다. 양식화된 형태는 필자와 독자 모두로 하여금 어떠한 이야기도 다양한 방식으로 이야기될 수 있다는 사실과 어떠한 분석도 진행 중이고 부분적이라는 사실을 기억하도록 촉구한다. 다른 형태의 글쓰기를 제시한 저자들도 있다(예 : Richardson, 1994). 이러한 분류로부터 생각할 점은 이야기체 형태들이 어떠한 것들은 드러내주고 다른 것은 감춘다는 것이다.

글의 장르를 선택하는 일은 안다는 것이 무엇을 의미하는가에 대한 우리의 생각과 그리고 그것이 표현의 방법, 저자의 입장에 대한 개념, 저자와 출판지가 공동으로 지니고 있는 이야기체의 정책과 어떠한 관련이 있는가에 대한 우리의 생각에 의해 결정된다. 특정 장르들은 어떤 집단의 독자들에게 환영받지 않는다. 특정한 글쓰기 "표준"을 고수하는 것은 APA 매뉴얼의 엄밀한 해석과 같은 용인되는 논문의 양식을 결정하는 정책적 요인이 되기도 한다. 따라서 장르는 어떤 현장에 대한 생각을 공유하는 개인들과 집단들에 의해서 알려질 수 있는 것을 결정짓는다. "우리가 어떠한 방식으로 글을 써야 한다는 사람들의 기대는 우리가 무엇에 대하여 쓸 수 있는가에 영향을 미친다"(1994, p. 520)라고 일깨워준 Laurel Richardson의 말은 옳은 것이다.

- 글은 연구현장에 대한 표상일 뿐만 아니라 저자에 대한 표상이기도 하다.

글쓰기는 매우 자기 노출적인 면이 있다. 글에서 저자의 존재가 무엇이든 간에 우리에게 무언가를 말한다. 필자의 정체는 어떻게 그가 또는 그녀가 관심 있는 주제에 대해 알게 되었는지, 그리고 그 주제가 글에서 어떻게 묘사되는지 양쪽 모두에 반영된다. Norman Denzin에 의하면,

> 표현은, 항상 자기-소개self-presentation이다. 즉, 글에서 다른 사람의 존재는 저자의 자기-소개와 직접적으로 연결된다. 글에서 소개되는 다른 누군가는 항상 연구자 자신에 대한 하나의 설명이다. Krieger(1991)는 "다른 사람들에 대하여 논의할 때, 우리는 항상 자기 자신에 대하여 이야기하는 것이다." "그들"에 대한 우리의 이미지는 동시에 "우리" 자신에 대한 이미지이다. (Denzin, 1994, p. 503)

제8장에서 제시된 Jared와 Trevor에 관한 나의 묘사 간의 차이점은 이에 대한 좋은 사례가 될 수 있을 것이다. 나는 Jared에게 매료되었는데, 이는 유아교사들의 채점지에 의해 묘사된 매우 전형적인 준비도 문제에 들어맞기 때문이다. Jared는 급우들과 비교해 볼 때 상대적으로 어렸고, 유치원에 들어오기 전에 유아원에 다니지 않고 아기 돌보기baby-sitting를 경험했으며, 담임교사는 그가 정서적으로 미성숙하다고 느꼈다. 나는 그가 학교 생활에서 집중력이 있고, 창의적이며, 반응적이라고 생각했다. 한마디로, 나는 Jared를 좋아했다. Trevor와도 나는 Jared의 경우와 유사한 관계를 형성할 수도 있었지만 그렇지 못했다. 담임교사는 Jared의 경우와 마찬가지로 1학년을 위한 Trevor의 준비도에 대해서 매우 염려했지만, 나와 Trevor는 잘 맞지 않았다. 나는 Trevor가 Jared의 일을 교묘하게 조작해서, 무수히 많은 문제들

을 야기했다고 생각했고, 이러한 문제들은 때때로 Jared를 좌절하게 하는 맥락이 되는 듯하였다. 또한 Trevor는 나를 화나게 만들거나, 아니면 나는 Trevor 때문에 화가 났다고 생각하도록 하였다. 그의 빈정거림과 불쾌한 유머는 내가 나의 최선을 발휘하지 못하게 하였다.

이러한 상황에서 누가 누구를 만드는 것인가? 나는 Trevor에 대해서 그리 기분좋게 묘사하지 못했다. 이러한 관점은 Trevor에 대해 말한 것만큼이나 많이 나에 대해 말해준다. 나는 내가 Jared에 대해 알게 되는 맥락에서 그를 상대적으로 묘사한다. Trevor와 Jared의 관계에 대한 나의 해석 때문에 나는 그를 악인으로 묘사한다. 그러한 각본과 함께 그가 다른 사람들과 상호작용을 하고 관계를 구성하는 방식에 대한 어떤 일정한 가설을 세우게 된다. 글에서 나는 Trevor와 관계를 잘 맺지 못한 나의 모습과 그가 Jared에게 하는 행동에 대한 나의 짜증을 묘사한다. 이야기 속에 내가 없을 때조차도 나는 거기에 있다. 앞서 언급한 콜라주의 동기를 상기해볼 때 그림은 훨씬 더 복잡하다.

- 글쓰기는 사실들을 그대로 보고하는 중립적 활동이 아니다. 이는 전략적으로 특정 청중에게 특정 이야기를 들려 주기 위해서 수행되는 일이다.

필자로서 우리는 선택의 기회를 갖는다. 특정 질문의 틀을 선택하고, 연구현장에서의 위치를 교섭하고, 특정 방식 내에서 증거를 정리한다. 필자의 선택들은 이후의 시점에서 할 수 있는 것을 정해주며, 선택들은 필자가 자신의 연구를 위해 지닌 의제agenda를 반영한다. 참여자의 경험을 표현하는 데 초점을 두는 연구자 부재의 위치를 선택하든, 점차 알게 되는 대화적 틀을 보여 주는 기술 속에 연구자 자신이 뚜렷이 눈에 보이도록 집어넣든, 또는 독자에게 현장이 어떤 곳인지에 대해서 알려주는 단편 소설을 창작하든지 간에, 이러한 선택들은 독자와 필자 양쪽 모두에게 실재reality를 바라보는 틀을 제공한다. 이들은 세상을 보게 도와주는 앎의 방식을 양산한다. 어떤 일정한 주제, 사람, 이론적 지형을 포함 또는 배제하는지는 중요한 선택이다.

우리가 창작하는 글은 우리가 사용하는 언어로 시작하고, 우리의 생각을 전달하는 장르로 확장되기 때문에 어떤 것에 대한 의미를 구성한다. 우리가 우리의 선택들이 주는 이러한 관련성에 대해 생각하지 않을 때, 글쓰기의 생산적인 과정은 침묵하는 방식으로 그 책임을 지게 된다.

> 언어는 사회적 실체를 "반영"하는 것이 아니라, 의미를 생산하며 사회적 실재를 창조한다. 주어진 하나의 언어 속에 내재된 서로 다른 언어들과 다른 담론들은 세상을 분리시키고 서로가 함께 할 수 없는 방식으로 의미를 부여한다. 언어는 사회적 조직과 힘이 어떻게 규정되고 대결하는가를 보여 주는 것이고, 또한 우리 자신에 대한 의미, 즉 우리의 주관성이 구성되는 장소이기도 하다. (Richardson, 1994, p. 518)

이러한 관련성을 고려해보는 것은 독자로서 그리고 필자로서 우리가 작업하는 방식에 변화를 가져다 준다. 이는 독자로 하여금 필자에 의해 전개되는 이야기체 양식에 의해 우리의 앎이 어떻게 구성되는가에 대해서 생각하도록 만든다. 우리는 이론, 방법, 해석을 보는 것뿐만 아니라 글에 내재된 그들의 감시도 보아야만 한다. 필자로서 우리의 선택이 우리로 하여금 어떻게 특별한 방식으로 사물들을 보도록 강요하는지 고찰하면서 어떻게 우리의 주장, 이야기, 논의를 구성하는지 질문할 필요가 있다. 이러한 선택들이 흥분을 야기하고, 자유롭게 하며, 격분하게 만들고, 숙고하게 만들 수도 있다. 그러나 때로 이러한 반응들은 당연하거나 자동적인 것으로 받아들여진다. 우리는 우리의 선택으로 인해 가려지거나 조명되는 부분에 책임을 지면서 우리가 어떻게 작업을 구성하는가에 좀 더 세심하게 초점을 맞추어야 한다. 글쓰기는 단지 무엇에 대해 말하는 것이 아니다. 이는 관련된 모든 사람들을 위하여 함축성을 지니는 방식으로 관점들을 구성하고 윤곽을 그리는 것이다.

본 장의 나머지 부분에서, 나는 독자들이 실재things를 보게 도와줄 수 있는 몇 가지 방법, 즉 특정 방식으로 대화를 설정하는 방법에 대해서 기술한다. 내가 시도했었던 진실한 자료의 전시방법에 대해서 이야기하면서 이 일을 시작하고자 한다.

자료 전시Data Displays

“그림 한 장이 천 마디 말보다 낫다.”라는 말이 있다. 때로 이 말이 맞다. 때로 필자들은 해석적 분석에서 일어나는 관계와 주제를 독자가 볼 수 있도록 도와주기 위하여 글로 직접 표현하는 방식 외의 다른 대안을 찾아낼 필요가 있다. 대부분의 해석학적 연구를 특징짓는 이야기체 양식에서 벗어나서 다른 방식으로 사례를 발췌할 수 있는 몇 가지 대안이 있다.

> 자료 전시는 결론 도출 그리고/또는 실천 행위를 허용해 주는 하나의 조직된, 압축된 정보의 조립품으로 정의되며, 제2의 분석으로서 불가피한 부분이다. 연구자는 일반적으로 자료의 의미에 대해서 생각하기 위한 근거로서 축약된 형태의 자료를 살펴볼 필요가 있다. 좀 더 초점을 맞춘 전시물은 구조화된 요약summaries, 개요synopses(Fischer & Wertz, 1975), 삽화vignettes, 揷話(Erickson, 1986), 관계망networklike이나 다른 도표diagrams(Carney, 1990; Gladwin, 1989; Strauss, 1987; Werner & Schoephle, 1987a, 1987b), 수치를 적은 셀보다는 글이 적힌 행렬matrices with text rather than numbers in cells(Eisenhardt, 1989a, 1989b; Miles & Huberman, 1984, 1994)을 포함할 수 있다. (Huberman & Miles, 1994, p. 429)

Huberman과 Miles는 분석에서 두드러졌던 주제들이 부각되도록 자료를 전시할 수 있는 다양한 방법을 상술한다. 본 장에서 나는 두 가지 뚜렷한 전시방법에 초점을 둔다: 행렬matrices과 삽화揷話, vignettes. 어떤 점에서 이 두 가지 형식은 대단히 다른 것처럼 보인다. 행렬은 사람들이 양적 연구에서 전통적인 자료 표data tables의 해석translations으로 간주하는데, 자료를 구획화시켜 제시하기 때문에 독자들이 서로 간에 대비하여 정렬된 범주들을 볼 수 있다. 독자를 위한 의미들은 범주들이나 아이디어들의 병렬에서 설명되는데, 때로 사회적 관계를 조종하는 잠재적인 심적 기제mechanism를 지적하기도 한다. 대조적으로, 삽화는 현장에서 실제적 사례가 되는 쟁점을 구체화하는 이야기의 부분적 인용이다. 이것은 해석적 요점을 드러내기 위하여 필자에 의해 구성된 이야기이다. 행렬에는 참여자들의 생생한 경험에 대한 자료의 분열과 그들의 관계가 들어 있으며 우리로 하여금 새로운 방식으로 대상을 볼 수 있도록 도와준다. 삽화는 통찰력을 제공하는 공통적 요소들의 종합이거나 통합이다. 행렬에 대해서 먼저 살펴보겠다.

우리 모두는 어떤 것들로서—나쁜 뜻으로 유명하든지 좋은 뜻으로 유명하든지—알려진다. 나는 박사학위 논문을 쓰던 시절 다양한 종류의 표를 구성하려는 열정을 지닌 사람으로 유명했다. 내가 나의 자료에서 새로운 것들을 찾을 수 있게 하기 위해 시작했던 전략이 독자들과 공유하기 위한 글을 쓰는 데 매우 유용한 전략이 되었다. 분간하기 어려운 패턴처럼 보였던 것을 이해하려고 여러 시간 애를 쓰면서 자료를 배열하고 재배열하는 나를 어리둥절한 표정으로 지켜보던 동료 대학원생들은 내게 심지어 "표의 여왕Table Queen"이라는 직위를 수여하였다. 내가 왜 그 일을 시작했는지 모른다—내 책장에 Miles와 Huberman(1984)의 책이 꽂혀 있었으나, 나는 이 책을 그리 정성스럽게 읽지 않았다. 표 구성하기는 어느 것도 그 자체로 명료하지 않을 때 의미를 만들도록 나를 도와주는 방법이 되었다.

내가 함께 나누고자 하는 사례는 막 유치원에 들어가려고 하는 어린이들의 부모들을 면담한 내용으로부터 발췌한 것이다. 이 연구에서 나는 다양한 참여자들이 유치원을 위한 준비도readiness에 대해 어떻게 생각하는가를 알아보고자 하였다. 나는 부모들에게 자녀가 학교에 들어갈 때 어떤 생각들이 떠올랐는지 물어보았고, 그들은 나의 격려 없이도 준비도에 대한 이야기가 반복해서 나오고 또 나왔다. 이후 준비도와 관련된 이야기를 찾아 부호화를 하면서 부모들이 이에 대해 이야기하는 방식이 서로 다른 것을 알게 되었으나, 처음에는 이해가 잘 되지 않았다. 어떤 부모들은 그들 자녀의 준비도에 대해 다른 부모들보다 더 자신이 있었다. 준비도에 대한 선행연구에서는 이를 두 가지 특성과 관련을 지었다—어린이의 성별과 나이. 이들 부모집단에서는 어린이의 성별은 문제가 되지 않는 듯했으나, 어린이의 나이를 기준으로 제일 어린아이부터 제일 나이든 아이에 대한 준비도에 대한 논의를 배열했을 때, 강한 패턴이 분명하게 보였다. 즉, 보다 나이든 아이일수록 부모는 준비도에 대해서 덜 염려했다. 나는 이러한 발견점을 두서너 개의 문장으로 쉽게 서술할 수도 있었다. 그리고 이것이 독자와 효율적으로 의사소통하는 방법이었을 수도 있다. 그러나 효율성이 묘사적 대조만큼 언제나 설득력이 있는 것은 아니다. 표 9-1에 있는 자료를 포함한 것은 독자로 하여금 나의 분석 경로를 이해하게 하는 풍부한 자료의 원천을 제공하기 위함이었고, 단순한 요약이 할 수 있었던 것보다 훨씬 더 강렬하게 메시지를 전달하였다.

다음은 표 9-1을 글로 설명한 것이다.

> 부모들이 준비도에 대하여 이야기하는 방식들을 살펴보면 어떤 재미있는 패턴들을 볼 수 있다. 표준 연령을 초과한 어린이들을 고려하지 않는다는 가정하에, 자녀의 준비도에 대해 자신감 있는 부모들은 유치원 연령 범위에서 가장 나이든 편에 속한 어린이들의 부모들이었다. 자녀의 연령이 중간에 속한 부모들은 우리가 면담한 시점에서는 자신감이 있었으나, 작년에는 그들의 자녀들을 유치원에 계속 남아 있게 할 것인가에 대해 많이 걱정하였다. Greg는 연령에 의한 자격 규정을 기준으로 유치원에 들어갔었더라면 5 1/2세였을 것이고, Alice는 4세였을 것이다. 최근에 준비도에 대한 걱정을 지녔던 두 명의 부모들의 관점은 아주 달랐다. Rick은 전에 1년을 계속 유치원에 남아 있었고 그는 여전히 학교에 관심이 없는 듯하다. 반면에 Alyson은 엄마와 유치원 교사에게 준비가 된 것으로 보이기는 했으나, 엄마는 생년월일 때문에, 즉 5세가 채 안된 상태에서 유치원에 넣으면 아이에게 해가 될 것이라는 생각에 걱정을 하였다. 연령 패턴은 이들 부모들에게 비교적 일치하였다. 즉, 나이가 든 아이일수록 항상 좀 더 준비가 된 것으로 보인다. (Graue, 1993, p. 126)

부모의 관점에 영향을 미치는 어린이의 연령과 준비도에 대한 부모들의 논의를 짝을 지어 발췌하여 결합한 것은 의견 차이 이상의 부모로서 가지고 있는 생각의 다양성을 보여 준다. 이는 우리로 하여금 어떻게 아이디어가 의미의 복잡한 망 내부에 존재하는지, 즉 준비도의 개념은 어린이의 특성에 대한 개인적 해석을 통하여 주어진 의미를 지닌 특정한 삶의 경험 내에 놓여져 있음을 보게 해준다. 이들 부모집단 내에서 달력은 누가 유치원에 갈 준비가 되었는지를 결정하는 데 도움을 준다.

표 9-1 준비도에 대한 유치원 입학 전(前) 부모들의 이야기

유아 이름	생년월일	준비도에 대한 이야기
Sam	83/10/4	그들(Sam의 유치원 교사들)은 그가 유치원을 위해 준비가 된 그 이상이라고 말한다. 그는 시킨 것은 무엇이든지 그냥 다 할 수 있다. 단어도 상당히 많이 알고 있고, 어려운 단어들도 이해한다. 그는 또한 그가 하는 것에 대해 꽤 열심히 하고 끝까지 할 수 있기 때문에 그들은 정말 그에게 아무런 문제가 없었다고 말한다.
Tammy	83/10/18	Tammy는 준비되었고, 나도 준비되었다… 아마도 성숙이 아닐까 한다. 나는 그것을 성숙이라고 부르고 싶지 않지만, 준비가 그런 것인 것 같다. 이 아이는 정말 많은 것들과 개념들을 이해하고 있다. 이 아이는 기억하는 능력이 뛰어난 것 같다… 또 사물에 대하여 진짜 호기심이 있다는 점에서 준비가 된 것처럼 보인다.
Alice	83/9/22	나는 Alice가 지금은 충분히 성숙되었다고 생각한다. 작년에 이 아이는 학교에 갈 수 있었다-이 아이는 9월이 되면 6살이 될 것이다. 우리는 가외로 1년을 기다렸는데, 왜냐하면 이 아이가 실제로는 준비가 되지 않았다고 느꼈기 때문이다… 나는 정확히 말해서 이 아이를 관찰했다. 우리가 공원에 가면 Alice가 다른 아이들과 어떻게 상호작용을 하는지. 이 아이는 색칠하기나 가위로 자르기를 터득하지 못했었던 것 같다. 대부분은 오로지 매일 만나던 아이들과의 상호작용이었다.
Greg	83/2/17	작년에 이 아이를 학교에 보냈다면 아이는 두려움 속에서 학기를 시작했을 것이다. 정서적으로 아마도 그는 아직 준비가 되어 있지 않았다. 반면에 지금은 그가 정말 준비가 되었다고 나는 생각한다.
Rick	83/5/27	나는 약간 걱정된다. 이 아이가 사회적으로 준비가 되었는지 확신이 서지 않는다. 이 아이는 아마도 학교에 재미가 없는 것 같다.
Alyson	84/9/5	Alyson은 거의 준비가 되었다. 이 아이는 9월 4일이 되면 5살이 된다. 교사와 이야기를 했는데, 교사는 Alyson이 거의 모든 알파벳과 수세기와 자기의 이름 등을 말할 수 있기 때문에 준비가 잘 되었다고 생각하는 듯하다. Alyson은 많이 나아진 것으로 보인다-그녀는 유치원을 2년 다녔다. 내 마음을 스쳐지나가는 것은 이런 생각들이다. 나는 겁이 나기도 한다-이런 경험은 처음이다.

출처 : Graue(1993).

다음 사례는 어른들의 관점에 부가하여 어린이들의 관점을 포함한다. 중학교 학생들과 부모들이 맥락에서의 수학Mathematics in Context : MiC이라는 개정된 수학 프로그램에 대해 어떠한 경험을 하는지 이해하려고 노력하는 과정에서, 특히 이를 평가와 관련시켜, 나는 두 집단을 면담하였다. 자료를 해석하기 위하여 애쓰는 가운데 나는 반응들이 무엇을 의미하는지 혼란스러웠다. 부모들과 학생들 간에 미묘한 차이가 있었으나, 차이가 분명하지는 않았다. 부모와 학생의 발췌물을 가지고 짝을 짓자, 패턴들이 보이기 시작하였다. 표 9-2는 부모들과 학생들의 2개 집단들이 어떻게 수학 프로그램과 관련된 아이디어와 언어를 공유하는지를 보여 주는 학생-부모 짝들로부터 발췌된 인용문들을 담고 있다. 이들은 확장된 발췌물의 일부인데 (Graue & Smith, 1996), 자료 전시와 글이 어떻게 서로 도움을 주는가를 보여 주기 위하여 제시된 몇 가지 이야기체 해석을 포함한다.

> 보통 능력과 높은 능력으로 구분된 학생들에게서 적어도 두 가지 확연한 의견을 들을 수 있었다. 한 그룹은 새로운 교육과정이 그들 자녀에게 필요한 지원을 제공했다고 말한 반면, 다른 한 그룹은 새로운 교육과정이 그들 자녀의 요구를 어떻게 지지해줄 것인지에 대해 우려를 표하였다. 이러한 생각들이 어떻게 구성되었는가를 이해하기 위하여 노력하는 가운데, 우리는 가장 두드러진 공통점은 부모와 자녀 간의 의견이 일치하는 정도임을 알게 되었다. 심지어 개정된 수학 프로그램에 대한 자신들의 경험을 묘사하는 데 사용된 언어까지도 일치하였다. 프로그램을 지지하는 사람들의 이야기를 들어보라. 또한 그들은 일찍이 들은 바 있었던 새로운 접근방법에 대한 홍분도 그대로 반복하듯 따라하였다.
>
> 이들 부모들과 학생들은 MIC 프로그램에 의하여 제시된 수학이 가지는 새로운 비전의 잠재력을 보았다. 그들은 접하는 문제의 범위와 성장을 촉진시켜주기 위하여 학생들로 하여금 도전하게 만드는 방식을 높이 평가하였다. 특히, Elizabeth와 Erica, 그리고 그들의 엄마들은 단조로운 반복연습과 문제로부터 한 걸음 벗어난 것을 좋아했다—다양한 활동을 하는 것이 그들의 학습을 향상시켜준다고 느꼈다. 활동이 쉽다고 생각되는 것은 자신의 능력에 적합한 수준의 문제를 푸는 것이기 때문에 장점으로 간주하였다. 새로운 수학 프로그램은 훌륭했으며, 이는 Jorge의 말대로, "어렵고도 쉬웠기" 때문이다. 문제들은 도전적이었으나 지루하지 않았다. 그들의 말은 그들의 새로운 학급활동들을 통해서 수학의 의미를 개조한다는 개정곡the reform song의

표 9–2 개정된 수학 프로그램에 대한 학생–부모의 관점

학 생	부 모
Elizabeth : 우리가 배우는 것은 보다 더 기초적인 아이디어 같은 것들이고 그런 것들을 가지고 해야 하는 것들이다–실제 문제가 아니라, 학습지에 있는 수많은 같은 종류의 문제들이다… 작년에 우리가 했던 수학은 그냥 한 가지 기초적인 것을 배웠고 그러한 종류의 것을 무수히 반복했다. 올해는 이 과정을 두 번 하였고, 그런 뒤 다음 종류의 문제에 이를 이용한다.	**Elizabeth의 어머니** : 연습하기 위하여 많은 문제들을 반복해서 보고 또 보기를 기대하지 않는다. 그러나 Elizabeth가 자신이 하던 것들에 대한 이해가 더 깊어진 듯하다… 올해는 그녀가 때로 좀 너무 쉽게 느꼈다고 생각한다. 그러나 대부분은 그녀가 충분히 도전적으로 느꼈다고 생각한다. 그녀는 정말 이해가 되지 않는 그런 종류의 문제에 매달려 있었던 적이 결코 없었다. 하지만 항상 무척 쉬웠던 것은 아니고 많은 문제들을 교실에서 풀 수 있었다… Elizabeth는 정말 좋은 학생이다. 말하자면 그녀는 자신이 어떤 것들을 즉각적으로 풀어야 한다고 생각한다. 그러나 그렇게 되면 그녀는, 글쎄 단지 쉽기 때문이라면, 만약 어렵다면, 그러면 그녀는 자책할 수 있다. "나는 정말 멍청하다. 그 문제를 이해할 수 없다." 그렇게 말이다.
Chester : 이것은 약간은 좀 더 도전적이다. 작년에 나는 우수수학집단에 속해 있었다–좀 더 나은 집단이었고, 많은 시간 동안 나는 도전을 받지 않았다. 그러나 현재 나는 도전을 받고 있고 실제로 그런 것들을 하는 것을 좋아하는데, 왜냐하면 재미가 있기 때문이다. 그래서 나는 수학 문제 풀기를 즐긴다.	**Chester의 어머니** : 그는 정말 이를 즐긴다… 나는 이것이 그에게 도전이 된다고 생각한다. 그는 수학에서 도전을 받고 있고, 그래서 좋다… 나는 어떤 부분들이 Chester로 하여금 생각하게 만든다고 생각한다. 나는 그가 빨리 하기보다는 상당히 예리하게 문제를 짚어낸다고 생각한다. 이것은 그가 그냥 빠르게 해치울 수 있는 그런 종류의 것이 아니었다. 그는 생각을 해야만 했고 나는 그게 좋았다고 생각한다.
Jorge : 이것은 어렵고도 쉬웠다. 우리는 이를 설명해야만 했다–때로 그렇게 하는 것이 어려웠다. 우리가 한 것과 그런 것들을 말해야만 했다. 쉬운 것은 덧셈 같은 것이다–우리는 더할 수 있고 곱할 수 있다–그런 것들은 쉽다.	**Jorge의 아버지** : Jorge에 관한 한 이것이 공부하기에 꽤 순조로웠던 것으로 보였다. 그에게 장애물이 되는 것은 하나도 없었다. 그는 수학에서, 그리고 현재 그가 속해 있는 이 새로운 프로그램에서 정상적으로 꽤 잘하고 있다. 새로운 체제로 바뀐 것이 아무에게도 문제가 될 것이라고 생각하지 않는다.
Erica : 글쎄, 이것은 재미있다. 이것은 다르다. 우리는 초등학교에서 해본 적이 없는 것들을 많이 가지고 있다. 초등학교에서처럼 우리는 그냥 나눗셈 같은 것 한 가지를 4주 동안 할 것이고, 그리고 다른 것으로 넘어갈 것이다. 여기서 우리는 다른 것들을 많이 한다.	**Erica의 어머니** : 화살 수학the arrow math은 내가 보기에는 Erica가 좀 더 긴 문제들을 이해하기에 보다 더 쉬웠다–그녀가 문제를 풀어나갈 때 생겨나는 문제들 말이다… 그녀는 수학을 매우 잘 하는 학생이고 정말로 혼자서 문제를 많이 푼다. 그래서 나는 그다지 많이 개입을 하지 않았다… 그녀가 올해는 다른 해들보다 수학을 더 쉬워하는 것 같다. 그리고 나는 이것이 Mr. Varso와 아마도 기하학과 대수학의 새로운 개념 소개와 관련이 많이 있지 않나 생각한다. 그녀는 새로운 것들과 이미 배운 것을 시험해보기를 좋아한다.

출처 : Graue and Smith(1996).

> 합창처럼 들렸다. 그들은 활동의 변화를 위협으로 받아들이지 않았다. 사실상 그들은 새로운 형태로부터 많은 점에서 참신함을 느꼈다.
>
> 세 번째 그룹은 겉보기에는 방금 묘사한 사람들과 상당 부분 동일한 것으로 보인다. 즉, 그들은 학교에서의 수학에서 지속적 성공을 경험한 학생들로서 보통 또는 우수한 능력을 가진 것으로 인정을 받는다. 그러나 그들은 다른 이야기를 들려주었다. 이 집단은 수학 개정에 대해 미사여구를 보내지 않았다. 대신에 그들은 교수의 효율성을 판단하기 위하여 수학적 능력의 보다 전통적인 범주와 교육과정을 통한 발전으로 보여질지도 모르는 것을 사용하였다. 그들은 능력이 덜한 사람들 때문에 속도가 늦춰짐으로 인해 자신들의 잠재력에 도달하지 못하는 것에 대하여 우려하였다.
>
> 이 학생들은 전통적 수학환경에서 보다 더 성취한 것으로 인식되었기 때문에 특혜를 받는 입장이었다. 이들은 항상 우수한 집단에 속해 있으면서 급우들보다 한 걸음 앞선 종류가 다른 수학을 하였다. 두 가지 개념과 수학 프로그램은 그들이 수학을 배울 때 무엇에 가치를 두는지 말해 주는 그들의 인식을 통하여 구성되었다. 그들은 이러한 생각들을 또래들에 의해 사용되어 온 언어를 통하여, 그러나 매우 다른 방식들 안에서 묘사하였다. (Graue & Smith, 1996, pp. 313–317)

논문의 다음 절은 이들 부모–학생 짝들이 지니고 있는 공유된, 그리고 비공유된 수학 개념의 의미에 대한 좀 더 상세한 해석을 제공하였다. 이러한 행렬은 언어가 어떻게 유사한 방식들 안에서, 그러나 참여자들의 집단에 의해 다른 의미들로 사용될 수 있는지 보여 주는 능력이 있다. 단어 사용에서의 패턴들과 수학의 의미에 대한 병렬 구성은 열column에서의 제시를 통하여, 또한 비슷한 생각들의 기울임체italicization를 통하여 강조된다. 그들은 의미의 특징을 공유하였고, 이는 언어는 Bakhtin에 의해 제창된 복화술ventriloquation로 불리는 이론적 개념의 좋은 사례이다—복화술 개념은 제시된 해석을 고정시키는 방식을 이론화하는 것에 대한 논의로 구성된다.

행렬은 자료의 해석 내에서 발견된 연관성을 보여 주는 데 돋보이는 방식들을 제공할 수 있다. 행렬은 자신들의 구조를 통하여 특정한 해석들을 증진시키고 또한 한 가지 사례를 강화하는 방식들 내에서 이야기의 해석을 고정시킬 수 있다. 행렬은 다른 형태의 자료 전시로서, 다음 절에서 논의되는 삽화와 짝지워질 때 더욱 강력해질 수 있다.

표 9-3 전형적으로 학업 성취도가 높은 학생들과 부모들의 관점

학생	부모
Karen : 우리는 모두 다른 수준에 있다. 내 말은, 차라리 두 개 또는 세 개의 다른 집단으로 구분되었으면 좋았을 것이라는 뜻이다. 비록 우리 모두가 똑같은 내용을 배웠다 할지라도-우리는 그것을 다른 시간에 하고 있다. 내 말은 모두 속도가 다르다는 뜻이다. 그래서 이해를 못한 사람은 별도의 도움을 얻을 수 있다. 도움을 받고 싶어 하지 않는 사람들도 있다… 어쩌면 부분적인 문제는 그들이 전체 학급에서 가장 똑똑한 사람이 아니라는 것을 인정하는 것이다… 이는 아마도 내가 해왔던 것과 다르기 때문이 아닐까 생각한다. 나는 수학을 좋아하지만, 어떤 것을 알고 있는데, 다른 아이들에게 계속 설명해주어야 한다면 때로 수학은 따분할 수 있다. 그것이 내가 학급을 세 개의 다른 집단으로 나누라고 제안하는 이유이다. 그렇지만 그렇게 하지 않는 유일한 이유는 다른 사람들을 기분 나쁘게 하고 싶지 않기 때문이다… 나는 앞서 있어서 사람들이 이해하지 못하는 것을 설명할 수 있는 것이 좋다. 단지 문제가 있다면 사람들에게 설명을 해줄 수 없을 때 때로 정말 좌절감을 갖게 되는 것이다.	**Karen의 어머니** : 작년에 Karen은 자신의 진도에 따라 교재를 맞추어 갈 수 있었다-반드시 전체 학급과 똑같은 속도로 나가지 않아도 되었다. 그 반에서 몇 집단이 그런 식으로 했다. 내 아이들은 둘 다 쉽게 배운다. 그래서 제시된 아이디어를 이해하는 데 보다 긴 시간이 걸리는 아이들이 있는 집단에서 공부하면 좌절감을 느낀다. 아이들은 때로 그러려니 하고 받아들이는데, 왜냐하면 다른 아이들이 아이들이 답을 안다고 생각하고 자기들 스스로 답을 구하려고 노력하지 않기 때문이다… Karen과 이야기해 보았더니, 그녀는 Mrs. Patterson에게 가서 추가로 문제를 몇 개 더 주거나 좀 더 도전적인 문제들을 달라고 했다고 한다. 아니면 그녀는 "이런 문제는 지루해요. 저는 이런 문제들을 어떻게 푸는지 이미 다 알고 있어요." 라고 말할 수 있을 것이다. 그리고 그녀는 왜 이를 반복해서 풀어야 하는 지에 대해 이해할 수가 없었다… 그들은 모든 학생들을 똑같은 홈통에 붙들어 매 놓는 것을 매우 행복해한다.
Eli : 만약 한 사람이 이해를 못하면, 모든 사람이 앉아서 설명을 다시 들어야만 한다. 그래서 나는 실제로 이를 선호하는데, 내 자신의 문제를 풀 때 그렇다. 만약 내가 어떤 것을 정말 이해하지 못하면 선생님께 질문할 수 있다. 선생님들은 항상 2분 안에 내게 설명해주신다… 가외의 학점이나 그런 것은 좋기는 하지만, 반면에 나는 가외의 학점을 하지만 다른 것들로 지루해 있는 동안에는 할 수 없다… 지금은 지루하기 때문에 좀 더 도전적인 그런 분야가 있다면 괜찮을 것이다.	**Eli의 아버지** : Ms. Varso는 Eli가 표준 연습문제를 풀어내거나 약간 지루해할 때를 감지하는 것 같다. 내가 알기로는 대부분의 경우 그는 그러한 시간들을 파악하고자 노력했고 Eli가 혼자서 또는 몇 명의 다른 학급 친구들과 대등한 상황에서 풀 수 있는 문제를 개발한다… 나는 이 문제에 대해 생각하는 올바른 방법으로 단지 아이들을 표준교육과정으로부터 이동시키는 것에 동의하지 않는다… Eli는 수학에 상당한 재능이 있는 학생이다. 사실상, 그는 Northwest Talent Search의 수상자들 중의 한 명이기도 하다. 우리는 그를 6학년 때 대수학에 넣는 것에 대해 심사숙고 했었다… 나의 전체적 인상은 교육과정이 그가 소화할 수 있게 준비된 만큼 도적적이거나 만족스럽지 않다는 것이다… 그래서 타고난 능력을 가졌거나 수학을 사랑하는 아이들을 정말로 구별해낼 자료를 개발하기 위하여 무슨 일이든 할 수 있을 것이고 정말로 발전할 것이다—수 이론, 수 게임, 지능 수학, 나는 좋은 기회를 얻고자 하는 아이들과 그런 것으로 아이들을 자극할 수 있는 부모들이 이용할 수 있는 것을 보기를 원할 뿐이다.

(계속)

학생	부모
Rick : 글쎄, 우리는 좀 더 어려운 것들을 하기 위하여 노력할 수 있을 것이다. 왜냐하면 우리가 단원에서 하던 것이 좀 쉬웠기 때문이다… 우리는 그런 것들을 일주일 동안 하곤 했다. 우리는 첫날 알았다. 우리는 이를 첫날에 거의 다 이해했다. 그래서 선생님은 변화를 주기 위하여 노력했다.	Rick의 어머니 : Rick은 정말 영리하다. 그는 사실상 솔직히 말해서 매우 지루해하고 있다. 그는 도전을 받는다고 느끼지 않는다. 그는 자기가 지금 하고 있는 많은 것들을 그가 초등학교에 있을 때부터 보았다고 말한다… 나는 좀 더 어려운 수학이 그에게 주어지길 바란다. 그는 대수학을 서툴게 하고 있는 중이어서 나는 그가 그 것을 시작하기를 바란다. 그들이 갈 수 있는 만큼 멀리 데려가면 좋겠다. 내 생각에 수학을 할 수 있는 아이들과 수학을 정말로 할 수 있는 아이들이 있는 것 같다. 단지 프로그램에 머무르며 따라가려고 노력하는 아이들이 있다. 그런가하면 정말로 고심하는 아이들이 있다. 그는 상위집단에 있는 것으로 보인다. 그리고 나는 그가 확실히 더 많은 것을 필요로 한다고 생각한다.
Nora : 나는 나눗셈, 곱셈, 뺄셈, 덧셈은 잘 하지만, 문제해결 같은 것을 해야만 하는 새로운 종류의 공식에서는 잘 하지 못한다. [5학년에서] 우리는 암산을 하는 수학 경시대회에 참가했는데, 우리 학교가 이겼고 나는 8등 안에 들었다. 우리 반에서 했었던 경시대회에서는 내가 이겼다. 그래서 나는 수학을 썩 잘한다는 말을 들었는데, 이는 내가 제일 좋아하는 과목이 수학이기 때문이다.	Nora의 어머니 : 나는 Nora가 5학년 때 했던 수학과 비교해 볼 때 지금의 수학이 그녀에게 도전적인지 정말 모르겠다. 왜냐하면 그녀가 그렇게 많이 하지 않는다고 생각되기 때문이다. 내가 본 것을 생각해보면 그녀가 5학년에서 이미 배웠던 것들이 많다. 그래서 검토하게 하는 것 같아 좋은 점도 있지만… 그녀는 좀 더 도전할 수 있는 것들이 필요하다....내 생각에 그냥 좀 더 어려운 것들… 어떤 학생들은 어떤 것들을 다른 것들에 비해 더 잘한다. 그러나 그녀가 그런 수준에 있다면, 나는 그녀가 좀 더 앞선 수준의 것들을 하는 것을 보고 싶다.

출처 : Graue and Smith(1996).

삽화插話, Vignettes

손대지 않은 상태의 현장노트는 비효과적인 이야기체 형식의 글이다. 현장노트는 연구자의 기억과 이해를 상기하기 위해 쓰여진 것이지, 연구 맥락 밖에 있는 사람들과 의사소통을 하기 위한 것이 아니다. 우리가 머리 속 노트를 테이블 위해 쿵하고 내던지거나, 이를 학회지에서 출판해주기를 기대할 수 없는 이유가 바로 그 때문이다. 솔직히 말해서, 아무도 현장노트를 읽고 싶어 하지 않는다.

그 대신에 우리가 반드시 해야 하는 것은 우리의 현장노트와 머리노트를 설득력 있고, 이해하기 쉽게, 정교하게 꾸며진 형태로 변형시키는 것이다. 우리는 들려주고 싶은 이야기를 선택해야만 한다. 가상 독자들이 흥미를 가지도록 수사적으로, 분석적으로, 이야기체의 틀을 잡는다. 이야기 들려주기telling를 촉진하는 논의/이미지를 발전시킨다. 이러한 것은 세상에 대한 우리의 생각과 필자로서 우리의 책임을 나타내는 저자적 선택authorial choice에 관한 문제들이다. 아무것도 분명하지 않다. 나는 본 절에서 내가 선호하는 해석학적 연구의 이야기 형태에 대해서 고찰할 것인데, Erickson은 이를 삽화挿話, Vignettes라고 부른다.

삽화는 한 장면, 한 사람 또는 한 사건의 스냅사진이거나 소-영화mini-movies이다. 삽화는 연구보고서 내에서 해석적 주제를 설명해주는 이야기를 들려준다. 삽화는 세부 묘사를 통하여 "그곳에 있기being there"와 본질적으로 관련되어 보이는 아이디어들을 명백히 해주는 이미지들을 묘사한다. Erickson에 따르면,

> 일상 생활의 의미는 이의 구체성particulars에 담겨 있고, 독자에게 의미를 전달하려면 글을 쓰는 사람은 연구의 보다 더 추상적이고 분석적 개념들을 반드시 구체적이고 상세한 내용에-특정한 사람들에 의해 함께 행해지는 특정한 행위들-입각하여 제시해야만 한다. 풍부하게 묘사되고, 적절하게 구성된 이야기체 삽화는 이러한 역할을 수행한다. (1986, p. 150)

삽화는 일상적인 경험의 본질적인 측면에 초점을 두고 있지만, 삽화 자체가 실제 삶은 아니다. 삽화에는 연구자의 해석적 관점이 들어 있다. Erickson에 의하면 삽화의 타당성은 묘사의 풍부함과 분석적 해석의 복합적인 상호작용에 의해서 결정된다: "주의 깊게 선택된 상세한 이야기 속에 조직의 이론에 대한 진술과 서술된 사건들의 의미가 내포되어 있다"(p. 150). 따라서 좋은 서술good description을 하는 것만으로는 충분하지 않다-서술을 이론적인 견해 및 해석적 통찰력으로 연결함으로써 독자를 새로운 곳으로 인도해야 한다.

삽화는 이야기를 들려주기 위해서 개발된 구체화 작업이다. 삽화는 독자와 저자 모두의 이해를 돕는 의사소통도구가 된다. 독자에게 삽화는 이야기stories가 무엇인가를 가르치기 위하여 해오던 일을 수행한다-삽화는 견해를 구체적인 맥락 하에서 표현하여, 우리로 하여금 추상적인 개념이 삶의 경험 안에서 어떻게 작용하는지를 볼 수 있도록 한다. Erickson은 이에 대해서 다음과 같이 설명하였다:

> 따라서 삽화는 원래의 사건 그 자체를 반영하는 것은 아니다. 이는 가능한 일이 아니기 때문이다. 삽화는 추상화된 것이고; 자세히 스케치된 부분도 있고 빠진 부분도 있는(친절하게 그려진) 분석적 캐리커처caricature이고; 어떤 부분은 날카로우면서 과장되게 그리고 마치 만화가들이 Richard Nixon의 코와 5시 그림자를 강조한 것같이 다른 부분들은 부드럽게 그리거나 배경과 혼합한 초상화이다. (1986, p. 150)

삽화는 저자에게도 길을 밝혀주는 역할을 한다. 삽화를 쓰는 일은 특정한 종류의 이해를 돕는 역할을 한다–이야기를 구성하고 주요한 요소들을 찾아내고자 할 때 삽화는 저자가 분석의 어느 지점에 있는지를 아는 데 도움을 준다. 나의 경우 삽화가 잘 써지지 않는다면 무엇인가 내가 제대로 이해하지 못하는 것이 있다는 의미이다. 삽화를 쓰도록 내 자신에게 강요함으로써 나는 내가 관심을 가지고 있는 현상과 이에 대한 나의 해석적 이해의 본질에 대해서 돌아보게 된다. Erickson은 또한 다양한 관점에서 삽화를 쓰는 것은 이러한 개념화에 또 다른 차원을 제공하는 일이라고 하였다. 어떤 것을 하나 이상의 관점에서 검토함으로써 그 상황 속에 있을 때만 볼 수 있는 세부적인 것을 볼 수 있고, 관점에 의해서 앎의 형태가 어떻게 규정되는지를 알 수 있다.

삽화가 현장 자료들과 얼마나 직접적으로 연관되어 있는가의 정도는 삽화에 따라서 매우 다르게 나타난다. 어떤 연구자들에게 있어서 삽화는 현장노트를 세련되게 다듬은 것이다. 즉, 특정한 시간에 특정한 장소에서 현장연구자가 관찰한 것을 다듬어서 독자들에게 들려주는 것이다. 앞서 해석에 대한 장에서 제시된 수정된 형태의 현장노트는 사실주의적인 변형realist twist 형식으로 쓰여진 삽화의 예에 해당된다. 본 장에서 제시된 삽화를 통해서 나는 Jared에 대한 면담에서 주요하게 나타난 주제인 정서적 미성숙에 대해서 보여 주고자 한다. 나는 입학 첫날 Jared가 두려워하면서 교실에 들어가고, 이에 대해서 Mrs. Warren이 어떠한 일을 했는지를 보여주는 현장노트의 짧은 단락을 선택하였다. 사실주의적인 삽화의 경우 설명하고자 하는 주요한 주제를 선정하고, 자료(현장노트, 면담 전사본)의 단락을 찾고, 연구자가 전달하고자 하는 것을 잘 전달하도록 보완하는 과정을 거쳐 만들어진다.

삽화에 대해서 생각할 때 반드시 기억해야 할 것은 삽화는 그 자체로 어떤 역

표 9-4　하나의 사건에 대한 현장노트와 삽화

현장노트	삽 화
입학 첫날 유치원 첫날 벨이 울리기 조금 전에 Mrs. Warren은 학급 어린이들을 만나기 위하여 놀이터로 나간다–"긴장한 어린이와 부모들이 분명히 몇 명은 있을 거라고 생각해요"그녀는 그들을 교실 문 밖에서 만나고, "가방 안에 내게 줄 것이 들어 있니?"라고 한 사람씩 개별적으로 질문하자 그들은 교실 안으로 들어온다. 어린이들은 각자의 가방 안에 들어 있는 것이 있는지 살펴보고 Mrs. Warren에게 주어야 할 것이 있으면 꺼내서 주고, 가방을 장에 걸어둔다. 편지들은 사물함 위에 있는 Mrs. Warren의 우편함에 들어간다. 몇몇 어린이들은 가방을 멘 상태로 교실 안으로 들어와서 여기저기 돌아다니고, 대부분의 어린이들은 장에 가방을 걸어둔다. Mrs. Warren은 아직 가방을 메고 있는 어린이들에게 가방을 장에 걸어두라고 알려준다. 어린이들은 모여 앉는 장소로 가서 대부분 서서 이야기를 나누고, 장난감이나 모서리 부분에 있는 차트를 만지작거린다. Jared는 시무룩한 표정을 하고 Mrs. Warren에게 매달린다. Mrs. Warren : Jared, 내 바로 옆에 앉아도 돼… 알았지? 모두 다 앉자. [어린이들은 깔개에 앉는다–원형으로 앉았나 아니면 아무렇게나 앉았나?] 모두 준비 됐니? [Mrs. Warren은 어린이들이 모두 편안하게 앉았는지 살펴본다]	**첫날의 초조함** 그림처럼 아름다운 위스콘신의 늦은 여름 오전이다–입학 첫날을 맞이한 Mrs. Warren의 유치원 학급에는 창문을 통해서 햇살이 쏟아진다. Mrs. Warren은 복잡한 책상 위에 놓인 서류 더미를 살펴보면서 고개를 젓다가 시계를 보고는 창문 밖을 내다본다. 놀이터에서 놀고 있는 어린이들의 소리가 교실을 메우고, 그녀는 아이들을 만나러 문 밖으로 향한다. 그녀는 문 밖으로 나가면서 "긴장한 어린이와 부모들이 분명히 몇 명은 있을 거라고 생각해요"라고 말한다. 벨이 울리자 어린이들은 교실 안으로 들어온다. 키가 매우 작아 보이는 유치원생들은 부모를 천천히 떠나오는데 어떤 아이들은 얼굴에 미소를 가득 짓고 있고 어떤 아이들은 염려스러운 표정을 하고 있다. "얘들아, 좋은 아침이구나!" Mrs. Warren은 부드러운 미소를 지으면서 말한다. "너희들이 오늘 유치원에 입학하여 무척 기쁘단다. 모두들 선생님 앞에 줄을 서서 무엇을 해야 하는지에 대해서 잘 듣도록 하자. 혹시 너희들 중에 가방 안에 무엇을 가져온 아이가 있으면 선생님에게 알려주면 좋겠구나. 교실 안에 너희들의 가방을 걸 수 있는 곳이 있어. 그곳을 개인장이라고 부른단다. 교실에 들어가면 너희들 이름이 어디에 붙어 있는지 잘 보고 물건들을 그곳에 놓아두자. 모두 준비됐니?" 아이들이 각자 교실에 들어오자 Mrs. Warren은 아이들을 향하여 서서 가방 안에 선생님에게 줄 것이 들어 있는지 질문한다. 밝은 색상의 새 신발, 가방, 그리고 얼굴들이 교실 안으로 밀려들어온다. Mrs. Warren은 가방을 메고 돌아다니는 아이들에게 자기 장에 가방을 걸어두라고 다시 알려주면서 어린이들을 교실 안으로 데리고 들어온다. 그녀가 아이들을 깔개가 있는 곳으로 데리고 오는 동안 아이들은 무리를 지어 돌아다니기도 하고, 이야기를 하기도 하고, 어떤 아이들은 오는 길에 보이는 모든 물건들을 만져보기도 한다. Jared는 그중에서 눈에 띄게 뒤쳐졌고 Mrs. Warren을 그림자처럼 따라다닌다. Jared는 머리를 숙이고 다른 아이들과 상호작용을 하지 않고 겁에 질린 표정을 하고 있다. Jared는 마치 언제라도 울음을 터뜨릴 듯이 보인다. 아이들을 살펴보면서 Mrs. Warren은 Jared의 손을 잡고 "선생님 바로 옆에 앉아도 돼, 알았지?"라고 속삭인다. 그녀는 아이들에게 "모두 다 앉자"라고 말한다. 아이들이 모두 앉자 그녀는 미소를 지으면서 "모두 준비됐니?"라고 묻는다. 어린이들은 선생님을 바라보았고, 유치원의 첫날은 이렇게 시작되었다.

할을 하는 것이 아니라는 점이다: 삽화는 분석적 전시의 다른 형태들을 보완해 주는 이해를 위한 도구이다. 삽화는 참고할 수 있는 다른 형태의 증거를 제시하는 것으로, 전체적인 논의와의 관계 속에서만 그 의미를 이해할 수 있다. 표 9-4에 제시된 현장노트와 삽화를 읽을 때 Jared와 관련된 주제에 대한 전반적인 분석을 통해서 이미 형성된 당신의 이해 정도에 따라 읽고 있음을 인식하기 바란다. 이 삽화는 보다 넓은 이슈들과 연관이 되어 있고, 바로 이 연관성이 당신으로 하여금 삽화의 중요성에 대해서 알게 한다.

이 삽화는 Jared의 미성숙에 대한 지속적인 염려를 보여 주기 위해서 선정되었다. Jared의 미성숙에 대한 염려는 현장노트와 교사 및 부모 면담을 통해서 나타난 주제이다. 다른 자료와 함께 이 삽화는 Jared가 새로운 환경에서 또래 아이들과 달리 무척 조용했으며, Mrs. Warren이 입학 첫날 이러한 요구에 어떻게 반응했는지를 보여 준다. 현장노트로부터 삽화로 옮겨오면서 서술적으로 부족한 부분들이 채워져서 좀 더 이야기체에 가깝게 구성되었다. 자기 자신의 기억을 돕기 위해서 연구자가 자신에게 말하는 것처럼 쓰여진 형태로부터 이야기를 구성하기 위해서 독자들에게 말하는 것과 같은 형태로 바꾼 것이다. 이것은 미성숙함에 대한 다른 상황들이나 대화를 기록한 자료와 함께 제시되어 Jared의 행동에 대한 주변 성인들의 다양한 해석을 조명하기도 한다. 사실주의적인 삽화는 사건의 표면 이상의 것을 알려주지는 못한다. 즉, 이러한 형태의 삽화는 누군가의 마음속을 들여다보면서 우리에게 그 사람이 어떤 생각을 하는지에 대해서는 알려주지 못하는 것이다. 사실주의적 삽화는 보이는 것에 한정되기 때문에 활동과 동기를 연관 짓는 등의 추론으로부터 오는 풍부한 영역은 포함하지 못한다.

현장의 모습을 그대로 드러내는 이러한 삽화는 다른 종류의 이야기, 즉 이러한 삽화와 마찬가지로 중요한 이슈들을 조명하는 각색된 이야기fictionalized tale와 연계된다. 각색된 이야기는 현장연구로부터 생성된 지식에 토대를 두고 있지만 실제 자체에 대한 것이라기보다는 일어날 수 있는 사건들이나 상호작용에 대한 것에 더 가깝다. 각색된 삽화는 저자로 하여금 이슈들을 엮어서 직접적으로 관찰되지 않을 수도 있는 주제에 대해서 들려주는 이야기를 구성할 수 있도록 한다. 각색된 삽화는 연구 참여자가 한 말에 대한 것일 수도 있고, 독자가 특정한 개념을 이해할 수 있도록 돕기 위한 수단으로 저자가 만들어 낸 것일 수도 있다. 이러한 각색된 이야기에는 삽화 쓰기의 수사적 측면이 두드러진다. 각색된 이야기는 특정한 아이디어들을 주장하는 형태로 구성되는 것이다. 손대지 않은 본래의 자료가 아니라, 현장 경험의 단편들로부터 장면이 형성된 것이며, 이는 직접 관찰과 같은 특정한 방식의 앎에 충실해야 한다는 필요성보다는 이해를 돕기 위해 이야기를 구성한다는 것을 전제로 한다. 각색된 삽화는 사실주의적 삽화와는 다른 종류의 권위에 의존한다. 사실주의적 삽화는 무엇이 진실인가에 집착하는 개인주의자의 관점으로부터 구성된다. 즉, 이들은 "연구 참여자들과 사회생활을 함께 하지 않는 제3자로서의 관찰자의 관점에서 '외현적'으로 드러나는 것을 연구함으로써 개인의 '내부에서' 일어나리라고 생각되는 것"에 대한 개인적 경험과 직접 관찰에 의한 인식을 중시한다(Shotter, 1989, p. 143). 이와 대조적으로, 각색된 삽화는 무엇인가를 누군가에게 알려주는tell 능력에 의해서 정당화된다. 삽화에 의해서 만들어진 의미는 목적을 가지고 독자에게 이야기하는 저자가 구성한 것이다.

나는 이와 같은 삽화의 다양성을 무척 좋아한다. 삽화는 독자를 내가 있는 연구현장으로 데리고 올 수 있는 창의적인 방법이다. 삽화는 전체적으로는 문화적 지식을 반영하고 있지만, 서로 다른 시간과 공간에서 수집된 자료로부터 내용을 끌어내어 맥락 속에서 해석을 하도록 하므로 삽화를 통해서 사례에 대한 보다 흠 없는 해석이 가능하다. 삽화는 연구 참여자들이 하지 못한 말을 전달하는 데 특히 효과적이다. 즉, 삽화는 행위자의 해석에 따라 행동을 이해하도록 하는 효과적인 방법이다.

Jared의 미성숙함에 대한 인식이 솔로몬 초등학교에서의 학교 준비도에 관한 담론에서 매우 중요한 주제를 차지하고 있기 때문에 이에 대한 다양한 견해들을 보여 주기 위해서 나는 각색된 삽화를 작성하였다. 나는 단순히 Jared가 유치원 학급에서 울음을 터뜨리는 것에 대한 예를 보여 주는 것에 그치지 않고, 이와 관련된 이슈의 복합적인 측면을 드러내고 싶었다. 나는 Jared가 교실 안에서 경험하는 좌절감, 특히 Trevor와의 복잡한 관계에서부터 오는 좌절감에 대한 반응으로 울음을 터뜨리는 것을 알게 되었다. Trevor는 어떻게 하면 Jared가 화가 나도록 만들 수 있는지에 대해서 잘 알고 있었고, Jared와의 관계를 이용하여 힘을 행사하고 있었다.

나는 또한 Mrs. Warren의 교실에서 일어나는 활동에 대한 다양한 관점을 보여 주고 싶었다. 제시된 삽화를 통해서 나는 학급에서의 활동에 대한 Jared와 Mrs. Warren의 인식 간의 긴장상태를 보여 주고자 한다. 이러한 주제들은 관찰과 Jared, Mrs. Warren, Jared의 어머니를 대상으로 한 면담으로부터 생성되었으며, 하나의 각색된 사건의 형태로 변형되어 제시되었다. 다음에 나오는 삽화는 쌓기 영역에서 일어나는 Jared의 이야기를 통해서 이러한 내용들을 보여 준다.

유치원생에 대한 이미지 형성하기

Jared는 쌓기 영역 구석에 서서 자신이 만든 매우 높은 빌딩을 소중하다는 듯이 바라본다. 그가 만든 빌딩에는 세 개의 탑과 두 개의 다리, 동물들을 위한 공간이 있으며, 이것은 그가 지금까지 만든 것 중에 제일 잘 만든 구성물이다. 이때까지 그는 교실 안에서 일어나는 다른 일들에 대해서는 인식하지 못하고 있었다. Mrs. Warren이 어린이들에게 자유선택활동시간이 되었다고 알려주자, Jared는 곧바로 쌓기 영역으로 갔고 아침에 일어나서부터 계획해 온 구성물을 만들기 시작했다. 아이는 얼마나 높은 빌딩을 쌓을 수 있을 것인가? 다른 아이들은 이 아이가 몇 개의 블록들을 사용하도록 허용할 것인가? Jared는 쌓기 영역에 자기 혼자만 온 것을 알고는 미소를 짓는다. 다른 아이들은 모두 다른 일에 열중하고 있다. Jared는 자신이 블록으로 구성물을 잘 만들 수 있다고 믿었다. Jared의 엄마는 아이가 커서 무엇인가가 될 수 있다고 했다. 건축… 음… 뭐였더라…

Jared는 갈색빛이 나는 무엇인가가 갑자기 휙 지나가는 것을 본다. Trevor가 빠르게 다가와서 빌딩의 중간 부분을 쳤다. 첫 번째 탑이 쓰러지면서 두 번째 탑을 무너뜨렸고, 이어서 세 번째 탑이 쓰러졌다. 동물들은 나무로 만든 산 밑에 쓰러졌고, 다리는 납작하게 되었다. Trevor는 뒤를 잠깐 돌아보고는 컴퓨터 영역으로 가 버린다. "TREVOR," Jared가 울부짖으며 말한다. "내가 만든 멋진 빌딩을 쟤가 부쉈어요!" 금새 눈물이 아이의 동그랗고 빨간 볼을 타고 흘렀고, 아이는 그 자리에서 움직이지 않았다. "Mrs. Warren… "

Mrs. Warren은 교실 다른 쪽에서 아이들과 활동을 하다가 사건이 일어나기 몇 초 전에 고개를 들고 이쪽을 쳐다본다. 그녀는 Jared가 이번 주에 하루도 빠짐없이 쌓기 영역에서 놀고 있다는 생각을 한다. 이번 주에 매일 Jared는 해야 할 일을 건너뛰었다. 다른 아이들은 이미 며칠 전에 다 마친 일들을 Jared는 오늘 쉬는 시간과 내일 놀이시간에 해야 할 것이다. 이 아이가 1학년이 되면 어떻게 될까? 이 아이는 늘

> 놀고 싶어한다! 그녀는 다시 고개를 돌려 활동을 하고 있는 아이들을 쳐다본다. 이 때 Jared의 울부짖는 소리가 들린다. 아, 어떻게 하나. 또 울고 있구나. 이런 울음은 1학년 선생님 누구에게도 좋게 받아들여지지 않을 것이다. 그녀는 천천히 일어나면서 끊임없이 요구되는 이 아이의 개인적 관심에 말려들지 않으면서 이 사건을 어떻게 부드럽게 처리할 것인가에 대해서 생각한다. 아이들의 욕구좌절을 어떻게 해결하는 것이 좋은가? 특히, Jared처럼 미성숙한 아이들의 경우에는 어떻게 하는 것이 좋은가? Jared는 울면서 "Mrs. Warren, 쟤가 내 마을을 무너뜨렸어요! 내 빌딩을 쟤가 부쉈어요!"라고 말한다. 아이는 숨을 몰아쉬면서 거친 몸동작을 보인다. 무너진 빌딩 조각들은 그가 만든 멋진 구성물의 흔적과는 거리가 멀어 보인다. "나는 훌륭한 건축가예요. 그건 큰 아이들만 만들 수 있는 것이라구요!" Jared는 마음속으로 이렇게 생각한다. Mrs. Warren은 '저 아이는 마치 4세 아이처럼 우는구나'라고 생각하면서 고개를 흔든다. Trevor는 다른 편에서 이 모든 일을 바라보면서 희미하게 미소짓고 있다.

이 삽화는 독자와 저자가 Jared를 맥락 속에서 바라볼 수 있는 기회를 제공한다. 이 삽화는 활동의 의미가 어떻게 사회적으로 구성되며 얼마나 복합적인가를 보여 주는 것이다. Jared는 자신의 동기, 주의집중, 세부적인 것에 대한 관심을 반영하는 복합적인 쌓기 활동을 계획하였다. 블록으로 구성물을 만드는 것은 아이의 어머니가 가정에서 긍정적으로 강화한 것이고, 아이가 자랑스럽게 생각하는 일이었다. 아이는 자신이 이처럼 멋진 것을 만들 수 있다는 것은 자신이 많이 성장한 것을 보여 주는 일이라고 생각하였다. 반면, Mrs. Warren은 아이가 자유선택활동시간에 쌓기 영역을 계속 선택하는 것은 아이의 미성숙함을 반영하는 것이라고 해석하였다. 이 일에 대해서 교사는 아이의 주의집중 측면을 보는 것이 아니라 아이가 생산적이지 못한 일을 고집스럽게 계속해서 선택하는 것으로 보았다. 교사는 아이가 "학업"을 선택하지 않고 "놀이"를 선택하는 것에 대해서 불만이었고, 무너진 탑 때문에 Jared가 울음을 터뜨리는 모습을 보면서 이러한 불만은 더욱 고조되었다. 교사는 우유가 쏟아졌을 때 우는 것과 이 사건을 동일하게 여겼다. 성숙한 아이라면 구성물을 다시 만들거나 혹은 다른 영역에 가서 다른 활동을 선택할 것이다. 저자로서 나는 다양한 자료 출처로부터 생각을 끌어내어 위에 제시된 이야기를 엮은 것이다. 위에 제시된 이야기와 동일한 형태의 사건이 관찰된 것은 아니었지만 연구 참여자들과 함께 한 다른 경험들에 비추어보면 이는 일어날 수도 있는 일이다. 분석적인 설명과 함께 이 삽화는 Mrs. Warren이 특정한 목표(학업 습관을 형성하고 초등학교 1학년에 적합할 정도로 성숙하는 것)를 마음에 두고 Jared의 행동을 어떻게 해석하는가를 보여 준다. 독자에게 이 삽화는 연구자의 해석을 더욱 구체화하는 이야기이며, 통합된 정보의 출처로서의 역할을 한다.

삽화의 어떤 점으로 인해서 이처럼 설득력이 있는가? 삽화는 왜 해석학적 연구를 하는 저자와 독자 모두에게 강한 흥미를 불러일으키는가? 나는 삽화가 설득력이 있는 이유는 이야기로서의 힘을 지니기 때문이라고 생각한다. 삽화는 이야기를 강력한 도구로 만드는 여러 가지 결정적인 구조와 수사적 특성을 지니고 있다. Laurel Richardson(1994)은 다음과 같이 주장했다.

> 이야기narrative는 행위자의 목표와 의도를 나타낸다; 이야기는 개인, 문화, 사회, 그리고 역사적 사건을 총체적으로 이해할 수 있도록 하고, 시간을 인격화하며, 우리의 행위가 어떤 결과를 가져올지 심사숙고하고 우리 삶의 방향을 전환하도록 한다. (p. 200)

삽화는 여러 생각들을 종합하여 중요한 내용을 전달하는 이야기 형태의 글이다. 삽화는 실제 경험을 이해하기 쉽고 구체적이며 의미가 살아 있는 형태로 나타낸다. 삽화는 "과학적인" 용어뿐만 아니라 문학적인 용어로, 해석을 구조화함으로써 앎의 의미와 전달 가능한 것이 무엇인지에 대한 우리의 생각에 도전한다. 나는 삽화와 다른 목적을 지니는 다른 형태의 이야기들을 구분하려고 노력한다. 이야기stories, 설화tales, 그리고 삽화vignettes를 누가 만드는가 하는 것이 하나의 이슈가 된다. 독자와 저자는 누구의 목소리를 허용할 것인가, 그리고 저자가 누군가의 목소리를 대변하는 것이 바람직한 일인가에 대한 합의에 도달해야 한다. 저술 작업authorship과 권력authority에 대한 두 가지의 상반된 의견이 각색된 삽화에 대해서 반대 입장을 취하도록 할 수도 있다. 먼저, 사실주의적인 관점을 지닌 사람들은 직접 관찰한 사실을 기록하는 것이 아니라 사건이나 상호작용을 창조하는 것에 대해서 신뢰를 하지 못할 것이다. 이 관점에서는 각색된 해석을 하는 것은 연구가 아니라 글쓰기에 불과하다는 생각을 가질 수 있다. 반면, 이야기체에 찬성하는 어떤 이들은 각색된 삽화를 목소리의 강탈이라고 간주할 수도 있다. 즉, 각색된 삽화는 관찰을 해석의 기초로 사용하지 않아서 연구 참여자를 배제하게 될 수 있다는 것이다. 이 관점에 의하면 삽화는 연구 참여자와 저자 간의 협동의 기회를 없애는 것이다.

이러한 비판들 속에서 삽화의 자리를 찾기 위하여 나는 "우리는 글쓰기를 어떻게 해야 하는가?"에 대한 다음과 같은 Laurel Richardson의 대답을 반복해서 읽는다.

> 만일 우리가 인간 경험의 가장 깊고 가장 보편적인 측면을 이해하고 싶다면, 만일 우리가 사람들의 실제 경험에 충실한 연구를 하고자 희망한다면, 만일 우리가 시와 과학의 융합을 원한다면, 혹은 우리의 권한과 기술을 우리가 연구하는 사람들을 위해서 사용하기 원한다면, 그렇다면 우리는 반드시 이야기체narrative에 가치를 부여해야 한다.

Richardson은 견해는 삽화를 사용하는 이유의 핵심을 겨냥한다. 각색된 삽화는 "사람들의 실제 경험에 충실한가?" 반드시 그렇지 않을 수도 있다. 자신의 해석을 납득시키기 위하여 실제 경험의 왜곡을 포함할 수도 있고, 누군가의 실제 경험과는 상관이 별로 없는 저자의 생각이 반영될 수도 있다. 그러나 이와 동일하게 중요한 것은 만일 각색된 삽화가 누군가의 삶에 기반을 둔 지속적인 연구를 통해서 나온 이해를 반영한다면 사람들의 실제 경험에 충실할 수도 있다는 점이다. 어떤 삽화가 어느 쪽에 속하는 것인지 어떻게 판단할 수 있는가? 삽화를 나머지 해석적 사례들과 연관지어서 이해하는 것은 독자의 몫이다. 삽화에 의해서 만들어진 공간에서 나온 의미와 그 외의 자료원들은 어떤 종류의 이해가 도출된 출처를 알려주고 그 유용성에 대한 증거를 제공한다. 유용성 여부를 판단할 때 중요한 것은 삽화와 다른 방식의 앎 사이에 형성되는 문답 관계이다.

요약 Summary

글쓰기는 해석학적 연구를 가능하게 하거나 중단시킬 수도 있는 복잡한 활동이다. 사례가 매력적이고 설득력이 있으며 동시에 역동적인 형태로 제시되지 않으면 정밀한 연구 설계와 복잡한 해석은 갈 곳을 잃는다. 흥미롭게도, 정해진 방식으로 해석학적 연구보고서를 작성하도록 하는 것은 글쓰기의 다양한 방법을 감추어 버렸고, 지루하고 무미건조한 글을 만들어 냈다. 글쓰기에 대한 우리의 입장에 대해서 재고하는 것은 연구를 통해서 우리가 드러내고자 하는 연구 참여자들과 우리의 글을 읽는 독자들에게 보다 책임 있는 행동을 하기 위한 것이다. 다양한 저자들의 입장 속에서 우리의 자리를 찾는 일은 우리의 목소리를 찾음으로써 실제 경험에 대해서 우리가 어떤 입장을 지니는지 타인들에게 알릴 수 있게 하는 것이다. Deborah Ceglowski는 짧은 이야기 쓰기에 대한 다음의 논의에서 이러한 과정의 복합적인 측면을 보여 준다.

짧은 이야기 쓰기
Writing Short Stories

Deborah Ceglowski
미네소타 대학교

세 살난 빨간 머리 소년 Mark의 코에서 콧물이 흐른다. 나는 그에게 "가서 크리넥스를 가지고 와서 코를 풀어라"라고 말한다. 아이는 의자에서 일어나서 크리넥스로 코 아랫부분을 문지른다. 어린이들이 가정에서 하는 것처럼 음식을 전달할 수 있도록 밥공기와 접시에 음식이 마련되어 있다.

Mark는 나를 쳐다보면서 "나는 먹지 않을 거예요."라고 말한다.

나는 "Mark, 그러지 말고 한 번 먹어보렴"이라고 말하며 음식을 권한다.

아이는 "나는 먹어보지 않을 거예요."라고 내게 말한다.

헤드 스타트 교사들과 어린이들이 입맛이 까다로운 아이 Mark와 상호작용하는 것에 대해서 위와 같이 서술하면서, 내가 쓴 "Air Ferns(공기를 먹고 자라는 식물)"라는 짧은 이야기는 시작된다. 지역에 적합한 정책localized policies, 또는 현장에서 나온 정책policies from practice이라고 내가 명명한, 이러한 정책을 만들어 내기 위하여 헤드 스타트 교사들이 공식적인 정책을 어떻게 해석하고 수행했는지에 대한 2년에 걸친 연구의 일환으로 나는 이와 같은 짧은 이야기를 썼다.

본 고에서 나는 짧은 이야기들이 어떻게 연구 프로젝트에 대한 총체적이고 자연주의적인 이해를 전달하는지, 그리고 다른 종류의 글과 함께 짧은 이야기들이 교육적 이슈에 대한 우리의 이해를 확장할 수 있는지에 대해서 설명하고자 한다. 그리고 다른 종류의 글이 어떻게 내 연구의 다른 측면들을 조명하는지에 대해서 보여 주기 위해서 하나의 짧은 이야기와 두 개의 다른 글을 제시한다.

"이야기story"는 교육연구자들이 자주 사용하는 단어이고 매우 다양한 의미를 지니는 용어이다. 이야기로 구성된 내러티브storied narrative(Clandinin & Connelly, 1994)는 사건들에 대해서 이해하기 위해서 사람들이 공유하는 일상적이고 보편적인 대화를 말한다(Bruner, 1990). 연구자들은 개인적인 경험과 전문적인 경험에 대한 교사들의 이야기를 통해서 교육과정과 학교 정책에 대해서 교사들이 이해하고 있는 바를 설명하고 있음을 발견했다(Carter, 1993; Clandinin & Connelly, 1996).

내가 짧은 이야기들을 쓰기 시작한 이유 중 하나는 Clandinin과 Connelly(1996)의 연구에 참여한 교사들과 마찬가지로 헤드 스타트 교사들도 프로그램의 일상적 사건과 특별한 사건에 대한 이야기를 들려주는 가운데 헤드 스타트 정책에 대한 그들의 의견을 드러냈기 때문이다. 아침과 점심식사를 함께 하면서, 학교가 시작하기 전과 후에, 버스 안에서, 그리고 놀이터에서 교사들과 나눈 일상적인 대화를 통하여 나는 교사들이 정책을 어떻게 해석하고 만들어 가는지에 대해서 알게 되었다. 헤드 스타트 교사들이 정책에 대해서 말할 때 그들은 더 넓은 이야기 내러티브 형식에 맞추어서 자신의 말을 들려주었다: 그들은 정책이 어떻게 특정한 이야기에 "적용"되는지에 대해서 말했다. 하나의 예를 들면, 자원봉사를 처음 시작했을 때 나는 어떤 옷을 입고 와야 하는지 잘 알지 못했다. 둘째 주에 교사 Judy와 보조 교사 Susan은 복장에 대해서 내게 다음과 같이 "설명"해 주었다.

> 점심식사 후에 우리는 창고를 둘러보기 위해서 과수원으로 향했다. Judy는 나를 바라보았다. "오늘은 청바지를 입어도 된다는 말씀을 안 드렸네요. 검은색이나 흰색 바지는 늘 입어도 괜찮지만, 청바지는 현장학습 가는 날에만 허용됩니다."
>
> "왜 그렇지요?"라고 내가 물었다.
>
> Susan은 "여기 복장 규칙이 그래요. 누구도 청바지를 입어서는 안 됩니다. 버스 기사나 보조 교사도 마찬가지예요. 운동복 같은 바지도 허용되지 않아요. 발목에 고무줄이 있는 바지도 안 되거든요."
>
> 나는 발목에 고무줄이 있는 흰색 바지를 내려다보았다.
>
> Judy는 "그렇지만 Ruth가 입고 있는 것처럼 나일론으로 된 좋은 옷들은 괜찮아요. 그리고 많이 달라붙는 스판덱스 바지도 허용되지 않아요."
>
> "그러면 고리가 있는 바지는요?"내가 질문하였다.
>
> Judy는 "그건 괜찮아요. 나도 늘 입는걸요. 그리고 운동복 같은 티셔츠도 입어서는 안 되지요."

복장에 관한 이야기와 같은 해석적 이야기 속에서 이루어진 정책에 대한 분석은 일상적인 생활에 대한 교사들의 지식이 헤드 스타트 정책이 어떻게 해석되고 실행되고 있는지에 대한 우리의 이해를 넓혀줄 수 있음을 보여 준다. 내가 이야기를 쓰는 목적은 교사들이 헤드 스타트 프로그램에서의 일상적이고 특이한 사건들 속에서 정책을 어떻게 수행하는지를 서술함으로써 이러한 해석과정의 상황적이고 지역적인 특성을 강조하고자 하는 것이다.

내가 나의 글을 짧은 이야기라고 하는 이유는 "이야기를 들려주기 위한 소설 쓰기 기법fiction-writing techniques to tell the story"(Van Maanen, 1988, p. 132)을 사용하였기 때문이다. 이러한 기법에는 대화와 줄거리가 포함되고, 등장인물들의 감정과 관점이 반영된다(Van Maanen, 1988). 짧은 이야기 속에 묘사된 모든 사건들과 대화들은 나의 현장노트에 기록되어 있는 내용이다. 그러나 Mark와 헤드 스타트 교사들의 점심식사 장소에 독자들을 데리고 오기 위하여 현장노트에 기록된 사건들과 대화들은 이야기의 형태로 재작성되었다. Van Maanen(1988)은 짧은 이야기short stories를 문학적 이야기literary tales라고 부른다. 왜냐하면 이는 연구현장에서 중요한 것이 무엇인가에 대한 연구자의 감각과 서술방식에 대한 소설가의 감각이 합쳐진 것이기 때문이다.

나는 두 가지 이유로 연구를 시작한 첫달부터 짧은 이야기를 쓰기 시작했다(Ceglowski, in press). 내 현장노트가 만족스럽지 않았고, 앞서 복장에 대한 사례에서 드러났듯이 교사들이 정책에 대해서 말할 때 이야기 형식으로 말한다는 것을 알게 되었기 때문이다. 나는 내 현장노트에는 일과의 리듬에 대한 감각, 헤드 스타트 프로그램에서 나타나는 일상적 문제들의 급박함, 그리고 어린이들과 교사 간의 상호교류의 분위기가 잘 드러나지 않음을 발견하였다. 내 현장노트에는 매일 점심식사로 무엇이 제공되었는지는 기록되어 있었지만, 입맛이 까다로운 아이 Mark 옆에 매일 매일 앉아 있는 것이 어떤 느낌인지는 잘 드러나지 않았다. 내가 그곳에서 인지적, 감정적, 물리적으로 경험하면서 알게 되는 것(Bochner & Ellis, 1996)을 현장 기록물들에서는 찾아볼 수가 없었다. 나의 현장 기록물에는 헤드 스타트 프로그램에서 일어나는 사건들에 대한 나의 이해는 포함되어 있지만, 내가 어떻게 이러한 이해상태에 도달했는지에 대한 내용은 들어 있지 않았다(Bochner & Ellis, 1996).

헤드 스타트 정책에 대한 연구를 하면서 프로그램에서 일어나는 일상적인 사건과 특별한 사건에 대한 독자의 이해를 돕고 상호작용적인 맥락하에서 헤드 스타트 정책을 이해하기 위하여 나는 짧은 이야기를 활용하였다. Norman Denzin(개별 면담, 1996년 6월 9일)은 짧은 이야기는 헤드 스타트 정책이 프로그램에서 일어나는 일상적인 사건들 속에서 어떻게 행해지고 있는지를 들여다 볼 수 있는 창window을 제공하였다고 하였다. 짧은 이야기는 Mark와 함께 점심을 먹는 것과 같은 일상적인 사건들, 그리고 이보다 더 특별한 사건들을 헤드 스타트 정책이라는 넓은 세상과 연결하는 역할을 한다.

헤드 스타트 정책에 관한 기존의 연구들은 거의 대부분 하향식 접근의 대규모연구로 이루어졌고, 프로그램의 일상적인 운영에 대해서는 알려진 것이 별로 없다. 짧은 이야기는 헤드 스타트 정책에 대한 새로운 차원의 분석을 가능하게 한다. 짧은 이야기들을 통하여 교사가 어떻게 정책을 해석하고 실행하는지에 대해서 다른 관점에서 살펴봄으로써 나는 정책에 대한 이해를 하는 데 필요한 또 다른 틀을 제공한다. 바라보는 지점에 따라 수정crystal이 반사하는 색깔과 모양이 다르게 보이는 것과 마찬가지로, 다른 형태로 쓰여진 글은 연구 주제의 다른 측면에 초점을 맞춘다(Richardson, 1994). 연구자가 어떻게 글을 쓰는가 하는 것은 연구자와 독자가 연구 주제에 대한 이해를 하는 데 필요한 틀을 제공한다. 나는 짧은 이야기로 기존의 연구를 대체하자는 것이 아니라, 우리의 이해의 틀을 확장하기 위해서 허용할 수 있는 글쓰기 장르를 확장하려는 것이다(Eisner, 1993).

다음에는 "Air Ferns"에 대한 짧은 이야기가 가장 먼저 제시되고, 이에 대해서 두 가지의 다른 방식으로 서술된 글이 잇따라 제시될 것이다. 첫 번째는 짧은 이야기 이전과 이후에 나타난 사건들에 대해서 시간의 흐름에 따라 구성한 글이고, 두 번째는 교사가 어떠한 방식으로 공식적인 정책을 해석하고 지역적인 정책을 만들어 내는지에 대해서 서술하는 분석적 글이다. 짧은 이야기 이후에 제시되는 이 두 개의 글은 헤드 스타트 프로그램에서의 음식 먹기에 대한 동일한 주제를 담고 있지만 서로 다른 목소리를 반영하는 것이다. 제일 처음에 제시되는 이야기는 독자들이 헤드 스타트에서의 생생한 경험 안으로 들어갈 수 있도록 하고, 잇따라 제시되는 시간의 흐름에 따라서 서술된 글과 정책에 대한 분석을 담은 글은 이 이야기가 어떻게 만들어졌고 헤드 스타트 교사들이 음식 먹기에 대한 정책과의 연관성 속에서 이 이야기를 어떻게 인식하고 있는지에 대해서 분석한다. 이 세 개의 글은 함께 "어우러져서" 헤드 스타트 정책을 이해하기 위한 각기 다른 창window을 제공한다.

Air Ferns : 짧은 이야기

나는 점심시간에 Mark와 마주보고 앉아 있으면서 Air Ferns(공기를 먹고 자라는 식물)를 떠올린다. 세 살난 빨간 머리 소년 Mark의 코에서 콧물이 흐른다. 나는 그에게 "가서 크리넥스를 가지고 와서 코를 풀어라"라고 말한다. 아이는 의자에서 일어나서 크리넥스로 코 아랫부분을 문지른다. 어린이들이 가정에서 하는 것처럼 음식을 전달할 수 있도록 밥공기와 접시에 음식이 마련되어 있다.

Mark는 나를 쳐다보면서 "나는 먹지 않을 거예요."라고 말한다.

나는 "Mark, 그러지 말고 한 번 먹어보렴."이라고 말하며 음식을 권한다.

아이는 "나는 먹어보지 않을 거예요."라고 내게 말한다.

나는 "그래, 하지만 네 접시 위에 음식을 조금 덜고 다른 사람에게 음식을 주렴. 네 접시 위에 음식을 조금은 덜어놓아야 해."라고 말한다.

아이는 자기 접시에 콩 세 알을 놓고는 옆에 있는 아이에게 음식을 건네준다. 다음에는 버터를 바른 빵이 제공되었다. 아이는 자기 접시 위에 덜어놓은 세 개의 콩 옆에 빵 한쪽을 던져 놓는다. 음식이 전달되는 동안 아이는 자기 접시 위에 고기 파이, 그린 젤로 그리고 오이절임 한쪽을 더 얹는다. 아이는 앉아서 자기 접시 위에 놓인 음식을 쳐다보더니 우유가 담긴 컵을 들고는 우유를 마신다. 아이의 입가에는 하얀 우유 자국이 남는다.

아이는 내게 "저는 다 먹었어요. 저는 이제 제 접시를 비우고 싶어요."라고 말한다.

나는 "다른 아이들이 다 먹을 때까지 자리에 앉아서 조금 기다려줘야 해. 젤로를 좀 먹는 것이 어떨까?"라고 묻는다.

아이는 "저는 안 먹을 거예요. 우리 엄마가 집에서 음식을 만들어주거든요."라고 내게 말한다.

나는 "엄마가 어떤 음식을 만들어주시니?"라고 묻는다.

"감자튀김과 생선튀김을 만들어주세요. 감자튀김과 생선튀김이요."라고 아이가 말한다.

Judy는 Mark의 접시를 내려다보며 말한다. "Mark, 고기 파이를 좀 먹어보렴. 한 입만 먹어 봐." Judy는 고개를 숙여서 고기 파이를 작게 잘라서 아이에게 준다.

Mark는 작게 썰어진 파이를 쳐다보고는 포크로 집어서 이리저리 옮긴다. 아이들이 식사를 마치기 시작하자 Mark는 자기 접시를 들고 일어서서는 접시 위에 놓인 고기 파이, 콩 세 개, 버터 바른 빵, 그린 젤로, 오이절임을 모두 쓰레기통에 버린다. 아이는 자기 포크와 컵을 플라스틱 통 안에 넣는다. 그리고는 체육관 주변을 뛰기 시작했고 다른 아이들도 따라서 뛰어다닌다.

Judy는 "여기로 돌아와."라고 소리 지른다. "뛰어다녀도 된다고 말하지 않았어. 지금 바로 여기 와서 앉아서 기다려."아이들은 어른들이 식사를 마치는 동안 기다리는 것을 힘들어한다.

Judy는 "이제 뛰어다니면서 잡기 놀이를 해도 좋아."라고 말한다. 아이들이 뛰어다니는 동안 나와 Judy, Susan은 테이블에 앉아서 식사를 한다.

나는 "Mark를 보면 제 동생이 기르던 Air Fern이라는 식물이 생각나요. 참 재미있는 것은 제 동생이 이 식물에게 물을 주는 것을 본 적이 없다는 거예요. 그 식물은 마치 공기를 먹고 자라는 것 같았어요. 어느 날 제가 동생에게 '그 식물은 도대체 어떻게 살아 있는 거야?'라고 했더니 동생은 웃으면서 '이 식물이 아주 많이 마를 때까지 기다렸다가 물을 조금 주면 돼.'라고 하더라구요."

다음 날 점식식사시간에 Mark는 Susan 옆에 앉는다. Mark는 돼지고기를 자기 접시에 조금도 덜어놓지 않고 다음 사람에게 전달한다.

Philip이 "야, 음식을 가져가야지. 네 접시에 음식을 조금 덜어놔."라고 말한다.

Mark는 돼지고기가 담긴 그릇을 다시 가져와서 작은 조각을 집어 든다.

Susan은 Mark의 접시에 놓인 돼지고기, 버터 바른 빵, 채소 그리고 배 조각을 가리키면서 "Mark, 이 음식들을 한 입씩은 다 먹어야 해."라고 말한다.

Mark는 배 한 조각을 먹고는 더 달라고 한다.

Susan은 "네 접시에 있는 다른 음식들을 먼저 조금씩 먹으면 더 줄게."라고 대답한다.

특수학급 아이들이 체육관 한쪽 끝에서 운동을 하고 있다. 아이들은 매트 위에 누워서 교사의 구령에 따라 다리를 올렸다 내렸다를 반복한다. "하나, 위로, 둘, 위로, 셋, 위로." Mark는 테이블 아래쪽을 쳐다보면서 발로 찬다.

Susan은 "배를 더 먹고 싶으면 먼저 다른 음식들을 조금씩은 먹어야 해."라고 아이에게 말한다.

Mark는 "우리 엄마가 집에서 나한테 음식을 만들어줘요."라고 대답한다.

Susan은 "발로 차는 것을 멈추고 바로 앉지 않으면 벽을 보고 앉아야 해"라고 말한다.

Judy가 옆에서 거든다. "음식을 먹지 않으면 아이스크림을 먹을 수 없어."

Mark는 "저는 어차피 아이스크림을 좋아하지 않아요."라고 말하고는 계속해서 발로 차면서 테이블 아래쪽을 쳐다본다.

Susan은 "접시를 정리하고 가서 벽을 보고 앉아라."라고 말한다.

Mark는 접시를 정리하고 벽을 보고 앉는다. 그리고는 특수학급 어린이들이 체육관 한쪽에서 다른 쪽으로 달려가는 것을 쳐다본다. 아이는 달리기를 하는 아이들을 잘 볼 수 있도록 피아노 옆으로 슬금슬금 다가가서 앉는다.

Judy는 우리 테이블에 앉아서 돼지고기의 지방이 없는 부분을 골라서 자기 접시에 놓는다. 나는 돼지고기는 내 접시에 놓았지만 빵은 버터가 너무 많이 발라져 있어서 그냥 옆으로 전달한다. Judy는 당근 몇 개를 집어서 자기 접시에 놓고 콩은 놓지 않는다. 아이들은 접시 정리하는 것을 마친다. Judy는 아이스크림을 가지고 와서 나누어주기 시작한다.

Judy는 벽 옆에 앉아 있는 Mark에게 "너는 오늘 아이스크림을 먹을 수 없어."라고 말한다.

아이는 "저는 어차피 아이스크림을 안 좋아해요."라고 대답하고는 발로 바닥을 찬다.

세 번째 날, Mark는 나와 Judy 옆에서 점심식사를 한다.

Judy는 "Mark, 음식을 먹지 않으면 오늘은 쿠키를 먹을 수 없어."라고 말한다.

우리는 음식을 전달하기 시작했다: 핫도그, 롤빵, 콩, 양배추절임. 핫도그는 밝은 붉은색빛이었고 질겨 보인다. 나는 저건 먹고 싶지 않다고 생각했다. 나는 롤빵을 하나 접시에 놓고 Mark에게 전달했다. 아이는 롤빵 한 개를 집어서 자기 접시 위에 놓는다. 다음에는 양배추절임이 온다. 나는 양배추절임을 내 접시 위에 많이 놓고 Mark의 접시에는 조금만 떠서 놓는다. 다음에는 핫도그가 오는 것이 보인다. 네 살난 Ben은 롤빵 안에 핫도그를 넣는다. 나는 내 빵의 속이 비었음을 아무도 보지 않기를 바라면서 빵을 부풀렸다. 나는 핫도그 접시를 Mark에게 건내주었다.

Ben은 "핫도그를 안 가져갔잖아요."라고 말한다.

나는 Ben을 쳐다보고는 방을 둘러보았다. 그 아이가 나를 두고 한 말이라는 것을 알았다. Ben은 내 접시를 가리키면서 "핫도그를 안 가져갔어요."라고 다시 말한다. Ben은 "먹지 않더라도 음식을 덜어놓아야 해요"라고 내게 말한다.

Judy는 나를 보고 미소짓는다. 그녀는 자기 접시 위에 빵만 놓고 핫도그를 놓지 않고도 들키지 않았지만 나는 들켜버렸다. 나는 핫도그를 하나 집어서 내 빵 안에 넣었다. 나는 속으로 으악 소리를 냈다. 그리고는 핫도그에 바를 머스터드 소스를 가지러 부엌으로 갔다. Mark는 자기 접시에 핫도그를 하나 놓고는 그릇을 다음 사람에게 전달한다. 아이는 핫도그를 거의 다 먹고 작은 조각만 남겨서 양배추절임 옆에 놓는다. 아이는 접시를 비우러 가서 양배추절임을 버린다.

나는 아이들이 다 먹을 때까지 기다린 후 내 핫도그를 냅킨으로 덮어서 쓰레기통에 버렸다.

Judy는 쿠키를 가지고 와서 아이들에게 나누어준다. "Mark, 네 쿠키 여기 있어. Deb, 쿠키 하나 드릴까요?"

나는 초콜릿칩 쿠키를 하나 받아들고는 쿠키를 먹으려고 자리에 앉는다.

Mark는 쿠키를 먹으면서 "이 쿠키는 맛있어요."라고 말한다. "우리 엄마가 나한테 만들어 주시는 것처럼 맛있어요."

만일 당신이 입맛이 까다로운 사람이라면 헤드 스타트 교사가 Mark에게 새로운 음식을 먹으라고 하면서 먹지 않으면 디저트를 주지 않는 행동이 옳지 않다고 생각할 수도 있겠다. 혹은 "먹는 게 왜 그렇게 대단한 일인가?"라고 물을 수도 있겠다. 인상적이면서도 친숙한 이 짧은 이야기는 아동기와 교사-아동 상호작용에 대해서 생각하게 한다. 이 이야기의 목적은 헤드 스타트의 어린이들과 교사가 점심식사를 하는 자리에 독자를 초대(Van Maanen, 1988)하기 위한 것이다.

단순한 이 짧은 이야기가 헤드 스타트의 정책에 대해서 설명하는 바가 있는가? 이 이야기에는 정책이 어떻게 운영되는가에 대한 대략적인 내용은 들어있지만 완전하지는 않다. 이 짧은 이야기 전과 후에 어떤 일이 일어났는가? 시간의 흐름에 따라 구성된 글은 이 짧은 이야기 전후에 어떤 일이 일어났는지에 대한 정보를 제공해준다. 이 정보는 독자가 헤드 스타트 프로그램에서 일어나는 사건들 속에서 이 이야기를 이해하도록 돕는다. 다음은 시간의 흐름에 따라 작성된 글의 일부이다.

Air Ferns : 시간의 흐름에 따른 글

Mark는 대체로 아침식사시간에는 모든 음식을 먹었다. 그러나 점심시간에는 자신이 좋아하는 음식만 먹고는 교사에게 자신은 그만 먹겠다고 말했다. 교사는 Mark의 말을 무시하기도 하고 때로는 새로운 음식을 먹어보라고 격려하기도 하였다. Mark가 오렌지 등 자신이 좋아하는 음식을 더 달라고 하면 교사인 Judy, 보조교사인 Susan, 그리고 보조원인 Ruth 혹은 내가 아이에게 접시 위에 놓인 다른 음식을 먼저 먹어보라고 권했다. Judy는 종종 Mark에게 자신의 접시에 있는 음식 중 하나라도 먹어보라고 권하며, 만일 먹지 않는다면 아이스크림을 주지 않겠다고 말하기도 하였다. Mark는 자신은 어차피 아이스크림을 좋아하지 않는다고 대답하였다.

12월에 Jasmine이 Mark 옆에 앉았다. Mark는 자기 접시에 통조림 복숭아 큰 덩어리, 미트볼 조금, 버터가 발린 빵, 옥수수, 국수, 양상추를 놓았다. Mark는 복숭아와 옥수수만 먹었다.

Jasmine은 Mark에게 "산타 할아버지한테 선물 받고 싶니? 그럼 네 접시 위에 있는 음식을 모두 다 먹어야 해. 산타 할아버지가 보고 계시고 만일 네가 먹지 않으면 선물을 안 주신대."라고 하였다.

Mark는 "산타 할아버지는 내게 선물을 주실 거야."라고 하였다.

Jasmine은 "아니, 네가 먹지 않으면 선물을 안 주실 거야."라고 하였다.

Mark는 "산타 할아버지는 선물을 주셔."라고 반박하였다.

다음 날, Mark는 생선 튀김, 으깬 감자, 콩, 버터 발린 빵, 우유를 덜어 놓았다. Mark가 생선 튀김을 먹은 후 Judy는 "생선 튀김 외에 다른 음식도 먹어야 해"라고 말했다.

Mark는 울기 시작했다. Judy는 "왜 그러니?"라고 물었다.

Mark는 "속이 안 좋아요"라고 하였다.

Judy는 "이제 접시를 정리해도 좋아. 만일 토할 것 같으면 쓰레기통에 가서 하렴. 예전에 Luci가 토한 것을 내가 치운 적이 있는데, 그 후에 나도 속이 안 좋았거든."이라고 말했다. Mark가 접시를 정리한 후 나와 Judy는 테이블에 앉아서 우리 반 어린이들의 식습관에 대해서 이야기를 나누었다. 우리는 서로 자기 아들의 입맛이 까다롭다는 이야기도 했다.

1월 5일에 Judy는 Mark에게 감자를 먹지 않으면 계속해서 식탁에 앉아 있어야 한다고 말했다. Judy는 "어제 Mark는 감자와 고기를 조금씩 먹었어요. 내가 Mark에게 음식을 먹지 않으면 실외놀이를 할 수 없다고 했거든요. Mark는 입에 감자를 넣고는 구역질하는 표정을 짓더라고요. 나는 '만일 구역질하고 토하면 실외놀이를 할 수 없어'라고 말했어요.' 그랬더니 아이가 음식을 씹었고 나는 Mark에게 고기를 조금 주었어요. Mark가 교실에 들어온 후에 나는 Susan에게 내가 Mark에게 고기를 더 주었다는 것과 Mark가 우유도 마셨다는 것을 알려주었어요." 라고 말했다.

시간의 흐름에 따라 작성된 위의 글은 오랜 기간 동안 Mark가 음식을 잘 먹지 않는 문제에 대해서 교사와 어린이들이 어떻게 대처하였는지에 대해서 설명하기 위해서 이와 관련된 사건과 대화를 강조하고 다른 사건들에 대한 설명은 배제하였다. 이 글은 어린이와 교사가 어떻게 Mark를 입맛이 까다로운 아이로 규정하게 되었고, Judy가 음식 먹기와 관련된 정책을 어떻게 실행했는지에 대해서 알려준다. 다음에 제시된 정책과 관련된 분석적 글은 헤드 스타트 교사가 공식적인 정책을 어떻게 실행에 옮겼으며 지역에 적합한 정책을 어떻게 만들어냈는지에 대한 내용이다.

Air Ferns : 공식적 정책과 실행과정에서 나온 정책

음식에 관한 규정과 지침은 헤드 스타트 정책과 과정에 대한 지침서에 제시되어 있다.

나는 헤드 스타트에서 점심을 먹은 첫날, 헤드 스타트 정책에 따르면 교사와 어린이들에게 일정량의 모든 음식이 제공되어야 한다는 것을 알았다. 이는 1991년 6월에 만들어진 식품평가양식Meal Evaluation form에 포함되어 있는 항목, 즉 모든 어린이들에게 "필요한 모든 식품 성분을 제공해야 한다"는 항목에 따르기 위한 것이다. 행정 직원이 기관을 방문해서 작성하도록 되어 있는 식품평가양식에는 다음의 항목이 포함된다.

규정된 식품들의 최소한의 양을 어린이들에게 먹도록 하기 위한 노력을 하는가?

헤드 스타트 교사는 어린이들에게 음식의 일정량을 덜어가도록 한다. 어린이들이 특정 음식을 좋아하지 않는다고 불평하면 교사나 또래 유아가 "먹지 않아도 돼. 그냥 접시에 덜어 놓기만 해."라고 알려준다. 어린이들은 주어진 모든 음식을 접시에 덜어놓은 후 좋아하지 않는 음식은 나중에 버리는 일에 익숙해졌다.

1993년 8월에 헤드 스타트 사무국은 식품에 관한 새로운 정책을 만들었다: "식품의 최소한의 양이 모든 어린이들에게 제공되어야 한다."식품에 관한 미국 농림부USDA의 정책이 개정되면서 헤드 스타트의 식품 관련 규정도 바뀌었다. 1993년 8월에 개정된 헤드 스타트 정책과 실행과정에 대한 책자가 모든 헤드 스타트 기관에 배부되면서 새로운 식품 정책에 대한 안내문이 함께 전달되었다. 그러나 행정가들은 이러한 정책 변화를 지적하거나 이에 대해서 헤드 스타트 교사들과 논의하지 않았다.

사무국 영양사인 Andrea Holland가 방문했을 때 Judy는 Mark의 식습관과 "단백질 제공" 정책에 대해서 이야기를 꺼내면서 "이렇게 해서는 안 된다는 것을 알고 있어요."라고 했다. Judy는 아이들에게 먹을 것을 "강요"하는 것이 헤드 스타트 정책에 어긋난다는 것을 알고 있었지만 "Mark는 거의 아무 것도 먹지 않는다"는 것도 역시 잘 알고 있었다.

Andrea는 Mark가 무엇을 먹는지, 몇 살인지, 그리고 "Mark가 새로운 음식을 먹어보는 데 흥미를 가질 수 있도록" Judy가 요리활동을 계획하는지에 대해서 질문하였다. 요리활동을 계획하는지에 대한 Andrea의 질문은 교사가 매달 2회의 요리활동을 계획하도록 하는 헤드 스타트 정책에 기인한 것이다. Andrea는 Mark가 "살아가기 위해서 반드시 충분한 양의 음식을 제공받아야 한다"는 결론을 내렸다.

실행과정에서 나온 정책

교사들은 다양한 관점을 가지고 Mark에 대해서 이야기한다. 예를 들면, 나와 Judy는 좀 더 나이가 든 아이들을 자녀로 둔 부모의 입장에서 우리들의 자녀도 유아교육기관에 다닐 때 입맛이 까다로운 아이였다고 생각하였다. 점심식사시간에 나타나는 Mark의 행동에 대한 교사들의 대응방식은 음식 먹기에 대한 다른 관점, 매일의 상황, 분위기를 반영하는 것이었다. 우리는 때로는 Mark의 행동을 무시하였고 때로는 Mark에게 음식을 반드시 먹어야 한다고 말했다. 이러한 다양한 대응방식은 어린 아이들의 식습관과 입맛이 까다로운 아이들을 어떻게 다루어야 하는지에 대한 서로 다른 우리의 관점을 반영하는 것이다.

교사들은 음식 먹기와 관련된 Mark의 행동에 대해서 지속적으로 논의하면서 Mark의 식습관에 대해서 일치된 의견을 형성하게 되었다. 이러한 의견 일치는 9월과 10월에 이루어졌다. 음식 먹기와 관련된 어린이들의 행동에 어떻게 대처해야 하는지에 대한 우리들 각자의 견해가 어떠한지에 상관없이 우리는 Mark가 입맛이 까다로운 아이라는 데 동의했다. 10월에 나는 Mark에게 "Air Fern"이라는 별명을 붙여주었고 교사들, 특히 보조원 Ruth는 Mark를 "Air Fern"이라고 불렀다. 학급 어린이들도 Mark의 행동에 대한 우리의 생각을 눈치채고 Mark에게 접시에 음식을 덜어놓고 먹으라고 말했다. 이는 Jasmine이 Mark에게 음식을 먹지 않으면 산타 할아버지로부터 선물을 받지 못한다고 말한 사례에서 잘 드러난다.

교사들은 Mark와의 계속되는 상호작용에 입각해서 실행할 수 있는 정책을 만들어 냈다. 예를 들어, Judy가 Mark에게 만일 접시에 있는 음식을 먹지 않으면 아이스크림을 주지 않겠다고 말했을 때 Mark는 Judy에게 자신은 아이스크림을 좋아하지 않는다고 말했다. 이 일을 통해서 우리는 아이스크림을 주지 않는 것이 Mark로 하여금 음식을 먹도록 유도하지 못한다는 것을 알았다. 교사들은 다른 접근방식을 취해야 한다고 생각했다. 이러한 시행착오과정을 통해서 교사들은 Mark에게 통하지 않는 방식이 무엇인지 알게 되었고 Mark는 새로운 음식을 먹는 것을 피하기 위한 전략을 배우게 되었다.

Mark가 울면서 토할 것 같다고 말하자 Judy는 Mark에게 접시를 정리하라고 하였다. Mark는 1월에 Judy가 토할 것 같아도 음식을 먹어야 한다고 말하기 이전까지 계속해서 이 방법을 사용하였다. Judy는 Mark에게 만일 토하면 실외놀이를 할 수 없다고 하였다. Judy의 전략이 변화되자 Mark의 식습관도 달라졌다.

Mark의 식습관 변화는 "단백질 먹기 정책"에 영향을 주었다. 초기에 교사들은 Mark의 식습관을 가까이에서 관찰하고 새로운 음식을 먹어야 한다고 말했다. Mark는 새로운 정책에 익숙해지자 스스로 새로운 음식을 먹기도 하고 때로는 더 달라고 하기도 하였다. 2월 달에 진행된 교사 회의에서 Susan은 Mark가 스스로 새로운 음식을 먹는다고 말했다. 이 시점이 되자 교사들은 Mark가 새로운 음식을 먹는 것에 대해서 계속해서 긍정적으로 이야기했지만 Mark의 음식 먹기 행동을 자세히 관찰하는 일은 드물었다.

요약Summary

정책을 분석한 위의 글은 교사들이 공식적인 정책을 프로그램의 일상 속에서 어떻게 실행했는지에 대해서 보여 준다. 그런데 음식 먹기에 관한 정책 자체가 그다지 명료하지 않다: 어린이들은 모든 음식을 제공받아야 한다, 교사들은 어린이들이 먹도록 격려해야 한다, 그러나 교사는 어린이들이 먹도록 강요해서는 안 된다. 이러한 정책들을 실행하면서 교사들은 각 상황 속에서, 교사 회의를 통해서, 그리고 시행착오를 겪으면서 Mark의 행동에 어떻게 대처할 것인지를 생각해냈다. 짧은 이야기와 시간의 흐름에 따라 작성된 글과 마찬가지로 이 글은 상호작용적인 맥락, 즉 교사들 간의 대화, 새로운 해결책의 시도, 그리고 입맛이 까다로운 아이를 어떻게 다룰 것인가에 대한 합의에 도달하는 등의 맥락 속에서 구성된 것이다.

헤드 스타트에 대한 이 세 가지 형태의 글은 정책을 들여다볼 수 있는 세 개의 다른 창(Richardson, 1994)을 제공한다. 짧은 이야기에서는 Ben이 Deb에게 먹고 싶지 않더라도 핫도그를 가져가야 한다고 알려주고, 시간의 흐름에 따른 글에서는 교사인 Judy가 Mark에게 반 년 동안 계속해서 "단백질 먹기"를 하기 위해서 노력해야 한다고 알려주고, 정책을 분석한 글에서는 교사들이 일상적으로 실행에 옮긴 복합적이고 서로 모순되는 정책들이 제시되었다. 각각의 창은 서로 다른 시각을 제공하며, 이들은 함께 어우러져 마치 수정crystal처럼 정책에 대해서 우리가 이해한 바의 서로 다른 각도, 다른 색상 그리고 다른 차원을 비추어준다.

서술과 이야기체로 이루어진 짧은 이야기들은 독자들을 이야기 속에 묘사된 세상으로 초대하여 "실제로 경험하도록"한다(Denzin, 1994, p. 511). 독자들은 개인적으로 가지고 있는 가치, 경험 그리고 지식을 통하여 글의 내용을 다양한 방식으로 이해한다. 짧은 이야기들은 헤드 스타트 정책과 헤드 스타트 센터에서 일상적으로 일어나는 사건, 일과 그리고 활동 간의 관계에 대해서 이해할 수 있는 가능성을 열어준다.

참고문헌

Bochner, A., & Ellis, C. (1996). Taking ethnography into the twenty-first century. *Journal of Contemporary Ethnography, 25*(1), 3-5.

Bruner, E. (1993). Introduction: The ethnographic self and the personal self. In P. Benson (Ed.), *Anthropology and literature*. Chicago: University of Illinois Press.

Bruner, J. (1990). *Acts of meaning*. Cambridge, MA: Harvard University Press.

Carter, K. (1993). The place of story in the study of teaching and teacher education. *Educational Researcher, 22*(1), 5-12.

Ceglowski, D. (in press). *Policies from practice: The stories of the Wood River Head Start Program*. New York: Teachers College Press.

Clandinin, D., & Connelly, M. (1994). Personal experience methods. In N. K. Denzin & Y. S. Lincoln (Eds.), *Handbook of qualitative research* (pp. 413-427). Thousand Oaks, CA: Sage.

Clandinin, D., & Connelly, M. (1996). Teacher's professional knowledge landscapes: Teacher stories-stories of teachers-school stories-stories of schools. *Educational Researcher, 253,* 24–30.

Denzin, N. (1994). The art and politics of interpretation. In N. K. Denzin & Y. S. Lincoln (Eds.), *Handbook of qualitative research* (pp. 500–515). Thousand Oaks, CA: Sage.

Eisner, E. (1993). Forms of understanding and the future of educational research. *Educational Researcher, 22*(7), 5–11.

Richardson, L. (1994). Writing: A method of inquiry. In N. K. Denzin & Y. S. Lincoln (Eds.), *Handbook of qualitative research* (pp. 516–529). Thousand Oaks, CA: Sage.

Van Maanen, J. (1988). *Tales of the field*. Chicago: University of Chicago Press.

Note

1. Emerson, Fretz, and Shaw (1995), Richardson (1990, 1994), and Wolcott (1990)은 예외이다.

CHAPTER

10

Conclusion

결론

모든 연구는 특정한 사회, 역사, 정치 그리고 기관의 맥락 안에서 착수되고 전달된다. 이 맥락들은 연구소재와 주제, 연구보고서의 형태, 그 보고서들이 학문 공동체 안에서 받는 승인, 그리고 초래하는 행위들에 영향을 미친다. 연구는 지식의 생산이다. 지식 생산이 일어나는 구체적인 맥락과 그 지식이 생산되게 하는 시장들 markets을 고려하는 것은 매우 중요하다.

본 장에서 우리는 먼저 기관institutions과 시장markets의 맥락에 대해 다룬다. 이후 우리는 기존의 타당도validity 개념을 확장시키는 토론으로 이 장과 이 책에 대한 결론을 내릴 것이다.

기관의 제약 Institutional Constraints

연구는 기관의 맥락 안에서 행해진다. 본 절에서는 우리에게 친숙한 학문적 기관에 초점을 둔다. 먼저 우리는 대학이 아닌 기관에서 종사하는 연구자들에게 그들의 영역에 대해 주목하지 않음에 사과하겠다.

학위 논문연구를 생각해 보자. 논문 작성자는 그 분야에 공헌하기 위해서라기보다는, 적어도 당장은, 논문심의를 위해 지식을 생산한다. 또한 학위 논문연구는 고유한 제약들이 있다. 예를 들어, 학문 분야들마다 논문의 분량과 구성에 관한 전통들이 존재한다. 이 전통들은 변화하기도 한다. 어떤 곳은 다른 곳보다 느리겠지만. 그러나 여하튼 전통들은 존재하고, 그 전통들은 고려되어야만 한다. 논문심사위원들은 논문작성자가 주의를 기울여야만 하는 사항들을 지키기를 요구한다. 논문작성자는 다른 출판사를 찾거나 다른 학술지에 제출하는 것과 같은 선택권이 없다. 마지막으로, 박사학위 논문은 다음 과정의 일을 진행하기 전에 마쳐야만 하는데, 때로는 어떤 일을 진행하기 위한 사전 자격조건으로서 논문 쓰기를 일정한 기일까지 마쳐야만 한다. 박사학위 논문은 다른 연구 프로젝트를 시작하는 동안 서류철 속에 보관되었다가 나중에 마칠 수 있는 것이 아니다.

조교수들은 정년보장을 받기 위해 대학원생과는 또 다른 종류의 제약들에 부딪힌다. 그들은 그들의 학문 분야에 공헌하기 위해 논문을 쓰기도 하지만, 자신들이 일하는 대학에 있는 업적심사위원들을 위해서 쓰기도 하는 것이다. 그들은 종종 승진에 필요한 분량과 종류의 출판물을 생산해 내기 위해 특정한 부류의 연구를 하도록 강요받는다. 따라서 그들은 정년보장을 받을 때까지 출판하는데, 이 때문에 오랜 시간이 걸리는 연구나 해석학적 연구와 같은 범주의 연구들을 수행하는 것을 미루려고 할 수 있다.

이렇듯 대학원생과 조교수에게 연구는 도구적이다. 즉, 연구가 어디론가 도달할 수 있게 해주는 수단을 제공하는 것이다. 예컨대, 대학원을 마치거나 정년보장을 받도록 해준다. 만약 정년보장에서 살아남는다면, 생존을 위한 투쟁이 보다 덜 즉각적인 것으로 될 것이다. 그러나 여전히 제약은 존재한다. 예를 들면, 업적심사위원들은 전년도에 발행된 논문 수에 따라 성과급을 배분한다. 또한 특정 주제와 유형의 연구가 다른 연구에 비해 연구비를 따기가 수월하기도 하다.

연구물의 청중은 항상 그 정체가 모호하다. 현실 세계에서 지식의 생산은 투쟁으로부터 살아남기까지 독립적으로 존재하지 않는다. 연구는 무엇인가를 발견해내는 일일 것이지만, 그것은 이미 존재하는 기관의 제약들 안에서 발견해나가는 것이다.

시장의 제약 Market Constraints

애매모호함에도 불구하고, 생존과 "번영thrival"은 논문발표를 요구한다. 생산된 지식은 공개되어야만 한다. 논문발표의 방법은 다양하다. 학회에서 논문을 발표하는 것, 어떤 책의 한 장chapter을 써달라는 초대에 응하는 것, 혹은 특정 학술지를 염두에 두고 쓰게 되는 것으로 시작할 수 있다. 연구물 발행과정의 초기에 결정이 논문발표의 성공에 막대한 영향을 미칠 것이다. 연구물 발행을 위한 첫 단계로 학회에서 발표하는 것은 현명하다. 특정한 출판 발행을 염두에 두고 학회 발표 논문을 작성하는 것은 더욱 현명하다. 시카고로 가는 비행기 티켓을 학과에서 지원받기 위해 시카고에서 개최되는 학회에서 논문을 발표하는 것은 현명한 것일 수도 있고 아닐 수도 있다. 이렇듯 다양한 방법으로 논문을 발표할 수 있다. 나Daniel는 많은 논문을 발표한 후 그것을 다시 펼쳐보지 않고 서류함에 정리해 넣어놓은 후, 새로운 연구를 시작하곤 했다.

많은 요인들이, 즉 논문의 질, 선택한 학회venue와 연구자가 사용한 양식 간의 조화, 특정한 순간의 지배적인 연구 동향과 가치, 연구자가 가지고 있는 인적 네트워크 등이 논문 출판 여부에 영향을 미친다. 출판되는 것은 연구자가 가지고 있는 연구기술과 더불어 그의 의사결정 기술과도 관련이 있다. 의사결정 기술은 어떤 종류의 연구를 수행할 것인지, 그것을 어떻게 발표할 것인지, 어디에 출판을 의뢰할 것인지 등을 포함한다. 출판은 또한 당신이 누구를 아는 가와도 관련이 있다. 즉, "객관적인" 동료 심사의 과정에서, 학회지의 편집장 또는 초대 편집장은 당신의 논문을 심사할 적절한 심사위원에게 당신의 논문을 심사하는 것을 의뢰한다. 이러한 심사체제는 당신이 당신의 학문 분야에 대한 지식과 친숙함, 게재가 판정을 받을 수 있는 전략과 그러한 기회를 제공할 수 있는 사람들과 알고 지내는 것을 요한다.

우리는 시장의 제약에 대한 개인적인 예를 제공하고자 한다. 우리 둘은 모두 대학원을 졸업하고 대학교수로서 정년을 보장받을 만큼 경력이 있는 학자들이다. 그러나 우리는 전미교육연구협회American Educational Research Association의 특정 관심 집단Special Interest Group : SIG 중 하나인 유아교육/아동발달 소모임Early Childhood/Child Development Special Interest Group과 편안한 관계는 아니다. 우리는 둘 다 유아교육과 교수이고 활동적인 연구자이기 때문에 사람들은 유아교육/아동발달 소모임이 우리의 학술적인 고향일 것이라고 예상했을 수도 있다.

Beth 나의 논문은 유아교육/아동발달 소모임 발표에 한번도 채택이 된 적이 없어. 그러나 나는 언제나 희망을 가지고 시도하고 또 시도해. 그렇지만 나는 항상 가차 없는 심사 의견으로 상처를 받기도 해. 초기에 이러한 심사 의견을 받고 나는 내가 가치가 없는 연구를 했다고 낙심했지만, 이러한 나의 심정은 점차 바뀌어서 내 노력이 나의 "동료"들에 의해 이해받지 못하고 인정받지 못했다는 사실에 화가 나기도 했어. 현재 나는 중간 어딘가에 있어. 즉, 나는 학자로서의 나에게 만족하지만, 한편으로는 나와 세상을 다르게 보는 사람들에게 내 연구를 보여 주지 못해왔다는 것에 대해 걱정을 해. 나는 전미교육학회에서 내 논문을 발표할 수 있고, 내가 학술적으로 성장할 수 있도록 조력해주는 또 다른 소그룹을 찾을 수 있었어. 또 나는 유아교육 관련 학회지에 내 논문을 게재하는 것에 초점을 두었고, 이는 성공적이었어. 나는 유아교육/아동발달 소모임에서 받아들여지는 연구 장르에 대해 배우지는 못했지만, 내 연구를 존중해주는 다른 사람들을 찾았고, 여전히 내 연구가 가치 있기를 희망해.

Daniel 나는 다수의 논문이 학회지에 게재되었지만 그 과정을 전혀 즐기지 않았어. 나 또한 예외 없이 유아교육/아동발달 소모임으로부터 끔찍한 심사의견을 받아왔어. 보살핌caring을 다루는 유아교육 분야에서 왜 그렇게 적의적인 심사를 하는지 모르겠지만, 그것은 누가 무엇에 가치를 두느냐에 대한 문제라고 생각해. 나도 Beth처럼 유아교육/아동발달 소모임에서 받아들여지는 허용 범위 밖에 있어. 나는 내 지도학생들에게 그들의 논문을 전미교육학회의 유아교육/아동발달 소모임이 아닌 다른 소모임이나 분과에 제출하라고 조언을 해서, 학생들이 그들의 커리어에서 이러한 적대감을 일찍 경험하는 것을 방지하곤 해. 다른 학생이 경험했던 것처럼, 당신의 논문 제목은 '멍청하다dopey'는 식의 심사의견은 학생들에게 도움이 되지 않아.

우리의 요점은 학회에서 발표하는 것 또는 논문을 출판하는 것은 게임과도 같다는 것이다. 서로 다른 집단들은 어떤 논문이 채택되고 어떤 논문이 채택 거절되는지, 누가 포함되고 누가 배제될 것인지에 대한 서로 다른 평가 기준을 가지고 있다. 게임의 규칙을 숙지하고 함께 게임을 할 정확한 사람을 찾는 것이 필수적이다.

지금까지의 논의는 자기 중심적인 것에 관한 것이었다. 즉, 어떻게 연구가 연구자에게 영향을 미치는가? 하지만 연구는 연구자뿐 아니라 다른 사람의 삶과 경험에 영향을 미치는 잠재력을 가지고 있다. 우리의 연구는 우리 연못의 작은 영역을 넘어서서 파장을 일으킬 수 있다.

연구참여자participants

거의 예외 없이 연구자들은 그들의 연구에 참여한 사람들을 그들 논문의 청중으로 포함시키지 않는다. 우리는 이러한 문제점에 대해 해답을 가지고 있지는 않다. 그렇지만 우리는 해석학적인 연구는 좁은 학술 시장을 넘어서 그것이 전파되도록 하는 접근성을 가진다고 믿는다.

훌륭한 해석학적 연구는 연구자와 연구 참여자가 형성한 인간관계 속에서 구축된다. 해석학적인 연구자는 연구 참여자가 겪은 경험의 일부가 되고, 연구 참여자 또한 연구자가 겪은 경험의 일부가 된다. 연구자와 연구 참여자 간의 이러한 협력적인 관계는 연구자와 연구 참여자 간에 거리를 두는 다른 연구에 비해 체험한lived 경험에 대한 풍부한 통찰력을 제공할 수 있게 해준다. 이러한 협력적인 측면은 연구 참여자가 자신의 삶에 대해 일상적으로 생각하는 방식이 아닌 다른 방식으로 생각할 수 있게 해준다. 또한 이러한 관계는 연구 참여자와 그들의 삶이 진지하게 받아들여질 필요가 있다는 시사점을 제공한다. 우리는 앞 절에서 연구자가 연구를 통해 무엇을 획득하는지에 대해 논의한 바 있다. 그렇다면 연구 참여자는 연구를 통해 무엇을 획득하는가? 우리의 연구는 연구 참여자를 연구자의 이익을 위해 이용하는 것 이상이어야 한다.

그러나 어려운 점은 대중이나 현장 관계자practitioner를 위해 쓴 논문은 학계에서 가치를 인정받지 않을 뿐 아니라, 때때로 평가절하되기도 한다는 것이다. 우리는 학계의 학회지 게재를 위해서는 짧은 논문을 쓰는 것을 권장한다. 그리고 그 짧은 논문을 현장관계자 및 대중을 위해 출판하기를 권장한다. 하지만 이렇게 권장하는 우리 저자들도 이러한 측면에서 잘 해오지 않았다는 것을 인정하는 바이다.

정책Policy

연구는 정책에 영향을 미치는 경우가 많다. 연구의 정책적 시사점을 제시하는 것은 연구자가 연구대상에 대해 묘사 및 해석하는 것 이상을 사고하도록 한다. 연구자가 제시하는 시사점은 어린이와 그 어린이와 관련된 사람들에 관한 지역적local 관심사에서부터 시작해야 한다. 이러한 연구 참여자에 대한 지지advocacy는 "나의 연구를 통해 이 어린이들이 어떤 이익을 얻을 수 있을 것인가?"라는 질문을 던짐으로써 가능하다. 또한 이러한 지지는 우리가 우리 지역에서 얻은 지식을 다른 장소에까지 적용을 확대하여, 특정한 행동action 또는 조치로 연결시키고 실천시킬 수 있는 권력을 가진 독자에게도 확장시켜야 한다.

정책 입안자와 의사소통하는 것은 만만치 않은 일이다. 그들은 그들 고유의 학회가 있고, 모임이 있는 등 또 다른 한 사회이다. 정책 입안자와 소통할 때에는 접근이 용이한 용어를 사용하여 소통하는 것이 어려운 경우가 많기 때문에 정보를 분석적으로 통역해야 하는 것이 필요하다. 이러한 정보전달 및 소통은 종종 독자에게 연구자의 영역을 이해할 수 있는 "짧고 효과적인 어구sound bites"를 제공하는 것을 요한다. 이것은 단순히 이야기 나누기storytelling를 넘어서 특정 종류의 행동action에 영향력을 행사하기 위한 목적을 지닌 의사소통이다.

내Daniel가 정책 입안자 및 정책에 끼친 영향력은 내가 쓴 글로 인한 직접적인 결과라기보다는, 내가 쓴 글로 인해 정책 입안자들을 직접 만날 수 있는 접근성을 제공받았기 때문에 가능했다. 예를 들어, 나는 입법 소위원회 앞에서 증언을 했고, 주정부교육위원회State Education Boards에게 연설을 했으며, 학교장, 교육감 및 다른 행정가들과 개별적으로 만나기도 하였다. 위에 언급된 이러한 일련의 일들은 의례 일어나는 일이기보다는 이례적인 일들이고, 개인적 인연connection으로 인해 이러한 일들이 일어날 수 있었다. 때때로 나는 매우 생소한 상황에 처하기도 하였다. 나는 한때 일본교육부의 고위 공직자와 면담을 한 적이 있는데, 고위 공직자는 나에게 일본 중학교에서 발생하는 집단따돌림bullying의 증가에 대처하는 방법에 대해 질문을 하였다. 나는 일본의 유아교육에 대해서는 어느 정도 지식을 가지고 있지만, 중등교육이나 집단따돌림에 대해서는 거의 아는 바가 없었다. 나는 그에게 공손히 이렇게 대답하였다. "저는 잘 모르겠습니다."

우리 두 저자는 모두 예비교사와 현직교사와 함께 일하고 있다. 또한 유아교육기관에서 연구를 진행하고 있으며, 어린이의 입장에서 유아교육을 증진시키는 것에 지대한 관심을 가지고 있다. 발달심리학자인 Margaret Donaldson은 학교 생활의 맥락 속에서 어린이의 발달에 관해 중요한 연구를 하였는데, 그녀는 그 연구에서 세 가지 중요 주장을 펼쳤다. 첫째, 그녀는 어린이의 관점을 통해 바라본 세상을 이해하는 것의 중요성을 주장하였다. Piaget 학설의 과업에 대한 그녀의 획기적인 비판은 이러한 통찰력에 기반하고 있다. 즉, 어린이는 연구자와 다른 관점으로 과업을 바라본다는 것이다. 둘째, 그녀는 모든 지식은 특정한 상황 안에서의 지역적 지식으로부터 시작한다고 주장하였다. 셋째, 그녀는 형식적 학교교육에서 요구하는 학습의 유형은 어린이에게 어려운 것이며, 교육자는 이러한 어려움에 대해 거의 알지 못한다고 주장한다(Grieve & Hughes, 1990).

우리 저자들은 훌륭한 해석학적 연구는 다른 종류의 연구에서는 할 수 없는 방식들로 위의 세 가지 중요한 통찰력을 확장시킬 수 있다고 믿는다. 특히, 유아교육에서의 해석학적 연구는 더욱더 그러하다. 해석학적 학자는 정책입안자에게 유아교육기관을 어떻게 운영해야 하는지 뿐만 아니라 예비유아교사와 현직교사가 어떻게 교육을 받아야 하는지에 대해 많은 것을 이야기해 줄 수 있다. 이 책에서 소개한 연구들은 연구자와 대면하면서face to face, 현장을 기반으로 하여field-based, 서술적으로narrative, 이론 정립theory-building을 통해 이루어졌다. 이러한 네 가지 용어는 좋은 교사에 대해 정확히 묘사한다. 우리는 교사를 해석학적 학자로 훈련시켜야 한다고 주장하는 것은 아니다. 교사는 좋은 교사가 되도록 훈련받아야 한다. 그러나 좋은 교사와 좋은 해석학적 학자는 많은 공통점을 가지고 있으며, 그들은 서로 잘 소통할 수 있어야 한다.

타당성Validity

현대의 연구에서 타당성 개념의 복잡성은 모든 다양한 연구 절차와 사회 연구의 상황에 적용 가능한 단순화된 해결을 불가능하게 한다. 그러나 질적 연구에서 타당성이 필수적이고 불가피한 관심사이며, 다른 과학적 산물과 같이 문화인류학ethnography의 해석학적 산물도 타당성에 대한 평가를 받는다는 것은 명확해 보인다(Jessor, 1996, p. 9).

우리는 이 책의 초안에 타당성과 관련하여 별도의 절을 구성하지는 않았었다. 그러나 Beth는 타당성에 대해 논의가 없다는 것을 불편하게 생각했다. 우리의 원고를 읽은 현명한 검토자들은 우리에게 미흡한 부분을 지적해 주었고, 이로 인해 최종본에서는 몇 군데 보충된 부분이 있다. 우리 저자들은 검토자들의 지적에 동의하지만, 그래도 여전히 타당성에 대해 대화하기 거북스러움을 가지고 있다. 우리는 제7장에서 다룬 '자료 기록의 중요성' 절에서 타당성에 대해 간략히 언급한 바 있다. 본 절에서는 타당성에 대한 지배적인 연구 담론의 한계를 논하고, 담론의 확장을 통해 그것을 보다 유용하게 할 수 있는 제안을 하고자 한다.

타당성에 대한 우리가 우려하는 것은 타당성 척도도구는 서술적인 묘사를 사용한 연구물에 적용함이 곤란하다는 점에 있다. 당연히 연구는 "잘 수립되거나 타당함well grounded or justifiable"에 근거해야 한다는 점은 명백하다. 그러나 우리는 척도 관점이 제안하는 "잘 수립되고 타당함"에 대한 편협한 평가 기준에는 불편함을 느낀다.

다른 질적 연구자들과 이론가들(e.g. Lincoln, 1995; Lincoln & Guba, 1985)은 해석학적 연구를 위한 새로운 평가기준 개발을 선호하며 타당성의 개념을 포기하여 왔다. 그러나 다른 상황에서의 과거의 경험은 우리를 타당성의 용어에 다시 귀의하게 만든다. 다음의 타당성에 대한 논의는 Beth가 그녀의 준비도에 연구에 대한 반성적 성찰로부터 나왔다. 아래 단락에서부터 1인칭 시점으로 서술한다.

준비도readiness라는 용어는 척도와 성장으로서의 발달의 담론과 실천 안에서 위치된 용어였다. 나Beth는 애초에 특정한 문화적 · 역사적 · 정치적 맥락 안에서의 어린이를 묘사하기 위한 어린이와 학교생활 간의 관계에 대한 새로운 단어를 개발하려고 노력했다. 그러나 아무도 내가 무엇을 이야기하는지 이해하지 못했다. 더 심각한 것은 옛날 단어인 "준비도readiness"에 대해 이야기할 때 이 단어 없이는 "이봐, 나에게 주목해"라는 기치를 잃어버린다는 것이다. "준비도"라는 용어는 유아교육 학계에서 너무나 강력하고 중요했기 때문에 나는 결국 그 용어를 계속 사용해야 한다는 것을 깨달았다. 그러나 나는 그 단어를 나의 목적에 맞게 조정하였다. 나의 이러한 접근은 내가 어린이와 교육과정 간의 적합성에 대해 논의가 가능하도록 해주었고, 나의 준비도 개념이 유아교육계에서 당연하게 받아들여졌던 준비도 개념과 어떻게 다른지에 대해 분명히 표현할 수 있도록 해주었다. 나는 내가 얼마나 성공적이었는지 확신하지는 못하지만(내 책의 판매량을 볼 때 나는 성공했다고 자신 있게 주장하기는 어렵다), 이러한 접근은 내가 내린 결정이었다. 나는 여기에서도 타당성 개념에 대해 같은 접근을 취하겠다.

타당성의 개념은 계속 진화하고 있지만 애초에 이것은 척도와 관련된 활동 안에서 이야기되었다. 즉, 이 척도가 내가 측정하고자 한 것을 측정한 것인가? 이때 논의의 초점은 방법론적이고 기술적인 쟁점들이었다. 연구자들은 타당성에 대한 위협을 제거할 수 있는 목록척도를 참고하며 타당한 척도를 개발하기 위해 노력하였다.

그러나 여기서 나는 전통적인 실험적 타당성experimental validity이나 결과 타당성consequential validity의 개념보다는 참여자들에 의해 부여되는 타당성의 개념을 제안하고자 한다. 이러한 접근의 타당성은 논문을 쓰고, 현장, 정책, 후속 연구를 위한 제언을 내리는 일련의 연구과정 전반에 걸쳐 적용될 수 있다. 이런 관점에서의 타당성은 현장연구에서의 기술에서부터 다양한 실천 공동체를 위한 시사점에 이르기까지 다양한 범위의 사안들과 관련이 있다. 이때 공동체는 연구가 행해지는 장소뿐 아니라 이 연구보고서를 읽고 그들의 행동에 참고하는 사람들의 연구 공동체, 정치적 공동체, 실천적 공동체까지를 포함한다. 예를 들어, 인류학자는 교육심리학자나 사회복지사와 다르게 글을 읽고 다르게 판단할 것이다. 그러나 이것이 곧 타당성을 부인한다는 것은 아니다. 우리의 요지는 서로 다른 사람들과 공동체들은 종종 서로 다른 판단을 내린다는 것이다.

타당성에 대한 우리의 논의는 타당성의 4가지 차원을 보여 준다 : 기술적이고 방법론적 타당성, 해석적 타당성, 본문적/서술적 타당성, 실제 지향적 타당성.

기술적이고 방법론적 타당성 Technical and Methodological Validity

기술적이고 방법론적 타당성은 현장에서 무엇이 어떻게 행해졌는가에 관한 것이다. 얼마나 잘 수립된 연구인가를 평가하는 것은 자료를 생성하기 위해 사용된 기술들에서부터 시작할 필요가 있다. 이때 다음과 같은 사항이 질문되어야 한다. "연구방법은 연구문제를 답하기에 적절한가?" 여기에서 연구방법이란 일반적 연구방법(예 : 민속지학, 생활사, 사례연구 등), 표본추출(사례, 사람, 장소, 상호작용 등), 자료 생성 기술(관찰 및 면담의 유형 등), 분석방법 등을 포함할 것이다. 전략의 특정한 조합이 성공을 보장하지는 않지만, 어떠한 조합은 특정한 상황에서 특정한 연구질문에 더 "옳을right" 수 있다. 연구방법은 타당성의 논의에서 중요하다. 당신이 하고자 하는 것을 어떤 방법으로 하는가도 중요하지만 왜 하는지도 중요하다. 그러나 타당성에 대한 논의는 연구방법으로 끝나서는 안 된다.

해석적 타당성 Interpretive Validity

자료 생성과 자료 기록 구성하기는 주어진 맥락 안에서 관계와 의미를 묘사하고 설명하는 해석, 즉 Erickson(1986)이 주장assertions이라고 부르는 것을 야기시킨다. 질적 연구의 이러한 측면은 연구자에 의해 생성된 의미를 통해 연구 참여자의 의미를 묘사하려고 한다는 점에서 이중의 해석적인 일이다(Geertz, 1973). 채택된 연구방법, 자료 제시, 이론 적용과 해석은 연구문제의 맥락 속에서 어떻게 관련되는가?

해석적 타당성을 평가하는 핵심은 연구방법, 자료, 이론, 해석 간의 관계에 달려 있다. 우리는 특정한 자료 생성 활동을 통해 제시된 특정한 사실들만을 알 수 있다. 현장활동을 통해 무엇을 알 수 있었는지에 대해 신중하게 평가하는 것이 첫 번째 단계이다. 이어서 우리는 제시된 증거와 해석 간의 연결을 주의깊게 살펴봐야 한다. 즉, 주장 또는 해석은 데이터에 의해 제시된 범위 안에서 이루어졌는가?를 질문해야 한다. 비록 연구자가 연구과제를 수행하는 동안 축적한 지식의 전부를 독자와 공유할 수 없을지라도, 증거는 충분히 제시되어서 연구자의 주장이 타당하게 전달되어야 한다.

마지막으로 해석은 사용된 이론과 관련해서 검토되어야 한다. 주어진 연구과제에서 이론의 역할에 따라 이론은 해석을 지지하기 위해 사용될 수도 있고, 해석을 결정지을 수도 있으며, 해석 안에서 부족할 수도 있다. 우리의 관점에서는 이론이 자료를 읽고 해석의 잣대를 제공하는 데 틀을 제공하는 관계가 최상의 이론-해석의 관계라고 생각한다. 이러한 관계는 이론과 자료의 교차점에서 해석이 위치하며 균형을 이룬다.

본문적/서술적 타당성Textual/Narrative Validity

연구는 다중적인 원천으로부터 풍부하게 생성된 자료 안에서 품격 있게 설계될 수 있다. 나아가 연구는 연구 참여자들 간의 상호작용과 의미를 설명하는 중요한 해석을 생성할 수 있다. 그러나 만약에 글을 쓰는 단계에서 맥락의 복합성을 묘사하지 못하거나, 이론적 관점과 충돌을 일으키는 권한 있는 자료들에 의존한다면, 글의 타당성에 의문을 제기하게 될 것이다. 우리의 이해를 발전시키는 것만큼이나 우리의 연구를 어떻게 제시하는가는 중요하다. 결국 우리의 해석을 다른 사람이 이해할 수 있도록 하는 것은 우리가 어떻게 이야기를 쓰는가의 능력에 달려 있다. 주요 관심 질문은 다음과 같다. 설정된 연구문제 아래에서, 쓰여진 글의 양식은 사용된 이론적 관점 및 생성된 지식과 어떤 관련이 있는가?

글의 타당성은 논문을 읽는 독자의 필요와 의도뿐 아니라 연구자의 연구목적과 사고의 틀과 관련된 판단이다. 그것은 연구의 틀로 사용된 권위의 양식과 글 안에서 활용된 양식 간의 조화를 요구한다. 예를 들어, 현실주의적인 서술은 후기구조주의적 관점에서 쓰여진 연구의 틀 안에서는 적절하지 않을 것이다. 더욱이 질적 연구물의 글은 그 연구물을 읽을 필요가 있는 독자의 의도와 필요를 고려하여 형성되어야 한다. 학계의 언어양식과 본문양식은 정책과 실천영역의 양식에서 통용되지 못하고 배제된다. 그리고 많은 경우 서로 무관한 것으로 치부된다. 우리는 우리가 배운 것을 다른 사람들이 들을 수 있는 방식으로 이야기하는 방식을 배울 필요가 있다. 글의 타당성을 판단하는 것은 저자와 독자의 안건agenda을 대표하면서, 기술적이고 방법론적 타당성, 해석적 타당성과 같이 이전에 논의된 다른 타당성의 유형보다 훨씬 문답적dialogic이다.

실제 지향적 타당성 Praxis-Oriented Validity

타당성의 실제 지향적 측면은 왜 우리가 연구를 하는지에 대한 기본적인 물음과 관련이 있다. 실제 지향적 타당성과 관련되어 연구를 평가할 때 제기해야 하는 질문은 다음과 같다. “이 연구가 어떻게 어린이의 삶에 대한 새로운 지식의 가능성을 창출했는가? 더 나아가 이 연구는 어떻게 그 목적을 달성하기 위한 행동을 촉진하는가?” 이는 연구자에게 가장 복잡한 수준의 책무를 질문하기까지 이른다. 즉, “이 연구는 누구에게 어떤 도움을 주는가?”

실제 지향적 타당성을 고려할 때 우리는 맥락 안에서 연구를 고려하며, 다음과 같은 질문을 던진다. 연구의 모든 과정이 어린이에 대해 알고 어린이를 위해 행동하는 새로운 방식을 제공하는가? 이에 대한 판단은 가치체계 안에서 이루어지며, 이러한 가치체계는 개인에 따라 그리고 목적에 따라 다양할 것이다. 이것은 목록척도에 의해 최소한으로 수정될 수 있다. 그러나 분명 기술적으로 지향되는 쟁점 못지않게 중요한 것이다. 실제 지향적 타당성에 대한 질문은 연구문제를 발전시키고 다양한 공동체와 연구과제에 대한 해석을 공유하기까지의 연구 수행과정 전반을 통해 협상되고 재협상되어야 한다.

실제 지향적 타당성은 연구를 수행하고, 비평하며, 사용하는 우리 모두에게 책임감을 강조한다. 또한 우리의 연구가 단순히 학술적인 결과물을 넘어서는 목적을 가지고 있다는 것을 상기시킨다.

요약 Summary

연구는 현장의 실천이나 사무 작업을 넘어 확장된다. 연구는 우리의 상상을 초월한 목적을 이루고 공동체에게 제공되며 탄력을 받기도 한다. 본 장에서 우리는 연구의 성격과 결과를 형성하는 다양한 맥락에 대해 논의하려고 시도하였다. 우리는 이어서 단순히 기술적인 논의를 벗어나 어린이를 연구하는 질적 연구를 평가하는 방법들을 제안하였다.

우리는 이 책의 서두에서 어린이의 삶을 진실로 듣고 바라보는 연구물이 극히 드물다는 것을 지적하였다. 우리는 이 책을 쓰는 데 4년 이상이 소요되었으며, 그 동안 현장이 성장하고 있다는 것에 기쁨을 느낀다. 어린이들과 그들의 맥락에 점점 더 많은 주의가 기울여지고 있으나 여전히 충분하지는 않다. 우리는 당신이 어린이들의 삶을 읽고 글로 쓰는 중요한 과업을 수행하는 데 있어 이 책이 도움이 되는 아이디어와 수단을 제공하였기를 희망해본다.

참고문헌

Achen, C. H. (1977). Measuring representation: Perils of the correlation coefficient. *American journal of Political Science, 21*(4) 805–815.

Alderson, P(1994). Researching children's rights to integrity. In B. Mayall (Ed.), *Children's childhoods observed and experienced*. London: Falmer.

Asher, S. R., & Gabriel, S. W. (1993). Using a wireless transmission system to observc conversation and social interaction on the playground. In C. H. Hart (Ed.), *Children on playgrounds: Research perspectives and applications* (pp. 184–209). Albany: State University of New York Press.

Atkinson, P. (1992). *Understanding ethnographic texts*. Newbury Park, CA: Sage.

Bakan, D. (1967). *On method: Toward a reconstruction of psychological investigation*. San Francisco: Jossey–Bass.

Bakhrin, M. (1981). *The dialogic imagination: Four essays by M. Bakhtin* (C. Emerson & M. Holquist, Eds.). Austin: University of Texas Press.

Baturka, N. L., & Walsh, D. J. (1991, April). *"In the Guinness Book of World Records it says that a girl stayed in kindergarten until she was 13": First graders who have been retained make sense of their world.* Paper presented ar the annual meeting of the American Educational Research Association, Chicago.

Becker, H. S. (1996). The epistemology of qualitative research. In R. jessor, A. Colby, & R. A. Shweder (Eds.), *Ethnography and human development: Context and meaning in social inquiry* (pp. 54–71). Chicago: University of Chicago Press.

Betger, P., & Luckmann, T. (1966). *The social construction of reality*. Garden City, NY: Doubleday.

Bernard, H. R. (1988). *Research methods in cultural anthropology*. Bevecly Hills, CA: Sage.

Boulding, K. E. (1985). *The world as a total system*. Bevecly Hills, CA: Sage.

Bradbard, M. R., Halperin, S. M., & Endsley, R. C. (1988). The curiosity of abused pre school children in mother-present, teacher-present, and stranger-present situations. *Early Childhood Research Quarterly, 3*, 91–105.

Bruffce, K. A. (1986). Social construction, language, and the authority of knowledge: A biographical essay. *College English, 48*, 773–790.

Bruner, J. (1986). *Actual minds, possible worlds*. Cambridge, MA: Harvard University Press.

Bruner, J. S. (1987). The transactional self. In J. S. Bruner & H. Haste (Eds.), *Making sense: The child 's construction of the world* (pp. 81–96). London: Methuen.

Bruner, J., (1990). *Acts of meaning*. Cambridge, MA: Harvard University Press.

Bruner, J., & Haste, H. (1987). *Making sense: The child's construction of reality*. New York:

Methuen.
Campbell, D. T. (1978). Qualitative knowing in action research. In M. Brenner, P. Marsh, & M. Brenner (Eds.), *The social context of method* (pp. 184–209). New York: St. Martin's.
Carney, T. F. (1990). *Collaboratille inquiry methodology*. Windsor, Ontario: University of Windsor, Division for Instructional Development.
Cole, M. (1996). *Cultural psychology. A once and future discipline*. Cambridge, MA: The Belknap Press of Harvard University Press.
Conklin, H. C. (1954). *The relationship of Hanunoo culture to the plant world*. Ann Arbor, MI: University Microfilms.
Corsaro, W. (1985). *Friendship and peer culture in the early years*. Norwood, NJ: Ablex.
Cox, S. T. (1990a). Reconciling theory and data: In situ analysis in a study of oral storybook reading. In M. J. McGee-Brown (Ed.), *Processes, applications, and ethics in qualitative research* (pp. 358–367). Athens: University of Georgia Press.
Cox, S. T. (1990b). Who the boss?: Dynamic tensions in oral storybook reading. *International Journal of Qualitative Studies in Education, 3*, 231–252.
D'Amato, J.(1986). *We cool, tha's why: A study of personhood and place in Hawaiian second graders*. Unpublished doctoral dissertation, University of Hawaii.
Delamont, S. (1992). *Fieldwork in educational settings: Methods, pitfalls, and perspectives*. London: Falmer.
Denzin, N. K. (1978). *The research act: A theoretical introduction to sociological methods*(2nd ed.). New York: McGraw–Hill.
Denzin, N. K. (1989). *Interpretive interactionism*. Newbury Park, CA: Sage.
Denzin, N. K. (1994). The art and politics of interpretation. In N. K. Denzin & Y. S. Lincoln (Eds.), *Handbook of qualitative research* (pp. 500–515). Thousand Oaks, CA: Sage.
Donaldson, M. (1978). *Children's minds*. New York: W. W. Norton.
Eisenhardt, K. M. (1989a). Building theories from case study research. *Academy of Management Review, 14*, 532–550.
Eisenhardt, K. M. (1989b). Making fast strategic decisions in high–velocity environments. *Academy of Management Journal, 32*, 543–576.
Eisenhart, M. (1995). The fax, the jazz player, and the self-story teller: How do people organize culture? *Anthropology and Education Quarterly, 26*(1), 3–26.
Eisenhart, M. A., & Graue, M. E. (1990). Socially constructed readiness for school. *The International Journal for Qualitative Studies in Education, 3*, 253–269.
Emerson, R. M., Fretz, R. I., & Shaw, L. L. (1995). *Writing ethnographic fieldnotes*. Chicago: University of Chicago Press.
Erickson, F. (1986). Qualitative methods in research on teaching. In M. Wittrock (Ed.), *Handbook of research on teaching*. Chicago: Macmillan.

Erickson, F. (1989). *The meaning of validity in qualitative research*. Paper presented at the annual meeting of the American Educational Research Association, San Francisco.

Erickson, F. (1992, April). *Post–ellerything: The word of the moment and how we got here*. Paper presented at the annual meeting of the American Educational Research Association, San Francisco.

Erickson, F., & Schultz, J. (1977). When is a context? *ICHD Newsletter, 1*(2), 5–10.

Fendler, L., & Popkewitz, T. S. (1993). (Re)constituting critical traditions. *Educational Researcher, 22*(6), 24–26.

Fine, G. A., & Sandstrom, K. L. (1988). *Knowing children: Participant observation with minors*. Newbury Park, CA: Sage.

Finlan, T. G. (1994). *Learning disability: The imaginary disease*. Westport, CT: Bergin & Garvey.

Fischer, C., & Wertz, F. (1975). Empirical phenomenological analyses of being criminally victimized. In A. Giorgi (Ed.), *Phenomenology and psychological research* (pp. 135–158). Pittsburgh, PA: Duquesne University Press.

Fischer, K. W. (1980). A theory of cognitive development: The control and construction of hierarchies of skills. *Psychological Review, 87*, 477–531.

Flavell, J. H. (1982). Structures, stages, and sequences in cognitive development. In W. A. Collins (Ed.), *The concept of development: The Minnesota symposia on child psychology* (Vol. 15, pp. 1–28). Hillsdale, NJ: Erlbaum.

Ford, D. H., & Ford, M. E. (1987). *Humans as self–constructing living systems*. Hillsdale, NJ: Erlbaum.

Ford, D. H., & Lerner, R. M. (1992). *Developmental systems theory: An integrative approach*. Newbury Park, CA: Sage.

Foucault, M. (1978). *Discipline and punish: The birth of prison*. New York: Pantheon.

Fujita, M., & Sano, T. (1988). Children at American and Japanese day–care centers: Ethnography and reflective cross–cultural interviewing. In H. Trueba & C. Delgado Gaitan (Eds.), *School and society: Learning content through culture* (pp. 73–97). New York: Praeger.

Garbarino, J. (1995). *Raising children in a socially toxic environment*. San Francisco: Jossey–Bass.

Gaskins, S. (1990). *Mayan exploratory play and development*. Unpublished doctoral dissertation, University of Chicago.

Gaskins, S., Miller, P. J., & Corsaro, W. A. (1992). Theoretical and methodological perspectives in the interpretive study of children. In W. A. Corsaro & P. J. Miller (Eds.), *New directions in child development* (pp. 5–23). San Francisco: Jossey–Bass.

Geertz, C. (1973). *The interpretation of cultures*. New York: Basic Books.

Geertz, C. (1983). Local knowledge: Further essays in interpretive anthropology. New York: Basic Books.

Geertz, C. (1986). Making experience, authoring selves. In V. W. Turner & E. M. Bruner (Eds.),

The anthropology of experience (pp. 373–380). Urbana: University of Illinois Press.
Gelman, R. (1979). Preschool thought. *American Psychologist, 34*, 900–905.
Gelman, R., & Baillargeon, R. (1983). A review of some Piagetian concepts. In P. H. Mussen (Ed.), *Handbook of child psychology: Vol. 3. Cognitive Development* (pp. 167–230). New York: Wiley.
Gergen, K. J. (1985). The social constructionist movement in modern psychology. *American Psychologist, 40*(3), 266–275.
Gladwin, C. H. (1989). *Ethnographic decisions tree modeling*. Newbury Park, CA: Sage.
Glaser, B. G. (1967). The constant comparative method of qualitative analysis. In B. G. Glaser & A. L. Strauss (Eds.), *The discovery of grounded theory: Strategies for qualitative research* (pp. 101–116). Chicago: Aldine.
Glaser, B. G., & Strauss, A. L. (1967). *The discovery of grounded theory: Strategies for qualitative research*. Chicago: Aldine.
Glesne, C., & Peshkin, A. (1992). *Becoming qualitative researchers: An introduction*. White Plains, NY: Longman.
Goffman, E. (1974). *Frame analysis: An essay on the organization of experience*. Cambridge, MA: Harvard University Press.
Gould, R. A., & Potter, P. B. (1984). Use-lives of automobiles in America: A preliminary archaeological view. In R. A. Gould (Ed.), *Toward an ethno-archaeology of modern America*. Providence, RI: Brown University Press.
Graue, M. E. (1993). *Ready for what? Constructing meanings of readiness for kindergarten*. Albany: State University of New York Press.
Graue, M. E., & Smith, S. Z. (1996). Ventriloquating the meanings of mathematics. *Curriculum Studies, 4*(3), 301–328.
Greenspan, S. I. (1989). *Development of the ego*. Madison, CT: International Universities Press.
Grieve, R., & Hughes, M. (1990). *Understanding children: Essays in honor of Margaret Donaldson*. Cambridge, MA: Basil Blackwell.
Hall, E. (1982, January). Schooling children in a nasty climate: An interview with Jerome Bruner. *Psychology Today*, pp. 57–63.
Hall, G. S. (1883). The content of children's minds. *Princeton Review, 2*, 249–272.
Hall, G. S. (1901). Ideal school as based on child study. *In Journal of the Proceedings of the Fortieth Annual Meeting of the National Education Association* (pp. 474–488). Washington, DC: National Education Association of America.
Hart, W. (1994). "Children are not meant to be studied …" Our Schools/Our Selves, 5(3), 6–27.
Haste, H. (1987). Growing into rules. In J. Bruner & H. Haste (Eds.), *Making sense: The child's construction of the world* (pp. 163–195). New York: Methuen.
Hatano, G., & Inagaki, K. (1986). Two courses of expertise. In H. Stevenson, H. Azuma, & K.

Hakuta (Eds.), *Child development and education in Japan* (pp. 262–272). New York: Freeman.

Holloway, S. D., & Reichhart-Erickson, M. (1988). The relationship of day care quality to children's free-play behavior and social problem solving skills. *Early Childhood Research Quarterly, 3*, 39–53.

Hong, Y. (1995). *Teaching large-group time in a preschool classroom: The teacher as orchestra leader*. Unpublished doctoral dissertation, University of Illinois at Urbana-Champaign.

Howes, C. (1988). Same-and cross-sex friends: Implications for interaction and social skills. *Early Childhood Research Quarterly, 3*, 21–37.

Huberman, A. M., & Miles, M. B. (1994). Data management and analysis methods. In N. K. Denzin & Y. Lincoln (Eds.), *Handbook of qualitative research* (pp. 428–444). Thousand Oaks, CA: Sage.

Hymes, D. (1982). Ethnographic monitoring. In H. Trueba, G. P. Guthrie, & K. H. Au (Eds.), *Culture in the bilingual classroom: Studies in classroom ethnography* (pp. 5668). Rowley, MA: Newbury House.

Inagaki, K. (1992). Piagetian and post–Piagetian conceptions of development and their implications for science education in early childhood. *Early Childhood Research Quarterly, 7*, 115–133.

Jackson, B. (1987). *Fieldwork*. Urbana: University of Illinois Press.

Jessor, R. (1996). Ethnographic methods in contemporary perspective. In R. Jessor, A. Colby, & R. A. Shweder (Eds.), *Ethnography and human development: Context and meaning in social inquiry* (pp. 3–14). Chicago: University of Chicago Press.

King, G., Keohane, R. O., & Verba, S. (1994). *Designing social inquiry. Scientific inference in qualitative research*. Princeton, NJ: Princeton University Press.

Kliebard, H. (1986). *The struggle for the American curriculum 1893–1958*. Boston: Rout–ledge & Kegan Paul.

Kondo, D. (1990). *Crafting selves: Power, gender, and discourses of identity in a Japanese workplace*. Chicago: University of Chicago Press.

Kozulin, A. (1986). The concept of activity in Soviet psychology: Vygotsky, his disciples and critics. *American Psychologist, 41*(3), 264–274.

Krathwohl, D. (1993). *Methods of educational and social science research: An integrative approach*. New York: Longman.

Krieger, S. (1991). *Social science and the self: Personal essays as an art form*. New Brunswick, NJ: Rutgers University Press.

Kuhn, T. S. (1970). *The structure of scientific revolutions* (2nd ed.). Chicago: University of Chicago Press.

Lakatos, I. (1977). Falsification and the methodology of scientific research programmes. In I.

Lakatos & A. Musgrave (Eds.), *Criticism and the growth of knowledge* (pp. 91–196). London: Cambridge University Press.

Leavitt, R. (1994). *Power and emotion in infant-toddler day care*. Albany: State University of New York Press.

Leont'ev, A. N. (1981). The problem of activity in psychology. In J. wertsch (Ed.), *The concept of activity in Soviet psychology*. Armonk, NY: M. E. Sharpe.

Levi-Strauss, C. (1966). *The savage mind* (2nd ed.). Chicago: University of Chicago Press.

Lin, H.-F. (1993). *"Let's story!": Chinese preschoolers' joint exploration of two picture books*. Unpublished master's thesis, University of Illinois at Urbana-Champaign.

Lin, H.-F. (1995). *Science discourse in one American kindergarten classroom*. Unpublished doctoral dissertation, University of Illinois at Urbana-Champaign.

Lincoln, Y. S. (1995). Emerging criteria for quality in qualitative and interpretive research. *Qualitative Inquiry, 1*(3), 275–289.

Lincoln, Y. S., & Guba, E. G. (1985). *Naturalistic inquiry*. Beverly Hills, CA: Sage.

Luria, A. R. (1979). *The making of a mind*. Cambridge, MA: Harvard University Press.

Maclean, N. (1976). *A river runs through it and other stories*. Chicago: University of Chicago Press.

Mandell, N. (1988). The least-adult role in studying children. *Journal of Contemporary Ethnography, 16*, 433–467.

Mayall, B. (1994). Children in action at home and school. In B. Mayall (Ed.), *Children's childhoods observed and experienced*. London: Falmer.

McDermott, R. P. (1982). Rigor and respect as standards in ethnographic description. *Harvard Educational Review, 52*, 321–328.

McDermott, R. P., & Roth, D. R. (1978). The social organization of behavior: Interactional approaches. *Annual Review of Anthropology, 7*, 321–345.

Mehan, H. (1980). The competent student. *Anthropology and Education Quarterly, 11*(3), 131–152.

Mehan, H., Hertwick, A., & Meils, J. L. (1986). *Handicapping the handicapped*. Stanford, CA: Stanford University Press.

Miles, M. B., & Huberman, A. M. (1984). *Qualitative data analysis: A sourcebook of new methods*. Beverly Hills, CA: Sage.

Minick, N. (1989). Mind and activity in Vygotsky's work: An expanded frame of reference. *Cultural Dynamics, 11*(2), 162–187.

Mishler, E. G. (1986). *Research interviewing: Context and narrative*. Cambridge, MA: Harvard University Press.

Oakley, A. (1994). Parallels and differences between children's and women's studies. In B. Mayall (Ed.), *Children's childhoods observed and experienced*. London: Falmer.

Ottenberg, S. (1990). Thirty years of fieldnotes: Changing relationships to the text. In R. Sanjek

(Ed.), *Fieldnotes: The makings of anthropology*. Ithaca, NY: Cornell University Press.

Pellegrini, A. D. (1987). Rough-and-tumble play: Developmental and educational significance. *Educational Psychology, 22*, 23–43.

Pellegrini, A. D., & Perlmutter, J. C. (1988). Rough-and-tumble play on the elementary school playground. *Young Children, 43*, 14–17.

Peshkin, A. (1982). The researcher and subjectivity: Reflections on an ethnography of school and community. In G. Spindler (Ed.), *Doing the ethnography of schooling: Educational anthropology in action* (pp. 48–67) . New York: Holt, Rinehart and Winston.

Peshkin, A. (1988). In search of subjectivity: One's own. *Educational Researcher, 17*(7), 17–22.

Pianta, R. P., & Walsh, D. J. (1996). *High risk children in schools: Constructing sustaining relationships*. New York: Routledge.

Richardson, L. (1990). *Writing strategies: Reaching diverse audiences*. Newbury Park, CA: Sage.

Richardson, L. (1994). Writing: A method of inquiry. In N. K. Denzin & Y. S. Lincoln (Eds.), *Handbook of qualitative research* (pp. 516–529). Thousand Oaks, CA: Sage.

Rorty, R. (1979). *Philosophy in the mirror of nature*. Princeton, NJ: Princeton University Press.

Rorty, R. (1989). *Contingency, irony, and solidarity*. Cambridge, UK: Cambridge University Press.

Sacks, H. (1974). An analysis of the course of a joke's telling in the course of conversation. In R. Bauman & J. Sherzerf (Eds.), *Explorations in the ethnography of speaking*. New York: Cambridge University Press.

Sacks, H., Schegloff, E. A., & Jefferson, G. (1974). A simplest systematics for the organization of turn-taking in conversation. *Language, 5*, 696–735.

Sameroff, A. J. (1983). Developmental systems: Contexts and evolution. In P. H. Mussen (Ed.), *Handbook of child psychology* (Vol. 1, pp. 237–294). New York: Wiley.

Sanjek, R. (Ed.). (1990). *Fieldnotes: The makings of anthropology*. Ithaca, NY: Cornell University Press.

Schweinhart, L. J., & Weikart, D. P. (1995). *Significant benefits: The High/Scope Perry Preschool study through age 27*. Ypsilanti, MI: High/Scope Press.

Sechrest, L., & Flores, L. (1969). Homosexuality in the Philippines and the United States: The writing on the wall. *Journal of Social Psychology, 79*, 3–12.

Shotter, J. (1989). Social accountability and the social construction of "you." In J. Shotter & K. J. Gergen (Eds.), *Texts of identity*. Newbury Park, CA: Sage.

Sieber, J. E. (1992). *Planning ethically responsible research: A guide for students and internal review boards*. Newbury Park, CA: Sage.

Skinner, D. (1989, November). *Nepali children's formation of social selves*. Paper presented at the annual meeting of the American Anthropological Association, Phoenix.

Spindler, G. D., & Spindler, L. (1970). Fieldwork among the Menomini. In G. Spindler (Ed.), *Being an anthropologist: Fieldwork in eleven cultures* (pp. 267–301). New York: Holt,

Rinehart & Winston.

Spindler, G. D., & Spindler, L. (1987). *Interpretive ethnography of education: At home and abroad*. New York: Holt, Rinehart & Winston.

Spodek, B. E. (1993). *Handbook of research on the education of young children*. New York: Macmillan.

Spradley, J. (1979). *The ethnographic interview*. New York: Holt, Rinehart & Winston.

Stake, R. (1995). *The art of case study research*. Thousand Oaks, CA: Sage.

Stanley, B., & Sieber, J. E. (Eds.). (1992). *Social research on children and adolescents: Ethical issues*. Newbury Park, CA: Sage.

Strauss, A. L. (1987). *Qualitative analysis for social scientists*. Cambridge, UK: Cambridge University Press.

Thorne, B. (1993). *Gender play: Girls and boys in school*. New Brunswick, NJ: Rutgers University Press.

Ting, H. (1992). *A child on the edge: Silent rejection*. Unpublished master's thesis, University of Illinois at Urbana-Champaign.

Tobin, J., & Davidson, D. (1990). The ethics of polyvocal ethnography: Empowering versus textualizing children and teachers. *International Journal of Qualitative Studies in Education, 3*, 271–283.

Tobin, J. J., Wu, D. Y. H., & Davidson, D. H. (1989). *Preschool in three cultures: Japan, China, and the United States*. New Haven, CT: Yale University Press.

Tsai, M. (1993). *The unintelligible voices that make sense: Ting-ting and Ying learning to become preschool students*. Unpublished doctoral dissertation, University of Illinois at Urbana-Champaign.

Turiel, E. (1989). The social construction of social construction. In W. Damon (Ed.), *Child development today and tomorrow*. San Francisco: Jossey-Bass.

Van Maanen, J. (1988). *Tales of the field: On writing ethnography*. Chicago: University of Chicago Press.

Vellutino, F. (1987). Dyslexia. *Scientific American, 256*(3), 34–43.

von Bertalanffy, L. (1968). *General system theory*. New York: George Braziller.

Vygotsky, L. S. (1987). Thinking and speech. In R. W. Rieber & A. S. Carton (Eds.), *The collected works of L. S. Vygotsky: Vol. 1. Problems of general psychology*. New York: Plenum. (Original work published 1934)

Wacksler, F. C. (1986). Studying children: Phenomenological insights. *Human Studies, 9*, 71–92.

Walsh, D. J. (1991). Reconstructing the discourse on development appropriateness: A developmental perspective. *Early Education and Development, 2*, 109–119.

Walsh, D. J. (1992, December). *Implications of a post-Piagetian perspective for early childhood education: Helping children make sense*. Paper presented at the Taipei Municipal

Teachers College Conference on Early Childhood Education, Taipei, Taiwan.

Walsh, D. J. (1993, April). *Time to move on: A few thoughts on a post-Piagetian/cultural psychology*. Paper presented at the annual meeting of the American Educational Research Association, Atlanta.

Walsh, D. J., Tobin, J. J., & Graue, M. E. (1993). The interpretive voice: Qualitative research in early childhood education. In B. Spodek (Ed.), *Handbook of research on the education of young children*. New York: Free Press.

Wasser, J. D., & Bresler, L. (1996). Working in the interpretive zone: Conceptualizing collaboration in qualitative research terms. *Educational Researcher, 25*(5), 5–15.

Webb, E. J., Campbell, D. T, Schwartz, R. D., &c Sechrest, L. (1966). *Unobtrusive measures: Nonreactive research in the social sciences*. Chicago: Rand McNally.

Weitzman, E. A., & Miles, M. B. (1995). *Computer programs for qualitative data analysis*. Thousand Oaks, CA: Sage.

Werner, O., & Schoepfle, G. M. (1987a). *Systematic fieldwork: Vol. 1. Foundations of ethnography and interviewing*. Newbury Park, CA: Sage.

Werner, O., & Schoepfle, G. M. (1987b). *Systematic fieldwork: Vol. 2. Ethnographic analysis and data management*. Newbury Park, CA: Sage.

Wertsch, J. (1979). Introduction. In J. V. Wertsch (Ed.), *Culture, communication, and cognition*. New York: Cambridge University Press.

Wertsch, J. (1985). *Vygotsky and the social formation of mind. Cambridge,* MA: Harvard University Press.

Wertsch, J. V (1989). A sociocultural approach to mind. In W. Damon (Ed.), *Child development today and tomorrow*. San Francisco: Jossey-Bass.

Wolcott, H. F. (1981). Confessions of a "trained" observer. In T. S. Popkewitz & B. R. Tabachnick (Eds.), *The study of schooling: Field based methodologies in educational research and evaluation* (pp. 247–263). New York: Praeger.

Wolcott, H. F. (1990). *Writing up qualitative research*. Newbury Park, CA: Sage.

Wolf, J. (1994). *Doing day care*. Unpublished master's thesis, University of Illinois at Urbana-Champaign.

Wolf, J. M. (1995). *If you haven't been there, you don't know what it's like: Life at Enchanted Gate from the inside*. Unpublished doctoral dissertation, University of Illinois at Urbana-Champaign.

찾아보기

ㅋ

ㅌ

ㅍ

ㅎ

A

B

C

D

E

F

G

H

I

J

K

L

M

N

O

P

R

S

T

V

W

저자 소개

M. Elizabeth Graue는 전직 유아 특수 교사와 유치원 교사이며, 1990년 콜로라도 대학에서 연구방법을 전공으로 박사학위를 취득 후 현재 위스콘신 주립대학 교과과정 및 교수학과의 학과장 및 Sorenson 교수로 재직 중이다. 또한 위스콘신 주립대학 사범대학 내의 질적연구위원회의 위원으로, 교수진과 대학원 학생을 위한 질적연구방법과 관련된 자원을 지원, 개발하고 있으며, 현재 전미교육연구협회American Educational Research Association의 선임연구원 및 집행부 위원이다. 그녀의 연구 관심은 준비도, 학급 규모 축소, 가정-학교 연계, 질적연구방법이다. 현재 미국국립과학재단National Science Foundation의 지원을 받아 4k 유아 교사의 유아수학교육과 관련해 문화 및 발달적으로 반응적인 전문성 신장 프로그램 개발 중이다. 또한 preK 정책이 유아, 가족, 교사의 교육적 경험과 기회에 미치는 영향에 대해 럿거스 대학의 Sharon Ryan 교수와 공동연구를 진행하고 있다.

Daniel J. Walsh는 전직 유치원 교사로서 12년 동안 근무하였으며, 1985년 위스콘신 주립대학에서 박사학위를 취득 후 일리노이 주립대학 교육과정 및 교수학과의 교수로 재직 후 2014년 퇴임하였다. 그의 해석학적 연구에 대한 관심은 그가 위스콘신에서 George Spindler와 그의 부인 Louise Spindler와 함께 수강한 학교 문화인류학 강좌에서부터 시작되었다. 그가 수행하였던 연구 과제는 유아교육에서의 문화인류학적 연구, 소외된 유아의 학교 생활에 대한 연구, 문화와 교육학 연구, 유아를 대상으로 한 질적연구방법 등이 있다. 또한 일본 유아원의 실제에 대한 문화적 영향, 유아교육 프로그램의 질 탐색, 교육학에 대한 비교 문화적 관점에 대한 연구를 수행 중이다. 관심 연구 주제는 연구방법론의 이슈에 대한 추가적 탐구, 특히 디지털 비디오를 사용한 연구, 유아의 학교 생활에 대한 문화 심리학의 적용, 전통적인 일본의 유치원 교실에서의 전문성 신장 유형인 Lesson Study의 실행 등이다.

역자 소개

홍용희

이화여자대학교 사범대학 유아교육과(학사)

이화여자대학교 대학원 유아교육 전공(석사)

University of Illinois, Urbana-Champaign 대학원 유아교육 전공(Ph.D)

현재 이화여자대학교 사범대학 유아교육과 교수

이경화

이화여자대학교 사범대학 유아교육과(학사)

이화여자대학교 대학원 유아교육 전공(석사)

University of Illinois, Urbana-Champaign 대학원 유아교육 전공(Ph.D)

현재 University of Georgia, Department of Educational Theory and Practice, 유아교육프로그램 부교수

배지희

이화여자대학교 사범대학 유아교육과(학사)

이화여자대학교 대학원 유아교육 전공(석사)

University of Illinois, Urbana-Champaign 대학원 유아교육 전공(Ph.D)

현재 성신여자대학교 사범대학 유아교육과 부교수

정혜욱

이화여자대학교 사범대학 유아교육과(학사)

University of Wisconsin, Madison 대학원 유아교육 전공(MS, Ph.D)

현재 이화여자대학교 사범대학 유아교육과 조교수

STUDYING
CHILDREN
IN CONTEXT

어린이연구를 위한
질적연구방법론

2014년 9월 25일 초판 인쇄
2014년 9월 30일 초판 발행

지은이 | M. Elizabeth Grau / Daniel J. Walsh
옮긴이 | 홍용희 · 이경화 · 배지희 · 정혜욱
발행인 | 유제구

발행처 | 파워북
주 소 | 경기도 고양시 일산동구 호수로 358-25
동문굿모닝타워2차 529호
전 화 | (02) 730-1412
F A X | (031) 908-1410
등 록 | 1997. 1. 1 제 300-1997-13
편 집 | 북스북스(hynho3196@nate.com)

정가 23,000원
ISBN 978-89-8160-238-3(93590)